U0591303

改善乡村小规模学校和乡镇寄宿制学校条件，加强乡村教师队伍建设，提高乡村教师素质能力，完善留守儿童关爱体系。

加强困境儿童分类保障，完善农村留守儿童关爱服务体系。

——国家"十四五"规划和 2035 年远景目标纲要

农村留守儿童寄宿教育研究

Research on Residential School Education of Left-behind Children in Rural Areas

任运昌 著

责任编辑：翟金明
封面设计：石笑梦
版式设计：胡欣欣

图书在版编目(CIP)数据

农村留守儿童寄宿教育研究/任运昌 著. —北京：人民出版社，2022.6
ISBN 978 - 7 - 01 - 023385 - 7

Ⅰ.①农…　Ⅱ.①任…　Ⅲ.①农村-儿童教育-研究-中国　Ⅳ.①G61

中国版本图书馆 CIP 数据核字(2021)第 078577 号

农村留守儿童寄宿教育研究
NONGCUN LIUSHOU ERTONG JISU JIAOYU YANJIU

任运昌　著

人民出版社 出版发行
（100706　北京市东城区隆福寺街 99 号）

北京九州迅驰传媒文化有限公司印刷　新华书店经销

2022 年 6 月第 1 版　2022 年 6 月北京第 1 次印刷
开本：710 毫米×1000 毫米 1/16　印张：34.5
字数：558 千字

ISBN 978 - 7 - 01 - 023385 - 7　定价：108.00 元

邮购地址 100706　北京市东城区隆福寺街 99 号
人民东方图书销售中心　电话（010）65250042　65289539

目　录

绪　论

教育是最大的民生，也可创造最大的人口红利；教育是党之大计、国之根本。党的十九大报告提出："努力让每个孩子都能享有公平而有质量的教育。"国家"十四五"规划纲要提出："改善乡镇寄宿制学校条件……完善留守儿童关爱体系。"系列文件表达了党和国家对人民群众的庄严承诺，对儿童青少年的深切关怀，也确立了新时代我国基础教育改革发展的新坐标。

作为国家社科基金项目"农村留守儿童寄宿教育研究"（项目编号：16BGL189）的结题成果，本书主旨有三：系统评估农村留守儿童寄宿教育质量；深度描述农村留守儿童寄宿教育问题与困难并解释其原因；全面探索寄宿教育优化策略与路径，努力促进农村留守儿童享受公平而有质量的基础教育。

农村留守儿童是我国当前规模最为庞大的弱势群体，也是国家"十四五"规划和2035年远景目标纲要明确要求进行"分类保障"的困境儿童。本书主要研究对象是基础教育阶段适龄留守儿童，全书核心概念"农村留守儿童寄宿教育"是指离开家庭到学校住读，只有周末、节假日才可能返家生活的农村留守儿童所接受的全部教育。

本书研究农村留守儿童寄宿教育采用量化研究与质性研究相结合的范式，综合运用管理学、教育学、社会人类学、口述史、叙事学等学科理论与方法。

本书课题组①相关领域的持续跟踪研究始于 2004 年，对农村留守儿童寄宿教育的深度聚焦研究则始于 2016 年。在此，首先对全书研究背景与主题的确立，以及研究历程与方法、研究发现与建议等予以概要说明。

第一节　农村留守儿童寄宿教育研究背景与主题的确立

一、研究背景

近 20 年，特别是党的十八大以来，党中央、国务院和地方各级党委、政府高度重视农村留守儿童教育关爱工作，出台了一系列重要政策。党的十八大报告明确指出“积极推动农民工子女平等接受教育，让每个孩子都能成为有用之才”。2015 年 11 月，《中共中央国务院关于打赢脱贫攻坚战的决定》明确要求，“合理布局贫困地区农村中小学校，改善基本办学条件，加快标准化建设，加强寄宿制学校建设”；“建立家庭、学校、基层组织、政府和社会力量相衔接的留守儿童关爱服务网络”。2017 年 10 月，党的十九大报告进一步明确强调，“健全农村留守儿童……关爱服务体系”，“推进教育公平……推动城乡义务教育一体化发展，高度重视农村义务教育”。

2016—2021 年，连续六年的中央一号文件都高度重视农村留守儿童的关爱服务与寄宿教育。2016 年 12 月，教育部等六部门印发《教育脱贫攻坚“十三五”规划》明确要求：“建设好农村寄宿制学校”；“构建家庭、学校、政府和社会力量相衔接的留守儿童关爱服务网络”；“在农村留守儿童集中地区加强农村寄宿制学校建设，促进寄宿制学校合理分布，提高农村留守儿童入住率”。

---

① 2004 年以来，本书作者在主持完成 4 个省部级课题、3 个国家社科基金项目跟踪研究农村留守儿童教育问题的过程中，还以主研人员身份承担了相关领域 3 个国家社科基金项目和多个省部级课题的研究工作。其间，建有规模较大、成员不断调整补充的研究团队，本书简称为“本书课题组”。

2018 年 1 月，教育部、国务院扶贫办印发《深度贫困地区教育脱贫攻坚实施方案(2018—2020 年)》明确要求:“加强乡镇寄宿制学校的建设和管理，提高农村教育质量”;“因地因人施策，对留守儿童等特殊困难儿童接受义务教育实施全过程帮扶和管理”。2019 年 10 月，党的十九届四中全会决议更是再次强调:“推动城乡义务教育一体化发展”，“完善农村留守儿童和妇女、老年人关爱服务体系”。

在党和国家系列重大政策的特别关注和大力主导下，我国农村留守儿童教育关爱工作取得了一系列举世瞩目的成就。与此同时，党中央、国务院作出“推动新型城镇化建设”“实施乡村振兴战略”“打赢脱贫攻坚战”等重大决策部署，全国各地在党中央坚强领导下，大力推动农民工返乡创业就业，以及农民工随迁子女就地入学等工作，从源头上大量减少了农村儿童长期留守的现象，极大地缓解农村留守儿童生存发展问题，从根本上减轻了广大农村地区有关部门、学校和乡镇社区关爱教育留守儿童的工作困难和负担。不过，由于留守儿童问题本身的复杂性、长期性和一些客观原因，我国农村留守儿童教育关爱工作，尤其是他们的寄宿教育依然存在一些亟待解决的问题困难，希望本书的研究能够为这些问题困难的尽快解决提供具体参考。

(一)学校留守儿童教育关爱责任尚需持续强化

迄今为止，我国专门应对留守儿童问题的最高规格文件是国务院《关于加强农村留守儿童关爱保护工作的意见》(国发〔2016〕13 号，以下简称《意见》)。该文件在主要指向留守儿童监护问题解决的同时，也高度重视他们的学校教育关爱工作。《意见》明确要求:“加大教育部门和学校关爱保护力度。”“中小学校要对农村留守儿童受教育情况实施全程管理……帮助监护人掌握农村留守儿童学习情况，提升监护人责任意识和教育管理能力……帮助农村留守儿童通过电话、视频等方式加强与父母的情感联系和亲情交流。”“寄宿制学校要完善教职工值班制度……丰富校园文化生活，引导寄宿学生积极参与体育、艺术、社会实践等活动,增强学校教育吸引力。"[①]然而,当前广大农村中小学,尤其是寄宿制学校,在持续多年的热情关爱、深入教育和积极奉献后,相关工作已经处于比较倦怠的状态。

首先,《意见》及其配套文件明确规定农村留守儿童关爱保护工作由民政部门牵头负责。这在一些人看来,国家政策"实事求是"地减轻了教育系统的负担。我们调研中西部农村地区一些区县教育行政部门领导和寄宿制学校校长、教师,他们一般都讲:《意见》规定留守儿童关爱保护工作的基本原则是"家庭尽责、政府主导、全民关爱、标本兼治",这减轻了教育部门及学校的责任。因为对文件的断章取义和严重误读,一些人自然降低了特别关爱教育留守儿童的责任意识和工作热情。

其次,一些地区农村留守儿童教育关爱工作缺乏专项资金投入,学校编制紧张,经费有限,教师日常工作和学校安全管理压力大、负担重。而专门为教师特别教育关爱留守儿童发放加班费或绩效工资存在政策障碍,有限的相关经费使用起来缺乏应有灵活性。诸如此类的情况在一定程度上影响了学校、教师和教育行政部门的积极性。比如,个别校长讲:"老师特别辛苦,不能多发一分钱,校长安排工作都要靠个人的面子,说人情。"有个别教委主任也讲:"学校有学校的难处,教委有教委的难处,留守儿童寄宿教育,不出什么大乱子,也就将就了。"

《意见》对留守儿童寄宿学校有着特别要求,《国家中长期教育改革和发展规划纲要(2010—2020年)》《中国儿童发展纲要(2011—2020年)》也一致要求:"加快农村寄宿制学校建设,优先满足留守儿童住宿需求。"2016年中央一号文件进一步要求:"改善农村学校寄宿条件……建立健全农村留守儿童关爱服务体系。"2017年1月,国务院印发《国家教育事业发展"十三五"规划》,要求:"加强对留守儿童的关爱保护……加强寄宿制学校建设……创新

① 国务院:《关于加强农村留守儿童关爱保护工作的意见》(国发〔2016〕13号)。

关爱与教育形式，加强心理辅导、法治教育和安全教育。”党和国家对农村留守儿童寄宿制学校如此重视，显然，地方教育行政部门和农村学校留守儿童教育关爱工作热情与责任，尚需不断保持与强化。

（二）农村留守儿童教育教学工作尚需继续改进

多年来，党中央、国务院，以及各级政府、社会各界、农村学校对留守儿童教育关爱工作有着大量投入和积极探索。比如，省级政府持续担当，严格落实义务教育“以县为主”的管理体制，积极应对留守儿童教育问题。区县政府作为留守儿童教育关爱工作责任主体，大力督导所辖乡镇、街道灵活运用“结对帮扶”“社区共育”“家校一体”“托管中心”“还原家教”等多种工作模式教育关爱留守儿童。与此同时，各地积极改善农村文化教育生态环境，把农村学校打造成空巢乡村的文化高地，提高对学生进行“文化培根”的能力。社会各界还努力创新法制宣传与教育方式，积极杜绝农村留守儿童“污名化”现象，严厉打击侵犯留守儿童权益的违法犯罪活动。在加强农村留守儿童教育师资队伍建设和构建以寄宿制学校为中心的教育监护体系等方面，一些地区也取得了实质性进展。

以上种种努力，基本保障我国农村留守儿童身心素质整体处于正常水平。但是，从全社会和谐发展和城乡儿童教育公平的视角审视，农村留守儿童教育，尤其是偏远贫困地区留守儿童教育还存在极大提升空间。我们的大样本问卷调查发现，留守儿童整体素质虽然处于一般水平，但心理素质、思想道德素质和劳动素质等略有偏差趋势。他们日常生存发展处境整体处于一般水平，但安全教育和校外安全保障较差，学业负担比较沉重。① 因为时代的进步，广大农村留守儿童的生存发展前景虽然优于其父辈、祖辈，但与其他儿童群体相比，整体依然不容乐观。另外，留守儿童的自我教育没有得到应有重

① 参见任运昌：《空巢乡村的守望：西部留守儿童教育问题的社会学研究》，中国社会科学出版社 2009 年版，第 2 页。

视，效果普遍较差；家庭教育、学校教育、社会教育效果普遍不如人意；极个别农村社区、乡镇党委政府对农村留守儿童教育关爱工作根本不重视，基本没有作为。

广大农村留守儿童的教育教学工作尚需持续改进。通过系列个案深度调研发现，一些留守儿童家庭生活支离破碎，所在家庭子女养育功能严重缺损，农村留守儿童以教育问题为核心的生存发展问题依然比较突出。比如，农村留守儿童校外生活安全隐患大，校内外有关各方理应高度重视的思想品德教育、心理健康教育、法制与安全教育等缺失比较严重，有的甚至处于空白状况；留守儿童辍学、厌学、被欺凌，或者欺凌他人、早恋、与父母师长逆反对抗等现象也比较突出。通过众多农村留守儿童个案的深度跟踪访谈发现，葆有强大生命活力与向善求美之生命本性，并积极奋争、茁壮成才的农村留守儿童占绝大多数，但少数孩子的教育成长状态的确亟待高度关注。

比如，在农村留守儿童寄宿高中，我们调研发现留守儿童面临着比较复杂的教育问题。学习方面：留守儿童很苦很累，反复大量上课，做练习题，休息时间非常少；学习压力很大，内心苦闷，害怕失败，更怕对不起外出务工父母；学习基础很差，难以赶上进度，失去信心，很多听不懂课，严重者经常抄袭作业。食宿方面：学校饮食单调；寝室拥挤简陋，冬冷夏热，严重影响留守儿童休息与学习。人际方面：留守儿童深感教师不公平，对差生不闻不问，只关心得意门生，高中三年记不住普通学生姓名；认为教师教育方法简单粗暴，师生关系紧张。行为方面：留守儿童课堂纪律差，调皮捣蛋；辍学；严重者行为失范。心理方面：自卑、孤独、苦闷，烦恼一大堆；讨厌甚至憎恨家长、教师。系列问题，学校难以应对，或者无意应对。在农村留守儿童寄宿小学、初中，我们也有类似发现。

（三）留守儿童教育关爱范围对象尚需适度扩大

从功能分析视角进行实证研究发现，留守半年的农村儿童在自尊、心理控制源以及社会适应能力等方面与普通农村儿童有显著差异，半年是划分留守儿童与非留守儿童的关键性时间标准。① 基于这个角度考察，留守儿童并非即时性概念，凡有过半年及以上留守生活经历的农村儿童，在其未超过 18 岁以前都应该是广义留守儿童。准确统计农村留守儿童数量，若采用这一广义标准操作难度很大，其统计结果对于制定社会政策以有效解决他们监护问题的参考作用也很有限。不过，如立足于农村留守儿童教育问题解决，要有针对性地教育关爱每一个孩子，教育行政部门、学校、教师和家长等采用广义标准就很有必要。但目前中西部农村地区多数中小学校基本没有采用这一标准。②

首先，对农村留守儿童进行特别的教育关爱，其范围对象应该扩大到高中阶段留守儿童。按照我国现行政策划分，高中阶段教育不属于义务教育，但毕竟属于基础教育。《中华人民共和国预防未成年人犯罪法》第十九条规定，年满 16 周岁的儿童"脱离监护单独居住"不在禁止之列，但从教育成长的阶段性与儿童伦理角度考察，高中阶段留守儿童毕竟是儿童，他们长期生活在亲情缺失的环境，依然需要特别的教育关爱。我们调研也发现，这个群体的教育问题并不比其他农村留守儿童群体少，他们理应得到社会各界的高度关注和特别的教育关爱。

其次，父母单亲外出的每一位农村留守儿童，也应持续纳入特别教育关爱的范围。父母双系抚育是人类历史上形成的最基本、最重要的制度③，父母任一方长期外出都会导致家庭子女抚育功能的缺损。我国历史上的"闯关东""走西口""下南洋"等现象也曾导致大量男性人口长期离家外出，但当时并未出现所谓留守儿童问题。这是因为中国传统乡土社会民风淳朴，当时广泛存在的大家族也在很大程度上替代和弥补了小家庭的子女抚育功能。当然，更为重要的是，那些历史时期人们对儿童的认识，以及儿童的地位，都远不及当前。而当前，

---

① 参见郝振等：《留守儿童界定标准探讨》，《中国青年研究》2007 年第 10 期，40—43 页。

② 参见任运昌：《农村留守儿童教育问题的当前态势、应对模式与缓解策略——基于 13 年跟踪研究的判断与建议》，《广西师范大学学报（哲学社会科学版）》2017 年第 6 期，第 108—114 页。

③ 参见费孝通：《乡土中国 生育制度》，北京大学出版社 1998 年版，第 6 页。

我国农村地区传统乡土文化出现巨大变迁，大家族制度基本不复存在。在这种情况下，父母任一方长期外出，都会带来家庭子女抚育功能的缺损。

田野调查发现，大多单亲外出家庭子女教育面临着种种困境。这种家庭或父母感情不和，或一方无法外出务工，家庭经济更拮据。留守在家的父亲一般都存在健康、能力，甚至品行问题，很难较好教育子女。即使有的家庭特意安排父母一方在家抚育子女，也因夫妻长期分居带来的情绪情感等问题在很大程度上影响了家庭教育的正常实施。媒体曾报道多起留守母亲杀害亲生儿女后自杀身亡的严重事件，其主要原因就是她们独自承担养育子女、照顾老人、料理田地等重任，精神压力大，很容易被孤独绝望等负面情绪控制，进而患上严重心理疾病。① 本书课题组曾经开展的大样本问卷调查结果也表明，父母单亲外出与双亲外出留守儿童的成长状况差别不大，而其中的细微差别一般都显示单亲外出留守儿童更令人担忧，母亲外出留守儿童尤其值得特别关注。②

我国农村留守儿童群体规模庞大，其生存发展直接关系到中华民族的复兴之梦。全社会必须进一步主动担当，系统优化留守儿童寄宿教育，持续优化留守儿童家庭与社会教育。面对留守儿童系列教育关爱问题，广大农村中小学及有关各方不必在留守儿童的概念上纠结，而应同等对待广义、狭义农村留守儿童和父母单亲、双亲外出农村留守儿童，并把专门针对各类留守儿童的教育关爱工作与普通农村儿童的日常教育关爱工作有机融合、统筹推进，在杜绝“留守儿童标签效应”的前提下高度关注个体留守儿童的特殊问题和困难，真正做到因材施教和全员覆盖。

二、研究主题的确立

本书研究主题的确立经历了逐步聚焦的过程。2004 年 10 月到 2017 年 6

① 参见张琴等：《“杀子之殇”频发凸显农村“留守母亲”心理危机——重庆梁平县留守妇女砍杀双子调查》，2020 年 5 月 3 日，见 http://www.sina.com.cn。

② 参见任运昌：《农村留守儿童政策研究》，中国社会科学出版社 2013 年版，第 421 页。

月，我们持续跟踪研究农村留守儿童教育问题。① 这是本书极为重要的前期探索性研究，让我们准确把握了前述研究背景，并逐步凝练提出了本书研究主题。研究大致可以分为三个阶段：

第一阶段，2004 年 10 月—2008 年 12 月：综合实施定性与定量研究，在大量文献分析和 3000 份问卷调查的基础上，整合运用社会学解释性交往行动主义方法、人类学"蝗虫"法与"鼹鼠"法②、文化唯物论主位和客位研究方法，通过提出并尝试运用定性研究"套娃理论"，对西部农村留守儿童的教育生活进行深入细致的探索、描述和解释。③

第二阶段，2009 年 1 月—2013 年 6 月：采用与前一阶段基本相同的研究范式与方法，通过 7000 份问卷调查和中西部地区 8 省份留守儿童、农村教师、各级干部等系列个案的深度访谈，对农村留守儿童教育政策的实施效应、问题困难及发展创新进行系统研究。④

第三阶段，2013 年 7 月—2017 年 6 月：围绕农村留守儿童寄宿制学校建设与管理创新这一主题，对重庆、四川、贵州、云南、湖北五省市系列个案学校、校长、教师、家长、各级干部和留守儿童进行深度访谈和实地调研。⑤

---

① 参见任运昌：《农村留守儿童教育问题的当前态势、应对模式与缓解策略——基于 13 年跟踪研究的判断与建议》，《广西师范大学学报（哲学社会科学版）》2017 年第 6 期，第 108—114 页。

② 这在中国人类学民族学研究会副会长、中国人民大学人类学研究所所长、博士生导师庄孔韶教授看来，就是"鼹鼠"法与"蝗虫"法的结合。庄教授认为，人类学、社会学、民俗学等人文社会学科的研究均以"更广和更深地获得整个的或区域的人类认识综观为目的"，为此，"需要无尽的面与点的考察积累与良好整合"。其中，"面的研究"主要"使用覆盖较大地理面积的、体现区域文化之宏大时空内涵的，或者认同某一偌大族群人口的认识框架的观察法、调查法和研究法"，即"辛勤可敬"的"蝗虫"法；"点的研究"则主要依靠"学者（个体或群体）长期孜孜不倦地在一个调研点或相对较小的范围内挖掘和'深描'"，即"执着可爱"的"鼹鼠"法（庄孔韶：《"蝗虫"法与"鼹鼠"法——人类学及其相关学科的研究取向评论》，《开放时代》2007 年第 3 期）。

③ 参见任运昌：《空巢乡村的守望：西部留守儿童教育问题的社会学研究》，中国社会科学出版社 2009 年版，第 396—415 页。

④ 参见任运昌：《农村留守儿童政策研究》，中国社会科学出版社 2013 年版，第 2—34 页。

⑤ 其具体方式方法参见本书"绪论"第二节。

以上第一阶段侧重于深度解释农村留守儿童教育问题,第二阶段主要针对问题进行留守儿童教育政策的系统创新,第三阶段和后续工作则聚焦留守儿童寄宿教育的深度研究,积极促进基础教育适龄留守儿童教育问题的实质性解决。三个阶段始终致力于农村留守儿童教育问题的分析判断与应对缓解,其研究发现与相关建议为本书的后续研究奠定了基础,指明了方向。

我们认为,我国农村留守儿童教育关爱工作尚处于持续攻坚阶段,被党和国家系列重要政策寄予厚望的广大农村寄宿制学校必须进一步主动担当,锐意进取,高效作为,最大限度地促进广大农村留守儿童真正享受公平而有质量的基础教育,获得童年健康成长与终身持续发展的最大可能。为此,本书课题组确定了研究主题:系统评估农村留守儿童寄宿教育质量,深入研究相关问题、困难及其成因,全面探索如何增强全社会,尤其是教育系统的责任与担当,切实改进农村留守儿童寄宿教育。从 2016 年 7 月开始,我们紧扣这一主题,采用定量研究与质性研究紧密结合的范式,深度聚焦中西部农村地区,系统研究了 M 省农村留守儿童寄宿教育质量现状,跟踪调研了以省市、区县、乡镇、农村中小学校和初高中、小学儿童为单位的众多教育个案。

第二节　农村留守儿童寄宿教育研究历程与方法、发现与建议

一、研究历程与方法

(一)质性研究:系列个案调查

本书质性研究与前述 10 余年的持续跟踪研究一脉相承,系列个案研究时间主要集中在 2016 年 7 月—2019 年 12 月。所有个案研究都遵循点面结合原则,即人类学研究的“鼹鼠”法与“蝗虫”法,借鉴社会学解释性交往行动主

义理论[①],整合运用社会人类学田野研究、文化唯物论主位与客位研究[②]、口述史与扎根理论研究等质性研究方法。[③] 为了做好系列个案研究,本书课题组设计并实施了以下研究工作。

1. 文献研究

本书文献研究贯穿研究全程,深入研究的文献主要包括三个方面:

其一,我们前期研究,截至 2015 年完成相关领域 5 个国家社科基金项目和近 10 个省部级科研项目累积下来的大量文献。其中,精读文献包括:理论文献、政策文献大约 300 万字;调研收集的第一手原始材料约 60 万字;相关报纸、网站、QQ 群、微信圈传播的文字约 100 万字,以及大量图片与影像材料。

其二,2016 年 7 月以来,我们深度聚焦研究农村留守儿童寄宿教育后,陆续收集的相关学科理论文献。主要包括专著约 50 部,论文约 200 篇,涉及公共管理与公共政策、儿童福利与儿童政策、农村文化学、教育管理学、教育社会学等领域。

其三,2017 年 7 月以来,我们收集的政策文本和工作资料。其中,中央和

① 解释性交往行动主义是美国伊利诺伊大学教授、社会学资深研究员邓金(Norman K. Denzin)提出并系统阐述的研究方法。他认为,社会学家要尽最大努力去搜索人们的日常生活故事,理解生活世界中"沉默者"(这些人要么不在社会科学中"出现",要么出现了也是扮演一个"沉默"的"任人宰割"的无名者)曾经有过的创伤、恐惧、焦虑、梦想与希望,唯有如此,那些旨在帮助"身不由己、没有选择的人们"的社会政策才能行之有效(参见[美]邓金:《解释性交往行动主义——个人经历的叙事、倾听与理解》,周勇译,重庆大学出版社 2004 年版)。本书下编(第六至十章)力图充分践行邓金的理论,其主要做法是:对研究对象进行"深度描述";高度关注研究对象的"心灵发现"(参见任运昌:《空巢乡村的守望:西部留守儿童教育问题的社会学研究》,中国社会科学出版社 2009 年版,第 400—402 页)。

② "主位研究"和"客位研究"是美国当代人类学家、文化唯物主义学派的代表人物马文·哈里斯(Marvin Harris)提出并系统阐述的研究方法(参见卢卫红:《人类学"主位—客位"方法在科学史研究中的应用》,《自然辩证法研究》2013 年第 3 期)。他认为,站在被研究者的立场记述和解释相关事件是"主位研究",站在旁观者的立场进行考察与判断是"客位研究";检验主位研究的效度主要是看其记述与解释是否符合当事人的世界观,是否被他们认为正确、恰当、有意义。检验客位研究主要是看其考察与判断是否就有关社会文化现象产出了科学的结论(参见黄淑娉等:《文化人类学理论方法研究》,广东高等教育出版社 1996 年版,第 328—330 页)。

③ 本书下编(第六至十章)部分章节专门介绍了一些具体个案的研究过程与方法。其中,第九章第一节所述西南地区 T 校的研究过程与方法最具代表性。

各地农村留守儿童教育相关政策文本约50份;各地区农村中小学留守儿童教育实践工作资料约20万字。

2. 大面积调查

首先,我们实施了大面积书面访谈。其中,研究初期的探索性访谈主要集中在2016年7月至2018年6月。我们利用在西南大学、重庆第二师范学院、四川师范大学、成都师范学院、广西科技师范学院等高校和贵州、重庆等地集中培训农村中小学校长、教师的机会,借助事前设计的书面访谈问卷①,对陕西、贵州、广西、四川、重庆等五省(自治区、直辖市)约800人进行了调查,共获得文字资料约40万字。研究后期大面积验证性书面访谈主要集中在2019年1—12月,其中代表性工作有二:一是对河南省驻马店、周口、信阳、平顶山等市以农村中学班主任为主的99名教师和管理干部的调研;二是对陕西省安康、汉中、铜川、榆林等8市21县(区)49名小学教师的调研。以上探索性和验证性书面访谈持续近4年,访谈对象约1000人。②

其次,实施了大面积实地探索性调查。这项工作的主要目的有二:其一,丰富实地工作经验,搜集更大地域内的研究信息与素材。其二,探寻具有较大研究价值的问题及相应个案。比如,2016年暑假,本书课题组调查了贵州省平塘县、罗甸县、紫云县、贞丰县,云南省宣威市、富民县、鲁甸县,以及四川省屏山县、合江县,历时23天。

再次,取得阶段性研究成果后实施了大面积实地验证性调查。这项工作的主要目的有三:其一,验证个案的典型性与代表性,提升个案调查的深度与广度。其二,对阶段性研究结论进行大范围实地验证,如有偏差,则根据“事实真相”予以修正。其三,查找研究遗漏的问题,予以尽可能弥补。我们的实地验证性调查主要安排在2019年初的寒假,调查了四川省仁寿县、汉源县、石棉县、冕宁县、西昌市、德昌县、米易县,以及云南省元谋县,历时11天。

① 参见本书附录《中、西部六省(自治区、直辖市)书面访谈主要问卷》。

② 参见本书附录《中、西部六省(自治区、直辖市)部分书面访谈时间与对象》。

3. 深度调研

2016 年 7 月以来，我们采取多种方式对重庆、四川、贵州等地系列个案进行深度调研，历时约三年半。个案类别主要包括省份个案、区县个案、乡镇个案、学校个案、儿童个案。我们采取的主要方式如下：

（1）本书作者、项目主持人和课题组核心成员深入重庆市开州、万州、长寿、南川、石柱等区县，贵州省遵义市红花岗区、桐梓县，以及四川省武胜县、邻水县，湖北省利川市等地开展个案调查，获取丰富的第一手资料与现场发现。比如，本书课题组在对重庆市长寿区实施长达 10 年跟踪研究基础上，又从 2016 年 7 月开始，实施了新一轮的深度调研。7 月 18 日，本书课题组一行 4 人到达长寿区教委开始调研，得到长寿区政府分管教育副区长、教委主任、教委副主任、教委相关科室负责人大力支持。此后，相关工作持续一年半，搜集整理了大量第一手资料。①

（2）联络农村中小学教师、家长和村民等知情人士在日常工作与生活中实施长时间蹲点调查，提供第一手材料，实现人类学、民族学等领域所谓的“城市学府的专家和县镇乡的‘文化中人’、民俗里手的联手合作”②。比如，本书第九章所列高中学校个案的研究较多采用了这种方式。

（3）组织指导重庆第二师范学院约 160 名小学全科教育专业学生结合专业课程的学习，以本书课题组调查员身份，利用暑期“三下乡”活动、农村中小学顶岗支教、返回农村老家访师问友等机会，实施个案调研工作。③ 比如，本书第六章所列儿童个案的研究较多采用了这种方式。

（4）利用对农村中小学教育教学工作进行评估、考核与指导等机会实施个案调查。比如，2018 年 3—5 月，本书作者受重庆市教育评估院邀请，参加

---

① 参见本书附录《重庆市长寿区农村留守儿童寄宿教育调研部分工作资料》。

② 庄孔韶：《“蝗虫”法与“鼹鼠”法——人类学及其相关学科的研究取向评论》，《开放时代》2007 年第 3 期。

③ 参见本书附录《小学全科教育专业高师生留守儿童寄宿教育调研方案》。

“重庆市农村中小学领雁工程终结性验收评估”和“重庆市义务教育特色学校建设复评”，全面研究一大批举办留守儿童寄宿教育的农村中小学，并搜集了约50万字的研究资料。又如，2019年7月，重庆第二师范学院受上级领导委派，对重庆市16个深度贫困乡镇的基础教育发展情况进行深度调查。① 本书作者作为该项工作的主要参与者和组织者，深入调研黔江区金溪镇，彭水苗族土家族自治县（以下简称“彭水县”）三义乡、大垭乡，获取了丰富的研究资料和现场发现。

4. 塑造“理想类型”个案

我们高度认同存在主义哲学家萨特的观点，即“没有人是纯粹的个体，他或她必须被看成是更普遍的社会经验和社会进程中的个体……他所处的时代会抹平他，将其普遍化，之后他获得自己的个性，也就是在时代的普遍性中形成自我”②。为了避免纯粹意义的个案囿于各自的“个性”而失去对“更普遍的社会经验和社会进程”以及“时代的普遍性”的解释能力，我们综合文献研究、大面积调查和个案深度调研成果，塑造了若干儿童个体和小学、初中、高中等学校个案，及乡镇个案等一批对留守儿童寄宿教育质量、问题困难及改进策略具有普遍解释力的“理想类型”个案。

塑造“理想类型”个案这种方法，全国人大常委、中国社科院博导李培林在其专著《村落的终结》里有着成功运用。这部由费孝通先生题写书名的著作塑造了珠江三角洲城郊地区进入终结过程的村落代表——羊城村。这个村落“也是一个企业，是一种村落和企业合一的特殊的经济组织”③，它在现实世界中有一个村作为基本的塑造底版，但也具有许多个原型。作者把众多原型中最有代表性的特征和故事提炼出来，像用机器压缩饼干一样，压缩成了“羊

① 参见本书附录《重庆市深度贫困乡镇留守儿童寄宿教育调研部分工作资料》。

② ［美］邓金：《解释性交往行动主义——个人经历的叙事、倾听与理解》，周勇译，重庆大学出版社2004年版，第44页。

③ 李培林：《巨变：村落的终结——都市里的村庄研究》，《中国社会科学》2002年第1期。

城村”和“羊城村的故事”。[①] 而所谓“压缩”，主要是把“真实可靠的”原始素材中与主题无关的细节去掉，完成对“生活的提炼和综合”。[②] 受李培林启迪，我们采用类似的“压缩”真实可靠素材的方法，塑造了系列“理想类型”个案，以提升质性研究成果的“对话能力”，为读者创造性地建构和解读农村留守儿童寄宿教育的“真相”与“意义”提供更多参考。

当然，我们塑造系列“理想类型”个案的过程[③]更多参照了邓金所谓的“通往解释的步骤”：(1)确定研究主题；(2)解构现象，对现象的先前研究进行解构及批判性分析；(3)把握现象，获得多种多样的真实经验事例；(4)化约现象，从经验事例中提炼现象的基本元素、片段和结构；(5)建构现象，把基本元素、片段和结构重新建构成现象；(6)现象的情境化，将现象重新置于真实自然的社会世界。[④]

对于上述步骤，邓金等人有着另一种比喻——“缝制百衲被”[⑤]，而与这种“缝制”相似的“剪辑”“粘贴”“组合”之类的研究工作，费孝通先生在论及“微型社会学”相关理论时也有所提倡。他讲，社会人类学者研究整体的人文世界，可以“以一个人数较小的社区或一个较大社区的一部分为研究对象”，“把不同个人的片段生活集合起来”，用那些在零散情景中见到的具体镜头“编辑

---

① 参见李培林：《透视“城中村”——我研究“村落终结”的方法》，《思想战线》2004 年第 1 期。

② 参见李培林：《村落的终结——羊城村的故事》，商务印书馆 2004 年版，第 11—14 页。

③ 这一“塑造”过程及其结果呈现在本书最具代表性的是第九章。全章比较充分地体现了本书质性研究的旨趣：凸显现实主义风格，主要从当事人的视角描述研究结果，注意塑造形象，保留温度，呈现留守儿童寄宿教育的原生态情境与受访者的“本土概念”，“深描”日常教育生活细节，以较大单元容量传达被研究对象的人生经验所蕴含的丰富本质和多样意义。同时，立足于社会文化大环境，构建较大理论对话空间，邀请读者主动探究故事性经验数据所承载的理论内涵，逐步形成笔者与读者共同拥有的研究结论，并合理评判研究信度、效度及可能生成的共鸣性推广度。

④ 参见［美］邓金：《解释性交往行动主义——个人经历的叙事、倾听与理解》，周勇译，重庆大学出版社 2004 年版，第 56、77、167 页。

⑤ ［美］邓津等主编：《定性研究：方法论基础》，风笑天等译，重庆大学出版社 2007 年版，第 4 页。

成整体的人文世界”。① 我们塑造系列“理想类型”个案，就是在“缝制”邓金等人所言的“百衲被”，也是在“编辑”费孝通先生高度关注的“整体的人文世界”。

另外，要特别说明的是，本书下编（第六至十章）系列个案所拥有的原型数量有较大差异。如第七、八、九三章所列农村小学、初中、高中个案，都是在多个原型的基础上提取各个原型具有代表性的材料和特征“压缩”“编辑”而成，而第十章所列乡镇和学校个案，则基本只有一个原型。对于这种只有一个原型，且相关研究发现对于被调查者基本没有不利影响的个案，本书予以实名呈现。对于原型较多，或研究发现有可能对被调查者产生不利影响的个案，本书一律予以匿名呈现。

（二）量化研究：监测数据分析

2018 年 5—8 月，本书课题组抽取西部 M 省 2017 年度基础教育质量监测大数据实施了系统的定量研究，其研究成果主要纳入本书上编部分，即第一至五章。② 按照 M 省教育行政部门部署，在省政府教育督导室领导下，M 省基础教育质量监测中心于 2017 年 9 月开始实施这项工作。监测采用 PPS 分层不等概率抽样方法，在 M 省 40 个区县中抽取 994 所学校（616 所小学、378 所中学）的 40934 名五年级学生、25371 名九年级学生，对学生数学、英语③学业质量和心理健康及影响学生学业质量的主要相关因素进行监测。同时，对

① 费孝通：《江村经济——中国农民的生活》，商务印书馆 2001 年版，第 317、320 页。

② 本书课题组开展质性研究比量化研究早，而本书把量化研究成果列为上编。这一方面是因为量化研究成果产出早，另一方面更重要的原因是：量化研究结论相对单一明确，读者在了解上编量化研究结论的基础上阅读下编（第六至十章），可以更好评价质性研究成果的信度与效度，充分理解其丰富复杂性、客观真实性及人文性。上下两编对照阅读，有利于读者自主建构属于读者和笔者共同拥有的研究结论，较好把握本书量化研究与质性研究紧密结合的特征。

③ M 省基础教育质量监测已实施多年，2016 年度抽样监测语文、科学学业水平及这两科教师的教学情况；2017 年度抽样监测数学、英语学业水平及这两科教师的教学情况。如此轮换抽样已形成惯例。本书量化研究抽取分析了 2017 年度的相关数据。

994 所中小学校的 76585 名教师和 66305 名学生家长的相关因素进行监测。

本次监测的学生目标群体原定为义务阶段四年级和八年级学生，但由于测试时间安排到了 2017 年 9 月，实际监测的目标群体已分别升入五年级和九年级就读近一月。本书课题组主要抽取了上述 616 所小学、378 所中学当中农村留守儿童①数量排在小学和中学前 60 位，共计 120 所农村学校的学生、教师和家长的系列相关数据。这些学校都有寄宿农村留守儿童，合计抽取学生样本 7045 人。

60 所农村小学抽样学生总数量为 4526 人，平均每校抽取约 75 人。表 0-1、表 0-2、表 0-3 数据显示，这些样本学生当中，留守儿童 2752 人，占 60.8%，非留守儿童 1774 人，占 39.2%；留守儿童之中，寄宿儿童 878 人，占 31.9%，非寄宿儿童 1874 人，占 68.1%；学校所有寄宿学生中，留守儿童 878 人，占 79.5%，非留守儿童 227 人，占 20.5%。

表 0-1　60 所农村小学抽样学生基本情况

性别		是否留守		合计
		留守	非留守	
男	计数	1519	899	2418
	%	62.8	37.2	100.0
女	计数	1233	875	2108
	%	58.5	41.5	100.0
合计	计数	2752	1774	4526
	%	60.8	39.2	100.0

① 此处，也即本书定量研究所谓“农村留守儿童”采用了相对狭义的概念，是指父母双方外出务工或一方外出务工而另一方无监护能力、不满十六周岁的未成年人（参见国务院：《关于加强农村留守儿童关爱保护工作的意见》，国发〔2016〕13 号）。本书质性研究所谓“农村留守儿童”采用了相对广义的概念，主要是指具有连续半年及以上留守生活经历的农村儿童，按照国际惯例，其年龄限定在 18 岁以下，而留守生活，是指儿童在父母单方或双方外出就业时留居其户籍所在地农村的生活（参见任运昌：《农村留守儿童政策研究》，中国社会科学出版社 2013 年版，第 1 页）。

表 0-2　60 所农村小学抽样留守儿童基本情况

性别		是否寄宿		合计
		寄宿	非寄宿	
男	计数	523	996	1519
	%	34.4	65.6	100.0
女	计数	355	878	1233
	%	28.8	71.2	100.0
合计	计数	878	1874	2752
	%	31.9	68.1	100.0

表 0-3　60 所农村小学抽样寄宿学生基本情况

性别		是否留守		合计
		留守	非留守	
男	计数	523	123	646
	%	81.0	19.0	100.0
女	计数	355	104	459
	%	77.3	22.7	100.0
合计	计数	878	227	1105
	%	79.5	20.5	100.0

60 所农村中学抽样学生总数量为 2519 人，平均每校抽取约 42 人。其中，留守儿童 1249 人，占 49.2%，非留守儿童 1270 人，占 50.8%。具体情况见表 0-4、表 0-5、表 0-6。

表 0-4　60 所农村中学抽样学生基本情况

性别		是否留守		合计
		留守	非留守	
男	计数	696	699	1395
	%	49.9	50.1	100.0

续表

性别		是否留守		合计
		留守	非留守	
女	计数	553	571	1124
	%	49.2	50.8	100.0
合计	计数	1249	1270	2519
	%	49.6	50.4	100.0

表 0-5　60 所农村中学抽样留守儿童基本情况

性别		是否寄宿		合计
		寄宿	非寄宿	
男	计数	481	215	696
	%	69.1	30.9	100.0
女	计数	406	147	553
	%	73.4	26.6	100.0
合计	计数	887	362	1249
	%	71.0	29.0	100.0

表 0-6　60 所农村中学抽样寄宿学生基本情况

性别		是否留守		合计
		留守	非留守	
男	计数	481	420	901
	%	53.4	46.6	100.0
女	计数	406	381	787
	%	51.6	48.4	100.0
合计	计数	887	801	1688
	%	52.5	47.5	100.0

本书课题组抽取的主要教师样本是以上120所农村中小学的部分教师。其中,农村小学寄宿留守儿童教师981名,农村中学寄宿留守儿童教师3557名,合计4538名。抽取的主要家长样本是60所农村小学878名寄宿留守儿童的家长(除去缺失值后为710名),以及60所农村中学887名寄宿留守儿童的家长(除去缺失值后为886名),合计1596名。

M省这次监测使用的工具包括两大类:一类是学业测试工具,另一类是问卷测试工具。学业测试工具包括英语和数学学业测试工具,都由这两个学科领域专家基于英语和数学学科国家义务教育课程标准经过科学、严格的研发程序编制而成,其难度适中,信度、效度、区分度良好。问卷测试工具包括学生问卷、教师问卷(校长问卷、管理干部问卷、班主任问卷、五年级和九年级英语与数学学科教师问卷、一般教师问卷)、家长问卷,各类问卷信度、效度良好。所有检测工具的编制都按照国际学术工作通行程序,历经论证、初试、修订、审核等严谨环节。

本次监测采用纸质测试、电脑测试和手机测试三种形式。所有被测人员都遵循严格的测评程序独自完成。被试完成的纸质测试卷由专业人员及时扫描进入数据库,被试提供的所有在线数据不允许复制、粘贴,不在客户端保存,直接进入数据库。在数据库中,所有学生、教师、家长、学校的姓名或信息都被隐去,而以相应的ID号作为代码存储,确保数据的保密和真实。当然,所有数据源于学生、教师和家长的填答,因填答人员对问题理解、对实际情况及标准掌握等方面的差异,可能存在一定偏差,不过因为样本总量较大,这种偏差会处于正常的可控范围。就总体情况而言,被试提供的所有数据都具有高度可靠性,因为M省这次监测不同于传统意义的考试,不具备选拔、淘汰功能,不排名次,不公布分数,不评优评级,仅仅是为了诊断教育教学质量发展状况,为教育行政部门适时调整和制定更有针对性的政策举措提供可靠依据。

为了避免分析过程中出现人工错误,本次监测将多种先进的数据分析方法和数据挖掘技术内置到软件系统中,程序自动根据数据类型和监测目标选择分析方法,实现了数据分析的完全自动化。软件系统内置的主要算法包括:基础描述统计分析、T 检验、方差分析、非参检验、相关分析、回归分析等。数据分析的部分结果以“量尺分数”的形式表示,这是根据抽样师生答卷情况,采用项目反应理论(IRT)模型估计的标准分数,用于反映学生的学业成绩、教师的工作效能以及师生的身心健康水平等。M 省小学数学学业成绩的均值是 553. 5 分,中学数学学业成绩均值是 514. 1 分,中小学其余各项监测指标的均值都是 500 分,标准差为 100 分。各项监测指标得分越高,表明对应方面的水平越高,或强度越大,或程度越深。本次监测对来自不同群体或不同类别的数据进行了差异检验,本书确认的“显著差异”均指在统计学水平上达到显著。

二、研究发现与建议

(一)分析 M 省基础教育质量监测数据的发现

本书课题组抽取西部 M 省基础教育质量监测数据,参考田野调查情况进行系统分析,有如下比较重要的发现。

1. 影响农村留守儿童寄宿教育的家庭因素

抽样农村中小学寄宿留守儿童家庭的社会经济地位、家庭文化教育资源、家庭教育质量水平等普遍低于 M 省的平均水平。寄宿农村留守儿童家庭结构变异与功能缺损都非常严重,家庭教育问题与困难复杂多样,家长教育子女能力极为有限,投入时间和精力不足,质量难以保证。虽然家长对学校和教师比较认可,但与学校、教师合作共育的关系亟待进一步改善。

2. 影响农村留守儿童寄宿教育的学校因素

抽样寄宿留守儿童就读农村中小学校大班额、超大班额问题极为严重,学生的教育公平感普遍低于 M 省平均水平,学校安全教育、心理健康教育以及促进学生相互合作的教育等存在较大问题。学校教学设施设备及现代信息技术保障与使用情况有所改善，但使用的专业水准较低，对提升教育教学活动内涵质量发挥的作用还很不充分。学校办学理念和发展规划的落实，学校领导自身素质、管理能力，以及学校教育教学活动与教师评价管理等方面的情况还不容乐观。

3. 影响农村留守儿童寄宿教育的教师因素

抽样寄宿农村留守儿童所在学校教师队伍虽然学历情况较好，但入职不到3年者占比很高，职称水平很低，年龄和知识结构不合理，教师专业不对口造成的结构性缺编问题严重，心理教育专业教师严重缺乏。小学教师身心健康状况较好、职业满意度高，中学教师相对较差。多种原因导致很多教师希望调离农村，但他们流动的机会很少。职后培训方面，中学教师相对较好，小学教师参加培训方式单一，层次低，培训针对性不足，培训机会较少。中小学寄宿农村留守儿童所在学校班主任理论素养与实践能力都有待大幅度提高。

4. 寄宿农村留守儿童学业发展现状

抽样中小学寄宿农村留守儿童的学业发展水平整体低于M省的平均水平，系列相关问题非常严重。小学寄宿农村留守儿童学业负担极为沉重，他们同数学、英语教师的关系水平较差，数学、英语学业成就也特别差，学习兴趣与态度较差。因远离父母监控，中学寄宿农村留守儿童的学业负担相对较轻，但他们同数学、英语教师的关系水平较差，数学、英语学业成就差，学习兴趣与态度显著低于非寄宿留守儿童。中小学寄宿农村留守儿童的学业发展受到了“留守”的不利影响，更加严重地受到了“寄宿”的不利影响，双重不利影响导致农村中小学寄宿留守儿童学业发展问题比普通农村儿童、寄宿非留守儿童都更为严重。

5. 寄宿农村留守儿童身心发展现状

抽样中小学寄宿农村留守儿童的身心发展水平普遍低于M省平均水平，系列问题比较严重。农村小学寄宿留守儿童的国家荣誉感、思维能力等低于农村非寄宿留守儿童，几何感知能力、人际交往能力、抗挫折能力、同伴关系水平等显著低于非寄宿留守儿童，手机成瘾与学业负担水平特别显著地高于非寄宿留守儿童。农村中学寄宿留守儿童的勤劳水平显著高于农村非寄宿留守儿童。但是，问题解决能力显著低于非寄宿留守儿童，心理调适能力、抗挫折能力、人际交往能力、合作意识与同伴关系水平等显著低于非寄宿留守儿童，“留守”并未给中学寄宿儿童的社会适应带来太多消极影响，而“寄宿”带来的消极影响更严重。

6. 值得特别关注的其他方面

（1）寄宿农村中小学留守儿童所属农村儿童群体的学业和身心发展的一些指标严重低差。比如，农村儿童的数学、英语学业成就普遍大幅度低于 M 省平均水平，更严重低于 M 省城市儿童平均水平。又如，农村儿童的国家荣誉感普遍低于 M 省平均水平，更严重低于 M 省城市儿童的平均水平。再如，农村儿童的手机成瘾程度普遍高于 M 省平均水平，更严重高于 M 省城市儿童平均水平，且他们的手机成瘾程度与同伴关系水平呈显著正相关。这些情况进一步说明我国当前城乡基础教育非均衡发展状况仍然较为突出，要从根本上提高留守儿童寄宿教育质量，必须致力于农村基础教育质量的整体性提升。

（2）农村中学非寄宿留守儿童的学业和身心发展的一些指标与人们的惯常印象并不一致。比如，与同龄所有非留守儿童以及寄宿留守儿童等群体相比，农村中学非寄宿留守儿童的学业成绩与其他儿童基本一致，但是学业负担最轻，数学与英语的学习兴趣与态度水平显著高于寄宿留守儿童等群体，甚至高于 M 省平均水平。又如，身心发展方面，农村中学非寄宿留守儿童的手机成瘾水平最低，而心理调适能力、人际交往能力、合作意识与同伴关系水平都显著或特别显著地高于寄宿留守儿童和非留守儿童群体，也都高于 M 省平均水平。这些情况说明：留守生活促进了农村中学生学业和身心发展方面一些可测查指标的水平提升，留守生活可以为农村儿童教育提供契机和有效资源，而当前寄宿教育，在促进留守儿童健康成长方面特别严重地低于人们预期。当然，留守生活是否催化了中学生过早成熟，还需持续研究，而寄宿教育并非一无是处，在寄宿教育无法得到较好取代的情况下谋求其持续改善，显然任重道远。

（二）研究中西部留守儿童寄宿教育系列个案的发现

系列小学、初中、高中农村留守儿童个案研究发现，寄宿留守儿童具有丰富独特的生命潜能和人生经验，其中大部分儿童身心发展与学业状况较好，一些儿童甚至极为优秀。系列农村小学、初中、高中学校个案研究发现，留守儿童寄宿学校硬件设施设备建设取得了显著进展，其中部分学校的师资队伍建设、课程与教学建设、学校文化建设较好，一些学校甚至极为出色。系列乡镇、区县个案研究发现，留守儿童寄宿教育得到了地方政府的较好重视，教育运行经费与学生资助经费得到了较好保障，一些地方的留守儿童寄宿教育甚至取得了极为显著的成效与值得大力推广的经验。不过，系列个案研究更多地发现了农村留守儿童寄宿教育的以下问题与困难。

1. 寄宿留守儿童学习生活依然困难重重

寄宿农村留守儿童能够从家庭获取的学习生活支持严重不足。他们课外教育差，校外活动无人管，周末、节假日教育几乎一片空白，辍学失学现象难以杜绝，部分儿童家校往返交通不便，安全隐患突出。部分学校设施设备较差，运行经费不足，致使寄宿留守儿童食宿状况不容乐观。他们认为自己学习很苦、很累，压力很大，心理自卑孤独，烦恼一大堆。个别品行不良儿童严重不守校规校纪，早恋群殴，痴迷于网游，甚至吸毒、盗窃，丧失自尊。

2. 留守儿童寄宿教育师资问题错综复杂

留守儿童寄宿教育“教师方面的问题最大”，突出表现为：很多教师工作压力巨大、负担沉重，或工作状态懒散、得过且过，教育方法简单粗暴，导致师生关系紧张，甚至出现严重冲突。很多寄宿制学校都严重缺乏合格的生活教师、心理教师。一些学校教师队伍依然存在结构性缺编和年龄结构不合理现象，教师教研能力整体低下，专业素质较低，不能较好开发与实施留守儿童寄宿教育校本课程。教师职称晋升、绩效所得不够合理，生活环境艰苦，住房条件较差。不少教师深感“做得越好负担越重”“工作实在太艰辛，太心酸”“付出艰辛劳动根本得不到应有的报酬”。

3. 留守儿童寄宿教育文化生态较差

大量寄宿制学校实施的封闭式军事化管理，以及一切为了考试成绩、为了升学的非人本化教育思想致使寄宿留守儿童受到长时间、全空间的身心规训。学校常规教育奉行惩戒，学生学业质量整体较差、主体精神亟待强化，寄宿学习生活弥散着烦恼与苦痛。大量农村寄宿制小学长年累月地让学生重复度过“上课，做作业，吃饭，睡觉”的日子，大量农村寄宿制中学存在反学校文化和“读书无用论”，导致寄宿留守儿童所处底层文化再生产的逻辑链条不断延续甚至强化，多数寄宿留守儿童的童年与梦想都处于无奈的“寄宿”状态。寄宿留守儿童生活的社区和家庭文化资源严重匮乏，部分家长“心态很不正”，推卸、逃避自己应该承担的责任，“个别家长往往让老师无可奈何”。农村学校生源严重萎缩，学校发展动力不足，部分学校教学质量严重低差，令人触目惊心。一些留守儿童放弃学校集体寄宿而选择寄居亲戚家庭、祖辈租房陪读、寄居教师家庭、同学合租房屋寄居、独自租房寄居等各种类别的校外分散寄居。

（三）改进农村留守儿童寄宿教育的对策建议

为了持续改进农村留守儿童寄宿教育，保障他们真正享受公平而有质量的基础教育，获得童年健康成长与终身持续发展的最大可能，我们基于量化研究和质性研究的系列研究结论，主要提出五个方面的对策建议。

1. 尽快扭转农村教育非人本城市化的方向

农村留守儿童寄宿教育的大多问题是农村教育面临的普遍性问题。当前农村教育存在盲目地向城市看齐从而导致农村儿童存在厌农、贱农、离农、弃农的情绪。农村教育必须尽快扭转这种非人本城市化的方向，大力引导每一个农村儿童爱农、敬农、学农、兴农，全面实施乡土人本教育，面向未来培养高素质的乡村建设者和城市新市民，高质量地比肩城市教育。农村中小学教师要充分挖掘利用乡土文化教育资源，充分肯定、激发农村儿童的生命潜能，在实施语文、数学、英语等国家课程的过程中有效探索课程的地方化与校本化，同时大力开发实施富有乡土文化内涵和现代科技含量的校本课程。农村学校、家庭和社区要合力引导农村儿童快乐主动地沐浴祖先乡土智慧和新生代春风，积极培育他们的自信力、合作力、创造力和健康体魄，提高其学业成绩和道德素养，真正实现对于每一个农村儿童而言都具有的基础教育的人本化。

2. 大力增强留守儿童寄宿学校的主动担当

各级政府要进一步加强留守儿童寄宿学校的建设和管理，提高其担当能力和教育吸引力。硬件方面，要进一步建好学生宿舍、食堂等，配备先进的教学仪器设备。软件方面，要进一步强化学校文化和师资队伍的建设与管理。与此同时，留守儿童寄宿学校必须增强办学主体性，提高举办寄宿教育的积极性和创造性。应积极妥善地废止学校的封闭式军事化管理制度和各种形式的快、慢班分班制度。学校必须深入了解留守儿童和家长真正的需要，树立全心全意为农民家长及学生服务的观念，改善寄宿学习生活环境，加强寄宿管理。学校在校本乡土课程开发与实施方面要大力创新，要结合农村实际，邀请家长参与开展专题活动课教学，加强生存教育、心理教育、理想信念与安全法制教育，乡土文化与自然生态文明教育，提高留守儿童自尊自立与合作创新能力。学校要引导教师提高道德修养和专业技能，做好留守儿童的人生导师，争取家长参与支持教育，精准帮扶儿童成长，而不能一味埋怨家长。学校要鼓励和强化寄宿留守儿童的自我教育，真诚地爱学生，欣赏和尊崇他们的生命潜能，高度重视师生主体精神的自我唤醒与不断强化，创造性地放飞寄宿农村留守儿童的人生梦想。

3. 大力加强留守儿童寄宿教育的师资建设

首先，要进一步完善“公费师范生”政策，加强教师职前培养，为留守儿童寄宿教育提供数量充足，且具有深厚乡土情怀的“下得去、教得好、留得住”的优秀教师。其次，要提高留守儿童寄宿教育师资的配置水平，确保学校开齐、开足、开好体育、音乐、美术、英语等学科在内的所有国家规定课程；确保学校宿管、食堂、安保、卫生等方面有充足的服务保障人员。有条件的地区，还要探索完善优质生活教师的配置，使之能够较好担负学生心理疏导、安全教育、闲暇生活指导、课外文体活动策划与指导、寝室文化建设指导等教育重任。再次，要改善教师工作处境，有效缓解教师工作的非正常压力，严格控制下乡扶贫等有可能干扰正常教育教学工作的社会事务。要通过提供公租房、周转房等方式切实解决教师住宿问题，要贯彻执行精准考核、按劳取酬原则有效解决教师绩效问题，要认真落实职称评聘、津贴发放等方面的倾斜性政策，较好消除教师的“付出—回报失衡感”。另外，要强化教师的继续教育，积极引导、激励教师树立科学的学生观，提高教育教学的实践与研究能力。

4. 全面改善留守儿童寄宿教育的文化生态

为了斩断寄宿留守儿童所处底层文化不断延续甚至强化的再生产链条，学校必须主动参与农村社区文化生态建设，准确定位学校发展价值，选择以人为本、“以文化人”的内涵发展道路，为转型期农村社会奠定新文化根基，革新一代学生及其家长的精神风貌。学校应立足于自身拥有的物质与精神文化优势，推动学校与社区文化活动平台的共建共享；应立足于学校所处地域特色文化凝练办学理念，创建学校文化品牌；应立足于村民文化自觉与文化培根能力的涵养，丰富和发展学生家庭与社区育人文化的内涵；应立足于高品质的“教师文化”的锻造，使每一位教师都掌握“以文化人”的方法，创造“文化成人”的价值。必须杜绝留守儿童的污名化，学校要积极营造赏识学生的文化氛围，引导全体教师、家长和民众更多看到留守儿童生存发展的优势和资源，增强教育信心和动力，激励留守儿童的自我教育。政府、学校、社区等有关各方必须合作建设农村儿童社区文化活动中心，并与“乡村少年宫”“农家书屋”“留守儿童托管中心”等融为一体，由村委会专门设置聘请社区文教辅导员负责协调学校、村社等各方力量组织指导好农村儿童的文体活动。

5. 努力创新留守儿童寄宿学校的办学机制

农村地区寄宿制学校办学资源普遍短缺，政府必须创新落实“资源配置政策的倾斜支持机制”，确保学校正常运行和持续发展。教育行政部门可牵头创建“城区品牌学校+乡镇寄宿学校”的“大学区协同建设机制”，发挥城区优质教育帮扶作用，整体提升农村学校办学水平。相邻乡镇的所有学校可以建立以寄宿制学校为中心的片区教育发展共同体，创新实施“学校联盟集群建设机制”。学校还要探索实施“后勤的社会化服务机制”，使学校能够更好聚焦教育教学中心工作。后勤工作可以部分社会化，也可完全社会化，要面向市场通过竞争择优等方式招揽后勤服务企业，并根据服务质量由当地财政或学校拨款支付费用。有条件的地方，学校可以通过协商谈判建立寄宿留守儿童家长充分自愿且能深度参与监审的“家庭适度投入机制”。家庭的合理投入可以迅速提高寄宿留守儿童的餐饮、保育质量和每天课余、周末、节假日、寒暑假的生活与教育水平，较好解决家长后顾之忧。教育部等中央部委和各省级政府主管部门应基于个案学校成功探索的经验出台支持与促进政策。

第一章　寄宿农村留守儿童学业发展问题研究

寄宿农村留守儿童学业发展质量是考察留守儿童寄宿教育质量的重要指标。系统分析M省基础教育质量大范围专业监测相关数据发现，寄宿农村留守儿童学业发展问题严重，抽样中小学寄宿农村留守儿童的学业发展水平整体低于M省的平均水平。小学寄宿农村留守儿童学业负担极为沉重，他们同数学、英语教师的关系水平较差，数学、英语学业成就也特别差，学习兴趣与态度较差。① 因远离父母监控等原因，中学寄宿农村留守儿童的学业负担相对较轻，但他们同数学、英语教师的关系水平较差，数学、英语学业成就差，学习兴趣与态度显著低于非寄宿留守儿童。中小学寄宿农村留守儿童的学业发展受到了“留守”的不利影响，更加特别严重地受到了“寄宿”的不利影响，两方面双重不利影响导致中小学寄宿农村留守儿童学业发展问题比普通农村儿童、寄宿非留守儿童都更为严重。

---

① 按照多年惯例，M省2017年度基础教育质量监测的抽样学科为数学、英语，本书相关量化研究结论主要通过分析这两个学科及其任课教师的相关数据得出。

第一节 寄宿农村留守儿童的学业负担与师生关系

为了准确把握寄宿农村留守儿童的学业负担与师生关系水平，本书课题组抽取M省40个区县616所小学、378所中学当中留守儿童最多的农村中学、小学各60所，共计120所学校的教育质量专业监测数据进行了系统分析。

一、小学寄宿农村留守儿童的学业负担与师生关系

（一）小学寄宿农村留守儿童的学业负担

对4526名农村小学儿童相关监测数据分析发现，农村小学留守儿童的学业负担特别显著地高于非留守儿童（见表1-1），这值得高度关注。

表1-1 4526名农村小学儿童学业负担监测数据分析结果

学业负担指数	留守儿童	非留守儿童	P①
	507.6159	497.2602	0.002**

对2752名农村小学留守儿童相关监测数据分析发现，农村小学寄宿留守儿童的学业负担特别显著地高于非寄宿留守儿童（见表1-2），这同样值得高度关注。

表1-2 2752名农村小学留守儿童学业负担监测数据分析结果

学业负担指数	寄宿留守儿童	非寄宿留守儿童	P
	516.1646	503.9705	0.001**

① 采用SPSS 24.0统计软件分析系列数据发现，此处$P<0.05$，说明留守儿童与非留守儿童学业负担指数具有统计学意义的显著差异，P值越小，差异越显著。下同。

对1105名农村小学寄宿学生相关监测数据分析发现,农村小学寄宿留守儿童的学业负担高于寄宿非留守儿童(见表1-3),但在统计学水平上未达到显著。

表1-3　1105名农村小学寄宿学生学业负担监测数据分析结果

	寄宿留守儿童	寄宿非留守儿童	*P*
学业负担指数	516.1646	506.1904	0.087

710名家长对小学寄宿农村留守儿童学业负担的评价结果(见表1-4)显示,小学寄宿农村留守儿童学业负担在不少家长心目中明显偏重,认为"较重"和"很重"的家长共占28.03%。

表1-4　710名家长对小学寄宿农村留守儿童学业负担的评价结果

家长对学生学业负担的评价	频数	所占比例/%
偏轻	54	7.61
合适	457	64.36
较重	174	24.51
很重	25	3.52
总计	710	100.00

M省40个区县城乡994所学校,共616所小学、378中学的40934名五年级学生和25371名九年级学生的学业负担指数均值是500,而抽样农村小学寄宿留守儿童的学业负担指数均值达到了516(见表1-2、表1-3)。在此数据基础上,综合分析表1-1到表1-4的系列数据,可以得出如下结论:抽样农村小学寄宿留守儿童的学业负担高于M省平均水平,小学寄宿农村留守儿童学业负担最为沉重,特别值得高度关注。

(二)小学寄宿农村留守儿童的师生关系

对4526名农村小学儿童相关监测数据分析发现,农村小学留守儿童同数学教师、英语教师的关系水平与非留守儿童基本没有差异(见表1-5)。

表1-5 4526名农村小学儿童的师生关系监测数据分析结果

师生关系	留守儿童	非留守儿童	*P*
数学	480.4937	478.9954	0.765
英语	479.9236	481.4150	0.649

对2752名农村小学留守儿童相关监测数据分析发现,农村小学寄宿留守儿童同数学教师、英语教师的关系水平与非寄宿留守儿童有一定差距(见表1-6)。这虽然没有达到统计学的显著水平,但值得关注。本书课题组田野调查发现,小学寄宿留守儿童在校寄宿期间,与数学这一所谓"主科"教师相处的时间远远高于英语学科教师。另外,相对于数学而言,小学英语学习内容少、难度低,教学过程比较强调师生互动与游戏,趣味性较强。寄宿留守儿童与数学教师的关系水平低于非寄宿留守儿童,而与英语教师的关系水平高于非寄宿留守儿童这一情况说明,寄宿留守儿童的师生关系水平与教师所任教学科的学习难度,以及与教师相处的时间有着密切关系。学习难度较大,且要花费大量时间与寄宿留守儿童"长相厮守"的数学学科教师,同寄宿留守儿童的关系就较差。这进一步说明,寄宿虽然使留守儿童与教师相处的时间大量增加,但因师生关系不够和谐,所以他们寻求教师帮助解决学业困难的意愿很可能不强,效果也不一定好。

表1-6 2752名农村小学留守儿童的师生关系监测数据分析结果

师生关系	寄宿留守儿童	非寄宿留守儿童	*P*
数学	473.5130	483.4700	0.134
英语	484.7556	477.8619	0.140

对1105名农村小学寄宿学生相关监测数据分析发现,农村小学寄宿留守

儿童同数学教师、英语教师的关系水平与寄宿非留守儿童没有显著差异，但寄宿留守儿童同数学教师的关系水平比较明显地低于寄宿非留守儿童（见表1-7）。

表1-7　1105名农村小学寄宿学生的师生关系监测数据分析结果

师生关系	寄宿留守儿童	寄宿非留守儿童	*P*
数学	473.5130	489.6765	0.155
英语	484.7556	483.1657	0.667

M省40个区县城乡994所学校，共616所小学、378所中学的40934名五年级学生和25371名九年级学生的师生关系水平均值是500，而农村小学抽样寄宿留守儿童与数学教师、英语教师关系水平的均值分别为474、485（见表1-6、表1-7）。在此数据基础上，综合分析系列相关数据，可以得出如下结论：抽样农村小学寄宿留守儿童同数学教师、英语教师的关系水平低于M省的平均水平，农村小学寄宿留守儿童与“长相厮守”且学业难度较大的数学学科教师的关系水平较差，值得特别关注。

二、中学寄宿农村留守儿童的学业负担与师生关系

（一）中学寄宿农村留守儿童的学业负担

对2519名农村中学儿童相关监测数据分析发现，农村中学留守儿童的学业负担特别显著地低于非留守儿童（见表1-8），这值得高度关注。本书课题组田野调查发现其主要原因是留守儿童远离父母监控，主动实施了“自我减负”。

表1-8　2519名农村中学儿童学业负担监测数据分析结果

	留守儿童	非留守儿童	*P*
学业负担指数	493.5325	504.1689	0.001**

对1249名农村中学留守儿童相关监测数据分析发现，农村中学寄宿留守儿童的学业负担高于非寄宿留守儿童（见表1-9），但在统计学水平上未达到显著。这说明寄宿让农村中学留守儿童置于教师的更多的监控之下，可能被要求完成较多学习任务，所以负担较重。

表1-9　1249名农村中学留守儿童学业负担监测数据分析结果

学业负担指数	寄宿留守儿童	非寄宿留守儿童	P
	494.7532	486.9093	0.426

对1688名农村中学寄宿学生相关监测数据分析发现，农村中学寄宿留守儿童的学业负担特别显著地低于寄宿非留守儿童（见表1-10）。本书课题组田野调查发现其主要原因也是这些留守儿童远离父母监控，主动实施了“自我减负”。寄宿虽然让他们置于教师监控之下的时间很多，被要求完成的学习任务也可能较多，但是父母远离家乡，让他们获得了自主缓解学业压力的较大可能。

表1-10　1688名农村中学寄宿学生学业负担监测数据分析结果

学业负担指数	寄宿留守儿童	寄宿非留守儿童	P
	494.7532	507.7352	0.002**

886名家长对中学寄宿农村留守儿童学业负担的评价结果（见表1-11）显示，中学寄宿农村留守儿童学业负担在较多家长心目中明显偏重。但是，未做判断的家长有451名，超过了一半，这说明家长对学生学业负担的准确了解很少，家长判断的可信度不高。

表 1-11　886 名家长对中学寄宿农村留守儿童学业负担的评价结果

家长对学生学业负担的评价	频数	所占比例/%
偏轻	45	10.34
合适	197	45.29
较重	160	36.78
很重	33	7.59
总计	435	100.00
缺失	451	50.90

M 省 40 个区县城乡 994 所学校，共 616 所小学、378 中学的 40934 名五年级学生和 25371 名九年级学生的学业负担指数均值是 500，而农村中学抽样寄宿留守儿童的学业负担指数均值是 495（见表 1-10、表 1-11）。在此数据基础上，综合分析系列相关数据，可以得出如下结论：抽样农村中学寄宿留守儿童的学业负担低于 M 省的平均水平，相对于农村其他儿童群体而言也略轻，这种与人们惯常印象截然相反的状况值得特别关注。

（二）中学寄宿农村留守儿童的师生关系

对 2519 名农村中学儿童相关监测数据分析发现，农村中学留守儿童同数学教师、英语教师的关系水平与非留守儿童基本没有差异（见表 1-12）。这说明留守与否并未明显影响农村中学生与教师的关系水平。

表 1-12　2519 名农村中学儿童的师生关系监测数据分析结果

师生关系	留守儿童	非留守儿童	*P*
数学	482.4547	477.6456	0.717
英语	477.7810	478.4306	0.765

对 1249 名农村中学留守儿童相关监测数据分析发现，农村中学寄宿留守

儿童同数学教师、英语教师的关系水平特别显著地低于非寄宿留守儿童(见表1-13),这说明“寄宿”严重影响了留守儿童和教师的关系水平,值得高度关注。

表1-13　1249名农村中学留守儿童的师生关系监测数据分析结果

师生关系	寄宿留守儿童	非寄宿留守儿童	*P*
数学	478.0851	505.7859	0.000***
英语	474.6851	494.4988	0.004**

对1688名农村中学寄宿学生相关监测数据分析发现,农村中学寄宿留守儿童同数学教师、英语教师的关系水平比寄宿非留守儿童略低,但没有显著差异(见表1-14)。这再次说明,“寄宿”是影响农村中学生与教师关系水平的重要因素。

表1-14　1688名农村中学寄宿学生的师生关系监测数据分析结果

师生关系	寄宿留守儿童	寄宿非留守儿童	*P*
数学	478.0851	482.8999	0.111
英语	474.6851	475.2930	0.638

M省40个区县城乡994所学校,共616所中学、378所中学的40934名五年级学生和25371名九年级学生的师生关系水平均值是500,而农村中学抽样寄宿留守儿童与数学教师、英语教师关系水平的均值分别为478、475(见表1-13、表1-14)。在此数据基础上,综合分析系列相关数据,可以得出如下结论:抽样农村中学寄宿留守儿童的师生关系水平低于M省的平均值,中学寄宿农村留守儿童同数学教师、英语教师的关系差,与非寄宿留守儿童的差距达到了非常显著的水平,而与同为寄宿生的非留守儿童非常接近,这说明“寄宿”是导致农村初中师生关系差的关键因素,特别值得有关各方高度重视。

第二节　寄宿农村留守儿童的学业成就与学习兴趣态度

为了准确把握寄宿农村留守儿童的学业成就与学习兴趣态度水平，本书课题组抽取 M 省基础教育质量大范围专业监测的部分数据进行了系统分析。其中最重要的数据是 4526 名农村小学儿童和 2519 名农村中学儿童的相关数据。4526 名农村小学儿童中有留守儿童 2752 人,寄宿儿童 1105 人;2519 名农村中学儿童中有留守儿童 1249 人,寄宿儿童 1688 人。

一、小学寄宿农村留守儿童的学业成就与学习兴趣态度

(一)小学寄宿农村留守儿童的学业成就

对 4526 名农村小学儿童相关监测数据分析发现,农村小学留守儿童的数学、英语学业成就特别显著地低于非留守儿童(见表 1-15),这值得高度关注。

表 1-15　4526 名农村小学儿童的学业成就监测数据分析结果

学业成就	留守儿童	非留守儿童	*P*
数学	509. 4364	525. 7153	0. 000***
英语	439. 2044	457. 9080	0. 000***

对 2752 名农村小学留守儿童相关监测数据分析发现,农村小学寄宿留守儿童的数学学业成就与非寄宿留守儿童基本没有差异(见表 1-16),但英语学业成就显著低于非寄宿留守儿童,这值得高度关注。

表 1-16　2752 名农村小学留守儿童的学业成就监测数据分析结果

学业成就	寄宿留守儿童	非寄宿留守儿童	*P*
数学	509. 9112	509. 2069	0. 662
英语	428. 6896	444. 2851	0. 000***

对 1105 名农村小学寄宿学生相关监测数据分析发现，农村小学寄宿留守儿童的英语学业成就略高于寄宿非留守儿童，但数学学业成就特别显著地低于寄宿非留守儿童（见表 1-17），这值得高度关注。

表 1-17　1105 名农村小学寄宿学生的学业成就监测数据分析结果

学业成就	寄宿留守儿童	寄宿非留守儿童	*P*
数学	509. 9112	536. 8696	0. 001**
英语	428. 6896	422. 9506	0. 290

M 省 40 个区县城乡 616 所小学的 40934 名五年级学生数学、英语学业成就的均值分别是 553. 5、500，而农村小学抽样寄宿留守儿童数学、英语学业成就的均值分别为 510、429（见表 1-16、表 1-17）。在此数据基础上，综合分析表 1-15、表 1-16、表 1-17 的系列数据，可以得出如下结论：抽样农村小学寄宿留守儿童的学业成就低于 M 省的平均水平，小学寄宿农村留守儿童数学、英语学业成就很差，值得高度关注。当然，农村儿童的数学、英语学业成就普遍大幅度低于 M 省平均水平，更低于 M 省城市儿童的平均水平，这是城乡基础教育非均衡发展极为严重的重要表征，值得高度关注。

（二）小学寄宿农村留守儿童的学习兴趣态度

对 4526 名农村小学儿童相关监测数据分析发现，农村小学留守儿童数学、英语学习态度和兴趣，同非留守儿童没有显著差异（见表 1-18）。

表 1-18　4526 名农村小学儿童的学习兴趣态度监测数据分析结果

兴趣态度	留守儿童	非留守儿童	*P*
数学	495.8758	493.3447	0.454
数学	488.0684	487.7778	0.851
英语	482.5845	484.9061	0.626
英语	477.3614	482.3448	0.373

对 2752 名农村小学留守儿童相关监测数据分析发现，农村小学寄宿留守儿童数学、英语学习兴趣与非寄宿留守儿童基本没有差异（见表 1-19），但数学、英语学习态度低于非寄宿留守儿童，尤其是英语学习态度的低差达到了显著水平，值得关注。

表 1-19　2752 名农村小学留守儿童的学习兴趣态度监测数据分析结果

兴趣态度	寄宿留守儿童	非寄宿留守儿童	*P*
数学	495.1216	496.1984	0.902
数学	479.9553	491.4985	0.072
英语	479.3887	483.9787	0.487
英语	468.7952	481.0992	0.050*

对 1105 名农村小学寄宿学生相关监测数据分析发现，农村小学寄宿留守儿童数学、英语学习的态度和兴趣，同寄宿非留守儿童没有显著差异（见表 1-20）。

表 1-20　1105 名农村小学寄宿学生学习兴趣态度监测数据分析结果

兴趣态度	寄宿留守儿童	寄宿非留守儿童	*P*
数学	495.1216	503.4202	0.535
数学	479.9553	485.9404	0.722
英语	479.3887	478.0975	0.892

续表

兴趣态度	寄宿留守儿童	寄宿非留守儿童	P
英语	468.7952	484.6422	0.722

M 省 40 个区县城乡 616 所小学的 40934 名五年级学生数学、英语学习兴趣与态度的均值都是 500，而农村小学抽样寄宿留守儿童数学、英语学习兴趣的均值分别是 495、479，数学、英语学习态度的均值分别是 480、469（见表 1-19、表 1-20）。在此数据基础上，综合分析表 1-18、表 1-19、表 1-20 的系列数据，可以得出如下结论：抽样农村小学寄宿留守儿童的学习兴趣与态度水平低于 M 省的平均水平，小学寄宿农村留守儿童数学、英语学习兴趣与态度较差，尤其是英语学习态度值得关注。

二、中学寄宿农村留守儿童的学业成就与学习兴趣态度

（一）中学寄宿农村留守儿童的学业成就

对 2519 名农村中学儿童相关监测数据分析发现，农村中学留守儿童的数学、英语学业成就都低于非留守儿童，尤其是数学学业成就显著低于非留守儿童（见表 1-21）。

表 1-21　2519 名农村中学儿童的学业成就监测数据分析结果

学业成就	留守儿童	非留守儿童	P
数学	486.7723	493.3910	0.028*
英语	466.3882	473.4697	0.092

对 1249 名农村中学留守儿童相关监测数据分析发现，农村中学寄宿留守儿童数学学业成就与非寄宿留守儿童基本没有差距，英语学业成就略低（见表 1-22），说明寄宿并未提高留守儿童的学业成就。

表 1-22　1249 名农村中学留守儿童的学业成就监测数据分析结果

学业成就	寄宿留守儿童	非寄宿留守儿童	*P*
数学	486. 8418	486. 3965	0. 938
英语	465. 2257	472. 6758	0. 388

对 1688 名农村中学寄宿学生相关监测数据分析发现，农村中学寄宿留守儿童的英语学业成就低于寄宿非留守儿童而没有达到显著差异水平，但数学学业成就显著低于寄宿非留守儿童（见表 1-23），值得高度关注。

表 1-23　1688 名农村中学寄宿学生的学业成就监测数据分析结果

学习成就	寄宿留守儿童	寄宿非留守儿童	*P*
数学	486. 8418	495. 2916	0. 015*
英语	465. 2257	471. 6849	0. 166

M 省 40 个区县城乡 378 中学的 25371 名九年级学生数学、英语学业成就水平的均值分别是 514、500，而农村中学抽样寄宿留守儿童数学、英语学业成就的均值分别为 487、465（见表 1-22、表 1-23）。在此数据基础上，综合分析表 1-21、表 1-22、表 1-23 的系列数据，可以得出如下结论：抽样农村中学寄宿留守儿童的学业成就低于 M 省的平均水平，中学寄宿农村留守儿童数学、英语学业成就较差，尤其是数学学业成就与寄宿非留守儿童的差距达到了显著水平，说明“留守”是导致寄宿农村留守儿童学业成就较差的重要因素。当然，农村儿童的数学、英语学业成就普遍低于 M 省平均水平，更低于 M 省城市儿童的平均水平，这说明城乡基础教育非均衡发展现象突出，值得高度关注。

（二）中学寄宿农村留守儿童的学习兴趣态度

对 2519 名农村中学儿童相关监测数据分析发现，农村中学留守儿童数学、英语学习的兴趣与态度水平高于非留守儿童,尤其是数学学习兴趣水平特别显著地高于非留守儿童(见表 1-24),这与人们惯常印象相反,值得关注。本书课题组田野调查发现其主要原因是留守儿童远离父母监控,这在一定程度印证,家长对子女学习的重视与监管,并不一定能够有效促进子女学习。

表 1-24 2519 名农村中学儿童的学习兴趣态度监测数据分析结果

兴趣态度	留守儿童	非留守儿童	*P*
数学	492. 9933	478. 6974	0. 002**
数学	484. 0902	482. 6852	0. 934
英语	483. 8606	477. 5144	0. 115
英语	486. 6596	478. 7351	0. 169

对 1249 名农村中学留守儿童相关监测数据分析发现,农村中学寄宿留守儿童数学、英语学习的兴趣与态度几乎都是特别显著地低于非寄宿留守儿童(见表 1-25),这说明“寄宿”成了“罪魁祸首”,严重地影响了中学农村留守儿童的学习兴趣与态度,值得高度重视。

表 1-25 1249 名农村中学留守儿童的学习兴趣态度监测数据分析结果

兴趣态度	寄宿留守儿童	非寄宿留守儿童	*P*
数学	488. 5003	517. 3164	0. 001**
数学	479. 9858	506. 1481	0. 001**
英语	479. 6798	506. 0709	0. 002**
英语	483. 5081	503. 3427	0. 023*

对 1688 名农村中学寄宿学生相关监测数据分析发现,农村中学寄宿留守儿童数学、英语学习的兴趣、态度与寄宿非留守儿童没有显著差异(见表 1-26),寄宿学生数学、英语学习兴趣与态度水平整体不容乐观。

表 1-26　1688 名农村中学寄宿学生的学习兴趣态度监测数据分析结果

兴趣态度	寄宿留守儿童	寄宿非留守儿童	*P*
数学	488.5003	482.6099	0.326
数学	479.9858	487.8015	0.050
英语	479.6798	477.3018	0.568
英语	483.5081	479.8466	0.587

M 省 40 个区县城乡 378 中学的 25371 名九年级学生数学、英语学习兴趣、态度指数均值都是 500，而农村中学抽样寄宿留守儿童数学、英语学习兴趣的均值分别是 489、480，态度的均值分别为 480、484（见表 1-25、表 1-26）。在此数据基础上，综合分析表 1-24、表 1-25、表 1-26 的系列数据，可以得出如下结论：抽样农村中学寄宿留守儿童的学习兴趣与态度水平低于 M 省的平均值，农村中学留守儿童数学、英语学习的兴趣与态度水平虽然高于非留守儿童，数学学习兴趣水平甚至显著高于非留守儿童，但其中寄宿留守儿童数学、英语学习的兴趣与态度水平差，显著低于非寄宿留守儿童，这直接说明"寄宿"严重影响了农村中学留守儿童的学习兴趣与态度。

第三节　寄宿农村留守儿童学业发展影响因素与对策分析

在从"留守儿童与非留守儿童""寄宿留守儿童与非寄宿留守儿童""寄宿留守儿童与寄宿非留守儿童"三个比较视角分析寄宿留守儿童学业发展状况后，本书课题组聚焦 878 名小学寄宿留守儿童和 887 名中学寄宿留守儿童这两个样本的相关数据，结合田野调查情况，对寄宿农村留守儿童学业影响因素与问题、对策进行了比较深入的分析、梳理。

一、小学寄宿农村留守儿童学业发展影响因素与对策分析

(一)小学寄宿农村留守儿童学业发展影响因素

通过一元线性回归分析发现,抽样小学寄宿农村留守儿童的数学学习态度与其数学学业成就呈显著正相关(见表 1-27),即学生数学学习态度越好,其数学学业成就越高。

表 1-27 878 名小学寄宿农村留守儿童数学学习态度影响数学学业成就的分析结果

	系数	显著性
常数	438. 544	0. 000
数学学习态度	0. 155	0. 002
因变量:数学学业成就		

通过一元线性回归分析发现,抽样小学寄宿农村留守儿童的数学学习兴趣与其数学学业成就呈显著正相关(见表 1-28),即学生数学学习兴趣越高,其数学学业成就越高。

表 1-28 878 名小学寄宿农村留守儿童数学学习兴趣影响数学学业成就的分析结果

	系数	显著性
常数	427. 160	0. 000
数学学习兴趣	0. 169	0. 001
因变量:数学学业成就		

通过一元线性回归分析发现,抽样小学寄宿农村留守儿童的数学学习兴趣与其数学学习态度呈显著正相关(见表 1-29),即学生数学学习兴趣越高,其数学学习态度越好。

表 1-29　878 名小学寄宿农村留守儿童数学学习兴趣影响数学学习态度的分析结果

常数	系数	显著性
	187. 194	0. 000
数学学习兴趣	0. 589	0. 000
因变量:数学学习态度		

通过一元线性回归分析发现,抽样小学寄宿农村留守儿童的英语学习态度与其英语学业成就呈显著正相关(见表 1-30),即学生英语学习态度越好,其英语学业成就越高。

表 1-30　878 名小学寄宿农村留守儿童英语学习态度影响英语学业成就的分析结果

常数	系数	显著性
	355. 158	0. 000
英语学习态度	0. 170	0. 000
因变量:英语学业成就		

通过一元线性回归分析发现,抽样小学寄宿农村留守儿童的英语学习兴趣与其英语学业成就呈显著正相关(见表 1-31),即学生英语学习兴趣越高,其英语学业成就越高。

表 1-31　878 名小学寄宿农村留守儿童英语学习兴趣影响英语学业成就的分析结果

常数	系数	显著性
	332. 033	0. 000
英语学习兴趣	0. 215	0. 000
因变量:英语学业成就		

通过一元线性回归分析发现,抽样小学寄宿农村留守儿童的英语学习兴

趣与其英语学习态度呈显著正相关(见表1-32),即学生英语学习兴趣越高,其英语学习态度越好。

表1-32　878名小学寄宿农村留守儿童英语学习兴趣影响英语学习态度的分析结果

常数	系数	显著性
	157.612	0.000
英语学习兴趣	0.654	0.000
因变量:英语学习态度		

通过一元线性回归分析发现,抽样小学寄宿农村留守儿童的数学师生关系与其数学学业成就呈显著正相关(见表1-33),即学生数学师生关系越好,其数学学业成就越高。

表1-33　878名小学寄宿农村留守儿童数学师生关系影响数学学业成就的分析结果

常数	系数	显著性
	391.929	0.000
数学师生关系	0.247	0.000
因变量:数学学业成就		

通过一元线性回归分析发现,抽样小学寄宿农村留守儿童的英语师生关系与其英语学业成就呈显著正相关(见表1-34),即学生英语师生关系越好,其英语学业成就越高。

表1-34　878名小学寄宿农村留守儿童英语师生关系影响英语学业成就的分析结果

常数	系数	显著性
	333.006	0.000
英语师生关系	0.205	0.000
因变量:英语学业成就		

通过一元线性回归分析发现，抽样小学寄宿农村留守儿童的自尊水平与其数学学业成就呈显著正相关（见表 1-35），即学生自尊水平越高，其数学学业成就越高。

表 1-35　878 名小学寄宿农村留守儿童自尊水平影响数学学业成就的分析结果

常数	系数	显著性
	421.355	0.000
自尊水平	0.182	0.006
因变量:数学学业成就		

通过一元线性回归分析发现，抽样小学寄宿农村留守儿童的自尊水平与其英语学业成就呈显著正相关（见表 1-36），即学生自尊水平越高，其英语学业成就越高。

表 1-36　878 名小学寄宿农村留守儿童自尊水平影响英语学业成就的分析结果

常数	系数	显著性
	369.003	0.000
自尊水平	0.128	0.001
因变量:英语学业成就		

通过一元线性回归分析发现，抽样小学寄宿农村留守儿童的手机成瘾水平与其数学学业成就呈显著负相关（见表 1-37），即学生手机成瘾水平越高，其数学学业成就越低。

表 1-37　878 名小学寄宿农村留守儿童手机成瘾影响数学学业成就的分析结果

常数	系数	显著性
	622.071	0.000
手机成瘾	-0.212	0.000
因变量:数学学业成就		

通过一元线性回归分析发现,抽样小学寄宿农村留守儿童的手机成瘾水平与其英语学业成就呈显著负相关(见表 1-38),即学生手机成瘾水平越高,其英语学业成就越低。

表 1-38 878 名小学寄宿农村留守儿童手机成瘾影响英语学业成就的分析结果

常数	系数	显著性
	453.778	0.000
手机成瘾	-0.052	0.071
因变量:英语学业成就		

(二)小学寄宿农村留守儿童学业发展问题与对策分析

小学寄宿农村留守儿童学业负担极为沉重,值得高度关注。小学寄宿农村留守儿童同数学教师、英语教师,尤其是数学教师的关系水平较差,寄宿让他们从教师那里获取的学业帮助很有限。小学寄宿农村留守儿童数学、英语学业成就很差,值得高度关注。小学寄宿农村留守儿童数学、英语学习兴趣与态度偏差,尤其是英语学习态度值得高度关注。综上可知,小学寄宿农村留守儿童的学业发展同时受到了"寄宿"与"留守"的消极影响,学业发展问题比普通农村儿童、寄宿非留守儿童都更为严重。

小学寄宿农村留守儿童的数学、英语学业成就与其学习兴趣、态度水平呈显著正相关,而学习态度与兴趣水平之间又呈显著正相关。这说明,提升他们学业水平极其重要的策略是高度强化学习兴趣的培养与学习态度的教育。小学寄宿农村留守儿童的数学、英语学业成就与师生之间的关系水平呈显著正相关,这说明,要改进小学寄宿农村留守儿童的学业状态,教师必须主动改善自己与学生之间的关系,提高师生关系水平,为寄宿留守儿童提供较多有效的学业帮助。小学寄宿农村留守儿童的学业成就与其自尊水平呈显著正相关,而与其手机成瘾水平呈显著负相关,这说明,帮助他们应对学业发展问题的另一重要策略是高度重视其身心健康水平的提升，通过丰富多彩的教育教学活动提高寄宿留守儿童的自尊水平，消除他们依赖手机打发寂寞时光的心理惯性，促进身心全面发展。

本书课题组田野调查发现，农村小学寄宿留守儿童所属留守儿童群体的学业负担显著高于非留守儿童，主要原因在于留守儿童无法获得家长的学业辅导，同时年龄较小，心理承受力较弱，不敢轻易违背老师的要求，抱着无所谓的态度放弃学业。农村寄宿小学闲暇教育严重匮乏，课外活动单调，学生上课时间大量延长，自习课无限增加，作业量显著提高，而学生年龄尚小，主体性与叛逆性不足，在学校纪律约束和教师督促之下，不敢偷懒取巧。这直接导致了学生学习兴趣与态度差、师生关系不洽和身心发展状态欠佳。在这种情况下，积极丰富寄宿学生课余闲暇教育课程、大力改善师生关系、全面提高学习兴趣和态度水平等，对于改善农村小学寄宿留守儿童学习状态，提高学业成就具有重要作用。

二、中学寄宿农村留守儿童学业发展影响因素与对策分析

（一）中学寄宿农村留守儿童学业发展影响因素

通过一元线性回归分析发现，抽样中学寄宿农村留守儿童的数学学习态度与其数学学业成就呈显著正相关（见表1-39），即学生数学学习态度越好，其数学学业成就越高。

表1-39　887名中学寄宿农村留守儿童数学学习态度影响数学学业成就的分析结果

	系数	显著性
常数	349.703	0.000
数学学习态度	0.289	0.000
因变量：数学学业成就		

通过一元线性回归分析发现，抽样中学寄宿农村留守儿童的数学学习兴趣与其数学学业成就呈显著正相关（见表1-40），即学生数学学习兴趣越高，其数学学业成就越高。

表1-40　887名中学寄宿农村留守儿童数学学习兴趣影响数学学业成就的分析结果

常数	系数	显著性
	323.500	0.000
数学学习兴趣	0.338	0.000
因变量：数学学业成就		

通过一元线性回归分析发现，抽样中学寄宿农村留守儿童的数学学习兴趣与其数学学习态度呈显著正相关（见表1-41），即学生数学学习兴趣越高，其数学学习态度越好。

表1-41　887名中学寄宿农村留守儿童数学学习兴趣影响数学学习态度的分析结果

常数	系数	显著性
	207.076	0.000
数学学习兴趣	0.559	0.000
因变量：数学学习态度		

通过一元线性回归分析发现，抽样中学寄宿农村留守儿童的数学师生关系与其数学学业成就呈显著正相关（见表1-42），即学生数学师生关系越好，其数学学业成就越高。

表1-42　887名中学寄宿农村留守儿童数学师生关系影响数学学业成就的分析结果

常数	系数	显著性
	351.345	0.000

续表

常数	系数	显著性
	351.345	0.000
数学师生关系	0.287	0.000
因变量:数学学业成就		

通过一元线性回归分析发现,抽样中学寄宿农村留守儿童的自尊水平与其数学学业成就没有显著相关性(见表1-43)。

表1-43　887名中学寄宿农村留守儿童自尊水平影响数学学业成就的分析结果

常数	系数	显著性
	473.944	0.000
自尊水平	0.029	0.351
因变量:数学学业成就		

通过一元线性回归分析发现,抽样中学寄宿农村留守儿童的手机成瘾水平与其数学学业成就呈显著负相关(见表1-44),即学生手机成瘾水平越高,其数学学业成就越低。

表1-44　887名中学寄宿农村留守儿童手机成瘾影响数学学业成就的分析结果

常数	系数	显著性
	578.614	0.000
手机成瘾	-0.170	0.000
因变量:数学学业成就		

通过一元线性回归分析发现,抽样中学寄宿农村留守儿童的家庭社会经济地位与其数学学业成就没有显著相关性(见表1-45)。

表 1-45　887 名中学寄宿农村留守儿童家庭社会经济地位影响数学学业成就的分析结果

	系数	显著性
常数	471.021	0.000
家庭社会经济地位	0.037	0.487
因变量:数学学业成就		

通过一元线性回归分析发现,抽样中学寄宿农村留守儿童的英语学习态度与其英语学业成就呈显著正相关(见表 1-46),即学生英语学习态度越好,其英语学业成就越高。

表 1-46　887 名中学寄宿农村留守儿童英语学习态度影响英语学业成就的分析结果

	系数	显著性
常数	303.988	0.000
英语学习态度	0.338	0.000
因变量:英语学业成就		

通过一元线性回归分析发现,抽样中学寄宿农村留守儿童的英语学习兴趣与其英语学业成就呈显著正相关(见表 1-47),即学生英语学习兴趣越高,其英语学业成就越高。

表 1-47　887 名中学寄宿农村留守儿童英语学习兴趣影响英语学业成就的分析结果

	系数	显著性
常数	284.542	0.000
英语学习兴趣	0.379	0.000
因变量:英语学业成就		

通过一元线性回归分析发现,抽样中学寄宿农村留守儿童的英语学习兴

趣与其英语学习态度呈显著正相关(见表 1-48),即学生英语学习兴趣越高,其英语学习态度越好。

表 1-48　887 名中学寄宿农村留守儿童英语学习兴趣影响英语学习态度的分析结果

常数	系数	显著性
	171.787	0.000
英语学习兴趣	0.650	0.000
因变量:英语学习态度		

通过一元线性回归分析发现,抽样中学寄宿农村留守儿童的英语师生关系与其英语学业成就呈显著正相关(见表 1-49),即学生英语师生关系越好,其英语学业成就越高。

表 1-49　887 名中学寄宿农村留守儿童英语师生关系影响英语学业成就的分析结果

常数	系数	显著性
	317.932	0.000
英语师生关系	0.312	0.000
因变量:英语学业成就		

通过一元线性回归分析发现,抽样中学寄宿农村留守儿童的自尊水平与其英语学业成就没有显著相关性(见表 1-50)。

表 1-50　887 名中学寄宿农村留守儿童自尊水平影响英语学业成就的分析结果

常数	系数	显著性
	445.913	0.000
学生自尊	0.042	0.177
因变量:英语学业成就		

通过一元线性回归分析发现，抽样中学寄宿农村留守儿童的手机成瘾水平与其英语学业成就呈显著负相关（见表1-51），即学生手机成瘾水平越高，其英语学业成就越低。

表1-51　887名中学寄宿农村留守儿童手机成瘾影响英语学业成就的分析结果

常数	系数	显著性
	557.555	0.000
手机成瘾	-0.176	0.000
因变量:英语学业成就		

通过一元线性回归分析发现，抽样中学寄宿农村留守儿童的家庭社会经济地位与其英语学业成就没有显著相关性（见表1-52）。

表1-52　887名中学寄宿农村留守儿童家庭社会经济地位影响英语学业成就的分析结果

常数	系数	显著性
	425.375	0.000
家庭社会经济地位	0.094	0.074
因变量:英语学业成就		

（二）中学寄宿农村留守儿童学业发展问题与对策分析

中学寄宿农村留守儿童的学业负担相对于其他儿童群体而言较轻。这种情况与人们的惯常印象截然不同，有关各方应该像重视小学寄宿留守儿童学业负担极为沉重的状况一样，对此高度重视。本书课题组田野调查发现，农村中学寄宿留守儿童所属留守儿童群体的学业负担低于非留守儿童，主要原因在于他们远离了家长监控，其中包括三种情况：一是少数学业成就优良者，远离家长监控后，更加自觉、自主，他们已经感受不到过重的学业负担，或者不认为本该完成的学习任务是一种负担；二是不少学业困难或失败者，远离家长监控后学习成绩每况愈下，教师、家长以及他们自己都在不同程度上放弃了他们的学业，致使他们对学业负担无所谓；三是更多处于一般状态的留守儿童，远离家长监控后他们大多顺其自然，能做多少算多少，愿做多少就多少，学业负担相对较轻。寄宿留守儿童的学业负担显著低于寄宿非留守儿童，其原因与上述原因大体相同。寄宿留守儿童的学业负担稍高于非寄宿留守儿童的主要原因是：他们寄宿在校，受到了教师较多督促与监控，非寄宿留守儿童则因为与教师相处时间较短，学业负担相对就更轻。这种情况的积极意义是使农村中学留守儿童数学、英语学习的兴趣与态度水平高于非留守儿童，但对其学业成就水平有一定负面影响。学校教师积极主动地与家长、学生有效合作，把握好学业负担、学习兴趣、学业成就等要素之间的平衡点，是当前农村留守儿童寄宿教育，乃至整个中小学教育必须积极探索解决的重要课题。

中学寄宿农村留守儿童同数学教师、英语教师的关系水平偏差，与非寄宿留守儿童的差距达到了显著水平，而与寄宿非留守儿童没有显著差异，说明“寄宿”是导致师生关系较差的关键因素。中学寄宿农村留守儿童数学、英语学业成就较差，尤其是数学学业成就与寄宿非留守儿童的差距达到了显著水平，说明“留守”是导致其学业成就偏差的重要因素。农村中学留守儿童数学、英语学习的兴趣与态度水平虽然高于非留守儿童，数学学习兴趣水平甚至显著高于非留守儿童，但其中的寄宿留守儿童数学、英语学习的兴趣与态度水平差，显著低于非寄宿留守儿童，这直接说明“寄宿”严重影响了留守儿童的学习兴趣与态度。综上可知，中学寄宿农村留守儿童的学业发展同时受到了“寄宿”与“留守”的消极影响，学业发展问题比普通农村儿童、寄宿非留守儿童都更为严重。

中学寄宿农村留守儿童数学、英语学业成就与其家庭社会经济地位没有显著相关性，但与其学习兴趣、学习态度呈显著正相关，而学习态度与兴趣彼此之间又呈显著正相关。这说明，高度重视他们学习兴趣的培养与学习态度的教育，是应对中学寄宿农村留守儿童学业问题极其重要的策略。中学寄宿农村留守儿童的数学、英语学业成就与师生关系水平呈显著正相关。这说明，教师主动改善自己与学生关系，提高师生关系水平，为寄宿留守儿童提供真正有效的学业帮助与成长辅导，是应对中学寄宿农村留守儿童学业问题的又一重要策略。中学寄宿农村留守儿童的学业成就与其自尊水平没有显著正相关，但与其手机成瘾水平呈显著负相关。这说明，促进中学寄宿留守儿童全面发展，培养其良好的日常行为习惯和健康的心理素质，是帮助他们应对学业发展问题的重要策略。

第二章　寄宿农村留守儿童身心发展问题研究

寄宿农村留守儿童身心发展状况是考察农村留守儿童寄宿教育质量的关键指标。系统分析M省基础教育质量大范围专业监测所获部分相关数据发现,抽样农村中小学寄宿留守儿童的身心发展水平普遍低于M省平均水平,其身心发展问题严重。农村小学寄宿留守儿童的国家荣誉感、思维能力等低于其他农村儿童群体;几何感知能力、人际交往能力、抗挫折能力、同伴关系水平等显著低于农村其他儿童群体;手机成瘾与学业负担水平特别显著地高于农村其他儿童群体。农村中学寄宿留守儿童的勤劳水平显著高于农村非寄宿留守儿童。但是,问题解决能力显著低于非寄宿留守儿童;心理调适能力、抗挫折能力、人际交往能力、合作意识与同伴关系水平等特别显著地低于非寄宿留守儿童。系列量化指标表明“留守”对中学寄宿农村留守儿童社会适应并无消极影响,但“寄宿”的消极影响极为严重。中小学寄宿农村留守儿童品德修养与身心健康、身心发展与学业发展彼此密切影响,有关各方必须多管齐下,统筹考虑寄宿农村留守儿童学业与身心发展水平的全面提高。

第一节　寄宿农村留守儿童的品德修养与思维能力

本书课题组抽取M省40个区县616所小学、378所中学当中留守儿童最多的农村中、小学各60所,共计120所学校的教育质量专业监测相关数据,对寄宿农村留守儿童的品德修养与思维能力水平进行系统分析。

一、小学寄宿农村留守儿童的品德修养与思维能力

(一)小学寄宿农村留守儿童的品德修养

对4526名农村小学儿童相关监测数据分析发现,农村小学留守儿童的节俭水平显著高于非留守儿童,勤劳水平略高于非留守儿童,国家荣誉感没有显著差异(见表2-1)。这印证了留守让“穷人的孩子早当家”,留守生活经历蕴藏着促进儿童教育成长的资源。

表2-1　4526名农村小学儿童品德修养监测数据分析结果

品德修养	留守儿童	非留守儿童	*P*
国家荣誉感	467.5541	469.8108	0.551
勤劳	487.4754	480.6561	0.135
节俭	487.6158	476.6787	0.023*

对2752名农村小学留守儿童相关监测数据分析发现,农村小学寄宿留守儿童的勤劳水平显著高于非寄宿留守儿童,节俭水平显著低于非寄宿留守儿童,国家荣誉感没有显著差异(见表2-2)。这说明,寄宿让留守儿童承担了相对较多的生活自理事务而更勤劳,但未能促进其节俭美德的养成。

表 2-2　2752 名农村小学留守儿童品德修养监测数据分析结果

品德修养	寄宿留守儿童	非寄宿留守儿童	*P*
国家荣誉感	468.7767	466.9587	0.864
勤劳	498.2856	482.1464	0.006**
节俭	478.7879	491.9991	0.015*

对 1105 名农村小学寄宿学生相关监测数据分析发现，农村小学寄宿留守儿童的节俭水平显著低于寄宿非留守儿童，勤劳水平与国家荣誉感略低于寄宿非留守儿童，但都没有达到统计学的显著差异水平（见表 2-3）。本书课题组田野调查发现农村小学寄宿留守儿童的节俭水平显著低于寄宿非留守儿童的主要原因是，家长为寄宿的孩子提供了一定生活费、零花钱，但因为长时间远离孩子而无法指导孩子合理消费，学校教师也未能对这些孩子提供有效的消费教育与指导。

表 2-3　4526 名农村小学儿童品德修养监测数据分析结果

品德修养	寄宿留守儿童	寄宿非留守儿童	*P*
国家荣誉感	468.7767	473.7346	0.432
勤劳	498.2856	508.9180	0.119
节俭	478.7879	501.5623	0.017*

M 省 40 个区县城乡 994 所学校，共 616 所小学、378 中学的 40934 名五年级学生和 25371 名九年级学生的国家荣誉感、勤劳、节俭等品德修养指数均值都是 500，而农村小学抽样寄宿留守儿童相应指数的均值分别是 469、498、479（见表 2-2、表 2-3）。在此数据基础上，综合分析表 2-1、表 2-2、表 2-3 的系列数据，可以得出如下结论：抽样农村小学寄宿留守儿童的国家荣誉感和节俭水平都低于 M 省的平均水平，“寄宿”对留守儿童养成勤劳品德有一定促进作用，但寄宿留守儿童的节俭水平显著低于寄宿非留守儿童和非寄宿留守儿童。

另外，农村儿童的国家荣誉感普遍低于M省平均水平，更低于M省城市儿童的平均水平，这与农村儿童学业成就显著低差的情况一致，值得高度关注。

（二）小学寄宿农村留守儿童的思维能力

对4526名农村小学儿童相关监测数据分析发现，农村小学留守儿童的空间感知能力、几何感知能力、好奇求知能力、问题解决能力都略低于非留守儿童，但没有达到显著差异水平（见表2-4）。

表2-4　4526名农村小学儿童思维能力监测数据分析结果

思维能力	留守儿童	非留守儿童	*P*
空间感知	476.2199	482.0159	0.200
几何感知	480.4378	486.4152	0.111
好奇求知	477.9214	479.7285	0.659
问题解决	479.7338	481.0475	0.744

对2752名农村小学留守儿童相关监测数据分析发现，农村小学寄宿留守儿童的空间感知能力、几何感知能力、好奇求知能力都低于非寄宿留守儿童（见表2-5），其中几何感知能力显著低差，其余能力相差很小。

表2-5　2752名农村小学留守儿童思维能力监测数据分析结果

思维能力	寄宿留守儿童	非寄宿留守儿童	*P*
空间感知	473.1164	477.5456	0.359
几何感知	470.3081	485.2659	0.013*
好奇求知	476.7536	478.4377	0.676
问题解决	481.2268	479.0917	0.552

对1105名农村小学寄宿学生相关监测数据分析发现，农村小学寄宿留守儿童的空间感知能力、几何感知能力、好奇求知能力、问题解决能力都低

于寄宿非留守儿童（见表2-6），其低差程度虽未达到统计学的显著水平，但值得关注。

表2-6　1105名农村小学寄宿学生思维能力监测数据分析结果

思维能力	寄宿留守儿童	寄宿非留守儿童	*P*
空间感知	473.1164	490.4695	0.240
几何感知	470.3081	490.3080	0.063
好奇求知	476.7536	483.1471	0.685
问题解决	481.2268	493.6271	0.264

M省40个区县城乡994所学校，共616所小学、378所中学的40934名五年级学生和25371名九年级的空间感知能力、几何感知能力、好奇求知能力、问题解决能力指数均值都是500，而农村小学抽样寄宿留守儿童相应指数均值分别为473、470、477、481（见表2-5、表2-6）。在此数据基础上，综合分析表2-4、表2-5、表2-6的系列数据，可以得出如下结论：抽样农村小学寄宿留守儿童思维发展水平低于M省平均水平，其空间感知能力、几何感知能力、好奇求知能力、问题解决能力较差。通过与农村其他儿童群体相比发现，“寄宿”和“留守”同时给农村小学寄宿留守儿童的思维发展带来双重不利影响。

二、中学寄宿农村留守儿童的品德修养与思维能力

（一）中学寄宿农村留守儿童的品德修养

对2519名农村中学儿童相关监测数据分析发现，中学农村留守儿童的国家荣誉感与节俭水平都略高于非留守儿童，而勤劳水平显著高于非留守儿童（见表2-7），这值得特别关注。

表 2-7　2519 名农村中学儿童品德修养监测数据分析结果

品德修养	留守儿童	非留守儿童	*P*
国家荣誉感	480. 5946	478. 3530	0. 732
勤劳	515. 9971	502. 6680	0. 001**
节俭	491. 0305	486. 9044	0. 346

对 1249 名农村中学留守儿童相关监测数据分析发现,农村中学寄宿留守儿童的勤劳水平显著高于农村非寄宿留守儿童,但节俭水平稍低,国家荣誉感方面基本没有差别(见表 2-8)。这说明,“寄宿”与“留守”的双重作用促进了寄宿留守儿童勤劳水平的提高。

表 2-8　1249 名农村中学留守儿童品德修养监测数据分析结果

品德修养	寄宿留守儿童	非寄宿留守儿童	*P*
国家荣誉感	480. 5669	480. 7397	0. 882
勤劳	519. 9034	495. 7014	0. 001**
节俭	489. 3479	499. 7392	0. 297

对 1688 名农村中学寄宿学生相关监测数据分析发现,农村中学寄宿留守儿童的国家荣誉感、勤劳、节俭水平与寄宿非留守儿童没有显著差异,不过国家荣誉感与勤劳水平略高(见表 2-9)。

表 2-9　1688 名农村中学寄宿学生品德修养监测数据分析结果

品德修养	寄宿留守儿童	寄宿非留守儿童	*P*
国家荣誉感	480. 5669	477. 8282	0. 735
勤劳	519. 9034	514. 3859	0. 272
节俭	489. 3479	489. 2326	0. 875

M 省 40 个区县城乡 994 所学校,共 616 所小学、378 所中学的 40934 名五年

级学生和25371名九年级学生的国家荣誉感、勤劳、节俭水平的指数均值都是500，而农村中学抽样寄宿留守儿童相应指数均值分别是481、520、489（见表2-8、表2-9）。在此数据基础上，综合分析表2-7、表2-8、表2-9的系列数据，可以得出如下结论：抽样农村中学寄宿留守儿童的国家荣誉感与节俭水平低于M省平均水平，勤劳水平高于M省平均水平。农村中学寄宿留守儿童的勤劳水平显著高于农村非寄宿留守儿童，国家荣誉感、节俭水平与农村其他儿童群体没有显著差别，"寄宿"与"留守"两方面的因素提高了寄宿留守儿童的勤劳水平。

（二）中学寄宿农村留守儿童思维能力

对2519名农村中学儿童相关监测数据分析发现，农村中学留守儿童与非留守儿童的空间感知能力、几何感知能力、好奇求知能力和问题解决能力没有明显差异，但前者总体稍好（见表2-10）。

表2-10　2519名农村中学儿童思维能力监测数据分析结果

思维能力	留守儿童	非留守儿童	*P*
空间感知	473.2362	477.5036	0.379
几何感知	494.6051	492.8083	0.613
好奇求知	489.3432	485.4630	0.466
问题解决	489.1566	481.8936	0.124

对1249名农村中学留守儿童相关监测数据分析发现，农村中学寄宿留守儿童与非寄宿留守儿童的空间感知能力、几何感知能力、好奇求知能力没有显著差异，但问题解决能力方面，寄宿留守儿童显著低于非寄宿留守儿童（见表2-11）。

表2-11　1249名农村中学留守儿童思维能力监测数据分析结果

思维能力	寄宿留守儿童	非寄宿留守儿童	*P*
空间感知	472.5847	476.7531	0.664

续表

思维能力	寄宿留守儿童	非寄宿留守儿童	*P*
几何感知	495. 2404	491. 3170	0. 496
好奇求知	488. 5279	493. 7194	0. 899
问题解决	484. 8398	512. 2502	0. 001 **

对 1688 名农村中学寄宿学生相关监测数据分析发现,农村中学寄宿留守儿童与寄宿非留守儿童的空间感知能力、几何感知能力、好奇求知能力和问题解决能力没有显著差异(见表 2-12)。

表 2-12　1688 名农村中学寄宿学生思维能力监测数据分析结果

思维能力	寄宿留守儿童	寄宿非留守儿童	*P*
空间感知	472. 5847	474. 9717	0. 649
几何感知	495. 2404	496. 8514	0. 988
好奇求知	488. 5279	487. 0551	0. 670
问题解决	484. 8398	486. 4578	0. 670

M 省 40 个区县城乡 994 所学校,共 616 所中学、378 所中学的 40934 名五年级学生和 25371 名九年级学生空间感知能力、几何感知能力、好奇求知能力和问题解决能力指数均值都是 500,而农村中学抽样寄宿留守儿童相应指数均值分别为 473、495、489、484(见表 2-11、表 2-12)。在此数据基础上,综合分析表 2-10、表 2-11、表 2-12 的系列数据,可以得出如下结论:抽样农村中学寄宿留守儿童的思维能力发展水平低于 M 省平均水平。中学寄宿农村留守儿童与农村其他儿童的空间感知能力、几何感知能力、好奇求知能力没有显著差异,但问题解决能力方面,寄宿留守儿童显著低于非寄宿留守儿童,说明当前寄宿教育不利于留守儿童解决问题能力的发展。

第二节　寄宿农村留守儿童社会适应与身心健康

本书课题组抽取M省基础教育质量大范围专业监测相关数据，对寄宿农村留守儿童社会适应与身心健康水平进行系统分析。其中最重要的数据是4526名农村小学儿童和2519名农村中学儿童的数据。4526名农村小学儿童中有留守儿童2752人，寄宿儿童1105人；2519名农村中学儿童中有留守儿童1249人，寄宿儿童1688人。

一、小学寄宿农村留守儿童社会适应与身心健康

（一）小学寄宿农村留守儿童社会适应

对4526名农村小学儿童相关监测数据分析发现，农村小学留守儿童心理调适能力、抗挫折能力、人际交往能力、合作意识、同伴关系水平都低于非留守儿童，不过都未达到统计学的显著水平（见表2-13）。

表2-13　4526名农村小学儿童社会适应监测数据分析结果

社会适应	留守儿童	非留守儿童	*P*
心理调适能力	474.6824	476.9733	0.281
抗挫折能力	479.5572	480.3784	0.512
人际交往能力	468.7567	475.5612	0.051
合作意识	473.5060	480.6872	0.126
同伴关系	483.7532	486.3339	0.436

对2752名农村小学留守儿童相关监测数据分析发现，农村小学寄宿留守儿童的心理调适能力、抗挫折能力、人际交往能力、合作意识、同伴关系水平都低于非寄宿留守儿童，其中人际交往能力、同伴关系水平显著低于非寄宿留守

儿童,这值得高度关注(见表 2-14)。

表 2-14　2752 名农村小学留守儿童社会适应监测数据分析结果

社会适应	寄宿留守儿童	非寄宿留守儿童	*P*
心理调适能力	472.9885	475.4076	0.369
抗挫折能力	476.8284	480.7322	0.836
人际交往能力	459.4651	472.6943	0.011*
合作意识	468.5792	475.6030	0.169
同伴关系	475.4335	487.3291	0.042*

对 1105 名农村小学寄宿学生相关监测数据分析发现,农村小学寄宿留守儿童的心理调适能力、抗挫折能力、人际交往能力、合作意识、同伴关系水平都低于寄宿非留守儿童,其中抗挫折能力显著低于寄宿非留守儿童,这值得关注(见表 2-15)。

表 2-15　1105 名农村小学寄宿学生社会适应监测数据分析结果

社会适应	寄宿留守儿童	寄宿非留守儿童	*P*
心理调适能力	472.9885	493.9048	0.182
抗挫折能力	476.8284	502.2878	0.010*
人际交往能力	459.4651	475.2862	0.057
合作意识	468.5792	479.9183	0.364
同伴关系	475.4335	482.3852	0.496

M 省 40 个区县城乡 616 所小学的 40934 名五年级学生心理调适能力、抗挫折能力、人际交往能力、合作意识、同伴关系水平指数均值都是 500,而农村小学抽样寄宿留守儿童相应指数均值分别为 473、477、459、469、475(见表 2-14、表 2-15)。在此数据基础上,综合分析表 2-13、表 2-14、表 2-15 的系列数据,可以得出如下结论:抽样农村小学寄宿留守儿童以心理调适能力等为

代表的社会适应素质低于 M 省平均水平。农村小学寄宿留守儿童的人际交往能力、抗挫折能力、同伴关系水平均低于农村其他儿童群体，这说明“留守”与“寄宿”都给他们的社会适应带来了消极影响。另外，农村儿童的人际交往能力、合作意识等普遍低于 M 省平均水平，更低于 M 省城市儿童平均水平，值得高度关注。

（二）小学寄宿农村留守儿童身心健康

对 4526 名农村小学儿童相关监测数据分析发现，农村小学留守儿童的自尊与手机成瘾水平，同非留守儿童没有显著差异，但学业负担显著高于非留守儿童（见表 2-16）。

表 2-16　4526 名农村小学儿童身心健康监测数据分析结果

身心健康	留守儿童	非留守儿童	*P*
学生自尊	476.472	475.1557	0.837
手机成瘾	521.890	522.7307	0.958
学业负担	507.6159	497.2602	0.002**

对 2752 名农村小学留守儿童相关监测数据分析发现，农村小学寄宿留守儿童的自尊水平略低于非寄宿留守儿童而没有达到显著水平，但手机成瘾、学业负担水平都特别显著地高于非寄宿留守儿童（见表 2-17），这值得高度关注。

表 2-17　2752 名农村小学留守儿童身心健康监测数据分析结果

身心健康	寄宿留守儿童	非寄宿留守儿童	*P*
学生自尊	472.0533	478.3453	0.287
手机成瘾	536.7166	514.3373	0.003**
学业负担	516.1646	503.9705	0.001**

对1105名农村小学寄宿学生相关监测数据分析发现，农村小学寄宿留守儿童的自尊水平低于寄宿非留守儿童而没有显著差异，而手机成瘾、学业负担水平都显著高于寄宿非留守儿童，手机成瘾水平特别显著地高于寄宿非留守儿童（见表2-18），这值得特别关注。

表2-18　1105名农村小学寄宿学生身心健康监测数据分析结果

身心健康	寄宿留守儿童	寄宿非留守儿童	*P*
学生自尊	472.0533	488.5401	0.062
手机成瘾	536.7166	504.9779	0.004**
学业负担	516.1646	506.1904	0.087**

M省40个区县城乡616所小学的40934名五年级学生的自尊、手机成瘾与学业负担指数均值都是500，而农村小学抽样寄宿留守儿童相应指数均值分别是472、537、516（见表2-17、表2-18）。在此数据基础上，综合分析表2-16、表2-17、表2-18的系列数据，可以得出如下结论：抽样小学寄宿农村留守儿童自尊、手机成瘾与学业负担水平反映的身心健康状况差于M省平均水平。小学寄宿农村留守儿童的手机成瘾与学业负担水平明显地高于农村其他儿童群体，这说明“留守”与“寄宿”都给他们的身心健康带来了较大消极影响。另外，农村儿童的手机成瘾程度普遍高于M省平均水平，更高于M省城市儿童平均水平，值得高度关注。

二、中学寄宿农村留守儿童社会适应与身心健康

（一）中学寄宿农村留守儿童社会适应

对2519名农村中学儿童相关监测数据分析发现，中学农村留守儿童的心理调适能力、抗挫折能力、人际交往能力、合作意识与同伴关系水平、班上好朋友数量都高于非留守儿童，尤其是心理调适能力、抗挫折能力显著高于非留守

儿童(见表 2-19),值得特别关注。

表 2-19　2519 名农村中学儿童社会适应监测数据分析结果

社会适应	留守儿童	非留守儿童	P
心理调适能力	488. 6489	479. 1113	0. 006**
抗挫折能力	492. 9533	481. 8176	0. 014*
人际交往能力	496. 1321	490. 1786	0. 105
合作意识	488. 6032	485. 8145	0. 591
同伴关系	494. 1274	493. 9488	0. 885
班上好朋友数量	7. 10	6. 98	0. 337

对 1249 名农村中学留守儿童相关监测数据分析发现,农村中学寄宿留守儿童班上好朋友数量略高于非寄宿留守儿童而未达到显著水平;寄宿留守儿童的心理调适能力、抗挫折能力、人际交往能力、合作意识与同伴关系水平都低于非寄宿留守儿童,同伴关系水平显著低于非寄宿留守儿童,心理调适能力、人际交往能力、合作意识水平极其显著地低于非寄宿留守儿童(见表 2-20)。这进一步说明,当前"寄宿"对中学农村留守儿童健康成长存在严重不利影响,值得高度重视。

表 2-20　1249 名农村中学留守儿童社会适应监测数据分析结果

社会适应	寄宿留守儿童	非寄宿留守儿童	P
心理调适能力	483. 2187	517. 8987	0. 000***
抗挫折能力	489. 8682	509. 4953	0. 029
人际交往能力	492. 1837	517. 3032	0. 009**
合作意识	484. 2353	511. 9163	0. 003**
同伴关系	490. 5242	513. 4478	0. 011*
班上好朋友数量	7. 22	6. 41	0. 102

对 1688 名农村中学寄宿学生相关监测数据分析发现,农村中学寄宿留守儿童的心理调适能力、抗挫折能力、人际交往能力、合作意识与同伴关系水平、班上好朋友数量都略高于寄宿非留守儿童(见表 2-21),这值得关注。

表 2-21　1688 名农村中学寄宿学生社会适应监测数据分析结果

社会适应	寄宿留守儿童	寄宿非留守儿童	*P*
心理调适能力	483. 2187	478. 2799	0. 156
抗挫折能力	489. 8682	483. 2170	0. 218
人际交往能力	492. 1837	491. 5133	0. 648
合作意识	484. 2353	485. 3305	0. 942
同伴关系	490. 5242	489. 9571	0. 891
班上好朋友数量	7. 22	6. 62	0. 438

M 省 40 个区县城乡 378 所中学的 25371 名九年级学生心理调适能力、抗挫折能力、人际交往能力、合作意识与同伴关系水平指数均值都是 500,而农村中学抽样寄宿留守儿童相应指数均值分别为 483、490、492、484、491(见表 2-20、表 2-21)。在此数据基础上,综合分析表 2-19、表 2-20、表 2-21 的系列数据,可以得出如下结论:抽样农村中学寄宿留守儿童心理调适能力等为代表的社会适应素质低于 M 省平均水平。农村中学寄宿留守儿童心理调适能力、抗挫折能力略高于寄宿非留守儿童,但是他们的心理调适能力、抗挫折能力、人际交往能力、合作意识与同伴关系水平几乎都特别显著地低于非寄宿留守儿童。这些量化指标说明,"留守"并未给中学寄宿农村留守儿童的社会适应带来消极影响,而"寄宿"带来的消极影响极为严重。

值得特别说明的是,农村中学非寄宿留守儿童的心理调适能力、人际交往能力、合作意识与同伴关系水平指数分别达到了 518、517、512、513,都显著或特别显著地高于寄宿留守儿童和农村其他儿童群体(见表 2-22),也都高于 M 省相应指数均值 500。这说明"留守"显著促进了中学农村留守儿童社会适应水平的提高,留守生活可以为中学留守儿童教育提供教育资源和契机,如果寄宿教育能够充分挖掘利用这些资源,中学寄宿农村留守儿童的身心发展水平可以得到较好提升。当然,农村中学非寄宿留守儿童作为尚在接受义务教育的未成年人,其社会适应水平显著或特别显著地高于城乡其他儿童群体,这是否已经导致儿童过早告别童年、走向"早熟"而影响其终身持续发展,还有待进一步研究。

表 2-22　2519 名农村中学儿童所处群体社会适应监测数据

社会适应	非寄宿 留守儿童	留守儿童	非留守儿童	寄宿 留守儿童	寄宿 非留守儿童
心理调适能力	517.8987	488.6489	479.1113	483.2187	478.2799
人际交往能力	517.3032	496.1321	490.1786	492.1837	491.5133
合作意识	511.9163	488.6032	485.8145	484.2353	485.3305
同伴关系	513.4478	494.1274	493.9488	490.5242	489.9571

(二)中学寄宿农村留守儿童身心健康

对 2519 名农村中学儿童相关监测数据分析发现,农村中学留守儿童自尊与手机成瘾水平与非留守儿童没有显著差异,但学业负担显著低于非留守儿童(见表 2-23),这值得特别关注。

表 2-23　2519 名农村中学儿童身心健康监测数据分析结果

身心健康	留守儿童	非留守儿童	*P*
学生自尊	490.1423	486.1011	0.795
手机成瘾	511.0240	509.3926	0.581
学业负担	493.5325	504.1689	0.001**

对 1249 名农村中学留守儿童相关监测数据分析发现,农村中学寄宿留守

儿童的自尊水平低于非寄宿留守儿童，手机成瘾程度与学业负担都高于非寄宿留守儿童（见表2-24），虽然都没有达到显著差异水平，但至少说明当前寄宿教育对促进留守儿童身心健康未能发挥应有作用。

表2-24　1249名农村中学留守儿童身心健康监测数据分析结果

身心健康	寄宿留守儿童	非寄宿留守儿童	*P*
学生自尊	487.6836	503.3709	0.060
手机成瘾	513.5190	497.5328	0.053
学业负担	494.7532	486.9093	0.426

对1688名农村中学寄宿学生相关监测数据分析发现，农村中学寄宿留守儿童自尊与手机成瘾水平与寄宿非留守儿童没有显著差异，但学业负担特别显著地低于寄宿非留守儿童（见表2-25）。

表2-25　1688名农村中学寄宿学生身心健康监测数据分析结果

身心健康	寄宿留守儿童	寄宿非留守儿童	*P*
学生自尊	487.6836	485.9296	0.677
手机成瘾	513.5190	512.0983	0.541
学业负担	494.7532	507.7352	0.002**

M省40个区县城乡378中学的25371名九年级学生自尊、手机成瘾、学业负担指数均值都是500，而农村中学抽样寄宿留守儿童相应指数均值分别是488、513、495（见表2-24、表2-25）。在此数据基础上，综合分析表2-23、表2-24、表2-25的系列数据，可以得出如下结论：抽样农村中学寄宿留守儿童自尊、手机成瘾水平表征的身心健康水平与农村其他儿童群体没有显著区别。农村中学寄宿留守儿童自尊水平低于非寄宿留守儿童，手

机成瘾程度与学业负担都高于非寄宿留守儿童，虽然都没有达到显著差异水平，但也说明“寄宿”对留守儿童身心健康具有一定负面影响。另外，农村中学儿童手机成瘾程度高于M省平均水平，更高于M省城市儿童平均水平，值得高度关注。

第三节　寄宿农村留守儿童身心发展影响因素与对策分析

基于“留守儿童与非留守儿童”“寄宿留守儿童与非寄宿留守儿童”“寄宿留守儿童与寄宿非留守儿童”三个比较视角，系统分析寄宿留守儿童身心发展状况后，本书课题组聚焦878名小学寄宿留守儿童和887名中学寄宿留守儿童这两个样本相关数据，结合田野调查发现，对寄宿农村留守儿童品德修养与身心健康影响因素与对策及其身心与学业发展相互影响问题与对策进行简要梳理和讨论。

一、寄宿农村留守儿童品德修养与身心健康影响因素与对策分析

（一）寄宿农村留守儿童品德修养影响因素与对策分析

通过把887名中学寄宿农村留守儿童的国家荣誉感、手机成瘾、同伴关系、英语成绩、数学成绩、学业负担、教育公平、亲子沟通满意度、父母控制、父母关爱、父母鼓励自主、教师关爱学生、家长感知到的学校质量、学校满意度、家庭社会经济地位、节俭等作为自变量纳入逐步回归模型，系统分析相关数据发现，抽样中学寄宿农村留守儿童的勤劳程度与其国家荣誉感、节俭程度、同伴关系水平、父母鼓励自主程度呈显著正相关，与手机成瘾程度呈显著负相关（见表2-26）。

表 2-26 887 名中学寄宿农村留守儿童勤劳品德影响因素分析结果

因变量	模型	自变量	R^2	F	显著性	非标准化系数		标准系数	t	显著性
						B	标准错误	贝塔		
勤劳	1	（常量）	0.19	44.18	0.000	316.20	31.10		10.17	0.000
		节俭				0.41	0.06	0.43	6.65	0.000
	2	（常量）	0.22	27.05	0.000	263.79	35.56		7.42	0.000
		节俭				0.34	0.07	0.36	5.21	0.000
		国家荣誉感				0.18	0.06	0.20	2.87	0.005
	3	（常量）	0.24	20.42	0.000	358.88	52.84		6.79	0.000
		节俭				0.30	0.07	0.32	4.49	0.000
		国家荣誉感				0.18	0.06	0.20	2.94	0.004
		手机成瘾				-0.15	0.06	-0.16	-2.41	0.017
	4	（常量）	0.27	17.24	0.000	317.49	54.80		5.79	0.000
		节俭				0.28	0.07	0.29	4.16	0.000
		国家荣誉感				0.16	0.06	0.17	2.55	0.012
		手机成瘾				-0.16	0.06	-0.17	-2.59	0.010
		同伴关系				0.14	0.06	0.16	2.46	0.015
	5	（常量）	0.28	14.89	0.000	265.19	59.89		4.43	0.000
		节俭				0.28	0.07	0.29	4.21	0.000
		国家荣誉感				0.15	0.06	0.17	2.47	0.015
		手机成瘾				-0.15	0.06	-0.16	-2.44	0.015
		同伴关系				0.14	0.06	0.16	2.44	0.016
		父母鼓励自主				0.10	0.05	0.13	2.07	0.039

通过把 887 名中学寄宿农村留守儿童的国家荣誉感、手机成瘾、同伴关系、英语成绩、数学成绩、学业负担、教育公平、亲子沟通满意度、父母控制、父母关爱、父母鼓励自主、教师关爱学生、家长感知到的学校质量、学校满意度、家庭社

会经济地位、勤劳等作为自变量纳入逐步回归模型，系统分析相关数据发现，抽样中学寄宿农村留守儿童的节俭程度与其国家荣誉感、勤劳程度、学业负担水平呈显著正相关，与学校满意度、手机成瘾程度呈显著负相关（见表2-27）。

表2-27　887名中学寄宿农村留守儿童节俭品德影响因素分析结果

因变量	模型	自变量	R^2	F	显著性	非标准化系数		标准系数	t	显著性
						B	标准错误	贝塔		
节俭	1	（常量）	0.19	44.18	0.000	255.66	35.98		7.11	0.000
		勤劳				0.45	0.07	0.43	6.65	0.000
	2	（常量）	0.25	31.11	0.000	183.72	39.45		4.66	0.000
		勤劳				0.36	0.07	0.35	5.21	0.000
		国家荣誉感				0.25	0.06	0.26	3.85	0.000
	3	（常量）	0.27	23.57	0.000	290.56	56.82		5.11	0.000
		勤劳				0.32	0.07	0.30	4.49	0.000
		国家荣誉感				0.25	0.06	0.26	3.91	0.000
		手机成瘾				-0.16	0.06	-0.17	-2.58	0.011
	4	（常量）	0.29	19.51	0.000	358.09	62.96		5.69	0.000
		勤劳				0.32	0.07	0.30	4.50	0.000
		国家荣誉感				0.27	0.06	0.28	4.31	0.000
		手机成瘾				-0.18	0.06	-0.18	-2.89	0.004
		学校满意度				-0.14	0.06	-0.15	-2.37	0.019
	5	（常量）	0.32	17.34	0.000	320.41	63.84		5.02	0.000
		勤劳				0.29	0.07	0.27	4.06	0.000
		国家荣誉感				0.25	0.06	0.26	4.03	0.000
		手机成瘾				-0.18	0.06	-0.18	-2.87	0.005
		学校满意度				-0.15	0.06	-0.16	-2.60	0.010
		学业负担				0.13	0.05	0.16	2.53	0.012

抽样中学寄宿农村留守儿童的系列相关数据分析结果说明，中学寄宿农村留守儿童的国家荣誉感、节俭程度、同伴关系水平、父母鼓励自主程度越高，他们就越勤劳；手机成瘾程度越高勤劳程度就越低；他们的国家荣誉感、勤劳程度、学业负担水平越高，他们就越节俭；学校满意度、手机成瘾程度越高节俭程度就越低。这些结果说明，提高中学寄宿农村留守儿童勤劳、节俭等品德修养，促进他们身心健康发展，必须坚持以下策略：其一，加强爱国主义教育，促进他们对我国经济社会建设成就的了解和认同，增强他们热爱祖国的情感。其二，丰富教育教学活动，培养他们多方面的学习兴趣和生活情趣，有效降低他们对手机的迷恋、依赖和成瘾程度。其三，当前寄宿制学校的建设重点应该放在提升教育教学质量和软件资源水平方面，学校在改善学生食宿条件以提高他们的“学校满意度”的同时，也要加强寄宿农村留守儿童节俭品质的培养。其四，增进寄宿农村留守儿童的学习热情与责任感，适度增加中学寄宿农村留守儿童的学业负担。

（二）寄宿农村留守儿童身心健康影响因素与对策分析

通过把887名中学寄宿农村留守儿童的英语成绩、数学成绩、同伴关系、数学师生关系、英语师生关系、学业负担、教育公平、问题解决能力、心理调适能力、抗挫折能力、人际交往能力、合作意识、好奇求知能力、师德师风、亲子沟通满意度、父母控制、父母关爱、父母鼓励自主、教师关爱学生、家长感知到的学校质量、学校满意度、家庭社会经济地位等作为自变量纳入逐步回归模型，系统分析相关数据发现，抽样中学寄宿农村留守儿童的自尊水平与其问题解决能力、心理调适能力呈显著正相关（见表2-28）。

表 2-28　887 名中学寄宿农村留守儿童自尊水平影响因素分析结果

因变量	模型	自变量	R^2	F	显著性	非标准化系数		标准系数	t	显著性
						B	标准错误	贝塔		
自尊	1	（常量）	0.22	44.99	0.000[b]	259.71	35.26		7.37	0.000
		问题解决能力				0.47	0.07	0.47	6.71	0.000
	2	（常量）	0.25	27.48	0.000[c]	192.28	41.94		4.58	0.000
		问题解决能力				0.36	0.08	0.36	4.62	0.000
		心理调适能力				0.24	0.09	0.22	2.83	0.005

通过把 887 名中学寄宿农村留守儿童的英语成绩、数学成绩、数学师生关系、英语师生关系、同伴关系、学业负担、教育公平、亲子沟通满意度、父母控制、父母关爱、父母鼓励自主、教师关爱学生、家长感知到的学校质量、学校满意度、国家荣誉感、勤劳、节俭等作为自变量纳入逐步回归模型，系统分析相关数据发现，抽样中学寄宿农村留守儿童的手机成瘾程度与其节俭勤劳程度、英语成绩、感受教育公平的程度呈显著负相关，与同伴关系水平呈显著正相关（见表 2-29）。

表 2-29　887 名中学寄宿农村留守儿童手机成瘾影响因素分析结果

因变量	模型	自变量	R^2	F	显著性	非标准化系数		标准系数	t	显著性
						B	标准错误	贝塔		
手机成瘾	1	（常量）	0.13	48.00	0.000	687.50	25.60		26.86	0.000
		节俭				−0.35	0.05	−0.36	−6.93	0.000

续表

因变量	模型	自变量	R^2	F	显著性	非标准化系数		标准系数	t	显著性
						B	标准错误	贝塔		
手机成瘾	2	（常量）	0.19	37.33	0.000	809.44	35.37		22.88	0.000
		节俭				-0.35	0.05	-0.36	-7.13	0.000
		英语成绩				-0.26	0.05	-0.24	-4.82	0.000
	3	（常量）	0.22	29.31	0.000	854.88	37.44		22.83	0.000
		节俭				-0.31	0.05	-0.32	-6.10	0.000
		英语成绩				-0.22	0.05	-0.21	-4.17	0.000
		教育公平				-0.17	0.05	-0.17	-3.30	0.001
	4	（常量）	0.24	24.12	0.000	817.20	39.78		20.54	0.000
		节俭				-0.32	0.05	-0.33	-6.45	0.000
		英语成绩				-0.23	0.05	-0.22	-4.28	0.000
		教育公平				-0.21	0.05	-0.22	-3.95	0.000
		同伴关系				0.14	0.05	0.14	2.62	0.009
	5	（常量）	0.25	20.78	0.000	850.53	41.78		20.36	0.000
		节俭				-0.26	0.06	-0.27	-4.67	0.000
		英语成绩				-0.22	0.05	-0.21	-4.23	0.000
		教育公平				-0.20	0.05	-0.20	-3.61	0.000
		同伴关系				0.16	0.05	0.15	2.88	0.004
		勤劳				-0.16	0.06	-0.14	-2.43	0.016

抽样中学寄宿农村留守儿童的系列相关数据分析结果说明，中学寄宿农村留守儿童的问题解决能力、心理调适能力越强，他们的自尊水平就越高；节俭勤劳程度、英语成绩、感受教育公平的程度越高，手机成瘾程度就越低；同伴关系水平越高，手机成瘾程度就越高。这些结果说明，提高中学寄宿农村留守儿童自尊水平，降低手机成瘾程度，促进他们身心健康发展，必须坚持以下策

略：其一，加强心理健康教育，促进他们心理调适能力的提高。其二，加强教育教学改革，丰富教育教学活动，突破单纯应试的教育樊笼，提高他们解决学习、生活问题的能力，有效降低他们对手机的迷恋、依赖和成瘾程度。其三，加强寄宿农村留守儿童勤劳节俭教育。其四，加强寄宿农村留守儿童的学习指导，提高他们的学业成就水平。其五，寄宿学校对不同类别、情形、身份和发展水平的全体学生要一视同仁地关爱支持，提高学生的教育公平感。其六，加强寄宿农村留守儿童的同伴关系教育，引导促进他们形成积极健康的同学关系，杜绝哥们儿义气，防范他们互相裹挟，形成群体反学校文化，抗拒学习，痴迷于手机游戏等不良活动之中。

二、寄宿农村留守儿童身心与学业发展相互影响与对策分析

（一）寄宿农村小学留守儿童学业与身心发展相互影响与对策分析

通过分析检验 878 名小学寄宿农村留守儿童当中数学学业成就排在最后 25%的这一儿童群体与数学学业成就排在最前 25%的这一儿童群体的系列学业与身心发展状态监测数据发现，两个群体的身心与学业发展监测的大量数据存在显著趋同差异，有的甚至达到了极其显著的程度（见表 2-30）。

表 2-30　878 名小学寄宿农村留守儿童学业与身心发展监测数据分析检验结果

学业与身心发展	数学学业成就后 25%	数学学业成就前 25%	*P*
数学学业成就	380.4403	623.8829	0.000***
英语学业成就	411.9481	452.6626	0.000***
数学学习兴趣	461.9200	515.6568	0.001***
英语学习兴趣	455.5981	501.7434	0.001***
数学学习态度	440.8528	499.8484	0.001***

续表

学业与身心发展	数学学业成就后 25%	数学学业成就前 25%	*P*
英语学习态度	419.4305	516.1850	0.000***
数学师生关系	432.9311	490.7092	0.000***
英语师生关系	478.3756	501.0842	0.061
同伴关系水平	460.3066	500.5057	0.013*
人际交往能力	421.8614	490.2966	0.000***
合作意识	440.6014	505.9003	0.000***
空间感知能力	468.6214	504.6269	0.017*
学业负担指数	555.9025	480.9608	0.000***
问题解决能力	465.2200	508.5917	0.000***
心理调适能力	462.5749	491.3139	0.012*
抗挫折能力	438.1498	509.2052	0.000***
好奇求知能力	451.2706	503.5472	0.000***
学生自尊水平	453.9257	482.7829	0.033*
感受到的教育公平程度	419.6942	492.6517	0.000***

小学寄宿农村留守儿童两个群体的数学学业成就、英语学业成就、数学学习兴趣、英语学习兴趣、数学学习态度、英语学习态度、数学师生关系、人际交往能力、合作意识水平、学业负担指数、问题解决能力、抗挫折能力、好奇求知能力、感受到的教育公平程度都存在极其显著的趋同差异；自尊水平、心理调适能力、空间感知能力、同伴关系存在显著的趋同差异；唯有英语师生关系的趋同差异没有达到显著水平。以上结果说明，小学寄宿农村留守儿童的学业成就水平与学习兴趣态度、师生关系、人际交往能力、合作意识水平、学业负担指数、问题解决能力、抗挫折能力、好奇求知能力、感受到的教育公平程度等同

时存在极其巨大的两极分化状态，彼此之间具有极其明显的相互影响关系。要提高小学寄宿农村留守儿童的学业与身心发展水平，必须多管齐下，统筹考虑学业与身心发展各方面素质的全面培养，严格贯彻落实党和国家的教育方针政策，系统实施面向全体学生的全面发展教育，持续优化师生关系，努力帮扶转化暂时后进学生，切实保障教育公平。

当然，多管齐下、全面发展也需要优先突破。系统分析本书第一章和本章所列 878 名小学寄宿农村留守儿童学业与身心发展监测数据发现，小学寄宿农村留守儿童学业负担极为沉重，数学、英语学业成就很差，他们在学业成就方面与农村其他儿童群体的差距大，而相关数据分析又表明，学业成就的低差带来了一系列身心发展素质的低差。所以，弥补小学寄宿农村留守儿童的成长欠缺，全面促进其身心发展的重要突破口是改革教育教学方法，优化师生关系，培养学习兴趣，加强学习辅导，指导学习方法，通过生动活泼的教学活动提高他们的学业成就水平。

（二）寄宿农村中学留守儿童学业与身心发展相互影响与对策分析

1. 寄宿农村中学留守儿童数学学习与身心发展相互影响与对策分析

通过把 887 名中学寄宿农村留守儿童的数学学习兴趣、数学学习态度、数学师生关系、同伴关系、学业负担指数、教育公平、问题解决能力、心理调适能力、抗挫折能力、人际交往能力、合作意识、好奇求知能力、师德师风、亲子沟通满意度、父母控制、父母关爱、父母鼓励自主、教师关爱学生、家长感知到的学校质量、学校满意度等作为自变量纳入逐步回归模型，系统分析相关数据发现，抽样中学寄宿农村留守儿童的数学学业成就与其数学学习兴趣、父母鼓励自主程度、问题解决能力呈显著正相关，与同伴关系水平呈显著负相关（见表 2-31）。

表 2-31　887 名中学寄宿农村留守儿童数学学业成就影响因素分析结果

因变量	模型	自变量	R^2	F	显著性	非标准化系数		标准系数	t	显著性
						B	标准错误	贝塔		
数学学业成就	1	(常量)	0. 12	43. 66	0. 000	337. 59	24. 01		14. 06	0. 000
		数学学习兴趣				0. 32	0. 05	0. 35	6. 61	0. 000
	2	(常量)	0. 17	32. 14	0. 000	414. 72	29. 54		14. 04	0. 000
		数学学习兴趣				0. 37	0. 05	0. 40	7. 61	0. 000
		同伴关系				−0. 21	0. 05	−0. 23	−4. 27	0. 000
	3	(常量)	0. 20	25. 54	0. 000	348. 32	35. 63		9. 77	0. 000
		数学学习兴趣				0. 37	0. 05	0. 40	7. 76	0. 000
		同伴关系				−0. 21	0. 05	−0. 23	−4. 45	0. 000
		父母鼓励自主				0. 14	0. 04	0. 16	3. 23	0. 001
	4	(常量)	0. 21	21. 29	0. 000	324. 97	36. 38		8. 93	0. 000
		数学学习兴趣				0. 30	0. 05	0. 33	5. 62	0. 000
		同伴关系				−0. 24	0. 05	−0. 26	−4. 96	0. 000
		父母鼓励自主				0. 13	0. 04	0. 15	3. 07	0. 002
		问题解决能力				0. 15	0. 06	0. 16	2. 66	0. 008

通过把 887 名中学寄宿农村留守儿童的数学学业成就、数学学习态度、英语师生关系、同伴关系、学业负担指数、教育公平、问题解决能力、心理调适能力、抗挫折能力、人际交往能力、合作意识、好奇求知能力、师德师风、亲子沟通满意度、父母控制、父母关爱、父母鼓励自主、教师关爱学生、家长感知到的学校质量、学校满意度等作为自变量纳入逐步回归模型，系统分析相关数据发现，抽样中学寄宿农村留守儿童的数学学习兴趣与其数学学习态度、数学师生关系、问题解决能力、数学学业成就、心理调适能力、学业负担指数呈显著正相关(见表 2-32)。

表 2-32　887 名中学寄宿农村留守儿童数学学习兴趣影响因素分析结果

因变量	模型	自变量	R^2	F	显著性	非标准化系数		标准系数	t	显著性
						B	标准错误	贝塔		
数学学习兴趣	1	（常量）	0.39	202.71	0.000	169.25	23.07		7.34	0.000
		数学师生关系				0.67	0.05	0.62	14.24	0.000
	2	（常量）	0.50	157.33	0.000	74.35	23.87		3.11	0.002
		数学师生关系				0.49	0.05	0.46	10.40	0.000
		数学学习态度				0.37	0.04	0.37	8.29	0.000
	3	（常量）	0.54	123.42	0.000	20.47	25.03		0.82	0.414
		数学师生关系				0.41	0.05	0.38	8.50	0.000
		数学学习态度				0.32	0.04	0.32	7.32	0.000
		问题解决能力				0.24	0.04	0.23	5.33	0.000
	4	（常量）	0.56	98.78	0.000	-26.02	28.03		-0.93	0.354
		数学师生关系				0.40	0.05	0.37	8.38	0.000
		数学学习态度				0.30	0.04	0.30	6.89	0.000
		问题解决能力				0.22	0.04	0.21	4.83	0.000
		数学学业成就				0.15	0.04	0.14	3.46	0.001
	5	（常量）	0.57	82.46	0.000	-65.12	30.91		-2.11	0.036
		数学师生关系				0.38	0.05	0.36	8.06	0.000
		数学学习态度				0.30	0.04	0.30	6.95	0.000
		问题解决能力				0.16	0.05	0.15	3.21	0.001
		数学学业成就				0.16	0.04	0.15	3.79	0.000
		心理调适能力				0.14	0.05	0.12	2.86	0.005
	6	（常量）	0.58	71.37	0.000	-96.12	32.64		-2.95	0.003
		数学师生关系				0.38	0.05	0.35	8.09	0.000
		数学学习态度				0.29	0.04	0.29	6.81	0.000
		问题解决能力				0.13	0.05	0.13	2.70	0.007
		数学学业成就				0.16	0.04	0.15	3.83	0.000
		心理调适能力				0.15	0.05	0.12	2.92	0.004
		学业负担指数				0.10	0.04	0.10	2.73	0.007

通过把887名中学寄宿农村留守儿童的数学学业成就、数学学习兴趣、数学师生关系、同伴关系、学业负担指数、教育公平、问题解决能力、心理调适能力、抗挫折能力、人际交往能力、合作意识、好奇求知能力、师德师风、亲子沟通满意度、父母控制、父母关爱、父母鼓励自主、教师关爱学生、家长感知到的学校质量、学校满意度等作为自变量纳入逐步回归模型,系统分析相关数据发现,抽样中学寄宿农村留守儿童的数学学习态度与其数学学习兴趣、感受到的教育公平程度、好奇求知能力呈显著正相关(见表2-33)。

表2-33　887名中学寄宿农村留守儿童数学学习态度影响因素分析结果

因变量	模型	自变量	R^2	F	显著性	非标准化系数		标准系数	t	显著性
						B	标准错误	贝塔		
数学学习态度	1	(常量)	0. 33	154. 37	0. 000	202. 53	22. 76		8. 90	0. 000
		数学学习兴趣				0. 56	0. 05	0. 57	12. 42	0. 000
	2	(常量)	0. 36	87. 86	0. 000	137. 16	28. 06		4. 89	0. 000
		数学学习兴趣				0. 50	0. 05	0. 51	10. 60	0. 000
		教育公平				0. 19	0. 05	0. 18	3. 84	0. 000
	3	(常量)	0. 37	61. 04	0. 000	98. 72	32. 65		3. 02	0. 003
		数学学习兴趣				0. 48	0. 05	0. 48	9. 87	0. 000
		教育公平				0. 19	0. 05	0. 18	3. 82	0. 000
		好奇求知能力				0. 11	0. 05	0. 10	2. 26	0. 024

抽样中学寄宿农村留守儿童的数学学业成就与其数学学习兴趣与态度呈显著正相关，而数学学习态度与兴趣之间也呈显著正相关。这说明要提高他们的数学学业成就水平，优化其学业发展态势，决不能只盯着他们的成绩，而必须同步提高他们的数学学习兴趣与学习态度水平。抽样中学寄宿农村留守儿童的数学学习兴趣与其数学师生关系、问题解决能力、心理调适能力、学业负担指数呈显著正相关；数学学习态度与其感受到的教育公平程度、好奇求知能力呈显著正相关。这说明优化学生的数学学习兴趣与态度，必须改善师生关系，提高教育公平程度，给予他们合理的学业负担，大力培养他们的问题解决能力、心理调适能力和好奇求知能力。

抽样中学寄宿农村留守儿童的数学学业成就与其问题解决能力呈显著正相关，也与其父母鼓励自主程度呈显著正相关。这说明家庭教育不断改善，积极鼓励和培养中学寄宿农村留守儿童的自主性，对于提高他们的数学学业成就具有重要意义。抽样中学寄宿农村留守儿童的数学学业成就与其同伴关系水平呈显著负相关。这说明中学寄宿农村留守儿童的同伴交往内容、方式、时间等严重影响了他们的学业发展，亟待学校、家庭和社会通力合作，积极引导和帮助他们建立和发展健康友善、和谐共进的同伴关系。

2. 寄宿农村中学留守儿童英语学习与身心发展相互影响与对策分析

通过把 887 名中学寄宿农村留守儿童的英语学习兴趣、英语学习态度、英语师生关系、同伴关系、学业负担指数、教育公平、问题解决能力、心理调适能力、抗挫折能力、人际交往能力、合作意识、好奇求知能力、师德师风、亲子沟通满意度、父母控制、父母关爱、父母鼓励自主、教师关爱学生、家长感知到的学校质量、学校满意度等作为自变量纳入逐步回归模型，系统分析相关数据发现，抽样中学寄宿农村留守儿童的英语学业成就与其英语学习态度与兴趣、父母鼓励自主程度、问题解决能力呈显著正相关，与同伴关系水平呈显著负相关（见表 2-34）。

表 2-34　887 名中学寄宿农村留守儿童英语学业成就影响因素分析结果

因变量	模型	自变量	R^2	F	显著性	非标准化系数		标准系数	t	显著性
						B	标准错误	贝塔		
英语学业成就	1	（常量）	0. 15	49. 73	0. 000	320. 74	21. 56		14. 88	0. 000
		英语学习态度				0. 31	0. 04	0. 38	7. 05	0. 000
	2	（常量）	0. 18	31. 31	0. 000	264. 38	27. 09		9. 76	0. 000
		英语学习态度				0. 26	0. 05	0. 32	5. 60	0. 000
		问题解决能力				0. 16	0. 05	0. 19	3. 34	0. 001
	3	（常量）	0. 20	24. 62	0. 000	205. 62	32. 86		6. 26	0. 000
		英语学习态度				0. 25	0. 04	0. 32	5. 66	0. 000
		问题解决能力				0. 16	0. 05	0. 18	3. 22	0. 001
		父母鼓励自主				0. 13	0. 04	0. 16	3. 07	0. 002
	4	（常量）	0. 23	21. 65	0. 000	252. 75	35. 51		7. 12	0. 000
		英语学习态度				0. 26	0. 04	0. 32	5. 85	0. 000
		问题解决能力				0. 20	0. 05	0. 23	4. 00	0. 000
		父母鼓励自主				0. 13	0. 04	0. 17	3. 26	0. 001
		同伴关系				-0. 15	0. 05	-0. 17	-3. 21	0. 001
	5	（常量）	0. 25	19. 55	0. 000	229. 73	35. 88		6. 40	0. 000
		英语学习态度				0. 18	0. 05	0. 22	3. 41	0. 001
		问题解决能力				0. 16	0. 05	0. 18	3. 17	0. 002
		父母鼓励自主				0. 14	0. 04	0. 18	3. 48	0. 001
		同伴关系				-0. 17	0. 05	-0. 20	-3. 67	0. 000
		英语学习兴趣				0. 18	0. 06	0. 20	2. 97	0. 003

通过把 887 名中学寄宿农村留守儿童的英语学业成就、英语学习态度、英语师生关系、同伴关系、学业负担指数、教育公平、问题解决能力、心理调适能力、抗挫折能力、人际交往能力、合作意识、好奇求知能力、师德师风、亲子沟通满意度、父母控制、父母关爱、父母鼓励自主、教师关爱学生、家长感知到的学校质量、学

校满意度等作为自变量纳入逐步回归模型,系统分析相关数据发现,抽样中学寄宿农村留守儿童的英语学习兴趣与其英语师生关系、英语学习态度、英语学业成就、心理调适能力、学业负担指数呈显著正相关(见表 2-35)。

表 2-35　887 名中学寄宿农村留守儿童英语学习兴趣影响因素分析结果

因变量	模型	自变量	R^2	F	显著性	非标准化系数		标准系数	t	显著性
						B	标准错误	贝塔		
英语学习兴趣	1	(常量)	0.36	166.18	0.000	212.83	21.32		9.98	0.000
		英语师生关系				0.57	0.04	0.60	12.89	0.000
	2	(常量)	0.48	133.43	0.000	134.36	21.65		6.21	0.000
		英语师生关系				0.38	0.05	0.40	8.15	0.000
		英语学习态度				0.35	0.04	0.40	8.02	0.000
	3	(常量)	0.50	97.21	0.000	71.92	27.23		2.64	0.009
		英语师生关系				0.32	0.05	0.34	6.74	0.000
		英语学习态度				0.36	0.04	0.40	8.36	0.000
		心理调适能力				0.17	0.05	0.16	3.65	0.000
	4	(常量)	0.51	75.78	0.000	40.12	29.85		1.34	0.180
		英语师生关系				0.32	0.05	0.34	6.80	0.000
		英语学习态度				0.34	0.04	0.38	7.91	0.000
		心理调适能力				0.16	0.05	0.15	3.46	0.001
		学业负担指数				0.09	0.04	0.11	2.49	0.013
	5	(常量)	0.52	62.19	0.000[f]	12.47	32.52		0.38	0.702
		英语师生关系				0.31	0.05	0.33	6.46	0.000
		英语学习态度				0.32	0.04	0.36	7.16	0.000
		生理调适能力				0.17	0.05	0.16	3.55	0.000
		学业负担指数				0.08	0.04	0.10	2.27	0.024
		英语学业成就				0.10	0.05	0.09	2.08	0.038

通过把 887 名中学寄宿农村留守儿童的英语学业成就、英语学习兴趣、英语师生关系、同伴关系、学业负担指数、教育公平、问题解决能力、心理调适能力、抗挫折能力、人际交往能力、合作意识、好奇求知能力、师德师风、亲子沟通满意度、父母控

制、父母关爱、父母鼓励自主、教师关爱学生、家长感知到的学校质量、学校满意度等作为自变量纳入逐步回归模型,系统分析相关数据发现,抽样中学寄宿农村留守儿童的英语学习态度与其英语师生关系、英语学习兴趣、英语学业成就、心理调适能力呈显著正相关,与其学业负担指数呈显著负相关(见表2-36)。

表2-36　887名中学寄宿农村留守儿童英语学习态度影响因素分析结果

因变量	模型	自变量	R^2	F	显著性	非标准化系数		标准系数	t	显著性
						B	标准错误	贝塔		
英语学习态度	1	(常量)	0.36	163.48	0.000	154.79	26.16		5.92	0.000
		英语师生关系				0.68	0.05	0.60	12.79	0.000
	2	(常量)	0.39	94.20	0.000	113.95	27.43		4.15	0.000
		英语师生关系				0.52	0.07	0.46	8.02	0.000
		英语学习兴趣				0.25	0.06	0.23	4.04	0.000
	3	(常量)	0.42	69.30	0.000	52.74	32.12		1.64	0.102
		英语师生关系				0.47	0.07	0.41	7.17	0.000
		英语学习兴趣				0.22	0.06	0.21	3.65	0.000
		心理调适能力				0.21	0.06	0.17	3.49	0.001
	4	(常量)	0.43	53.70	0.000	94.17	37.51		2.51	0.013
		英语师生关系				0.50	0.07	0.44	7.47	0.000
		英语学习兴趣				0.25	0.06	0.23	4.01	0.000
		心理调适能力				0.20	0.06	0.16	3.33	0.001
		学业负担指数				-0.12	0.06	-0.10	-2.11	0.036
	5	(常量)	0.44	44.91	0.000	75.55	37.95		1.99	0.047
		英语师生关系				0.49	0.07	0.43	7.38	0.000
		英语学习兴趣				0.24	0.06	0.22	3.87	0.000
		心理调适能力				0.20	0.06	0.16	3.38	0.001
		学业负担指数				-0.22	0.07	-0.18	-3.13	0.002
		英语学业成就				0.15	0.06	0.14	2.45	0.015

抽样中学寄宿农村留守儿童的英语学业成就与其英语学习兴趣与态度呈显著正相关,而英语学习态度与兴趣之间也呈显著正相关。这说明要提高他们的英语学业成就水平,优化其学业发展态势,一定不能单单盯着他们的成绩,必须同步提高他们的英语学习兴趣与学习态度水平。抽样中学寄宿农村留守儿童的英语学习兴趣与其英语师生关系、问题解决能力、心理调适能力、学业负担指数呈显著正相关;英语学习态度与其英语师生关系、心理调适能力呈显著正相关,与其学业负担指数呈显著负相关。这说明优化学生的英语学习兴趣与态度,必须大力改善师生关系,合理安排学业负担,充分培养他们的问题解决能力、心理调适能力。

抽样中学寄宿农村留守儿童的英语学业成就与其问题解决能力呈显著正相关,也与其父母鼓励自主程度呈显著正相关,与其同伴关系水平呈显著负相关。这种情况,与数学学业成就所受影响因素完全一致。这进一步说明,家庭教育不断改善,积极鼓励和培养中学寄宿农村留守儿童的自主性,对于提高他们学业成就具有重要意义。也进一步说明,学校、家庭和社会通力合作,积极引导和帮助中学寄宿农村留守儿童建立和发展健康友善、和谐共进的同伴关系,优化他们同伴交往的内容、方式,以及时间安排、价值追求等,是促进他们学业和身心健康发展极其重要的策略与路径。

第三章　影响农村留守儿童寄宿教育的家庭因素研究

虽然寄宿农村留守儿童父母一方或双方长期外出，儿童周末、节假日才可能返家居住，其家庭抚育子女的功能已经弱化，但父母毕竟是孩子的第一任教师，家庭毕竟是子女的第一所学校，所以影响农村留守儿童寄宿教育的家庭因素依然值得高度重视。系统分析 M 省基础教育质量大范围专业监测相关数据发现，抽样农村中小学寄宿留守儿童家庭的社会经济地位、家庭文化教育资源、家庭教育质量水平等普遍低于 M 省的平均水平。寄宿农村留守儿童家庭结构变异与功能缺损都非常严重，家庭教育问题与困难复杂多样，家长子女教育能力极为有限，投入时间和精力不足，质量难以保证。虽然家长对学校和教师比较认可，但与学校、教师合作共育的关系亟待进一步改善。

第一节　寄宿农村留守儿童家庭与家长基本状况分析

为了准确把握寄宿农村留守儿童家庭与家长的基本情况，本书课题组抽取 M 省 40 个区县 616 所小学、378 所中学当中留守儿童最多的农村中、小学各 60 所，共计 120 所学校的教育质量专业监测相关数据进行系统分析。数据主要包括两个方面，一是农村中小学5类儿童群体的相关数据；二是农村小学寄宿留守儿童710名家长和农村中学寄宿留守儿童886名家长的相关数据。

一、小学寄宿农村留守儿童家庭与家长基本状况分析

（一）基于农村小学寄宿留守儿童710名家长相关监测数据的分析

农村小学寄宿留守儿童710名家长提供的数据（见表3-1）表明，他们家庭结构的变异与家庭教育功能的缺损都非常严重，出现父母离异、去世、失联等非正常情况的家庭占比达到了24.1%。其中，父母离异家庭占16.9%，父母一方或双方去世家庭占5%，这些情况，必将严重影响农村留守儿童寄宿教育。学校、教师和各级政府必须尽最大可能对这些子女养育功能出现严重缺损家庭的留守儿童进行情感关爱、心理抚慰和必要的物质帮助。

表3-1　农村小学寄宿留守儿童父母基本情况

基本情况	父母情况均正常	父母离异均未再婚	父母离异均已再婚	父母离异父亲再婚	父母离异母亲再婚	父母均已去世	父亲去世	母亲去世	其他非正常情况
占比/%	75.9	9.0	2.5	2.3	3.1	0.4	3.0	1.6	2.3

农村小学寄宿留守儿童父母身体不太健康和有重大疾病的比例分别达到了9.1%和8.9%（见表3-2），这部分儿童的教育难免受到不利影响。他们父母的文化程度普遍很低，小学毕业及以下（含从未上过学）的父亲占50.2%，母亲占55.4%，而高中、中职及以上文化程度者，寄宿留守儿童父亲、母亲分别只占9.5%和8.9%（见表3-3）。可见农村小学寄宿留守儿童家长教育子女的能力非常有限。

表 3-2　农村小学寄宿留守儿童父母身体健康状况

健康状况	健康	比较健康	不太健康	有重大疾病
父/%	74.4	16.5	6.9	2.2
母/%	73.7	17.4	6.7	2.2

表 3-3　农村小学寄宿留守儿童父母文化程度

文化程度	从没上学和小学未毕业	小学毕业	初中毕业	中职毕业	高中毕业	大学专科及以上
父/%	16.6	33.6	40.3	3.1	4.1	2.3
母/%	21.0	34.4	35.7	3.3	4.0	1.6

除以上不利因素之外，农村小学寄宿留守儿童家庭对子女教育提供的人均资源和便利条件相对不足。一是家庭子女相对较多，抽样寄宿留守儿童家庭子女数量 3 个及以上者占 19.1%（见表 3-4）；二是家庭共同生活成员很少，不足 3 人者占 29.8%，其中，家庭共同生活成员为零的占 0.6%（见表 3-5）；三是安排子女就学的稳定性不足，转过学的孩子占 38.5%（见表 3-6）。

表 3-4　农村小学寄宿留守儿童家庭子女数量及占比

数量/人	1	2	3	4	5 个及以上
占比/%	18.6	62.3	14.7	3.1	1.3

表 3-5　农村小学寄宿留守儿童共同生活的家人数量及占比

数量/人	0	1	2	3	4	5	6	7	8 个及以上
占比/%	0.6	6.8	22.4	24.4	24.3	13.7	5.1	1.6	1.1

表 3-6　农村小学寄宿留守儿童的就学情况

就学情况	转过学	未转过学
占比/%	38.5	61.5

(二)基于农村小学 5 类儿童群体相关监测数据的比较分析

为了准确把握农村小学寄宿留守儿童的家庭社会经济地位,本书课题组对他们在内的 5 类儿童群体的相关监测数据进行比较分析。对 4526 名农村小学儿童相关监测数据分析发现,农村小学留守儿童家庭社会经济地位非常显著地低于非留守儿童(见表 3-7)。

表 3-7　4526 名农村小学儿童家庭社会经济地位监测数据分析结果

家庭社会经济地位	留守儿童	非留守儿童	*P*
	439.1485	454.1805	0.004**

对 2752 名农村小学留守儿童相关监测数据分析发现,农村小学寄宿留守儿童家庭社会经济地位极其显著地低于非寄宿留守儿童(见表 3-8)。

表 3-8　2752 名农村小学留守儿童家庭社会经济地位监测数据分析结果

家庭社会经济地位	寄宿留守儿童	非寄宿留守儿童	*P*
	424.1897	445.9895	0.000***

对 1105 名农村小学寄宿学生相关监测数据分析发现,农村小学寄宿留守儿童家庭社会经济地位低于寄宿非留守儿童,但没有达到统计学的显著水平(见表 3-9)。

表 3-9 1105 名农村小学寄宿学生家庭社会经济地位监测数据分析结果

	寄宿留守儿童	寄宿非留守儿童	*P*
家庭社会经济地位	424. 1897	434. 5375	0. 111

对 2752 名农村小学留守儿童相关监测数据分析发现,农村小学寄宿留守儿童家庭月收入和月支出都显著低于非寄宿留守儿童(见表 3-10)。

表 3-10 2752 名农村小学留守儿童家庭经济状况监测数据分析结果

家庭经济状况	寄宿留守儿童	非寄宿留守儿童	*P*
平均月收入/元	4591. 35	9188. 43	0. 012*
平均月支出/元	2728. 95	3418. 94	0. 049*

对 1105 名农村小学寄宿学生相关监测数据分析发现,农村小学寄宿留守儿童家庭月收入高于寄宿非留守儿童,月支出低于寄宿非留守儿童,但没有达到统计学的显著水平(见表 3-11)。

表 3-11 1105 名农村小学寄宿学生家庭经济状况监测数据分析结果

家庭经济状况	寄宿留守儿童	寄宿非留守儿童	*P*
平均月收入/元	4591. 35	3588. 31	0. 498
平均月支出/元	2728. 95	2896. 04	0. 415

M 省 40 个区县城乡 616 所小学的 40934 名五年级学生家庭社会经济地位的均值是 500,而农村小学抽样寄宿留守儿童家庭社会经济地位的均值是 424。在此数据基础上,综合分析表 3-7 至表 3-11 的系列数据,可以得出如下结论:抽样农村小学寄宿留守儿童家庭经济收入在农村虽然处于一般水平,但是社会经济地位显著低于 M 省平均水平,即使在农村小学所有儿童群体中,寄宿留守儿童家庭社会经济地位也最低,并极其显著地低于非寄宿留守儿童,值得特别关注。

二、中学寄宿农村留守儿童家庭与家长基本状况分析

（一）基于农村中学3类儿童群体家长相关监测数据的比较分析

中学3类儿童群体家长提供的数据表明，寄宿留守儿童父亲、母亲存在健康问题的分别占9.84%和14.37%；非寄宿留守儿童父亲、母亲存在健康问题的分别占8.89%和6.67%；寄宿非留守儿童父亲、母亲存在健康问题的分别占17.77%和20.98%（见表3-12）。寄宿留守儿童父母的健康状态在3类农村儿童群体中处于居中状态，寄宿留守儿童母亲有重大疾病的占3.15%，这部分母亲通常留守在家照顾子女，但已经丧失监护能力，值得特别关注。

表3-12　农村中学寄宿留守儿童父母健康状况与其他儿童群体的比较

儿童群体及父母健康状况		父亲	占比/%	母亲	占比/%
寄宿留守儿童	健康	494	67.49	460	62.93
	比较健康	166	22.68	166	22.71
	不太健康	56	7.65	82	11.22
	有重大疾病	16	2.19	23	3.15
	总计	732	100.00	731	100.00
非寄宿留守儿童	健康	90	66.67	89	65.93
	比较健康	33	24.44	37	27.41
	不太健康	10	7.41	7	5.19
	有重大疾病	2	1.48	2	1.48
	总计	135	100.00	135	100.00
寄宿非留守儿童	健康	428	59.86	402	56.22
	比较健康	160	22.38	163	22.80
	不太健康	99	13.85	126	17.62
	有重大疾病	28	3.92	24	3.36
	总计	715	100.00	715	100.00

中学3类儿童群体家长提供的数据表明,寄宿留守儿童在家是独生子女的只占14.38%,而家庭子女数量3个以上的占了23.33%;非寄宿留守儿童在家是独生子女的占15.24%,而家庭子女数量3个以上的占16.46%;寄宿非留守儿童在家是独生子女的只占9.49%,而家庭子女数量3个以上的占24.72%(见表3-13)。寄宿留守儿童和寄宿非留守儿童家庭子女数量都较多,家庭子女教育负担都较重。

表3-13 农村中学寄宿留守儿童家庭子女数量与其他儿童群体的比较

儿童群体	子女人数	频数	占比/%
寄宿留守儿童	1	127	14.38
	2	550	62.29
	3	160	18.12
	4	39	4.42
	5	7	0.79
	总计	883	100.00
非寄宿留守儿童	1	25	15.24
	2	112	68.29
	3	21	12.80
	4	3	1.83
	5	3	1.83
	总计	164	100.00
寄宿非留守儿童	1	76	9.49
	2	527	65.79
	3	154	19.23
	4	36	4.49
	5	8	1.00
	总计	801	100.00

（二）基于农村中学5类儿童群体相关监测数据的比较分析

对2519名农村中学儿童相关监测数据分析发现，农村中学留守儿童家庭社会经济地位特别显著地低于非留守儿童，家庭拥有物得分极其显著地低于非留守儿童，家庭平均月收入和月支出都特别显著地高于非留守儿童。父母平均每天玩手机的时间略高于非留守儿童，达到了2.35小时（见表3-14）。

表3-14　2519名农村中学儿童的家庭基本情况监测数据分析结果

家庭因素	留守儿童	非留守儿童	*P*
家庭社会经济地位	452.2781	469.4927	0.001**
家庭拥有物得分	465.4649	479.2652	0.000***
平均月收入/元	5302.3041	4146.3497	0.001**
平均月支出/元	2908.6419	2846.1945	0.001**
父母每天玩手机的时间/小时	2.35	2.25	0.957

对1249名农村中学留守儿童相关监测数据分析发现，农村中学寄宿留守儿童家庭社会经济地位显著低于非寄宿留守儿童，家庭拥有物得分极其显著地低于非寄宿留守儿童，家庭平均月收入略微高出而月支出略微低于非寄宿留守儿童。父母平均每天玩手机的时间略微低于非寄宿留守儿童，为2.34小时（见表3-15）。

表3-15　1249名农村中学留守儿童家庭基本情况监测数据分析结果

家庭因素	寄宿留守儿童	非寄宿留守儿童	*P*
家庭社会经济地位	449.4209	466.2397	0.049*
家庭拥有物得分	461.8462	484.9266	0.000***
平均月收入/元	5361.9985	4982.4818	0.336
平均月支出/元	2859.1486	3173.8102	0.177
父母每天玩手机的时间/小时	2.34	2.37	0.380

对 1688 名农村中学寄宿学生相关监测数据分析发现，农村中学寄宿留守儿童家庭社会经济地位略低于寄宿非留守儿童，家庭拥有物得分显著地低于寄宿非留守儿童，家庭平均月收入和月支出都极其显著地高于寄宿非留守儿童。父母平均每天玩手机的时间略高于寄宿非留守儿童（见表 3-16）。

表 3-16　1688 名农村中学寄宿学生家庭基本情况监测数据分析结果

家庭因素	寄宿留守儿童	寄宿非留守儿童	*P*
家庭社会经济地位	449.4209	453.7299	0.561
家庭拥有物得分	461.8462	470.5862	0.011*
平均月收入/元	5361.9985	3794.6000	0.000***
平均月支出/元	2859.1486	2720.1606	0.000***
父母每天玩手机的时间/小时	2.34	2.11	0.327

M 省 40 个区县城乡 378 所中学的 25371 名九年级学生家庭社会经济地位、家庭拥有物得分的均值都是 500，而农村中学抽样寄宿留守儿童这两项指标的均值分别是 449、462（见表 3-15、表 3-16）。在此数据基础上，综合分析表 3-14、表 3-15、表 3-16 的系列数据，可以得出如下结论：抽样农村中学寄宿留守儿童家庭社会经济地位、家庭拥有物得分低于 M 省平均水平，农村中学寄宿留守儿童这两项指标的均值也低于农村其他儿童群体。不过，他们的家庭平均月收入和月支出都极其显著地高于寄宿非留守儿童。父母平均每天玩手机的时间在农村其他儿童群体中居中，为 2.34 小时。以上情况说明，农村中学寄宿留守儿童家庭经济收入在农村虽然处于较高水平，但家庭社会经济地位低，父母每天玩手机的时间较长，父母投入子女教育的时间和精力受到了较大影响。

第二节　寄宿农村留守儿童家庭教育基本状况分析

本书课题组抽取M省基础教育质量大范围专业监测相关数据,对寄宿农村留守儿童家庭教育基本状况进行系统分析。其中最重要的数据是农村小学寄宿留守儿童710名家长、3类儿童群体,以及农村中学寄宿留守儿童886名家长、5类儿童群体的相关数据。

一、小学寄宿农村留守儿童家庭教育基本状况分析

(一)基于农村小学寄宿留守儿童710名家长相关监测数据的分析

农村小学寄宿留守儿童710名家长提供的多项选择数据表明,他们家庭教育负责人占比最高的依次为母亲、父亲、爷爷奶奶(见表3-17)。没有人负责家庭教育的极端家庭占4.2%,本书课题组田野调查发现这些家庭对子女基本丧失了教育功能。

表3-17　农村小学寄宿留守儿童的家庭教育负责人

家庭教育负责人	母亲	继(养)母	父亲	继(养)父	爷爷奶奶	外公外婆	其他	没有人负责家庭教育
占比/%	49.0	0.8	39.2	0.4	31.3	7.3	9.7	4.2

农村小学寄宿留守儿童710名家长提供的单项选择数据表明,他们常用的教育方式比较令人担忧。选择“一切尊重孩子的意愿,顺其自然”“太忙,没时间管孩子”“黄金棍出好人,不打不成人”的家长合计占30.6%(见表3-18)。本书课题组田野调查发现这些家长实施家庭教育的质量一般都很差。

表 3-18　农村小学寄宿留守儿童家长常用的教育方式

教育方式	孩子有自己的思想，我凡事都会和孩子商量	孩子不成熟，我会让孩子听从我的安排	一切尊重孩子的意愿，顺其自然	太忙，没时间管孩子	黄金棍出好人，不打不成人
占比/%	59.2	10.2	12.8	12.3	5.5

农村小学寄宿留守儿童 710 名家长提供的单项选择数据表明，他们与孩子沟通的频率较低，经常沟通者不足一半，而从不沟通和很少沟通者合计占 21.9%(见表 3-19)。

表 3-19　农村小学寄宿留守儿童家长的亲子沟通频率

沟通频率	从不	很少	有时	经常
占比/%	1.1	20.8	30.8	47.3

农村小学寄宿留守儿童 710 名家长提供的多项选择数据表明，他们与孩子沟通的内容比较单一，排在前三位的分别是学习方面、身体健康和安全问题/自我保护，但占比都不太高。其他对于寄宿留守儿童学习成长极为重要的内容，如人际交往、心理问题、未来发展等内容，家长选择的占比更低(见表 3-20)。

表 3-20　农村小学寄宿留守儿童家长的亲子沟通内容

沟通内容	学习方面	身体健康	人际交往	行为习惯	安全问题/自我保护	未来发展	家庭事务	学校趣事	社会热点	其他	心理问题
占比/%	46.2	29.4	16.7	26.4	28.5	7.1	12.0	15.4	2.1	2.5	19.5

农村小学寄宿留守儿童 710 名家长提供的多项选择数据表明，他们与孩子沟通的方式存在一定问题。他们选择有利于亲子沟通的方式，“用亲切的

语言与孩子沟通”“与孩子做朋友,平等地交流”“多倾听,少指责”这三项虽然占比最高,但最高也只有33.9%。而选择“要求孩子定期汇报思想”“请求孩子和自己交流”这两种欠妥方式的合计占17.3%(见表3-21)。

表3-21　农村小学寄宿留守家长认为有利于亲子沟通的方式

沟通方式	多倾听,少指责	用亲切的语言与孩子沟通	要求孩子定期汇报思想	请求孩子和自己交流	与孩子做朋友,平等地交流
占比/%	28.4	33.9	8.1	9.2	31.6

农村小学寄宿留守儿童710名家长提供的多项选择数据表明,他们家庭教育存在的困难比较普遍,没有太大困难的只占5.9%。占比最高的三项是“家长文化程度不高”“家长工作繁忙,没时间教育子女”“缺乏经济支持”(见表3-22)。本书课题组田野调查发现,农村小学寄宿留守儿童家庭教育存在上述困难的情况极为普遍,值得高度关注。

表3-22　农村小学寄宿留守儿童家长对家庭教育困难的判断

家庭教育困难	家庭学习氛围不浓	家长文化程度不高	家长工作繁忙,没时间教育子女	缺乏好的家庭教育方式方法	家庭成员之间关系不好	缺乏经济支持	没有太大困难
占比/%	10.7	31.5	21.0	13.7	3.5	18.2	5.9

农村小学寄宿留守儿童710名家长提供的多项选择数据表明,86.7%的家长认为子女存在一定的问题,但各种问题占比都较低,最高的是“孩子越大越不好管了”,也只占19.8%,认为“没有什么大问题”的占13.3%(见表3-23)。本书课题组田野调查发现,以上数据一方面可以说明,少部分家长对孩子的鼓励与欣赏较多,肯定度较高,有利于小学寄宿留守儿童的教育成长。另一方面也说明,小学寄宿留守儿童的成长问题比较复杂,但家长并不了解,或

者一味溺爱,解决这些问题以促进小学寄宿留守儿童健康成长的难度很大。比如,当前农村儿童普遍存在劳动教育缺乏、劳动意识淡薄、劳动技能低差、劳动热情根本没有的严重问题,但是选择“孩子不爱劳动”的家长只占9.5%。

表3-23 农村小学寄宿留守儿童家长对孩子存在问题的判断

问题判断	孩子越大越不好管了	孩子什么事都以自我为中心,不关心他人	孩子做事情拖沓,自控力差	孩子生活自理能力、解决问题的能力太差	孩子不爱劳动	孩子的学习没达到期望	孩子不愿跟父母沟通	没有什么大问题
占比/%	19.8	5.2	12.7	12.7	9.5	16.0	10.5	13.3

农村小学寄宿留守儿童710名家长提供的单项选择数据表明,他们认为子女发展状态比较好和非常好的合计占75.7%,认为非常不好的只占0.5%(见表3-24)。这一方面说明,家长对子女的欣赏与肯定程度较高,有利于孩子的健康成长。另一方面也说明,家长对子女的要求相对较低,或者对子女发展状态并不了解,不利于农村小学留守儿童寄宿教育质量的提升。

表3-24 家长对农村小学寄宿留守儿童发展状态的判断

发展状态	非常不好	不太好	比较好	非常好
占比/%	0.5	23.8	61.2	14.5

(二)基于农村小学3类儿童群体相关监测数据的比较分析

对2752名农村小学留守儿童相关监测数据分析发现,农村小学寄宿留守儿童“父亲鼓励自主”显著高于非寄宿留守儿童,亲子沟通满意度、母亲鼓励自主程度,都略高于非寄宿留守儿童,而父母的控制与关爱程度,都略低于非寄宿留守儿童(见表 3-25)。

表 3-25　2752 名农村小学留守儿童家庭教育状况监测数据分析结果

家庭教育状况	寄宿留守儿童	非寄宿留守儿童	*P*
亲子沟通满意度	500.8053	497.2177	0.679
父亲控制	505.1842	522.4149	0.141
父亲关爱	480.2658	480.3421	0.644
父亲鼓励自主	502.5658	490.0038	0.037*
母亲控制	514.5484	520.2863	0.813
母亲关爱	472.6971	481.8192	0.296
母亲鼓励自主	502.0033	485.5956	0.072

对 1105 名农村小学寄宿学生相关监测数据分析发现,农村小学寄宿留守儿童家庭教育各项指标与寄宿非留守儿童没有显著差异。其中,亲子沟通满意度、父亲关爱、母亲控制、母亲关爱的程度略低于寄宿非留守儿童;父亲鼓励自主、母亲鼓励自主程度略高于寄宿非留守儿童(见表 3-26)。

表 3-26　1105 名农村小学寄宿学生家庭教育状况监测数据分析结果

家庭教育状况	寄宿留守儿童	寄宿非留守儿童	*P*
亲子沟通满意度	500.8053	514.4326	0.147
父亲控制	505.1842	503.6445	0.976
父亲关爱	480.2658	494.4013	0.631
父亲鼓励自主	502.5658	478.9687	0.108
母亲控制	514.5484	523.9336	0.663
母亲关爱	472.6971	494.5129	0.102
母亲鼓励自主	502.0033	488.2649	0.450

M 省 40 个区县城乡 616 所小学的 40934 名五年级学生父亲与母亲关爱孩子的平均值都是 500,而农村小学抽样寄宿留守儿童对应的指数是 480、473

(见表 3-26)。这说明农村小学寄宿留守儿童家长关爱子女的程度低于 M 省平均水平。分析表 3-25、表 3-26 数据发现,与非寄宿留守儿童和寄宿非留守儿童相比,寄宿留守儿童父母关爱孩子、关注孩子教育的程度低,鼓励孩子自主的程度高,这给他们的教育发展留下了较多放任不管的空白地带,也留下了较大自主作为的空间。

二、中学寄宿农村留守儿童家庭教育基本状况分析

(一)基于农村中学寄宿留守儿童 886 名家长相关监测数据的分析

农村中学寄宿留守儿童 886 名家长之中有 99.66%的家长以多项选择的方式回答了自己家庭教育的负责人情况。相关数据(见表 3-27)显示,他们家庭教育主要负责人占比最高的依次为母亲、父亲、爷爷奶奶。家庭教育没有负责人的家庭占比达到了 7.02%,令人担忧。

表 3-27 农村中学寄宿留守儿童家庭教育的主要负责人

家庭教育主要负责人	频数	占比/%
父亲	392	44.39
母亲	406	45.98
继(养)父	3	0.34
继(养)母	6	0.68
爷爷奶奶	325	36.81
外公外婆	81	9.17
其他	82	9.29
没有人负责家庭教育	62	7.02
答题者	883	99.66
未答题者	3	0.34

农村中学寄宿留守儿童 886 名家长之中有 49.1%的家长对家庭教育的主

要任务进行了多选判断。相关数据(见表3-28)显示,占比最高的三项依次为“教孩子做人做事的道理”“培养孩子良好的行为习惯”“帮助孩子把学习搞好”。这表明,答题的大多数家长对家庭教育的主要任务具有比较科学合理的认识。不过,只有17.01%的家长选择“发现和培养孩子的兴趣、特长”,而选择“保证孩子吃好穿好”占6.44%。这在一定程度表明,少数寄宿留守儿童家长对家庭教育的要求还处于“满足温饱”的层次。特别值得关注的是,对这个问题没有作答的家长占50.9%,这说明农村中学寄宿留守儿童家长教育子女的责任感、胜任力,以及自身文化素质,存在较大问题。

表3-28 农村中学寄宿留守儿童家长对家庭教育主要任务的判断

家庭教育主要任务	频数	占比/%
帮助孩子把学习搞好	181	41.61
教孩子做人做事的道理	357	82.07
培养孩子良好的行为习惯	312	71.72
保证孩子吃好穿好	28	6.44
保证孩子的身心健康	161	37.01
发现和培养孩子的兴趣、特长	74	17.01
孩子在遇到困难的时候,为他提供帮助	80	18.39
答题者	435	49.10
未答题者	451	50.90

农村中学寄宿留守儿童886名家长之中有49.1%的家长对“教育只是学校的事,与家长无关”这个观点进行了单选判断。选择“比较认同”“非常认同”者合计只占2.3%,说明绝大多数答题者具有家庭教育责任观念。但是,对于答案如此明确的问题,还有50.9%的家长未做选择(见表3-29)。

表 3-29　农村中学寄宿留守儿童家长对“教育只是学校的事，与家长无关”的看法

看法	频数	占比/%
非常不认同	280	64.37
不太认同	145	33.33
比较认同	5	1.15
非常认同	5	1.15
答题者	435	49.10
未答题者	451	50.90

农村中学寄宿留守儿童886名家长之中有49.1%的家长以多项选择方式判断了自己对孩子的成长期望。相关数据（见表3-30）显示，占比最高的三项依次为“有爱心、有孝心的人”“健康快乐的人”“自食其力的人”。选择“对国家有重大贡献的人”占比也较高，达到了42.76%。这表明，大多数答题家长对孩子的成长期望积极而又切实。不过，也有家长选择了“有权势的人”“能挣大钱的人”，这在一定程度表明，不少寄宿留守儿童家长对孩子的期待比较功利。也有家长明确表示对孩子“没什么期望”，同时，对这个问题没有作答的家长占50.9%，说明这些家长实施家庭教育的综合素质还存在较大问题。

表 3-30　农村中学寄宿留守儿童家长对孩子的期望

家长对孩子的期望	频数	占比/%
有爱心、有孝心的人	383	88.05
健康快乐的人	321	73.79
自食其力的人	226	51.95
对国家有重大贡献的人	186	42.76
有权势的人	5	1.15
能挣大钱的人	25	5.75
没什么期望	6	1.38
答题者	435	49.10
未答题者	451	50.90

农村中学寄宿留守儿童886名家长之中有49.1%的家长对“只要孩子成绩好,其他都不重要”这个观点进行了单选判断。选择“比较同意”“完全同意”者合计占15.18%,显然这部分家长的教育观念存在较大偏差。对此题未作答的家长占50.9%(见表3-31),说明这些家长在文化素质、家庭教育责任感或能力等方面可能存在较大问题。

表3-31　农村中学寄宿留守儿童家长对“只要孩子成绩好,其他都不重要”的看法

看法	频数	占比/%
完全不同意	163	37.47
不太同意	206	47.36
比较同意	39	8.97
完全同意	27	6.21
答题者	435	49.10
未答题者	451	50.90

农村中学寄宿留守儿童886名家长之中有49.1%的家长对“孩子的身心健康比学习成绩更重要”这个观点进行了单选判断。选择“不同意,成绩比身心健康更重要”者占4.14%;选择“不同意,成绩与身心健康一样重要”者占45.52%。显然这些家长很看重孩子学习成绩,教育观念存在一定偏差。对此题未作答的家长占50.9%(见表3-32),说明这些家长在文化素质、家庭教育观念或能力等方面存在较大问题。

表3-32　农村中学寄宿留守儿童家长对“孩子的身心健康比学习成绩更重要”的看法

看法	频数	占比/%
不同意,成绩比身心健康更重要	18	4.14
不同意,成绩与身心健康一样重要	198	45.52
同意	219	50.34
答题者	435	49.10

续表

看法	频数	占比/%
未答题者	451	50.90

农村中学寄宿留守儿童886名家长之中有49.77%的家长对亲子沟通内容进行了多选判断。相关数据(见表3-33)显示,占比最高的三项依次为"学习方面""身体健康""人际交往"。占比较高的还有"行为习惯""心理问题""安全问题/自我保护"两项。这表明,大多数家长对寄宿留守儿童教育成长的基本需求关注较多,对于"未来发展"等关注相对不够。对这个问题未作答的家长占50.23%,说明这些家长与子女沟通的整体状况令人担忧。

表3-33　农村中学寄宿留守儿童家长的亲子沟通内容

亲子沟通内容	频数	占比/%
学习方面	392	88.90
身体健康	285	64.60
安全问题/自我保护	139	31.50
行为习惯	215	48.80
人际交往	228	51.70
学校趣事	114	25.90
心理问题	141	32.00
家庭事务	114	25.90
未来发展	39	8.80
社会热点	32	07.30
其他	190	43.10
答题者	441	49.77
未答题者	445	50.23

农村中学寄宿留守儿童886名家长之中有99.44%的家长对自己的教养方式进行了选择判断。选择"孩子有自己的思想,我凡事都会和孩子商量"的

家长最多,占 61. 74%。这表明,多数家长具有较好的教养方式。不过,也有为数不少的家长选择“太忙,没时间管孩子”“黄金棍出好人,不打不成人”“一切尊重孩子的意愿,顺其自然”(见表 3-34)。这些家长的家庭教育观念与方法等都存在不同程度的问题。

表 3-34　农村中学寄宿留守儿童家长最常用的教养方式

最常用的教养方式	频数	占比/%
孩子有自己的思想,我凡事都会和孩子商量	544	61. 74
孩子不成熟,我会让孩子听从我的安排	92	10. 44
一切尊重孩子的意愿,顺其自然	126	14. 30
太忙,没时间管孩子	88	9. 99
黄金棍出好人,不打不成人	31	3. 52
答题者	881	99. 44
未答题者	5	0. 56

农村中学寄宿留守儿童 886 名家长之中有 99. 44%的家长对自己应对孩子成绩不好的方式进行了多选判断(见表 3-35)。选择“帮助孩子查找分析原因”的家长最多,占 36. 89%;选择“给孩子买课外辅导书,督促他学习”的家长次之,占 27. 01%;选择“找孩子老师帮忙”居第三位,占 26. 79%。这些数据说明,家长应对孩子成绩不好的办法比较有限,而选择“很着急,但不知道怎么办”者占 22. 70%,说明不少家长根本无法应对学生的学业发展问题。

表 3-35　农村中学寄宿留守儿童家长应对孩子成绩不好的方式

应对方式	频数	占比/%
很着急,但不知道怎么办	200	22. 70
自己给孩子辅导	91	10. 33
让孩子上补习班	110	12. 49
给孩子请家教	42	4. 77

续表

应对方式	频数	占比/%
找孩子老师帮忙	236	26. 79
找孩子同学帮忙	72	8. 17
给孩子买课外辅导书,督促他学习	238	27. 01
帮助孩子查找分析原因	325	36. 89
其他	104	11. 80
答题者	881	99. 44
未答题者	5	0. 56

农村中学寄宿留守儿童 886 名家长之中有 50. 34%的家长对家庭教育存在的困难进行了多选判断。相关数据(见表 3-36)显示,占比最高的三项依次为“家长文化程度不高”“家长工作繁忙,没时间教育子女”“缺乏好的家庭教育方式方法”。占比较高的还有“缺乏经济支持”“家庭学习氛围不浓”两项。本书课题组田野调查发现,农村中学寄宿留守儿童家庭教育的以上困难极为普遍。另外值得特别关注的是,对这个问题没有作答的家长占 49. 66%,这种情况和前述类似情况说明,系列相关数据的有效性不足。不过,把这些数据联系起来考察,会发现其有效性不足是反映问题困难严重性的不足。换言之,结合本书课题组田野调查情况判断,农村中学寄宿留守儿童家庭教育实际存在的问题困难比表 3-27 到表 3-36 所列数据反映的问题困难更为严重。

表 3-36 农村中学寄宿留守儿童家长对家庭教育存在困难的判断

家庭教育困难	频数	占比/%
家庭学习氛围不浓	122	27. 35
家长文化程度不高	287	64. 35
家长工作繁忙,没时间教育子女	190	42. 60
缺乏好的家庭教育方式方法	153	34. 30
家庭成员之间关系不好	31	6. 95

续表

家庭教育困难	频数	占比/%
缺乏经济支持	151	33.86
没有太大困难	39	8.74
答题者	446	50.34
未答题者	440	49.66

（二）基于农村中学5类儿童群体相关监测数据的比较分析

对2519名农村中学儿童家庭教育监测数据分析发现，农村中学留守儿童母亲鼓励自主程度显著高于非留守儿童，家庭亲子沟通频率赋分特别显著地低于非留守儿童，父亲关爱程度、对亲子沟通的满意度都低于非留守儿童（见表3-37）。

表3-37　2519名农村中学儿童家庭教育状况监测数据分析结果

家庭教育状况	留守	非留守	*P*
父亲控制	497.7377	503.1810	0.840
父亲关爱	489.4020	496.7942	0.450
父亲鼓励自主	491.2441	493.7383	0.501
母亲控制	507.8177	519.9796	0.163
母亲关爱	489.1938	480.6725	0.466
母亲鼓励自主	500.8831	481.6276	0.045*
对亲子沟通的满意度	498.1579	506.8923	0.274
亲子沟通频率赋分	3.14	3.29	0.002**

对1249名农村中学留守儿童家庭教育监测数据分析发现，农村中学寄宿留守儿童与非寄宿留守儿童的父亲控制等多项指标均无显著差异，不过值得注意的是，寄宿留守儿童父亲、母亲控制与关爱的程度，母亲鼓励自主的程度、

对亲子沟通的满意度、亲子沟通频率赋分等大多数指标都略低于非寄宿留守儿童(见表 3-38)。

表 3-38　1249 名农村中学留守儿童家庭教育状况监测数据分析结果

家庭教育状况	寄宿留守儿童	非寄宿留守儿童	*P*
父亲控制	495.4336	515.6330	0.394
父亲关爱	488.2865	498.0660	0.932
父亲鼓励自主	492.0426	485.0420	0.866
母亲控制	506.4833	512.4529	0.967
母亲关爱	488.9623	489.9976	0.756
母亲鼓励自主	498.9981	507.4308	0.493
对亲子沟通的满意度	495.6838	512.1571	0.252
亲子沟通频率赋分	3.11	3.29	0.056

对 1688 名农村中学寄宿学生家庭教育监测数据分析发现,农村中学寄宿留守儿童与寄宿非留守儿童的父亲控制等多项指标均无显著差异,不过值得注意的是,寄宿留守儿童父亲控制与关爱的程度、对亲子沟通的满意度、亲子沟通频率赋分等指标都略低于寄宿非留守儿童,而母亲关爱、母亲鼓励自主程度都略高于寄宿非留守儿童(见表 3-39)。

表 3-39　1688 名农村中学寄宿学生家庭教育状况监测数据分析结果

家庭教育状况	寄宿留守儿童	寄宿非留守儿童	*P*
父亲控制	495.4336	505.5983	0.560
父亲关爱	488.2865	498.7177	0.300
父亲鼓励自主	492.0426	491.9806	0.787
母亲控制	506.4833	512.9852	0.585
母亲关爱	488.9623	481.2788	0.626

续表

家庭教育状况	寄宿留守儿童	寄宿非留守儿童	*P*
母亲鼓励自主	498.9981	489.6383	0.374
对亲子沟通的满意度	495.6838	509.8688	0.077
亲子沟通频率赋分	3.11	3.30	0.053

M省40个区县城乡378所中学的25371名九年级学生父亲与母亲关爱程度、对亲子沟通的满意度的均值都是500，而农村中学抽样寄宿留守儿童这几项指标的均值分别是488、489、496。在此数据基础上，综合分析表3-37、表3-38、表3-39的系列数据，可以得出如下结论：抽样农村中学寄宿留守儿童父母关爱程度、家庭对亲子沟通的满意度都低于M省平均水平。农村中学寄宿留守儿童家庭对亲子沟通的满意度、亲子沟通频率赋分都低于农村中学其他儿童群体。农村中学抽样寄宿留守儿童父母亲，尤其是父亲对子女的教育关爱严重不足。

第三节　寄宿农村留守儿童家校关系基本状况分析

寄宿农村留守儿童的家校关系集中体现为他们家庭、家长与学校、教师之间的关系。这种关系状态从寄宿留守儿童及其家长对学校、教师的评价与建议中可以得到较好反映。本书课题组在M省基础教育质量大范围监测数据库中，抽取农村小学寄宿留守儿童710名家长、3类儿童群体，以及农村中学寄宿留守儿童886名家长、5类儿童群体的相关数据，对寄宿农村留守儿童家校关系的基本状况进行了分析。

一、小学寄宿农村留守儿童家校关系基本状况分析

(一)基于农村小学寄宿留守儿童710名家长相关监测数据的分析

农村小学寄宿留守儿童710名家长提供的多项选择数据(见表3-40)表明,他们认为教师需要提高的素质占比最高的选项依次为“教学能力”“为人处世”“师风师德”,不过每项都未超过20%。家长选择“都很好,没什么需要提高”的占比最高,为29.1%。这些数据说明,农村小学寄宿留守儿童家长对教师有认可,但结合本书课题组的田野调查情况分析,这些数据也说明家长对教师的要求比较低,或者与教师联系较少,对教师了解很少。

表3-40 农村小学寄宿留守儿童家长认为教师需要提高的素质

需要提高的素质	知识素养	教学能力	班级管理能力	沟通能力	师风师德	责任与奉献	为人处世	都很好,没什么需要提高
占比/%	6.9	18.3	6.8	10.6	14.4	9.6	15.4	29.1

农村小学寄宿留守儿童710名家长提供的单项选择数据(见表3-41)表明,他们评价学校让家长“非常满意”和“比较满意”的事项排序如下:安全管理(81.7%)、校风学风(78.6%)、教育教学管理(77.7%)、教学设施(72.9%)、学校环境(69%)、后勤服务(66%)。就总体情况而言,家长对学校比较认可。但结合本书课题组的田野调查情况分析,这些数据在一定程度也说明他们对学校的要求较低,或者与学校联系较少,对学校了解不够。比如,家长对学校安全管理认可度最高,这一方面是因为当前教育行政部门、学校、家长都认为中小学安全责任重于泰山,学校对此超高度重视,以至于因噎废食,取消了大量本该正常开展的校内外教育、教学活动。另一方面,留守儿童

寄宿学校大多实行“封闭式”“准军事化”管理,学生进了校门就很难出校门,很多家长可能基于这种表象,就断然做出积极评判。又如,家长对学校后勤服务评价相对最低,其可能原因是家长了解学生食宿相对最容易,有较大可能准确评判或“挑剔”。根据以上分析,我们认为:农村小学寄宿留守儿童家长、家庭与学校、教师的关系有待进一步改善,家校合作共育必须进一步加强。

表 3-41　农村小学寄宿留守儿童家长对学校的评价

评价内容	非常满意 /%	比较满意 /%	一般 /%	不太满意 /%	非常不满意 /%
学校环境	32.7	36.3	25.3	4.0	1.7
教育教学管理	33.1	44.6	19.2	2.1	1.0
安全管理	39.7	42.0	14.3	2.0	2.0
教学设施	32.0	40.9	22.2	3.6	1.3
校风学风	39.1	39.5	18.1	1.7	1.6
后勤服务	28.3	37.7	22.9	9.3	1.8

农村小学寄宿留守儿童710名家长提供的多项选择数据(见表3-42)表明,他们认为学校取得的多种进步中占比最高的选项依次为“学校管理”“校容校貌”“学生成绩”“教师能力”。其中,“学校管理”占70.6%,究其原因,与前文分析的“安全管理”占比很高有直接关系。另外一些选项的占比较低,回答“不清楚”的家长也占到了15.2%。这些情况说明,农村小学寄宿留守儿童家长对学校和教师的认可度有待提高,家校共育工作必须进一步改善。

表 3-42　农村小学寄宿留守儿童家长认为学校取得的进步

取得的进步	学校管理	校容校貌	教师能力	师德师风	学生成绩	校风学风	规范办学	后勤服务	周边环境治理	家校共育	其他	不清楚
占比 /%	70.6	39.9	29.6	17.2	29.7	11.7	9.3	10.3	11.5	10.7	5.8	15.2

(二)基于农村小学3类儿童群体相关监测数据的比较分析

对2752名农村小学留守儿童相关监测数据分析发现,农村小学寄宿留守儿童家长对教师热爱学生的评价、家长感知的学校质量水平、学校满意度与非寄宿留守儿童没有显著差异,但家长对学校的质量评价和满意度都略高于非寄宿留守儿童(见表3-43)。

表3-43　2752名农村小学留守儿童家长评教评校数据分析结果

评教评校内容	寄宿留守儿童	非寄宿留守儿童	*P*
对教师热爱学生的评价	495.2664	498.4134	0.749
家长感知的学校质量	492.1569	489.8057	0.605
学校满意度	487.9033	481.7393	0.205

对1105名农村小学寄宿学生相关监测数据分析发现,农村小学寄宿留守儿童家长对教师热爱学生的评价、家长感知的学校质量水平、学校满意度都低于寄宿非留守儿童,其中家长感知的学校质量水平显著低于寄宿非留守儿童(见表3-44)。

表3-44　1105名农村小学寄宿学生家长评教评校数据分析结果

评教评校内容	寄宿留守儿童	寄宿非留守儿童	*P*
对教师热爱学生的评价	495.2664	517.9016	0.056
家长感知的学校质量	492.1569	511.9527	0.018*
学校满意度	487.9033	500.6541	0.162

M省40个区县城乡616所小学的40934名五年级学生家长评价教师和学校的各项指标均值都是500,而农村小学抽样寄宿留守儿童对应的指标是495、492、488。这说明农村小学寄宿留守儿童家长对学校与教师的评价低于

M省平均水平。比较分析表3-43、表3-44数据则发现,在农村所有儿童群体中,小学寄宿留守儿童的家长对学校与教师的评价低于寄宿非留守儿童家长,而与非寄宿留守儿童家长相似,处于偏差状态。

二、中学寄宿农村留守儿童家校关系基本状况分析

(一)基于农村中学寄宿留守儿童886名家长相关监测数据的分析

农村中学寄宿留守儿童886名家长之中有50.34%的家长对教师需要提高的素质进行了多选判断。相关数据(见表3-45)显示,占比最高的一项是"都很好,没什么需要提高",为50.45%。从表面看,这个数据显示家长对教师的认可度较高,但结合其他相关数据和本书课题组的田野调查情况分析,这实质上说明家长对教师的要求较低,对教师的了解较少,家校共育状态有待积极改善。对这个问题作答的家长只占50.34%,这进一步说明农村中学寄宿留守儿童家长与学校沟通的整体状况令人担忧。另有部分家长对教师的"沟通能力""教学能力""责任与奉献"等提出了建议,这说明农村中学教师改善与寄宿留守儿童家长、家庭的关系,存在较大努力空间。

表3-45 农村中学寄宿留守儿童家长认为教师需要提高的素质

教师需要提高的素质	频数	占比/%
知识素养	80	17.94
教学能力	84	18.83
班级管理能力	75	16.81
沟通能力	113	25.34
师德师风	51	11.44
责任与奉献	77	17.26
为人处事	70	15.70
都很好,没什么需要提高	225	50.45

续表

教师需要提高的素质	频数	占比/%
答题者	446	50. 34
未答题者	440	49. 66

农村中学寄宿留守儿童 886 名家长之中有 49. 10%的家长对“为促进家长参与学校教育,学校为家长所做的工作”进行了多选判断。相关数据(见表 3-46)显示,占比最高的一项是“提供家校沟通交流的平台”,为 38. 16%。在“家校沟通交流平台”上所做具体工作,也就是其他选项,家长选择的比例都较低。另外,选择“不太清楚”的家长占 33. 56%,对这个问题没有作答的家长占 50. 90%。这些数据说明,为促进家长参与学校教育,学校为家长所做工作很有限,亟待进一步努力。

表 3-46　农村中学寄宿留守儿童家长认为学校为家长所做的工作

为促进家长参与学校教育,学校为家长所做的工作	频数	占比/%
提供参与学校管理的机会	93	21. 38
提供家校沟通交流的平台	166	38. 16
提供家庭教育方面的指导与培训	121	27. 81
提供指导学生完成家庭作业的方法	101	23. 22
提供指导学生完成学校活动的方法与技能	65	14. 94
学校与社区服务协作,以丰富学校活动	34	7. 81
其他	23	5. 29
不太清楚	146	33. 56
答题者	435	49. 10
未答题者	451	50. 90

农村中学寄宿留守儿童 886 名家长之中有 50. 68%的家长对“适宜的家校联系方式”进行了选择判断。相关数据(见表 3-47)显示,占比最高的一项

是“电话、QQ、微信沟通”，为 43.88%，其次是“定期召开家长会”，所占比例为 32.07%，其他选项的占比都很低。另外，对这个问题没有作答的家长占 49.32%。这些情况说明，农村中学与寄宿留守儿童家长的联系情况不够理想，家校共育状态有待改善。

表 3-47　农村中学寄宿留守儿童家长认为适宜的家校联系方式

家长认为适宜的家校联系方式	频数	占比/%
定期召开家长会	144	32.07
老师家访	33	7.35
电话、QQ、微信沟通	197	43.88
家长问卷调查	14	3.12
建立家长咨询中心(或窗口)	36	8.02
家长开放日	25	5.57
答题者	449	50.68
未答题者	437	49.32

(二)基于农村中学 5 类儿童群体相关监测数据的比较分析

对 2519 名农村中学儿童家长评教评校数据分析发现，农村中学留守儿童家长和非留守儿童家长对教师、学校的评价没有显著差异，不过留守儿童家长对学校的质量评价和整体满意度稍高于非留守儿童家长(见表 3-48)。

表 3-48　2519 名农村中学儿童家长评教评校数据分析结果

评教评校内容	留守儿童	非留守儿童	*P*
对教师尊重家长的评价	493.6736	493.9704	0.919
对教师热爱学生的评价	491.8373	496.3036	0.378
家长感知到的学校质量	487.5837	482.6178	0.290
对学校的整体满意度	483.3486	478.1910	0.322

对1249名农村中学留守儿童家长评教评校数据分析发现,农村中学寄宿留守儿童家长和非寄宿留守儿童家长对教师、学校的评价没有显著差异,不过寄宿留守儿童家长对教师和学校各项指标的评价都稍高于非寄宿留守儿童家长(见表3-49)。

表3-49 1249名农村中学留守儿童家长评教评校数据分析结果

评教评校内容	寄宿留守儿童	非寄宿留守儿童	*P*
对教师尊重家长的评价	495.0020	486.1866	0.256
对教师热爱学生的评价	494.9857	474.6642	0.117
家长感知到的学校质量	489.7009	476.2608	0.083
对学校的整体满意度	485.3948	472.3441	0.134

对1688名农村中学寄宿学生家长评教评校数据分析发现,农村中学寄宿留守儿童家长和寄宿非留守儿童家长对教师、学校的评价没有显著差异,不过寄宿留守儿童家长对教师的评价稍低于寄宿非留守儿童家长,而对学校的评价稍高于寄宿非留守儿童家长(见表3-50)。

表3-50 1688名农村中学寄宿学生家长评教评校数据分析结果

评教评校内容	寄宿留守儿童	寄宿非留守儿童	*P*
对教师尊重家长的评价	495.0020	498.7666	0.683
对教师热爱学生的评价	494.9857	500.1469	0.294
家长感知到的学校质量	489.7009	482.9125	0.218
对学校的整体满意度	485.3948	480.1734	0.402

M省40个区县城乡378所中学的25371名九年级学生家长对教师和学校各项指标评价的均值都是500,而农村中学抽样寄宿留守儿童家长对教师和学校四项指标的评价均值依次为495、495、490、485。在此数据基础上,综

合分析表3-48、表3-49、表3-50的系列数据，可以得出如下结论：抽样农村中学寄宿留守儿童家长对学校和教师的评价低于M省平均水平。与农村中学其他儿童群体相比，农村中学寄宿留守儿童家长对学校和教师的评价稍高，但总体依然处于偏差状态。

第四章　影响农村留守儿童寄宿教育的学校因素研究

寄宿农村留守儿童就读学校情况直接影响他们的生活状态和学习质量。系统分析M省基础教育质量大范围专业监测数据发现,农村留守儿童寄宿中小学大班额、超大班额问题极为严重,学生教育公平感普遍低于M省平均水平,学校安全与心理健康教育,以及促进学生相互合作的教育等存在较大问题。学校教学设施设备及现代信息技术保障与使用情况有所改善,但对于提升教育教学质量发挥的作用还不充分。学校办学理念和发展规划的落实、学校领导自身素质、管理能力,以及学校教育教学活动与教师评价管理等方面还不容乐观。积极推进农村中小学留守儿童寄宿教育,必须进一步改善广大农村学校的建设与管理工作。

第一节　寄宿农村留守儿童就读学校基本状况分析

为了掌握寄宿农村留守儿童就读学校基本状况,本书课题组抽取M省40个区县616所小学、378所中学当中留守儿童最多的农村中、小学各60所,共计120所学校的教育质量专业监测数据,系统分析这些学校的班额配置、教育公平、安全问题、心理健康教育、学生之间合作教育等情况。

一、小学寄宿农村留守儿童就读学校基本状况分析

（一）班额配置情况

留守儿童寄宿农村小学 981 名教师提供的学校班额配置情况（见表 4-1）表明，抽样农村小学的所有班级中，学生 31—45 人的最多，占 42.9%；其次为 46—50 人的班级，占 20.7%；56 人以下的班级合计占 85.1%。按照教育部的规定，学生 56 人以上的班级为大班额，抽样留守儿童寄宿农村小学大班额占比达 14.9%。

表 4-1　留守儿童寄宿农村小学 981 名教师提供的学校班额配置情况

班额/人	30 人及以下	31—45	46—50	51—55	56—60	61—70	71 人及以上
占比/%	6.7	42.9	20.7	14.8	6.7	7.6	0.6

在全国范围内，2017 年大班额班级有 36.8 万个，占全部班级的 10.1%。① 与全国相比，留守儿童寄宿的抽样农村小学大班额班级占比高出 4.8 个百分点，约为全国均值的 1.5 倍。2017 年，全国 66 人以上超大班额班级 8.6 万个，占全部班级的 2.4%。② 留守儿童寄宿的抽样农村小学 71 人及以上班级占 0.6%，61—70 人班级占 7.6%，超大班额情况很可能比全国更为严重。

教育部长陈宝生指出："'大班额'问题不是简单的一个教室里面放多少桌子、多少条板凳、安排多少个人的问题。'大班额'会带来三个方面的危害：

① 《教育部部长陈宝生：2020 年基本消除"大班额"》，2018 年 3 月 16 日，见 https://baijiahao.baidu.com/s?id=1595079891633610188&wfr=spider&for=pc。

② 《教育部部长陈宝生：2020 年基本消除"大班额"》，2018 年 3 月 16 日，见 https://baijiahao.baidu.com/s?id=1595079891633610188&wfr=spider&for=pc。

一是影响学生的身心健康……二是影响教学质量……三是有可能带来安全问题。”①留守儿童寄宿农村小学大班额、超大班额问题如此严重，值得高度重视。

（二）教育公平情况

分析2752名农村小学留守儿童和1105名农村小学寄宿学生教育公平感受的监测数据（见表4-2、表4-3）发现，寄宿留守儿童和非寄宿留守儿童、寄宿非留守儿童的教育公平感受没有显著差异。不过其均值分别是469、470、472，与M省40个区县的均值500有较大差距，农村小学寄宿留守儿童与其他农村儿童群体基本一样，他们感受的教育公平程度普遍低于M省平均水平。

表4-2　2752名农村小学留守儿童教育公平感受监测数据分析结果

教育公平	寄宿留守儿童	非寄宿留守儿童	*P*
	468. 9951	469. 7268	0. 819

表4-3　1105名农村小学寄宿学生教育公平感受监测数据分析结果

教育公平	寄宿留守儿童	寄宿非留守儿童	*P*
	468. 9951	472. 1402	0. 576

（三）安全问题情况

981名教师的单项选择结果（见表4-4）表明，留守儿童寄宿农村小学开

① 《陈宝生：“大班额”不是简单的一个教室安排多少人的问题》，2018年3月16日，见https://www.rmzxb.com.cn/c/2018-03-16/1996167.shtml。

展学生安全教育的频率较高，选择"每周一次"和"每周多次"的教师合计占73.7%。但是，选择"从不"和"每学期一次"的教师合计占比也达到了8.4%，这个比例背后的学校与班级的绝对数量不小，涉及的寄宿农村留守儿童众多，他们接受安全教育的频率如此之低，实在令人担忧。况且，根据答题者"自评偏高"的规律推知，留守儿童寄宿农村小学开展学生安全教育的实际情况比这些数据反映的情况还要不容乐观。

表4-4　留守儿童寄宿农村小学981名教师选择的学校安全教育频率

频率	从不	每学期一次	每月一次	每半月一次	每周一次	每周多次
占比/%	0.5	7.9	12.2	5.6	41.3	32.4

981名教师的单项选择结果（见表4-5）表明，留守儿童寄宿农村小学安全问题压力偏大。选择"有点大"和"很大"的教师合计占55.9%，其余选择了"完全不大"和"不太大"。根据答题者"自评偏高"规律推知，留守儿童寄宿农村小学安全问题压力一般。本书课题组田野调查发现，在当前态势下，较多农村小学高度重视学生安全，如前文所述，提高安全教育频率，更多如后文所述，取消集体校外活动、社会实践活动等，安全问题压力控制到了能够承担的范围内。

表4-5　留守儿童寄宿农村小学981名教师对学校安全问题压力的感受

感受	完全不大	不太大	有点大	很大
占比/%	9.8	34.2	37.3	18.6

981名教师的单项选择结果（见表4-6）表明，留守儿童寄宿农村小学安全问题压力过重给学校带来的负面影响排前三位的是"取消了对学生发展有利的集体校外活动""教师完全避免使用'惩罚'或'强制'等不可或缺的教育

方式”“取消了社会实践活动”。可见,学校安全问题压力过重,对学生健康成长会带来较大不利影响。

表 4-6 学校安全问题压力过重给学校带来的负面影响

选项	占比/%
老师完全避免涉及有一定安全隐患的教学内容	14.2
教师完全避免使用“惩罚”或“强制”等不可或缺的教育方式	22.9
取消了运动会	2.8
取消了对学生发展有利的集体校外活动	53.3
取消了社会实践活动	18.5
其他	7.1

通过一元线性回归分析发现,抽样留守儿童寄宿农村小学教师的安全压力与其职业满意度呈显著负相关(见表 4-7),即教师安全压力越大,其职业满意度就越低,学校安全问题压力过重必将给师生的教与学带来不利影响。本书课题组田野调查发现,当前留守儿童寄宿农村小学普遍面临着一大难题,即:如何把安全问题压力控制在合理范围,适度增加安全教育的频次和内容,改善方式方法,切实保障学生身体健康与生命安全,又不至于压力过大,影响学生的校外集体活动、社会实践和心理健康等?

表 4-7 留守儿童寄宿农村小学 981 名教师安全压力影响职业满意度的分析结果

	系数	***P***
常数	573.384	0
安全压力	-0.126	0
因变量:职业满意度		

(四)心理健康教育情况

981 名教师的单项选择结果(见表 4-8)表明,留守儿童寄宿农村小学开展学生心理健康教育的频率很低，选择“每周一次”和“每周多次”的教师合计占比只有 28.5%，与安全教育的 73.7%相差 45.2 个百分点。选择“从不”和“每学期一次”的教师合计占 38.6%，比安全教育的 8.4%高出了 30.2 个百分点。这些数据反映的相关情况严重不容乐观。

表 4-8　留守儿童寄宿农村小学 981 名教师选择的学校心理健康教育活动频率

频率	从不	每学期一次	每月一次	每半月一次	每周一次	每周多次
占比/%	8.1	30.5	26.1	6.7	21.8	6.7

981 名教师的多项选择结果(见表 4-9)表明，留守儿童寄宿农村小学开展学生心理健康教育活动的内容与形式非常单调，占比最高的三项是“心理健康主题宣传活动(如黑板报、宣传板)”“心理主题班队会”和“心理健康教育专题讲座”，但占比都不到 20%。在提供了“其他”选项且可以多选的情况下，答题教师选择所有选项的合计占比只有 73.07%，这说明超过 26.93%的教师根本没有选择作答，他们实际开展心理健康教育活动的情况自然严重不容乐观。

表 4-9　留守儿童寄宿农村小学 981 名教师选择的学校心理健康教育活动内容与形式

内容与形式	心理健康教育专题讲座	心理健康主题宣传活动(如黑板报、宣传板)	心理主题班队会	咨询室开展个体心理咨询	现场团体心理辅导活动	心理健康教育活动月、活动周或活动日	其他
占比/%	16.5	19.0	18.6	6.5	4.0	6.27	2.2

(五)促进学生相互合作的教育状况

留守儿童长年累月寄宿在学校学习生活，他们与同学合作的状况对其教育成长的质量和水平影响较大。所以这些学校必须加强学生的合作教育，把构建学生之间积极健康的合作文化作为一项重要的教育任务，以促进寄宿留守儿童主动经营友好互助、健康向上的同伴关系。本书第二章第三节（见表2-30）所列系列数据表明，小学寄宿留守儿童的同伴关系水平与其数学学业成就、英语学业成就、数学学习兴趣、英语学习兴趣、数学学习态度、英语学习态度等具有显著相关性。数学学业成就排在最前25%的小学寄宿留守儿童的同伴关系水平显著高于排在最后25%的儿童。留守儿童寄宿农村小学教师通过组织学生开展团队合作教学而不断提升寄宿留守儿童的同伴关系水平，具有重要意义。

分析样本学校五年级数学、英语教师组织团队合作教学的监测数据（见表4-10）发现，留守儿童寄宿农村小学学生团队合作教学情况较差，寄宿留守儿童与同伴之间积极主动的合作学习尚需大力指导和促进。团队合作教学中，小学四年级以上学生自行分组应该是常态，但是选择“经常”的教师只占18.8%；团队合作教学中，不对小学生进行奖赏激励，基本无法开展，但是选择“有时”和“经常”不对学生进行奖赏激励的教师合计占比高达39.8%，而选择“经常”对小学生个体和集体进行奖赏激励的教师只有50%左右，说明相关情况不容乐观。

表4-10 留守儿童寄宿农村小学五年级数学、英语教师促进学生相互合作的有关数据分析

团队合作教学实施相关举措的频率	从不/%	很少/%	有时/%	经常/%
学生自行分组	8.0	24.4	48.9	18.8
不对学生进行奖赏激励	19.6	40.6	23.9	15.9
对学生个体进行奖赏激励	0.6	7.1	42.3	50.0
对学生集体进行奖赏激励	0.0	8.0	38.6	53.4

二、中学寄宿农村留守儿童就读学校基本状况分析

（一）班额配置情况

留守儿童寄宿农村中学教师提供的学校班额配置情况（见表4-11）表明，抽样农村中学的所有班级中，学生46—50人的最多，占30.11%；其次为31—45人，占28.18%；56人以下班级合计占79.2%。按照教育部的规定，学生56人以上班级为大班额，抽样留守儿童寄宿农村中学大班额占比达到了20.79%。这是一个令人触目惊心的数据。

表4-11　留守儿童寄宿农村中学教师提供的学校班额配置情况

班额/人	频数	占比/%
30人及以下	21	2.39
31—45	248	28.18
46—50	265	30.11
51—55	163	18.52
56—60	78	8.86
61—70	45	5.11
71人及以上	60	6.82

2017年全国大班额占比为10.1%，66人以上超大班额占比为2.4%。与全国相比，留守儿童寄宿的抽样农村中学大班额班级占比超过全国平均水平的2倍，71人及以上超大班额占比就高达6.82%，接近全国66人以上超大班额占比的3倍。大班额问题严重影响学生身心健康、学业质量，显著增加教师工作压力。留守儿童寄宿农村中学如此令人触目惊心的大班额问题必须得到尽快解决。

（二）教育公平情况

分析2519名农村中学儿童教育公平感受的监测数据（见表4-12）发现，

留守儿童和非留守儿童在农村中学感受到的教育公平程度没有显著差异。

表 4-12　2519 名农村中学儿童教育公平感受监测数据分析结果

指标	留守儿童	非留守儿童	*P*
教育公平	492. 4031	488. 5229	0. 558

分析 1249 名农村中学留守儿童教育公平感受的监测数据(见表 4-13)发现,寄宿留守儿童和非寄宿留守儿童在农村中学感受到的教育公平程度具有显著差异,前者低于后者。同为留守儿童,但“寄宿”让他们的教育公平感显著降低,这种状况值得特别关注。

表 4-13　1249 名农村中学留守儿童教育公平感受监测数据分析结果

指标	寄宿留守儿童	非寄宿留守儿童	*P*
教育公平	488. 8498	511. 5645	0. 010*

1688 名农村中学寄宿学生教育公平感受监测数据分析结果(见表 4-14)表明,寄宿留守儿童和寄宿非留守儿童在农村中学的教育公平感受没有显著差异。

表 4-14　1688 名农村中学寄宿学生教育公平感受监测数据分析结果

指标	寄宿留守儿童	寄宿非留守儿童	*P*
教育公平	488. 8498	487. 8462	0. 793

留守儿童和非留守儿童在农村中学的教育公平感受没有显著差异,说明“留守”并未降低农村儿童的教育公平感受。寄宿留守儿童的教育公平感显著低于非寄宿留守儿童,而与寄宿非留守儿童没有显著差异,说明“寄宿”显著降低了农村儿童感受到的教育公平程度,值得高度关注。当然,抽样农村中

学所有儿童群体感受到的教育公平程度都低于 M 省 40 个区县的均值 500,更低于 M 省城市儿童的均值,值得特别关注。

(三)安全问题情况

留守儿童寄宿农村中学教师的多项选择结果(见表 4-15)表明,这些学校的安全问题比较突出,认为“不存在问题”的教师只占 18.83%,其余教师都认为学校存在一定安全问题。其中占比排在前三位的安全问题是:家长配合教育少、学生缺乏安全意识、安全设施设备保障不足。对于寄宿留守儿童而言,家长配合教育少是农村中学最突出的安全问题,最难解决。当前,动员、督促、引导家长努力做好配合工作是解决这一问题的重要策略,但学校加强管理,创新安全教育方式方法,引导中学生学会自我保护更为重要。遗憾的是,监测数据显示,认为“安全教育方式不得当,效果不好”的教师只占 7.27%,认为“学校管理不得力”的教师也只占 7.38%。这种状况说明,学校和教师安全教育的责任担当意识有待进一步强化。

表 4-15　留守儿童寄宿农村中学教师选择的学校安全问题

目前学校安全存在的最主要问题	频数	占比/%
安全责任主体不明	270	9.18
学生缺乏安全意识	1287	43.75
家长配合教育少	1834	62.34
安全设施设备保障不足	419	14.24
安全教育方式不得当,效果不好	214	7.27
学校管理不得力	217	7.38
相关部门监管不得力	348	11.83
未出台安全教育相关的法律法规	214	7.27
未统一购买学生意外伤害保险	39	1.33
未购买校方责任险	32	1.09
不存在问题	554	18.83

（四）促进学生相互合作的教育状况

中学寄宿留守儿童长期在校学习生活，他们的同伴关系对其健康成长影响重大，引导促进同学之间合作互助、共同成长值得学校领导和每一位教师高度重视。本书第二章第三节所列数据表明，中学寄宿留守儿童的同伴关系水平与其勤劳程度呈显著正相关，但是，与其手机成瘾程度也呈显著正相关，与其数学、英语成绩，都呈显著负相关。本书课题组田野调查发现，中学寄宿留守儿童的同伴之间盛行哥们儿、姐们儿义气，他们往往彼此裹挟，漠视乃至抗拒学习，彼此熏染而痴迷于手机游戏等不良活动，同伴交往的趣味取向、内容方式，以及时间安排等存在较大问题。

农村中学寄宿留守儿童与同伴之间缺乏积极健康的合作文化与互动关系的种种问题现象，与他们的学科教师组织团队合作教学的情况有着密切联系。本书课题组抽取1136名九年级数学和英语学科教师相关数据（见表4-16至表4-26）分析发现，老师们组织团队合作教学的状况很不理想。表4-16所列“频数”合计为1136，而其后10个表格（见表4-17至表4-26）所列“频数”合计都是1066，相差70，占6.16%。这些对后10个表格相关题目应作答而未作答的教师，很可能不重视或不了解学生团队合作教学的组织，基本谈不上有效指导。

表4-16显示，选择“没有条件进行”“从不”“很少”进行团队合作教学的教师合计占25.89%。这些教师必然对学生同伴之间积极主动的合作学习缺乏有效指导与促进。选择“有时”的教师占比最大，为44.01%，这部分教师对指导与促进学生同伴之间积极主动的合作学习也可能缺乏应有力度。选择“经常”的教师只占30.11%，显然不够理想。

表4-16　留守儿童寄宿农村中学教师促进学生相互合作的有关数据分析（一）

组织团队合作教学的情况	频数	占比/%
没有条件进行	38	3.35

续表

组织团队合作教学的情况	频数	占比/%
从不	32	2.82
很少	224	19.72
有时	500	44.01
经常	342	30.11

表4-17到表4-26所列数据进一步说明,农村初中学生之间,积极主动地合作学习不太可能成为同伴互动的主要内容。在团队合作教学中,将具有相近能力的学生分为一组应该经常进行,但是选择“经常”的教师只占24.58%(见表4-17);在团队合作教学中,将具有不同能力的学生分为一组也应该经常进行,而选择“经常”的教师占40.53%(见表4-18),情况也不太理想。在团队合作教学中,学生应该经常自行分组,但是选择“经常”的教师只占20.64%(见表4-19);也应该经常根据每位成员的特长进行合作,但是选择“经常”的教师只占29.36%(见表4-20)。团队合作教学中,小组成员各自搜集不同信息应该是常态,但选择“经常”的教师只占26.36%(见表4-21);小组成员被赋予不同角色,也应该是常态,但是选择“经常”的教师只占36.49%(见表4-22)。

表4-17　留守儿童寄宿农村中学教师促进学生相互合作的有关数据分析(二)

在团队合作教学中,将具有相近能力的学生分为一组的频率	频数	占比/%
从不	39	3.66
很少	228	21.39
有时	537	50.38
经常	262	24.58

表 4-18 留守儿童寄宿农村中学教师促进学生相互合作的有关数据分析(三)

在团队合作教学中,将具有不同能力的学生分为一组的频率	频数	占比/%
从不	26	2.44
很少	143	13.41
有时	465	43.62
经常	432	40.53

表 4-19 留守儿童寄宿农村中学教师促进学生相互合作的有关数据分析(四)

团队合作教学中,学生自行分组的频率	频数	占比/%
从不	74	6.94
很少	266	24.95
有时	506	47.47
经常	220	20.64

表 4-20 留守儿童寄宿农村中学教师促进学生相互合作的有关数据分析(五)

团队合作教学中,根据每位成员的特长进行合作的频率	频数	占比/%
从不	28	2.63
很少	173	16.23
有时	552	51.78
经常	313	29.36

表 4-21 留守儿童寄宿农村中学教师促进学生相互合作的有关数据分析(六)

团队合作教学中,小组成员各自搜集不同信息的频率	频数	占比/%
从不	23	2.16
很少	226	21.20

续表

团队合作教学中,小组成员各自搜集不同信息的频率	频数	占比/%
有时	536	50.28
经常	281	26.36

表 4-22 留守儿童寄宿农村中学教师促进学生相互合作的有关数据分析(七)

团队合作教学中,小组成员被赋予不同角色的频率	频数	占比/%
从不	11	1.03
很少	164	15.38
有时	502	47.09
经常	389	36.49

比较值得肯定的是,在团队合作教学中,小组成员一起协作而没有具体分工的情况,不应该经常出现,而选择"经常"的教师占比也很低,只有 9.57%(见表 4-23);不对学生奖赏激励的情况,基本不应该出现,而选择"经常"的占比也较低,只有 11.82%(见表 4-24)。相反,对学生个体和集体奖赏激励应该保持常态,而选择"经常"的教师占比较高,分别达到了 45.22%、44.84%(见表 4-25、表 4-26)。不过,以上数据反映的情况与比较理想的状态仍然存在较大差距,加强团队合作教学,建设积极健康的同伴合作文化,应该成为农村中学留守儿童寄宿学校非常重要的教育任务。

表 4-23 留守儿童寄宿农村中学教师促进学生相互合作的有关数据分析(八)

在团队合作教学中,小组成员一起协作,没有具体分工的频率	频数	占比/%
从不	115	10.79
很少	443	41.56

续表

在团队合作教学中，小组成员一起协作，没有具体分工的频率	频数	占比/%
有时	406	38.09
经常	102	9.57

表 4-24　留守儿童寄宿农村中学教师促进学生相互合作的有关数据分析（九）

不对学生奖赏激励的频率	频数	占比/%
从不	189	17.73
很少	451	42.31
有时	300	28.14
经常	126	11.82

表 4-25　留守儿童寄宿农村中学教师促进学生相互合作的有关数据分析（十）

对学生个体进行奖赏激励的频率	频数	占比/%
从不	9	0.84
很少	102	9.57
有时	473	44.37
经常	482	45.22

表 4-26　留守儿童寄宿农村中学教师促进学生相互合作的有关数据分析（十一）

对学生集体进行奖赏激励的频率	频数	占比/%
从不	8	0.75
很少	90	8.44
有时	490	45.97
经常	478	44.84

第二节　寄宿农村留守儿童就读学校设备状况分析

学校设施设备及现代信息技术保障与使用情况直接关系到寄宿农村留守儿童就读学校的教育教学质量与水平。为了准确把握这方面情况,本书课题组抽取M省基础教育质量大范围专业监测数据进行了系统分析。其中最重要的数据是留守儿童寄宿农村小学981名教师和农村中学3557名教师的相关数据。

一、小学寄宿农村留守儿童就读学校设备状况分析

(一)学校食堂建设情况

留守儿童寄宿农村小学981名教师单项选择结果(见表4-27)表明,有食堂的学校占98.6%。这种情况,与本书课题组近期的田野调查发现一致,与10年前的研究结论①相比,有着巨大进步。这些食堂的设施设备到底如何,本书课题组缺乏相关监测数据进行判断,但参照后文所列学科教学功能室及器材情况,以及学校现代信息技术保障与使用情况,再结合本书课题组的田野调查发现综合判断,大多数学校食堂的设施设备可以满足师生在校饮食的基本需求,但不同地区、不同学校的差距较大。有的学校堪称"先进"与"现代",而有的学校又实在"落后"与"原始"。当然,最值得关注的是那占1.4%的没有食堂的学校。

① 参见任运昌:《空巢乡村的守望:西部留守儿童教育问题的社会学研究》,中国社会科学出版社2009年版,第58—66、75—83页。

表 4-27 留守儿童寄宿农村小学食堂有无情况监测数据

学校是否有食堂	有	没有
占比/%	98.6	1.4

(二)学校功能室建设情况

留守儿童寄宿农村小学981名教师单项选择结果(见表4-28)表明,学校功能室建设情况一般。选择任教学科的功能室及器材“基本满足”“完全满足”日常教学需要的教师占比达到了71.8%。虽然选择“完全不满足”“不太满足”“没有相关的功能室”的教师占比仍然接近30%,但这种情况与课题组10年前的研究结论①相比,有着巨大进步。留守儿童寄宿农村小学功能室建设应该进一步加强,但迫切性有所缓解。

表 4-28 留守儿童寄宿农村小学功能室建设情况监测数据

任教学科的功能室及器材是否满足日常教学需要	完全不满足	不太满足	基本满足	完全满足	没有相关的功能室
占比/%	5.3	17.7	54.7	17.1	5.3

(三)现代信息技术保障与使用情况

留守儿童寄宿农村小学981名教师单项选择结果(见表4-29到表4-33)表明,学校现代信息技术保障与使用情况达到了一般水平。对学校在教师使用信息技术方面的保障措施“比较满意”“非常满意”的教师占比达到了72.2%,“非常不满意”者只占4.3%(见表4-29)。

① 参见任运昌:《空巢乡村的守望:西部留守儿童教育问题的社会学研究》,中国社会科学出版社2009年版,第58—66、75—83页。

表 4-29　留守儿童寄宿农村小学现代信息技术保障与使用情况监测数据(一)

对学校在教师使用信息技术方面的保障措施是否满意	非常不满意	不太满意	比较满意	非常满意
占比/%	4.3	23.6	58.1	14.1

留守儿童寄宿农村小学 981 名教师多项选择结果(见表 4-30)表明,老师们通常使用的信息技术手段排前三位的是“常用的办公软件”“网络平台与资源”“教学相关的手机 App”,不过占比都不高,这说明学校现代信息技术使用情况尚存较多问题。比如,选择“专业的学科软件”的老师仅占 11.9%,充分说明留守儿童寄宿农村小学现代信息技术使用的专业水准较低,不能较好提升教学质量、丰富教育内涵。

表 4-30　留守儿童寄宿农村小学现代信息技术保障与使用情况监测数据(二)

通常使用的信息技术手段	占比/%
常用的办公软件(如 WORD、EXCEL、PPT 或 WPS 等)	35.4
专业的学科软件	11.9
网络平台与资源	27.5
教学相关的手机 App	15.8
社交沟通软件(如微信)	14.1
其他	4.6
不使用	1.1

留守儿童寄宿农村小学 981 名教师单项选择结果(见表 4-31)表明,老师们通常使用多媒体进行教学的频率较高,“几乎每节课都使用”“经常使用”者合计占比达到了 81.4%。尽管本书课题组田野调查发现一些教师教学能力较低,教学存在依赖甚至滥用多媒体信息技术的问题,但与课题组 10 年前的

研究结论①相比，毫无疑问是一个显著进步。981名教师多项选择结果（见表4-32）也能说明这种进步。32.3%的教师能够按照“学校要求”经常使用多媒体，“根据教学内容的需要”“对教学帮助很大”等情况下经常使用多媒体的教师也为数不少。

表4-31　留守儿童寄宿农村小学现代信息技术保障与使用情况监测数据（三）

使用多媒体进行教学的频率	几乎每节课都使用	经常使用	偶尔使用	从不使用
占比/%	26.9	54.5	16.7	1.9

表4-32　留守儿童寄宿农村小学现代信息技术保障与使用情况监测数据（四）

经常在什么情况下使用多媒体	根据教学内容的需要	公开课	学校要求	养成习惯，任何情况下都会使用	对教学帮助很大
占比/%	29.1	11.6	32.3	17.0	19.8

留守儿童寄宿农村小学981名教师多项选择结果（见表4-33）表明，老师们通常借助现代信息技术所做教学工作的合理性较强。“借助信息技术设备创设教学环境，提高学生学习兴趣”的教师占38.7%，“拓展教学内容”的教师占27.7%，“借助信息技术设备给不同学习情况的学生进行个性化的测评”的教师占比也有5.3%。这些数字虽然较小，但显示了较好的发展趋势。综合分析系列数据，可以得出如下结论：留守儿童寄宿农村小学现代信息技术保障与使用情况近年取得了显著进步，达到了一般水平。

① 参见任运昌：《空巢乡村的守望：西部留守儿童教育问题的社会学研究》，中国社会科学出版社2009年版，第58—66、75—83页。

表 4-33　留守儿童寄宿农村小学现代信息技术保障与使用情况监测数据(五)

通常借助现代信息技术做什么	占比/%
借助信息技术设备创设教学环境,提高学生学习兴趣	38.7
借助信息技术设备拓展教学内容(如互联网搜索信息)	27.7
借助信息技术设备辅助学生开展课堂练习、合作交流	27.0
借助信息技术设备给不同学习情况的学生进行个性化的测评	5.3
在课堂中利用多媒体呈现教学内容	21.4
其他	1.2

二、中学寄宿农村留守儿童就读学校设备状况分析

(一)学校食堂建设情况

本书课题组田野调查发现,中学寄宿农村留守儿童就读的每一所学校都有颇具规模的食堂,一般都是师生共用。留守儿童寄宿农村中学教师的多项选择数据(见表 4-34)则表明,中学寄宿农村留守儿童就读学校食堂建设情况达到了一般水平,能够满足住校师生饮食的基本需求。认为学校食堂饭菜“没有不满意的地方”的教师占 44.28%,认为“价格高”“分量不足”的教师只有 5.92%、8.17%,这些数据反映的情况应该比较乐观。俗话说“众口难调”,人们对食堂饭菜不满意的地方一般都多,所以选择“味道不合口”“菜品不多”的教师都达到 30%以上,这在较大程度上是可以理解的。虽然教师对食堂的评价不能代表学生的评价,但是一般而言,寄宿农村留守儿童对食堂的要求比教师稍低,教师的评价如此,也可推知寄宿留守儿童会有较好满意度。

表 4-34　留守儿童寄宿农村中学食堂饭菜质量监测数据

对学校食堂的饭菜不满意的地方	频数	占比/%
味道不合口	641	32.74
分量不足	160	8.17

续表

对学校食堂的饭菜不满意的地方	频数	占比/%
价格高	116	5.92
菜品不多	682	34.83
饭菜不新鲜	239	12.21
饭菜不卫生	98	5.01
没有不满意的地方	867	44.28

(二)学校功能室建设情况

留守儿童寄宿农村中学教师单项选择结果(见表4-35)表明,学校功能室建设情况一般偏差,不能较好满足教学所需。选择任教学科的功能室及器材"基本满足""完全满足"日常教学需要的教师合计占69.72%。选择"完全不满足""不太满足""没有相关的功能室"的教师合计占比超过了30%。这种情况虽然与课题组10年前的研究结论①相比有着巨大进步,但是中学各科教学对功能室的需求比小学更迫切,而相关监测数据比小学还略差,所以功能室建设须尽快加强。

表4-35 留守儿童寄宿农村中学学科教学功能室建设情况监测数据

任教学科的功能室及器材是否满足日常教学需要	频数	占比/%
完全不满足	164	5.29
不太满足	604	19.44
基本满足	1651	53.14
完全满足	515	16.58
没有相关的功能室	173	5.57

① 参见任运昌:《空巢乡村的守望:西部留守儿童教育问题的社会学研究》,中国社会科学出版社2009年版,第58—66、75—83页。

（三）学校阅览室（图书馆）建设情况

本书课题组的田野调查发现，中学寄宿农村留守儿童就读学校一般都有阅览室，极少数学校也有图书馆。抽样留守儿童寄宿农村中学教师的多项选择数据（见表4-36、表4-37）表明，中学寄宿农村留守儿童就读学校阅览室建设管理情况较差，尚不能较好满足师生需求。认为目前学校阅览室迫切需要增加专业书刊的教师占比较高，认为迫切需要增加科普书刊的教师也为数不少，认为没有需要增加的教师只占8.68%。认为目前学校阅览室管理"没有需要改进的地方"的老师只占17.10%，为数较多的教师指出了一系列需要改进的方面。

表4-36　留守儿童寄宿农村中学阅览室建设情况监测数据（一）

目前学校阅览室迫切需要增加哪些方面的书籍/期刊	频数	占比/%
专业书籍	1223	62.05
专业期刊	839	42.57
文艺书籍	436	22.12
文艺期刊	318	16.13
科普书籍	677	34.35
科普期刊	403	20.45
其他	194	9.84
已经满足需求，没有需要增加的	171	8.68

表4-37　留守儿童寄宿农村中学阅览室建设情况监测数据（二）

目前学校阅览室的管理还需改进哪些方面	频数	占比/%
书籍陈旧	636	32.27
书籍种类少	788	39.98
书籍数量少	480	24.35

续表

目前学校阅览室的管理还需改进哪些方面	频数	占比/%
期刊陈旧	287	14. 56
期刊种类少	359	18. 21
期刊数量少	245	12. 43
适合学生看的书籍少	249	12. 63
适合教师看的书籍少	752	38. 15
借阅手续麻烦,不愿意去借	160	8. 12
管理不完善	237	12. 02
没有需要改进的地方	337	17. 10

(四)现代信息技术保障与使用情况

寄宿农村中学留守儿童所在学校教师多项选择结果(见表 4-38 至表 4-44)表明,学校现代信息技术保障与使用情况达到了一般水平。学校教室配备“多媒体投影仪(包括电脑)”的占 76. 05%,配备一体机、实物展台的占比也较大,选择“未配备任何多媒体设备”的教师只占 0. 66%(见表 4-38)。

表 4-38　留守儿童寄宿农村中学现代信息技术保障与使用情况监测数据(一)

学校教室中配备的多媒体设备	频数	占比/%
电子白板	751	38. 10
一体机	505	25. 62
多媒体投影仪(包括电脑)	1499	76. 05
实物展台	715	36. 28
电视机	554	28. 11
DVD/VCD	55	2. 79
录音机	121	6. 14
扩音器	278	14. 10
其他	67	3. 40
未配备任何多媒体设备	13	0. 66

教师对现代化教育技术也有较多了解。留守儿童寄宿农村中学教师多项选择结果(见表4-39)表明,了解云课堂、智慧校园、人工智能等的教师已有一定占比,对现代化教育技术一点都不了解的教师占比为33.26%。这种情况说明,留守儿童寄宿农村中学教师掌握现代教育技术的两极分化比较明显,很有必要也有一定基础对教师加强相关专业技术培训。

表4-39　留守儿童寄宿农村中学现代信息技术保障与使用情况监测数据(二)

教师了解的现代化教育技术	频数	占比/%
云课堂	1520	42.73
智慧校园	993	27.92
创客课程	450	12.65
VR/AR(虚拟现实)教室	321	9.02
STEM课程	120	3.37
人工智能	556	15.63
计算机编程	441	12.40
物联网	344	9.67
都不了解	1183	33.26

留守儿童寄宿农村中学教师使用信息技术手段的情况相对较好。他们的多项选择结果(见表4-40)表明,使用常用的办公软件以及专业的学科软件、网络平台与资源、教学相关的手机App、社交沟通软件(如微信)等的教师为数不少。不使用信息技术手段的教师只占1.54%。

表4-40　留守儿童寄宿农村中学现代信息技术保障与使用情况监测数据(三)

教师通常使用的信息技术手段	频数	占比/%
常用的办公软件(如WORD、EXCEL、PPT或WPS等)	1019	71.36
专业的学科软件	355	24.86

续表

教师通常使用的信息技术手段	频数	占比/%
网络平台与资源	694	48.60
教学相关的手机 App	377	26.40
社交沟通软件(如微信)	271	18.98
其他	105	7.35
不使用	22	1.54

留守儿童寄宿农村中学教师使用信息技术手段的针对性和有效性也相对较好。他们的多项选择结果(见表4-41)表明,教师借助信息技术设备创设教学环境与提高学生学习兴趣、拓展教学内容、网络平台与资源、开展课堂练习与合作交流、呈现教学内容等的占比都较高。

表 4-41　留守儿童寄宿农村中学现代信息技术保障与使用情况监测数据(四)

教师通常借助现代信息技术做什么	频数	占比/%
借助信息技术设备创设教学环境,提高学生学习兴趣	1403	72.39
借助信息技术设备拓展教学内容(如互联网搜索信息)	1022	52.73
借助信息技术设备辅助学生开展课堂练习、合作交流	903	46.59
借助信息技术设备给不同学习情况的学生进行个性化的测评	183	9.44
在课堂中利用多媒体呈现教学内容	841	43.39
其他	87	4.49

留守儿童寄宿农村中学教师回答“经常在什么情况下使用多媒体”表现出来的合理性也较高。选择“根据教学内容的需要”“对教学帮助很大”“养成习惯,任何情况下都会使用”“公开课”等选项的教师占比都较高,而被动按照学校要求使用者占比只有 7.9%(见表 4-42)。

表 4-42　留守儿童寄宿农村中学现代信息技术保障与使用情况监测数据(五)

教师经常在什么情况下使用多媒体	频数	占比/%
根据教学内容的需要	1085	70.41
对教学帮助很大	618	40.10
公开课	417	27.06
学校要求	121	7.90
养成习惯,任何情况下都会使用	632	41.01

留守儿童寄宿农村中学教师回答“没有经常利用多媒体进行教学的原因”的情况(见表 4-43)可以说明两点:一是教师利用多媒体进行教学的频率较高,因为根据频数所占百分比推算,对这道题选择作答的教师只有 417 人,大幅度少于其他题目的作答教师。二是选择各项原因的教师占比都不太高,说明最基本的使用能够得到保证。选择“课程配套的相关资源少”的占比最高,这较多涉及软件资源购置和教师课程开发能力等方面问题,说明有关各方应尽快加强相关资源的配套购置,同时积极提高教师专业水平,增强他们自主开发利用课程资源的能力。

表 4-43　留守儿童寄宿农村中学现代信息技术保障与使用情况监测数据(六)

教师没有经常利用多媒体进行教学的原因	频数	占比/%
多媒体设备数量少,轮不上	42	10.07
多媒体质量不好	95	22.78
做课件太费时	113	27.10
课程配套的相关资源少	139	33.33
对教学帮助不大	111	26.62
学校未要求	17	4.08
还不能熟练使用多媒体	85	20.38
不会使用	10	2.40

留守儿童寄宿农村中学教师回答“配备的电脑（笔记本）不能满足教育教学需要的原因”的情况（见表4-44）说明学校现代信息技术保障水平还有较大提升空间，因为选择各项原因的教师占比都不低，如选择“网速慢”“设备陈旧”“设备配备不足”等的教师占比都超过了40%。

表4-44 留守儿童寄宿农村中学现代信息技术保障与使用情况监测数据（七）

配备的电脑（笔记本）不能满足教育教学需要的原因	频数	占比/%
设备配备不足	212	42.49
设备陈旧	240	48.10
网速慢	268	53.71
缺乏相关的教育教学网络资源	118	23.65
电脑操作不熟悉	44	8.82
电脑出问题时无维护人员	93	18.64
不方便打印与教学有关的资料	176	35.27

第三节 寄宿农村留守儿童就读学校管理状况分析

农村中小学教师对寄宿农村留守儿童就读学校管理状况有着较好了解，本书课题组在M省基础教育质量大范围专业监测数据库中，抽取留守儿童寄宿农村小学981名教师和农村中学3557名教师的相关数据，对寄宿农村留守儿童就读学校管理工作的基本状况进行了概要分析。

一、小学寄宿农村留守儿童就读学校管理状况分析

留守儿童寄宿农村小学981名教师单项选择结果（见表4-45）表明，小学寄宿农村留守儿童就读学校领导或领导班子管理学校教育教学与建设工作等

情况较好。比较和完全肯定学校领导或领导班子“在重大决策时能听取教师意见”的教师合计占 81. 3%；比较和完全肯定“亲身实践和积极推进现代教育技术与教育、教学、管理的整合及应用”的教师合计占 88. 6%；比较和完全肯定“能够有效地管理与指导学校教学工作”的教师合计占 86. 8%；比较和完全肯定“能及时更新教育观念，指导校本教研和校本培训”的教师合计占 86. 2%；比较和完全肯定“能够廉洁自律”的教师合计占 87. 7%；比较和完全肯定“能够自觉将自己置于群众的监督之下”的教师合计占 82. 9%；比较和完全肯定“和教职工相处融洽”的教师合计占 88. 0%；比较和完全肯定“处理学校事务时敢于担当”的教师合计占 87. 1%；比较和完全肯定“在评价教师时公正、公平”的教师合计占 83. 3%；比较和完全肯定“能够依法治校，规范化办学”的教师合计占 87. 3%。

表 4-45　留守儿童寄宿农村小学教师评价学校领导或领导班子

学校领导或领导班子的表现	完全不符合本校情况/%	不太符合本校情况/%	比较符合本校情况/%	完全符合本校情况/%
在重大决策时能听取教师意见	5. 1	13. 7	55. 1	26. 2
亲身实践和积极推进现代教育技术与教育、教学、管理的整合及应用	2. 5	8. 8	58. 3	30. 3
能够有效地管理与指导学校教学工作	2. 1	11. 1	55. 1	31. 7
能及时更新教育观念，指导校本教研和校本培训	3. 0	10. 9	55. 6	30. 6
能够廉洁自律	2. 3	10. 0	53. 7	34. 0
能够自觉将自己置于群众的监督之下	4. 4	12. 7	52. 1	30. 8
和教职工相处融洽	2. 5	9. 5	54. 9	33. 1
处理学校事务时敢于担当	2. 3	10. 6	56. 3	30. 8
在评价教师时公正、公平	4. 2	12. 5	55. 8	27. 5
能够依法治校，规范化办学	2. 5	10. 2	51. 4	35. 9

留守儿童寄宿农村小学 981 名教师的单项选择结果（见表 4-46）表明，学

校内部管理状况较好。比较和完全肯定学校“办学思路清晰”的教师合计占89.8%;比较和完全肯定“办学目标定位准确”的教师合计占90.9%;比较和完全肯定“认真贯彻了国家教育政策与法规”的教师合计占95.7%;比较和完全肯定“各部门之间信息通畅、协调”的教师合计占90.3%;比较和完全肯定“能及时解决学校工作中出现的各类问题”的教师合计占90.5%;比较和完全肯定“学校现行教学管理制度”的教师合计占86.6%;比较和完全肯定“绩效考评机制的制定过程民主、科学”的教师合计占77.5%;比较和完全肯定“有较完善的绩效管理考评机制”的教师合计占80.6%;比较和完全肯定“学校组织管理系统健全、分工合理、职责明确”的教师合计占91.4%。

表 4-46　留守儿童寄宿农村小学教师评价学校内部管理状况

学校内部管理状况	完全不符合学校情况/%	不太符合学校情况/%	比较符合学校情况/%	完全符合学校情况/%
学校的办学思路清晰	1.7	8.6	59.3	30.5
学校的办学目标定位准确	1.9	7.2	57.7	33.2
学校认真贯彻了国家教育政策与法规	1.0	3.4	52.4	43.3
学校各部门之间信息通畅、协调	1.9	7.9	55.8	34.5
学校能及时解决学校工作中出现的各类问题	1.6	7.9	56.5	34.0
对学校现行教学管理制度的认同度	1.9	11.6	58.8	27.8
学校绩效考评机制的制定过程民主、科学	6.9	15.6	57.4	20.1
学校有较完善的绩效管理考评机制	4.9	14.5	59.5	21.1
学校组织管理系统健全、分工合理、职责明确	1.6	6.9	55.8	35.6

留守儿童寄宿农村小学981名教师的单项选择结果(见表4-47)表明,学校重大事宜的决策机制处于一般偏好水平。负面评价中,认为“校长一个人说了算”的教师占14%;感觉“不清楚”的教师占10.7%。两项负面评价合计

占 24. 7%,这是一个比较大的数据,值得特别关注。正面评价中,选择“听取了教师意见以后”再采取各种方式决策的教师合计占 59. 4%,这在农村小学应该是一个较好的数据。选择通过各类会议决策的教师合计占 66. 6%,在农村小学这也应该是一个较好的数据。综合正面评价和负面评价数据,结合田野调查情况分析,本书课题组认为留守儿童寄宿农村小学重大事宜的决策机制处于一般偏好水平。

表 4-47　留守儿童寄宿农村小学教师了解学校重大事宜决策的情况

学校重大事宜的决策机制	校长一个人说了算	听取了教师意见以后,校长再做决定	听取了教师意见以后,由行政办公会议决定	不清楚	校长办公会讨论决定	听取了教师意见以后,校长办公会决定	听取了教师意见以后,由教代会决定
占比/%	14. 0	8. 6	25. 1	10. 7	15. 8	10. 2	15. 5

留守儿童寄宿农村小学 981 名教师的单项选择结果(见表 4-48)表明,学校工会起到的凝聚教职工、服务教职工的作用一般偏差。负面评价方面,认为“没有什么感觉”“完全没有发挥作用”“起到了反作用”的教师合计占 30. 5%。认为“发挥一定的作用”的教师占 45. 1%,这不算是一个理想的数据。正面认可“起到了很好的作用”的教师占 24. 3%。综合以上评价数据,结合田野调查情况分析,本书课题组认为留守儿童寄宿农村小学工会发挥的作用处于一般偏差水平。

表 4-48　留守儿童寄宿农村小学教师评价学校工会作用

学校工会起到的凝聚教职工、服务教职工的作用	起到了很好的作用	发挥一定的作用	没有什么感觉	完全没有发挥作用	起到了反作用
占比/%	24. 3	45. 1	21. 5	6. 7	2. 3

留守儿童寄宿农村小学 981 名教师单项选择结果(见表 4-49)表明,学校

及所在区县落实教育均衡发展政策较好。“对本地区政府近年来加强义务教育学校标准化建设工作的评价”比较满意和非常满意的教师合计占86.2%。“对近几年政府在整治学校周边环境,改善办学条件方面的总体评价”比较满意和非常满意的教师合计占85.7%。“对近几年政府在补充紧缺学科教师工作的评价”比较满意和非常满意的教师合计占75.8%。“对本地区政府、教育行政部门组织开展校长教师有序交流,均衡配置教师资源方面的总体评价”比较满意和非常满意的教师合计占80.4%。“对本地区教育行政部门、学校每年组织教师培训,促进专业成长的评价”比较满意和非常满意的教师合计占85.1%。“对本校在加强教育管理,规范办学行为方面的总体评价”比较满意和非常满意的教师合计占91.7%。“对本校改革课程教学,减轻学生课业负担,提高教育质量方面的总体评价”比较满意和非常满意的教师合计占87.1%。“对本地区政府贯彻教育规划纲要,努力缩小义务教育学校办学差距方面的总体评价”比较满意和非常满意的教师合计占88.6%。

表4-49　留守儿童寄宿农村小学教师评价学校及所在区县落实教育均衡发展政策

评价项目	非常不满意/%	不太满意/%	比较满意/%	非常满意/%
对本地区政府近年来加强义务教育学校标准化建设工作的评价	3.2	10.7	66.0	20.2
对近几年政府在整治学校周边环境,改善办学条件方面的总体评价	3.3	11.0	65.7	20.0
对近几年政府在补充紧缺学科教师工作的评价	4.3	19.7	60.7	15.3
对本地区政府、教育行政部门组织开展校长教师有序交流,均衡配置教师资源方面的总体评价	2.4	17.2	62.8	17.6
对本地区教育行政部门、学校每年组织教师培训,促进专业成长的评价	2.5	12.4	63.3	21.8
对本校在加强教育管理,规范办学行为方面的总体评价	0.8	7.5	67.1	24.6

续表

评价项目	非常不满意/%	不太满意/%	比较满意/%	非常满意/%
对本校改革课程教学,减轻学生课业负担,提高教育质量方面的总体评价	1.4	11.4	63.6	23.5
对本地区政府贯彻教育规划纲要,努力缩小义务教育学校办学差距方面的总体评价	1.9	9.5	66.8	21.8

留守儿童寄宿农村小学 981 名教师的多项选择结果(见表 4-50)表明,学校管理做得不公开、不公平而让教师觉得不满的事项较多。最突出的事项依次是“培训机会”“绩效发放”“工作安排”“评职晋级”。留守儿童寄宿农村小学教师评价学校办学理念和绩效管理的均值是 489、492(见表 4-51),而 M 省 40 个区县这两个数据的均值都是 500,可见留守儿童寄宿农村小学办学理念和绩效管理水平低于 M 省的平均水平。这些情况表明,小学寄宿农村留守儿童就读学校相关管理工作亟待加强。

表 4-50　留守儿童寄宿农村小学教师对学校管理不满的事项

学校管理做得不公开、不公平的事项	培训机会	绩效发放	工作安排	职务晋升	荣誉评定	其他	评职晋级	财务收支	完全没有
占比/%	66.3	45.2	17.5	12.4	14.3	7.8	16.0	14.0	26.9

表 4-51　留守儿童寄宿农村小学教师评价学校办学理念和绩效管理

评价内容	对学校办学理念的满意度	对学校绩效管理的满意度
均值	489.2905	492.0196

前文依据相关监测数据分析认为,小学寄宿农村留守儿童就读学校领导、领导班子自身素质、管理工作以及学校的各项内部管理事务处理情况较好。本书课题组田野调查发现,这些数据具有较高可信度,在一定程度上体现了近

年学校各项建设管理工作的进步。不过,对这些数据还须深入讨论,因为教师评价的内容大多涉及学校的办学水平、社会形象,甚至教师的工作业绩。教师有意无意地受自身利益驱动而难以避免地出现"自评偏高"现象,或碍于各种情感因素,对相关事项做出偏高评价的可能性很大。本书课题组分析系列数据发现,与教师切身利益密切相关的事项,如培训机会、绩效发放、工作安排、对待教师的公平公正等,教师的评价都要低一些,而与教师个人切身利益稍远,教师可以"超脱"一些以维护学校、领导或自身素质形象的事项,如学校办学理念、管理机制、组织建设、教学改革等,教师的评价都要高一些。基于这些情况,本书课题组认为,小学寄宿农村留守儿童就读学校当前某些方面的建设管理工作较好,仅仅是与前些年低差落后的状况相比有了一定进步。若与城市中小学或相对理想的标准对照,这些学校各方面的建设和管理工作都还亟待加强。

二、中学寄宿农村留守儿童就读学校管理状况分析

中学寄宿农村留守儿童就读学校管理状况较差,相关指标普遍低于 M 省平均水平。留守儿童寄宿农村中学教师评价学校管理状况的结果(见表 4-52)表明,"班主任管理能力"的均值最高,达到了 492,其余相关指标的均值都在 490 以下,"学校特色建设项目的适宜性"和"学校特色建设项目的成效性"的均值更是低于 480。这些数据与 M 省 40 个区县各项指标的均值 500 相比都有较大差距,可见农村中学寄宿留守儿童就读学校管理状况不容乐观。

表 4-52 留守儿童寄宿农村中学教师评价学校管理状况

评价事项	频数	均值
学校组织管理	1971	483. 8755
学校领导班子	1971	483. 0985

续表

评价事项	频数	均值
本地区政府在区域教育均衡发展方面所做工作	2513	483.4803
学校特色建设项目的适宜性	350	476.9211
学校特色建设项目的成效性	350	479.6177
学校绩效管理	3388	485.2263
学校办学理念满意度	2455	485.1867
班主任管理能力	880	492.0868

留守儿童寄宿农村中学教师评价学校办学理念和发展规划的结果(见表4-53)表明,中学寄宿农村留守儿童就读学校办学理念和发展规划未能得到较好落实。判断“学校的办学理念和发展规划并未得到贯彻落实”,“完全不符合学校情况”和“不太符合学校情况”的教师合计占比仅为37.76%,剩下62.24%的教师都认为“比较符合学校情况”“完全符合学校情况”。

表4-53　留守儿童寄宿农村中学教师评价学校办学理念和发展规划

学校的办学理念和发展规划并未得到贯彻落实	频数	占比/%
完全不符合学校情况	272	10.88
不太符合学校情况	672	26.88
比较符合学校情况	1139	45.56
完全符合学校情况	417	16.68

留守儿童寄宿农村中学教师评价学校解决各类问题情况的结果(见表4-54)表明,中学寄宿农村留守儿童就读学校能够比较及时地解决学校工作中出现的各类问题。判断“学校能及时解决学校工作中出现的各类问题”,“完全不符合学校情况”和“不太符合学校情况”的教师合计占比为14.21%,剩下85.79%的教师都认为“比较符合学校情况”“完全符合学校情况”。

表 4-54 留守儿童寄宿农村中学教师评价学校解决各类问题的情况

学校能及时解决学校工作中出现的各类问题	频数	占比/%
完全不符合学校情况	41	2.08
不太符合学校情况	239	12.13
比较符合学校情况	1134	57.53
完全符合学校情况	557	28.26

留守儿童寄宿农村中学教师的多项选择结果(见表4-55)表明,中学寄宿农村留守儿童就读学校的管理工作有较多事项令部分教师感到做得不公开、不公平、不公正。认为“学校没有做得不公平、不公开的地方”的教师占比只有29.06%。为数不少的教师认为学校在“绩效发放”和“工作安排”“培训机会”“财务收支”“评职晋级”等方面做得不公。

表 4-55 留守儿童寄宿农村中学教师对学校管理不满的事项

学校管理做得不公开、不公平、不公正的事项	频数	占比/%
培训机会	786	25.30
绩效发放	964	31.03
工作安排	812	26.13
职务晋升	477	15.35
评职晋级	686	22.08
荣誉评定	539	17.35
财务收支	706	22.72
其他	308	9.91
学校没有做得不公平、不公开的地方	903	29.06

中学寄宿农村留守儿童就读学校领导在满足教师的希望方面,尚存较大努力空间。留守儿童寄宿农村中学教师的多项选择结果(见表4-56)表明,希望领导“公正、公平”的教师占76.26%,希望领导“有战略眼光”“以人为本”

"有明确清晰的目标""勇于承担责任"等的教师也为数不少。

表 4-56　留守儿童寄宿农村中学教师希望领导具备的素质

教师最希望领导具有哪些特点	频数	占比/%
公正、公平	1503	76.26
有战略眼光	593	30.09
有明确清晰的目标	467	23.69
善于整合资源	273	13.85
善于协调沟通	452	22.93
善于人才培养	482	24.45
以人为本	594	30.14
勇于承担责任	469	23.80
计划性强	101	5.12
行动力强	237	12.02
专业水平高	130	6.60
其他	55	2.79

中学寄宿农村留守儿童就读学校领导的管理能力有待提高。留守儿童寄宿农村中学教师的多项选择结果(见表 4-57)表明,认为学校领导需要在"统筹管理能力""创新能力""教学管理与指导能力""决策能力""协调能力"等方面努力的教师为数不少。

表 4-57　留守儿童寄宿农村中学教师指出学校领导需要努力的方面

学校领导需要努力的方面	频数	占比/%
思想品格	323	13.82
统筹管理能力	808	34.56
决策能力	591	25.28
应变能力	251	10.74
合作能力	364	15.57
协调能力	566	24.21

续表

学校领导需要努力的方面	频数	占比/%
创新能力	766	32.76
教学管理与指导能力	668	28.57
我们学校的领导做得很不错,没有什么还需要努力的	460	19.67

值得说明的是,前文分析相关监测数据发现,中学寄宿农村留守儿童就读学校办学理念和发展规划并未得到较好贯彻落实,学校领导自身素质、管理能力以及学校管理状况等都有待进一步改善。这些数据都来自学校教师。教师们大多都认为自己是学校和学校领导的管理对象,缺乏主动权,他们评价对自己有一定制约管理关系的学校领导,自然伴随着自身利益诉求,所以评价结果可能偏差。他们评价学校能否及时解决工作中的各类问题,部分教师可能认为这涉及自身工作业绩的评价,可能在一定程度出现"自评偏高"的现象。

本书课题组田野调查发现,寄宿留守儿童所在农村中小学普通教师和学校领导之间的关系普遍不够和谐,有的学校领导与教师的矛盾比较突出,而大量农村中学比农村小学的干群关系更加紧张。对于学校管理状况,教师们的评价判断可能存在较大误差,但是他们毕竟最了解学校情况,他们也是在学校管理之下,实施农村留守儿童寄宿教育的关键力量,所以,分析来自教师们的数据得出农村留守儿童寄宿中小学管理工作亟待加强这一结论,值得特别关注。

第五章　影响农村留守儿童寄宿教育的教师因素研究

农村中小学教师对留守儿童寄宿教育质量具有决定性影响。本书第一章分析寄宿农村留守儿童学业发展问题发现,农村中小学寄宿留守儿童与数学、英语教师的关系水平较差;第二章分析寄宿农村留守儿童身心发展问题发现,师生关系水平与农村中小学寄宿留守儿童身心发展水平呈显著正相关。本章系统分析 M 省基础教育质量大范围专业监测数据发现,中小学寄宿农村留守儿童所在学校教师队伍虽然学历情况较好,但入职不到 3 年者占比高,职称水平很低,年龄和知识结构不合理,专业不对口造成的结构性缺编问题严重,心理教育专业教师严重缺乏。身心健康状况和职业满意度方面,小学教师较好,中学教师较差。多种原因导致很多教师希望调离农村,但他们流动机会很少。专业培训方面,中学教师较好,小学教师相对较差。中小学寄宿农村留守儿童所在学校班主任理论素养与实践能力都有待大幅度提高。

第一节　寄宿农村留守儿童所在学校教师基本状况分析

为了准确把握寄宿农村留守儿童所在学校教师的基本情况,本书课题组抽取 M 省 40 个区县 616 所小学、378 所中学当中留守儿童最多的农村中小学各 60 所,共计 120 所学校的教育质量专业监测数据,对教师教学效能、身心健康、工作满意度、队伍稳定性等进行了系统分析。

一、小学寄宿农村留守儿童所在学校教师基本状况分析

(一)与教师教学效能直接相关因素分析

M 省基础教育质量监测抽样学校中,留守儿童最多的前 60 所农村小学教师的平均教龄为 16.6 年,仅就这个数据而言,相对理想。不过,监测发现,这些教师教龄的两极分化比较明显。其中,小学寄宿农村留守儿童所在学校教龄未超过 3 年的教师占比高达 28.7%(见表 5-1)。这批年轻教师比较突出的优势是富有活力,与留守儿童年龄差距较小,利于沟通。但是,他们教育教学经验不足,对农村教育欠缺了解,扎根农村基层、奉献乡村教育的信念不够稳固,这些状况都会给留守儿童寄宿教育带来不利影响。

表 5-1　小学寄宿农村留守儿童所在学校教师教龄统计

教龄是否超过三年	是	否
占比/%	71.3	28.7

小学寄宿农村留守儿童所在学校教师队伍的职称状况很差。监测发现,这些教师未评职称者占比高达 30.6%;处于初级职称水平的小学三级、二级、一级教师占比合计 46%;处于中级职称水平的小学高级教师只占 20.1%。M 省未评职称的教师占 10.1%,比小学寄宿农村留守儿童所在学校教师低 20.5 个百分点,而中级职称教师占 35%,高出 14.9 个百分点(见表 5-2)。这说明小学寄宿农村留守儿童所在学校教师职称水平极其严重地低于 M 省均值,这在副高级以上教师占比方面也有显著体现,前者只是后者的三分之一。

表 5-2 小学寄宿农村留守儿童所在学校教师职称统计

职称情况	未评职称	小学三级	小学二级	小学一级	小学高级	副高级及以上
寄宿留守儿童所在学校教师/%	30.6	1.3	19.4	25.3	20.1	3.3
M 省教师/%	10.1	0.5	13.0	32.0	35.0	9.5

与教龄和职称情况相比,小学寄宿农村留守儿童所在学校教师的学历情况较好(见表 5-3)。本书课题组田野调查发现,小学寄宿农村留守儿童所在学校教师“硕士及以上”者占比绝对不可能达到表内数据水平,但第一学历高中及以下者的占比数据与实际情况很吻合。换言之,小学寄宿农村留守儿童就读学校教师已基本不存在学历不达标的问题。

表 5-3 小学寄宿农村留守儿童所在学校教师学历统计

教师学历	高中及以下	中专或中技	非师范类大专	师范类大专	非师范类本科	师范类本科	硕士及以上①
第一学历/%	11.6	5.0	35.3	7.0	18.1	7.5	15.5
最终学历/%	2.2	1.7	3.7	13.0	33.8	12.9	32.6

小学寄宿农村留守儿童就读学校教师学历情况虽然相对较好,但他们的学科专业结构亟待优化。监测结果(见表 5-4)表明,他们第一学历最接近语文、数学学科的比例最高,分别为 37.4%、32.4%;最终学历最接近语文、数学学科的比例也最高,分别为 50.3%、22.3%。小学语文、数学学科课程的教学

① 本书课题组对本列数据及由此关联的此表其他数据严重存疑。曾与 M 省基础教育质量监测中心原始数据提供人员联系核查,但没有查到可靠结果,本书只好如实呈现。田野调查发现,很多填写问卷的农村小学教师仅仅因为自己参加过所谓“研究生班”课程学习,就把自己的学历填选为了硕士及以上。田野调查还发现,近年 M 省寄宿留守儿童就读的少数农村中学有了研究生层次的教师,但数量较小,小学则基本没有。

时数最多,这两门课程的教师也最多,所以从表面看以上数据比较合理。不过,接近语文学科的教师高达 50.3%依然不太正常。另外,第一学历和最终学历的数据对比发现,大量教师提升学历层次都选择了接近语文学科的专业,其原因是这些专业通过自考、函授等方式实现学历提升的难度较小。第一学历最接近数学、英语、体育、音乐、美术、地理、化学的教师占比都高于最终学历最接近这些学科的教师占比,这说明老师们职后提升学历层次并未考虑教学工作实际需要,存在避难就易、为学历而学历的现象。这导致的严重后果是,小学寄宿农村留守儿童所在学校教师队伍专业结构性缺编问题一直不能较好解决。专业结构性缺编不同于教师数量不足,其主要特征是教师数量达标,甚至超编,但其学科专业结构不合理,语文等学科教师严重过剩,其他学科教师无法实现专业对口,只能“拉郎配”、滥竽充数。小学各科课程都具有很强的综合性,部分课程教师专业不对口不是大问题,但体育、音乐、美术、英语等课程对教师所学专业要求较高,留守儿童寄宿教育对专业心理教师的需求量也很大,而最终学历所学专业最接近这些学科的教师占比都未超过 6%,所学专业接近心理的教师更是只占 0.6%。这种专业结构性缺编必将严重影响农村留守儿童寄宿教育质量。

表 5-4　小学寄宿农村留守儿童所在学校教师学科专业统计

学科专业	语文	数学	英语	体育	音乐	美术	物理	生物	信息技术	地理	化学	历史	政治	综合实践	心理
第一学历最接近哪个学科/%	37.4	32.4	6.3	5.4	3.8	4.7	0.4	0.9	3.1	0.1	0.6	0.2	2.2	2.0	0.3
最终学历最接近哪个学科/%	50.3	22.3	5.8	4.5	2.6	3.8	0.1	0.5	3.4	0.0	0.5	0.2	3.7	1.6	0.6

综上可见,小学寄宿农村留守儿童所在学校教师工作 3 年以内者占比很大,职称水平很低,学历情况虽然较好,但存在严重的专业结构性缺编问题。监测数据显示,他们教学效能感的均值为 497,略低于 M 省更大样本城乡教师

的均值500。虽然这个差距不大,但并不意味着这支教师队伍的素质和教学效能不错。优先提高这支教师队伍的素质,优化其专业结构,应该成为优化小学农村留守儿童寄宿教育的基本策略。

(二)与教师身心健康直接相关因素分析

监测发现,小学寄宿农村留守儿童所在学校教师工作负担不太重,他们每天用于教育教学的工作时间平均为3.39小时(见表5-5)。这个数据也许不够准确,因为部分被调查教师可能没有计算备课、批改作业、教育辅导个别学生等工作的时间。不过,本书课题组田野调查发现,这个数据也有较大可信度,因为小学寄宿农村留守儿童所在学校硬性要求所有教师坐班的大约只占50%,老师们在上班时间可以比较灵活地处理自己的工作和非工作事务。

监测数据显示,小学寄宿农村留守儿童所在学校教师加班时间较长,平均每周达到了1.39天(见表5-5),但这并不意味着老师们大部分周末都要加班。本书课题组田野调查发现,部分周末这些学校会有少数教师加班,但更多教师是在周一至周五行课期间早晚课余时间加班。这些加班时间与他们在上班期间自己灵活安排处理非工作事务的时间可以进行一定程度的冲抵。即便不可冲抵,每周加班1.39天,每天约计8小时,共加班11.12小时,平均到周一至周五,每天多工作2.22小时,再加上被调查教师认可的平均每天教育教学工作时间3.39小时,平均每天工作时间约6小时。所以,小学寄宿农村留守儿童所在学校教师每天工作时间可能延续较长,但工作强度与整体负担不重。①

① 对这个基于样本学校相关数据的判断我们必须补充说明:样本学校是“留守儿童最多的学校”,不一定是“寄宿留守儿童最多的学校”。本书课题组田野调查发现,寄宿留守儿童多,或寄宿学生占比高的学校,大量教师,尤其是班主任教师必须花费大量时间和精力教育管理寄宿学生。这些教师会处于长时间超负荷工作的状态。相关情况本书第十章第四节有详细介绍和讨论。

表 5-5　小学寄宿农村留守儿童所在学校教师工作时间统计

教师工作时间统计	均值	样本量
每天教育教学工作时间/小时	3. 39	973
每周教育教学工作加班天数/天	1. 22	938
每周教育教学之外的其他工作加班天数/天	0. 17	938

小学寄宿农村留守儿童所在学校教师体育锻炼时间偏少(见表 5-6),平均每天体育锻炼时间 0 小时和 0. 5 小时以内的教师合计占 38. 2%。

表 5-6　小学寄宿农村留守儿童所在学校教师体育锻炼时间统计

平均每天体育锻炼时间	0 小时	0. 5 小时以下	0. 5—1 小时以下	1—1. 5 小时以下	1. 5—2 小时以下	2 小时及以上
占比/%	9. 3	28. 9	32. 3	16. 1	5. 9	7. 6

小学寄宿农村留守儿童所在学校教师睡眠时间比较合理(见表 5-7),虽然有 8. 1%的教师平均每晚睡眠不足 6 小时,但绝大部分教师每天睡觉达到了 6—8 小时,9. 3%的教师甚至可以睡 8 小时及以上。

表 5-7　小学寄宿农村留守儿童所在学校教师睡眠时间统计

平均每晚睡眠时间	6 小时以下	6—7 小时	7—8 小时	8 小时及以上
占比/%	8. 1	42. 2	40. 4	9. 3

小学寄宿农村留守儿童所在学校教师体检情况不够理想(见表 5-8),从不体检的教师占到了 14. 7%,不定期,很可能是生病后才体检的教师占到了 32. 0%。

表 5-8　小学寄宿农村留守儿童所在学校教师体检频率统计

体检频率	从不体检	定期每半年一次	定期每年一次	定期每两年一次	不定期
占比/%	14.7	3.5	19.5	30.3	32.0

小学寄宿农村留守儿童所在学校教师虽然体检情况不够理想,体育锻炼时间偏少,但是他们工作强度不太大,负担不太重,睡眠时间比较合理,所以身心健康状况相对较好。M 省基础教育质量大范围监测数据显示,小学留守儿童寄宿样本学校教师的抑郁倾向均值为 485,较大幅度低于 M 省教师的均值 500。

(三)与教师工作满意度直接相关因素分析

监测数据(见表 5-9)显示,小学寄宿农村留守儿童所在学校教师工作满意度比 M 省其他教师稍高。表中只有一个负面命题"从事其他职业比当老师更好",寄宿留守儿童教师完全不同意的占比略高于 M 省教师。表中其他选项都是正面命题,寄宿留守儿童教师"完全不同意"的占比都略低于 M 省教师,而完全同意的占比几乎都略高于 M 省教师(仅有完全同意"学校的工作环境让我觉得舒适"的寄宿留守儿童教师占比略低 0.3 个百分点)。

表 5-9　小学寄宿农村留守儿童所在学校教师工作满意状态与其他教师的比较

教师工作满意状态与其他教师的比较		完全不同意/%	不太同意/%	比较同意/%	完全同意/%
从事教师职业的优势明显大于劣势	JLS	6.5	20.9	54.1	18.6
	MSS	8.4	28.0	47.2	16.3
如果再有一次机会,我依然会选择当老师	JLS	8.2	18.6	40.4	32.8
	MSS	10.6	22.9	39.7	26.8

续表

教师工作满意状态与其他教师的比较		完全不同意/%	不太同意/%	比较同意/%	完全同意/%
从事其他职业比当老师更好	JLS	11.8	45.9	30.5	11.7
	MSS	10.6	44.4	33.8	11.2
我对我的工作很满意	JLS	1.2	10.0	58.6	30.2
	MSS	2.1	12.5	56.8	28.5
我的学校是一个工作的好地方	JLS	2.3	16.3	51.2	30.2
	MSS	2.8	15.7	52.8	28.7
学校的工作环境让我觉得舒适	JLS	3.1	16.2	54.6	26.1
	MSS	3.3	17.7	52.6	26.4
我和学校同事相处融洽	JLS	0.4	2.2	43.5	53.8
	MSS	0.5	1.5	46.5	51.5
我和学校领导相处融洽	JLS	0.7	6.9	52.0	40.3
	MSS	1.3	6.5	53.3	38.9

JLS:寄宿留守儿童教师;MSS:M 省教师。

监测数据(见表5-10)显示,小学寄宿农村留守儿童所在学校教师完全不认同自己岗位的占比略高于M省其他教师,但“不太认同”的教师占比略低于M省教师。整体而言,小学寄宿农村留守儿童所在学校教师岗位认同状况与M省其他教师基本一致。

表5-10 小学寄宿农村留守儿童所在学校教师岗位认同状况与其他教师的比较

教师岗位认同状况与其他教师的比较	完全不认同	不太认同	比较认同	完全认同
寄宿留守儿童所在学校教师/%	3.8	8.7	51.7	35.7
M 省教师/%	2.6	9.1	52.6	35.8

一元线性回归分析结果表明,教师岗位认同度与其教学效能感呈显著正

相关(见表5-11)。小学寄宿农村留守儿童所在学校教师岗位认同状况与其他教师基本一致,而前文所述他们的教学效能感均值为497,略略低于M省更大样本城乡教师的均值500,主要是因为M省其他教师的职称、学历水平略高。

表5-11　教师教学岗位认同度影响其教学效能分析结果

	系数	*P*
常数	401.061	0.000
教师对教学岗位的认同度	0.194	0.000
因变量:教师教学效能感		

一元线性回归分析结果表明,教师教学岗位认同度与其抑郁倾向呈显著负相关(见表5-12)。小学寄宿农村留守儿童所在学校教师岗位认同状况与其他教师基本一致,而前文所述他们的抑郁倾向均值为485,较大幅度低于M省教师的均值500。这主要是因为M省基础教育质量大范围专业监测数据显示,寄宿留守儿童小学教师工作环境满意度均值达到了506,而职业满意度达到了514,这都高于M省教师的均值500。那么,他们工作环境满意度、职业满意度为什么都相对较高呢?本书课题组田野调查发现,主要是因为他们工作压力相对较轻,工作环境相对较宽松,同时长期工作生活在农村,所受诱惑相对较少,与农民和乡镇其他工作人员横向对比具有一定优势。

表5-12　教师教学岗位认同度影响其抑郁倾向分析结果

	系数	*P*
常数	635.565	0.000
教师对教学岗位的认同度	-0.303	0.000
因变量:教师抑郁倾向		

（四）与教师队伍稳定性直接相关因素分析

小学寄宿农村留守儿童所在学校教师抑郁倾向较低，工作环境满意度与职业满意度等都高于 M 省教师，但这并不意味着这支教师队伍很稳定，更不意味着他们工作很安心。他们的多项选择数据（见表 5-13）显示，“不愿意调离”的教师只占 26.2%。其余大量教师则因为“工作地居住地两地跑”“收入低、福利差”“缺少培训和进修机会”“子女上学不方便”等原因希望离开本校。虽然选择各项原因的教师占比都没有超过 30%，但这些问题都是老师们高度关注的现实问题，会对寄宿留守儿童小学教师队伍的稳定性产生较大不利影响。有的问题，如“工作地居住地两地跑”，短时间内不可能较好解决，而有的问题，在政府有关部门重视之下是可以解决的。比如，“收入低、福利差”的问题，当前已有一定程度的解决，农村学校教师绩效水平比本地区城市教师已经略高。当前仍有 22.5% 的教师因为“收入低、福利差”想调离本校，这背后的原因主要是城市教师隐性收入和享受城市公共服务等情况优于农村教师。政府有关部门如能进一步加大力度，这个问题也可较好解决。其他问题，如“教学和科研经费短缺”“工作条件差”“工作考核制度不完善”“子女上学不方便”等，通过政府及学校的高度重视，也可在短时间内得以缓解。

表 5-13　小学寄宿农村留守儿童所在学校教师想离开本校的原因

离开本校的主要原因	教学和科研经费短缺	工作条件差	缺少培训和进修机会	职务晋升机会少	工作考核制度不完善	收入低、福利差	不受领导重视	同事关系紧张	工作压力大	工作地居住地两地跑	子女上学不方便	不愿意调离
占比/%	11.0	11.7	19.6	16.8	16.6	22.5	7.6	1.6	17.7	28.5	18.5	26.2

二、中学寄宿农村留守儿童所在学校教师基本状况分析

（一）与教师教学效能直接相关因素分析

M 省基础教育质量监测抽样学校中，中学寄宿农村留守儿童所在学校教师的平均教龄为 16.47 年（见表 5-14），其中，英语、数学教师学科教学平均年限分别为 13.64 年和 15.10 年（见表 5-15）。仅就这些平均数而言，比较理想。不过，监测发现，这些学校未评职称和仅有初级职称教师占比超过 50%（见表 5-16），这意味着学校年轻教师占比很高，而前述平均教龄适中，说明老教师占比也较高，教师教龄两极分化比较明显，中年教师占比较低，整个教师队伍存在"青黄不接"的问题，留守儿童寄宿教育必然受到一定不利影响。

表 5-14　中学寄宿农村留守儿童所在学校教师教龄统计

教师教龄平均值/年	样本量
16.47	3499

表 5-15　中学寄宿农村留守儿童所在学校英语、数学教师学科教学年限统计

	英语	数学
平均值/年	13.64	15.10
样本量	550	586
	1136	

监测发现，中学寄宿农村留守儿童所在学校教师职称状况较差（见表 5-16），未评职称的教师占为 15.46%；中学二级和其下处于初级职称水平的教师合计占比 36.21%；处于中级职称水平的中学一级教师占 35.32%；副高级（中学高级教师）和正高级教师合计占 13%。初级和未评职称的教师合计占比 51.61%，这些教师大部分教龄很短，年纪很轻，也有专业素质很差或教

育教学实绩很差者，留守儿童寄宿教育必然受到较大不利影响。

表 5-16　中学寄宿农村留守儿童所在学校教师职称统计

教师职称	频数	占比/%
未评职称	541	15.46
小学三级	1	0.03
小学二级	15	0.43
中学二级(小学一级)	1251	35.75
中学一级(小学高级)	1236	35.32
中学高级	451	12.89
正高级	4	0.11

中学寄宿农村留守儿童所在学校教师的教龄与职称状况虽然较差，但学历情况较好(见表 5-17)。具有本科学历的教师占 82.57%，其中师范类本科占 71.08%。不过，有部分教师的本科学历属于函授、自考学历，“含金量”有限。

表 5-17　中学寄宿农村留守儿童所在学校教师学历统计

最终学历	频数	占比/%
高中及以下	14	0.40
中专或中技	11	0.31
中师	24	0.69
非师范类大专	110	3.14
师范类大专	439	12.55
非师范类本科	402	11.49
师范类本科	2487	71.08
硕士及以上	12	0.35

监测发现，中学寄宿农村留守儿童所在学校教师队伍的构成情况比较复

杂而不太理想(见表5-18)。其中特岗教师占6.95%,这部分教师专业基础素质较好,但是比较年轻,稳定性不够。县级以上骨干教师占9.26%,显然数量不足。实习与交流轮岗的教师、代课教师合计占16.15%,这部分教师大多教育教学能力较差,且很不稳定。不过,教师的专职任教情况较好(见表5-19),英语、体育教师的专职比例都达到了90%以上。

表5-18 中学寄宿农村留守儿童所在学校教师身份统计

教师身份	特岗教师	县级以上骨干教师	实习与交流轮岗的教师	代课教师
占比/%	6.95	9.26	14.13	2.02

表5-19 中学寄宿农村留守儿童所在学校专职教师统计

专职教师	英语专职教师	数学专职教师	体育专职教师	美术专职教师
占比/%	94.18	74.34	98.28	84.48

监测发现,中学寄宿农村留守儿童所在学校教师专业成长的主要动力来源是自身成长、职业成就感、职称晋级、绩效工资等(见表5-20)。这表明,激励教师与每一位寄宿留守儿童一道成长,具有较大可能。

表5-20 中学寄宿农村留守儿童所在学校教师专业成长的主要动力

激励教师专业成长最主要的动力来源	频数	占比/%
职称晋级	1498	48.21
职务晋升	342	11.01
评优评先	691	22.24
绩效工资	1223	39.36
声望地位	180	5.79
自身成长	1763	56.74
职业成就感	1510	48.60

监测发现,中学寄宿农村留守儿童所在学校教师认为自己知识结构存在的不足主要集中在信息技术知识、综合学科知识、教育学与心理学理论知识等方面(见表5-21)。这种情况,以及他们职称、教龄、结构等不够理想的状况,直接导致了他们教学效能感的均值只有484,低于M省更大样本城乡教师的均值500,也低于小学寄宿农村留守儿童所在学校教师的均值497。

表5-21 中学寄宿农村留守儿童所在学校教师知识结构存在的不足

自己在知识结构上存在的不足	频数	占比/%
教育学、心理学理论知识相对缺乏	396	34.86
教育教学实践性知识相对缺乏	282	24.82
学科教学法的理论知识存在不足	292	25.70
学科专业知识不够丰富	280	24.65
综合学科知识储备不够	484	42.61
信息技术知识与能力存在不足	546	48.06
没有不足	63	5.55

(二)与教师身心健康直接相关因素分析

监测发现,中学寄宿农村留守儿童所在学校教师工作负担较重。平均每天工作7—9小时的教师占35.82%,9—11小时的教师占30.19%,11小时及以上的教师占18.86%,近50%的教师平均每天工作达到甚至超过9小时(见表5-22)。不过,中学寄宿农村留守儿童所在学校抽样教师加班时间平均每周只有0.155天,比M省教师均值0.164天略低(见表5-23)。

表5-22 中学寄宿农村留守儿童所在学校教师工作时间统计

每天大约工作时间	频数	占比/%
4小时以下	50	1.41

续表

每天大约工作时间	频数	占比/%
4—7 小时	488	13.72
7—9 小时	1274	35.82
9—11 小时	1074	30.19
11 小时及以上	671	18.86

表 5-23　中学寄宿农村留守儿童所在学校教师加班时间与其他教师的比较

类别	平均每周加班天数/天	样本量
中学寄宿农村留守儿童所在学校教师	0.155	3499
M 省教师	0.164	75057

中学寄宿农村留守儿童所在学校教师体育锻炼时间比小学寄宿农村留守儿童所在学校教师更偏少，平均每天体育锻炼时间 0 小时和 0.5 小时以内的教师合计占比达到了 44.98%（见表 5-24）。

表 5-24　中学寄宿农村留守儿童所在学校教师体育锻炼时间统计

平均每天体育锻炼时间	频数	占比/%
0 小时	433	12.37
0.5 小时以内	1141	32.61
0.5—1 小时	1050	30.01
1—1.5 小时	493	14.09
1.5—2 小时	179	5.12
2 小时及以上	203	5.80

中学寄宿农村留守儿童所在学校教师睡眠时间比小学寄宿农村留守儿童所在学校教师稍短，不过依然比较合理（见表 5-25）。81.05%的教师每天睡眠时间为 6—8 小时，5%的教师甚至可以睡 8 小时及以上。当然，13.95%的

教师平均每晚睡眠不足 6 小时,值得特别关注。

表 5-25　中学寄宿农村留守儿童所在学校教师睡眠时间统计

周一到周五平均每晚睡眠时间	频数	占比/%
6 小时以下	488	13. 95
6—7 小时	1733	49. 53
7—8 小时	1103	31. 52
8 小时及以上	175	5. 00

中学寄宿农村留守儿童所在学校教师体检情况不够理想(见表 5-26)。从不体检的教师占比高达 14. 12%,不定期,很可能是生病后才体检的教师占比高达 42. 98%,整体情况比小学寄宿农村留守儿童所在学校教师更差。

表 5-26　中学寄宿农村留守儿童所在学校教师体检频率统计

体检频率	频数	占比/%
从不体检	494	14. 12
定期每半年一次	67	1. 91
定期每年一次	550	15. 72
定期每两年一次	884	25. 26
不定期	1504	42. 98

中学寄宿农村留守儿童所在学校教师与小学寄宿农村留守儿童所在学校教师相比,健康状况稍差。主要是因为他们体检情况比小学教师更差,体育锻炼时间更少,睡眠时间也稍短,而工作强度大、负担较重。M 省基础教育质量大范围监测数据显示,寄宿留守儿童小学教师的抑郁倾向均值为 485,低于 M 省教师的均值 500,而中学寄宿农村留守儿童所在学校教师抑郁倾向均值为 495,更接近 M 省教师的均值。本书课题组田野调查发现,中小学寄宿农村留

守儿童所在学校教师抑郁倾向均值略低于 M 省教师，主要是与城市教师相比，他们的工作环境相对宽松，学生家长期望值较低，社区生活环境中弥散着的各种压力与诱惑较小。这种状况在一定程度有利于老师们积极改善自己与寄宿留守儿童之间的互动状态，对学生实施更加具有田园生态意蕴的素质教育。

（三）与教师工作满意度直接相关因素分析

监测数据（见表 5-27）显示，中学寄宿农村留守儿童所在学校抽样英语教师教学兴趣的均值是 505，略高于 M 省教师的均值 500，而抽样数学教师教学兴趣的均值是 485，低于 M 省教师的均值 500。

表 5-27　中学寄宿农村留守儿童所在学校教师任教兴趣与其他教师的比较

教师任教兴趣与其他教师的比较		九年级英语教师教学兴趣	九年级数学教师教学兴趣
寄宿留守儿童所在学校教师	平均值	505.4956	484.9855
	频数	550	586
M 省教师	平均值	499.9993	500.0006
	频数	8429	8429

中学寄宿农村留守儿童所在学校教师对岗位的认同度基本达到了 M 省教师的均值。监测数据（见表 5-28）显示，中学寄宿农村留守儿童所在学校教师完全不认同、不太认同、比较认同、完全认同工作岗位的教师占比与其他教师基本一致；比较认同、完全认同工作岗位的寄宿留守儿童教师占 88.51%。采用项目反应理论（IRT）模型估计的“量尺分数”显示，中学寄宿留守儿童所在学校教师岗位认同度均值为 499，M 省教师为 500（见表 5-29），二者基本没有差距。

表 5-28　中学寄宿农村留守儿童所在学校教师岗位认同情况与其他教师的比较

教师对工作岗位的认同情况		频数	占比/%
完全不认同	JLS	90	2.57
	MSS	1925	2.56
不太认同	JLS	312	8.92
	MSS	6800	9.06
比较认同	JLS	1866	53.33
	MSS	39445	52.56
完全认同	JLS	1231	35.18
	MSS	26882	35.82

JLS:寄宿留守儿童教师;MSS:M 省教师。

表 5-29　中学寄宿农村留守儿童所在学校教师岗位认同度与其他教师的比较

寄宿留守儿童所在学校教师	平均值	499.2843
	频数	3500
M 省教师	平均值	499.9986
	频数	75053

采用项目反应理论(IRT)模型估计的“量尺分数”显示,中学寄宿留守儿童所在学校教师工作环境满意度均值为 493,略低于 M 省教师的均值 500(见表 5-30)。

表 5-30　中学寄宿农村留守儿童所在学校教师工作环境满意度与其他教师的比较

寄宿留守儿童所在学校教师	平均值	492.7784
	频数	3499
M 省教师	平均值	500.0007
	频数	75024

采用项目反应理论(IRT)模型估计的“量尺分数”显示,中学寄宿留守儿童所在学校教师职业满意度均值为497,稍稍低于M省教师的均值500(见表5-31)。

表5-31　中学寄宿农村留守儿童所在学校教师职业满意度与其他教师的比较

寄宿留守儿童所在学校教师	平均值	496.8373
	频数	3499
M省教师	平均值	500.0004
	频数	75027

中学寄宿留守儿童所在学校教师职业满意度、工作环境满意度、岗位认同度与其他教师相比,都基本没有差距。但是教师的满意并不意味着学生的满意,监测数据(见表5-32、表5-33、表5-34)显示,中学寄宿留守儿童所在学校不管是留守儿童,还是非留守儿童,不管是寄宿学生,还是非寄宿学生,对师德师风的满意度都不太高,只有476左右,与M省教师的均值500存在较大差距。

表5-32　中学寄宿农村留守儿童所在学校全部学生的师德师风满意度分析

	留守儿童	**非留守儿童**	***P***
师德师风满意度	475.9994	477.1316	0.792

表5-33　中学寄宿农村留守儿童所在学校全部留守儿童的师德师风满意度分析

	寄宿留守儿童	**非寄宿留守儿童**	***P***
师德师风满意度	475.7483	477.3469	0.656

表5-34　中学寄宿农村留守儿童所在学校全部寄宿学生的师德师风满意度分析

	寄宿留守儿童	**寄宿非留守儿童**	***P***
师德师风满意度	475.7483	474.8722	0.49

（四）与教师队伍稳定性直接相关因素分析

监测数据（见表5-35、表5-36）显示，中学寄宿农村留守儿童所在学校教师队伍稳定程度较高。在目前所在学校任教5年以上的教师占比高达70.4%，工作15年以上教师占比高达29.87%。毕业后任教学校数在2所及以下的教师占比高达72.27%，这说明中学寄宿农村留守儿童所在学校教师流动性较小，纵向和横向流动机会少，困难较大。

表5-35 中学寄宿农村留守儿童所在学校教师在本校任教时间统计

在本校担任教师的年数	频数	占比/%
3年以下	686	19.61
3—5年	350	10.00
5—10年	705	20.15
10—15年	713	20.38
15年及以上	1045	29.87

表5-36 中学寄宿农村留守儿童所在学校教师任教学校统计

毕业后共任教的学校数/所	频数	占比/%
1	1342	38.35
2	1187	33.92
3	592	16.92
4	255	7.29
5所及以上	123	3.52

中学寄宿农村留守儿童所在学校教师流动性较小，并不意味着他们工作很安心。他们的多项选择数据（见表5-37）显示，“不愿意调离”的教师只占23.06%。其余大量教师则因为“收入低、福利差”“工作地居住地两地跑”“职务晋升机会少”“子女上学不方便”等原因希望离开本校。想调离而不可能，

必然影响工作积极性，“做一天和尚撞一天钟”的混日子状态自然伴随出现，学生对师德师风的满意度必然较低。

表 5-37　中学寄宿农村留守儿童所在学校教师想离开本校的原因

教师想要离开本校的原因	频数	占比/%
教学和科研经费短缺	472	13.49
工作条件差	450	12.86
缺少培训和进修机会	744	21.26
职务晋升机会少	894	25.55
工作考核制度不完善	788	22.52
收入低、福利差	1066	30.47
不受领导重视	272	7.77
同事关系紧张	44	1.26
工作压力大	589	16.83
工作地居住地两地跑	1063	30.38
子女上学不方便	788	22.52
不愿意调离	807	23.06

第二节　寄宿农村留守儿童所在学校教师培训状况分析

按照培训经费划拨主体和培训活动承办单位的不同，寄宿农村留守儿童所在学校教师培训一般包括国家级培训、省级培训、区县级培训和校本培训等层次和类别。本书课题组抽取 M 省 40 个区县 616 所小学、378 所中学当中留守儿童最多的农村中、小学各 60 所，共计 120 所学校的教育质量专业监测相关数据，对寄宿农村留守儿童所在中小学教师培训状况进行了系统分析。

一、小学寄宿农村留守儿童所在学校教师培训状况分析

(一)小学寄宿农村留守儿童所在学校教师培训的基本情况

小学寄宿农村留守儿童所在学校教师参加培训的层次很低、机会很少。他们的多项选择结果(见表5-38)表明,他们参加的较多培训是学校级,其次是区县级,但参加过这两类培训的教师占比都不足30%。参加过省级、国家级培训的教师占比,合计不足10%。值得特别关注的是,被调查教师多项选择的所有结果占比之和只有69.9%。这意味着大量被调查教师没有回答这个问题。本书课题组田野调查发现,这主要是因为他们参加校外培训的机会很少,校内教研活动等所谓校本培训实效很差,在他们眼中基本不算培训。部分教师即使知道自己参加了一些校内培训,也因为心存反感而不予作答。这种情况,在老师们回答"参加过哪些方式的培训"这个问题时,也有同样表现,他们所作多项选择的各种选择结果占比之和只有59%(见表5-39),足见他们能够参加的培训机会很少,方式单一。

表5-38 小学寄宿农村留守儿童所在学校教师培训层次调查统计

参加过什么层次的培训	我没有参加过任何培训	学校级	区县级	省级	国家级
占比/%	8.2	27.2	25.9	5.5	3.1

表5-39 小学寄宿农村留守儿童所在学校教师培训方式调查统计

参加过哪些方式的培训	导师个别指导	师徒对结	成长共同体	其他	以上都未参加
占比/%	7.2	13.4	14.7	18.4	5.3

小学寄宿农村留守儿童所在学校教师参加各类培训的针对性与实效性都

可能会大打折扣。因为监测数据(见表5-40)显示,他们参加的各层次培训,在训前都极少征求他们的意见。

表5-40　培训征求小学寄宿农村留守儿童所在学校参训教师意见的情况

哪些级别的培训之前征求过您的意见	学校级	区县级	省级	国家级	都没征求过
占比/%	19.2	13.6	3.7	1.1	16.0

(二)小学寄宿农村留守儿童所在学校教师的校本培训情况

比较而言,校本培训是中小学教师职后培训最为重要的方式。小学寄宿农村留守儿童所在学校教师参加校本培训的方式单一。虽然选择“听课评课”“同伴研讨”“网络学习”“专题讲座”的教师占比都超过了10%,但是被调查教师多项选择的所有结果占比之和只有93%(见表5-41)。这足见实效较好而名副其实的校本培训在小学寄宿农村留守儿童所在学校比较稀缺。

表5-41　小学寄宿农村留守儿童所在学校教师校本培训方式调查统计

参加过什么方式的校本培训	专题讲座	听课评课	同伴研讨	网络学习	社团活动	课题研究	读书活动	其他
占比/%	14.3	23.2	16.9	15.2	2.6	6.8	9.3	4.7

监测数据(见表5-42)显示,小学寄宿农村留守儿童所在学校教师参加校本培训的积极性较高,选择“比较积极”和“非常积极”的教师占比合计达到了80.4%。或许,前述有质量的校本培训的稀缺和高层次培训机会的匮乏使大部分老师具有较高积极性。

表 5-42　小学寄宿农村留守儿童所在学校教师校本培训积极性调查统计

教师参与校本培训的积极性	非常不积极	不太积极	比较积极	非常积极
占比/%	1.4	18.3	56.2	24.2

监测数据(见表 5-43)显示,小学寄宿农村留守儿童所在学校教师参加校本培训的效果一般偏好,选择“效果一般”的教师占比 58.4%,选择“效果非常好”的教师占比 27.9%,这比选择“完全没有效果”和“效果不太好”的教师合计占比 13.7 高出了一倍。所以整体而言,老师们真正认可的校本培训,效果还是比较好。

表 5-43　小学寄宿农村留守儿童所在学校教师校本培训效果调查统计

学校组织校本培训的效果	完全没有效果	效果不太好	效果一般	效果非常好
占比/%	3.7	10.0	58.4	27.9

改进校本培训对于全面提高教师队伍素质和人才培养质量具有极其重要的意义,这要求有关各方在尊重教师主体意见的基础上,积极引导他们的培训需求。监测数据(见表 5-44)显示,希望学校安排校本培训每月一次的教师占比最高,其次是每学期一次和每半学期一次。本书课题组田野调查发现,中小学教师校本培训的频次安排是否科学合理,取决于培训内容难度与每次时长等因素,就一般情况而言,每月一次比较恰当。至于培训主持人,监测数据(见表 5-45)显示,35%的教师希望由学校有特长的老师担任,这种意见值得重视。

表 5-44　小学寄宿农村留守儿童所在学校教师关于校本培训频次的建议

希望学校多久安排一次校本培训	每学期一次	每半学期一次	每月一次	每半月一次	每周一次	不要安排
占比/%	28.5	17.8	34.7	8.3	7.9	2.8

表 5-45 小学寄宿农村留守儿童所在学校教师关于校本培训主持人的建议

谁最适合主持校本培训	学校管理者	学校的名师	学校有特长的老师	外请专家	外校名师	培训机构的专职教师
占比/%	6.5	13.9	35.0	17.1	14.4	13.2

(三)小学寄宿农村留守儿童所在学校教师的区县级培训情况

区县级培训是中小学教师参加最多的校外培训。监测数据(见表 5-46)显示,小学寄宿农村留守儿童所在学校教师参与区县级培训的积极性较高,选择“比较积极”“非常积极”的教师合计占比 89%,其余选择“非常不积极”“不太积极”的教师合计占比 11%。

表 5-46 小学寄宿农村留守儿童所在学校教师区县级培训积极性调查统计

培训积极性	非常不积极	不太积极	比较积极	非常积极
占比/%	1.9	9.1	58.7	30.3

监测数据(见表 5-47)显示,小学寄宿农村留守儿童所在学校教师对学校安排区县培训机会的满意度较高,选择“比较满意”“非常满意”的教师合计占比 77%,其余教师则持有负面评价,值得关注。

表 5-47 小学寄宿农村留守儿童所在学校教师对学校安排区县培训机会的评价

对学校安排区县培训机会的评价	非常不满意	不太满意	比较满意	非常满意
占比/%	5.1	17.8	57.6	19.4

监测数据(见表 5-48)显示,小学寄宿农村留守儿童所在学校教师最希望参加的区县级培训方式是外出观摩学习,其次是专家讲座。这与老师们长期

工作在校园而缺乏出差访学机会，以及自身理论素质较差等状况密切相关。其实，有较多培训方式值得尝试引导，比如，名师工作室师徒合作研修、骨干教师高校访学等。

表 5-48　小学寄宿农村留守儿童所在学校教师关于区县培训方式的建议

希望区县开展什么方式的培训	专家讲座	名师工作室	影子培训（跟岗实践）	外出观摩学习	网络培训	其他
占比/%	26.4	18.2	15.4	38.1	9.8	2.4

二、中学寄宿农村留守儿童所在学校教师培训状况分析

（一）中学寄宿农村留守儿童所在学校教师培训的基本情况

监测数据（见表 5-49）显示，中学寄宿农村留守儿童所在学校教师参加培训的情况较好，但不够均衡。近一年参加过区县级、校级培训的教师占比都超过了 50%，参加过省级和国家级培训的教师也分别达到了 14.26%和 7.23%。不过，没有参加过任何培训的教师占比超过了 10%，这部分教师值得关注。

表 5-49　中学寄宿农村留守儿童所在学校教师培训层次调查统计

近一年，参加过什么层次的培训	频数	占比/%
我没有参加过任何培训	213	10.81
学校级	1032	52.36
区县级	1120	56.82
省级	281	14.26
国家级	143	7.23

监测数据（见表 5-50）显示，中学寄宿农村留守儿童所在学校教师对学校安排的省级、国家级培训机会的评价偏好，选择“比较满意”“非常满意”的教

师合计占比 70.17%。其余教师选择了负面评价,值得关注。

表 5-50　中学寄宿农村留守儿童所在学校教师对学校安排的省级、国家级培训机会的评价

对学校安排的省级/国家级培训的机会是否满意	频数	占比/%
非常不满意	133	6.75
不太满意	455	23.08
比较满意	1056	53.58
非常满意	327	16.59

监测数据(见表 5-51)显示,中学寄宿农村留守儿童所在学校教师参加培训的方式较好,选择"成长共同体""师徒结对"等培训方式的教师占比较高。

表 5-51　中学寄宿农村留守儿童所在学校教师培训方式调查统计

近三年,参加过哪些方式的培训	频数	占比/%
导师个别指导	299	18.20
师徒结对	559	34.02
成长共同体	658	40.05
其他	898	54.66
以上都未参加	166	10.10

监测数据(见表 5-52)显示,中学寄宿农村留守儿童所在学校教师最希望参加的区县级培训方式是外出观摩学习,其次是专家讲座。这与老师们的工作性质和自身素质状况密切相关。当前情况下,必须积极引导教师有效参与网络远程培训、名师工作室师徒合作研修等学习活动。

表 5-52　中学寄宿农村留守儿童所在学校教师对区县级培训方式的建议

希望区县开展 什么方式的培训	频数	占比/%
专家讲座	949	48.15
名师工作室	666	33.79
影子培训(跟岗实践)	517	26.23
外出观摩学习	1426	72.35
网络培训	416	21.11
其他	124	6.29

(二)中学寄宿农村留守儿童所在学校教师培训的积极性

监测数据(见表 5-53)显示,中学寄宿农村留守儿童所在学校教师参与校本培训的积极性较高,选择“比较积极”“非常积极”的教师合计占比 73.54%。其余教师选择了负面评价,值得关注。

表 5-53　中学寄宿农村留守儿童所在学校教师校本培训积极性调查统计

教师参与的积极性	频数	占比/%
非常不积极	30	2.91
不太积极	243	23.55
比较积极	541	52.42
非常积极	218	21.12

监测数据(见表 5-54)显示,中学寄宿农村留守儿童所在学校教师参与区县级培训的积极性较高,选择“比较积极”“非常积极”的教师合计占比 78.93%。其余教师选择了负面评价,值得关注。

表 5-54　中学寄宿农村留守儿童所在学校教师区县级培训积极性调查统计

教师区县级培训积极性	频数	占比/%
非常不积极	19	1. 70
不太积极	217	19. 38
比较积极	605	54. 02
非常积极	279	24. 91

（三）中学寄宿农村留守儿童所在学校教师培训的效果

监测数据（见表 5-55）显示，中学寄宿农村留守儿童所在学校教师参与区县级培训的效果较好，选择“效果一般”的教师占 63. 57%，不过选择“效果非常好”的教师占 25. 8%，比选择“完全没有效果”“效果不太好”的教师合计占比 10. 63%高出一倍多。所以整体而言，他们参与区县级培训的效果较好。

表 5-55　中学寄宿农村留守儿童所在学校教师区县级培训效果调查统计

教师区县级培训效果	频数	占比/%
完全没有效果	15	1. 34
效果不太好	104	9. 29
效果一般	712	63. 57
效果非常好	289	25. 80

监测数据（见表 5-56）显示，中学寄宿农村留守儿童所在学校教师参与省级、国家级培训效果较好，选择“效果一般”的教师占比 51. 46%，不过选择“效果非常好”的教师占比 41. 91%，远远超过选择“完全没有效果”“效果不太好”的教师合计占比 6. 64%。所以整体而言，他们参与省级、国家级培训的效果较好。

表 5-56　中学寄宿农村留守儿童所在学校教师省级、国家级培训效果调查统计

培训效果	频数	占比/%
完全没有效果	3	0. 80
效果不太好	22	5. 84
效果一般	194	51. 46
效果非常好	158	41. 91

第三节　寄宿农村留守儿童所在学校班主任状况分析

班主任是中小学最核心的教育力量，对于农村留守儿童寄宿教育质量具有重要影响。本书课题组抽取 M 省 40 个区县 616 所小学、378 所中学当中留守儿童最多的农村中、小学各 60 所，共计 120 所学校的教育质量监测数据，对寄宿农村留守儿童所在学校班主任的基本情况、班级管理、教育活动组织、与学科教师的合作、专业发展等情况进行了系统分析。

一、小学寄宿农村留守儿童所在学校班主任状况分析

（一）小学寄宿农村留守儿童所在学校班主任的基本情况

监测数据（见表 5-57）显示，小学寄宿农村留守儿童所在学校班主任在岗年限 3 年及以下的占比 21. 3%，3—5 年的班主任占比 14. 0%，担任班主任不足 5 年的占比合计 35. 3%，这部分年轻班主任的专业素质值得关注。

表 5-57　小学寄宿农村留守儿童所在学校班主任在岗年限调研统计

在岗年限	3 年及以下	3—5 年	5—10 年	10—20 年	20 年及以上
占比/%	21. 3	14. 0	22. 1	24. 4	18. 2

监测数据（见表5-58）显示，小学寄宿农村留守儿童所在学校班主任的培训方式比较多样，但是每种方式的实际运用都很少，老师们多项选择所有选项的占比之和仅有67.4%。这表明很多班主任没有选择作答，小学寄宿农村留守儿童所在学校班主任培训情况与全体教师的培训情况一样，很不容乐观。

表5-58　小学寄宿农村留守儿童所在学校班主任培训方式调研统计

班主任培训方式	班主任基本技能培训	班主任评选竞赛活动	德育讲座	优秀班主任报告会	德育活动观摩	德育活动研讨会	结对帮扶	外请专家指导	外出培训学习
占比/%	16.0	5.5	16	6.3	4.3	3.9	6.8	2.8	5.7

监测数据（见表5-59）显示，小学寄宿农村留守儿童所在学校班主任建议的培训方式比较丰富，但是老师们进行多项选择的所有选项占比之和仅有87.2%。这表明很多班主任没有选择作答，较多教师很可能对各种班主任培训方式的实际体验和理解不够，无法作答。

表5-59　小学寄宿农村留守儿童所在学校班主任关于培训方式的建议

班主任培训方式建议	班主任基本技能培训	班主任评选竞赛活动	德育讲座	优秀班主任报告会	德育活动观摩	德育活动研讨会	结对帮扶	外请专家指导	外出培训学习
占比/%	21.0	5.2	7.4	13.8	8.3	5.1	6.5	6.7	13.2

小学寄宿农村留守儿童所在学校班主任中年轻教师占比较高，培训情况不容乐观，直接导致班主任班级管理能力较差。监测数据显示，小学寄宿农村留守儿童所在学校班主任班级管理能力的均值为486，低于M省城乡更大样本教师群体的均值500。

（二）小学寄宿农村留守儿童所在学校班主任的班级管理

单从监测所得数据（见表5-60）进行分析，小学寄宿农村留守儿童所在学校班主任管理班级的方式比较科学合理，因为选择"引导和培养学生的自主管理能力""理解、尊重每一位学生"的教师占比合计96.9%。但深入分析，这个数据并不能说明这支班主任队伍的素质高和工作实效好。因为"引导和培养学生的自主管理能力"与"理解、尊重每一位学生"对于中小学教师而言，就像常见宣传口号或广告词一样熟悉，他们选择作答，很容易找到"正确答案"。更重要的是，这是一个多选题，但各种选项占比之和是100%，说明所有答题者都把此题当成了单选题作答。此题相对理想的答案是同时选择"引导和培养学生的自主管理能力"与"理解、尊重每一位学生"，因为二者结合管理班级最为合理有效。这个题目的回答情况表明小学寄宿农村留守儿童所在学校班主任的理论素养有待进一步提高。

表5-60　小学寄宿农村留守儿童所在学校班主任管理班级的方式

一般如何管理班级	大事小事都包办	引导和培养学生的自主管理能力	理解、尊重每一位学生	一切由我说了算	放手，不管学生
占比/%	0.8	72.3	24.6	2.0	0.3

监测数据（见表5-61）显示，小学寄宿农村留守儿童所在学校班主任管理班级的状态整体较好，但有几点值得特别关注。一是认为"管理班级时，我时常觉得力不从心""比较符合自身实际""完全符合自身实际"的教师合计占比37.3%；二是认为"对班级教育效果不明显""比较符合自身实际""完全符合自身实际"的教师合计占比25.2%；三是认为"很少注意到学生在学习和生活中的问题""比较符合自身实际""完全符合自身实际"的教师合计占比18.2%；四是认为"我制定的班级制度执行起来很困难""比较符合自身实际"

"完全符合自身实际"的教师合计占比 21.5%。以上数据表明小学寄宿农村留守儿童所在学校班主任的实践能力有待进一步提高。

表 5-61　小学寄宿农村留守儿童所在学校班主任管理班级的状态

班主任管理班级的状态	完全不符合自身实际/%	不太符合自身实际/%	比较符合自身实际/%	完全符合自身实际/%
在管理班级时,我能调动班级凝聚力	0.6	2.8	60.5	36.1
管理班级时,我时常觉得力不从心	17.9	44.8	30.3	7.0
严格教育和管理学生不良行为和习惯	1.1	3.1	57.1	38.7
与其他班比,我班班风较好	0.3	4.2	63.6	31.9
对班级教育效果不明显	21.6	53.2	19.9	5.3
很少注意到学生在学习和生活中的问题	39.5	42.3	14.3	3.9
我制定的班级制度执行起来很困难	27.5	51.0	17.6	3.9
我能让学生参与到班级管理中来	1.4	5.9	62.5	30.3

小学寄宿农村留守儿童所在学校班主任对学生异常情况的感知比较敏锐及时。"能及时察觉"和"从其他学生反映得知"的班主任合计占比 91.9%(见表 5-62)。但是,教师回答这个题目的情况依然值得遗憾和忧虑,因为这是一道多项选择题,而老师们所有选项占比之和为 99.9%。现实的情况是,班主任必须从多种路径才能深入、准确地把握学生异常行为和情绪。

表 5-62　小学寄宿农村留守儿童所在学校班主任对学生异常情况的感知

对学生出现异常行为和情绪的感知	能及时察觉	从其他学生反映得知	由学生本人主动告知	从其他教师反映得知	很少察觉到	从家长反映得知
占比/%	77.9	14.0	3.9	1.1	0.8	2.2

（三）小学寄宿农村留守儿童所在学校班主任组织指导主题班队会的情况

组织指导主题班队会是小学班主任教师进行班级管理，对学生实施综合教育，展现和提升班主任工作专业素质最重要的路径。监测数据（见表5-63）显示，小学寄宿农村留守儿童所在学校班主任组织指导主题班队会的频次不够。一般而言，小学班级每周应该有一次主题班队会，学校一般都把这次主题班队会排上了周课表，明确要求班主任持续组织指导。但是，回答每学期主题班队会开展次数10次及以上的教师占比只有44.3%。

表5-63　小学寄宿农村留守儿童所在学校班主任组织指导主题班队会的频次

每学期主题班队会开展次数	没有开展过	1—2次	3—5次	6—9次	10次及以上
占比/%	1.4	11.5	22.7	20.2	44.3

监测数据（见表5-64）显示，小学寄宿农村留守儿童所在学校班主任组织指导主题班队会的时间安排也不够合理。小学低中高年级学生自主能力有较大差异，但一般而言，主题班队会的大部分时间应该由学生自主使用。但是，回答“老师占绝大部分时间”“老师占大部分时间”“老师、同学各占一半”的教师合计占比达到了30.1%。

表5-64　小学寄宿农村留守儿童所在学校班主任组织指导主题班队会的时间安排

每学期主题班队会时间安排	老师占绝大部分时间	老师占大部分时间	老师、同学各占一半	同学占大部分时间	同学占绝大部分时间
占比/%	3.7	4.5	21.9	48.9	21.0

监测数据（见表5-65）显示，小学寄宿农村留守儿童所在学校班主任组织

指导主题班队会的效果较好。回答“有较大帮助”“有很大帮助”的教师合计占比达到了84.1%。主题班队会是一种容易显现育人实效的教育活动，班主任只要认真组织指导，效果就会较好，如能持续组织、科学指导，效果就会特别显著。对此，小学寄宿农村留守儿童所在学校班主任应该都有较深认识，他们回答“应该如何提高主题班队会的效果”时，也选择谋划了多种策略与路径，其中选择“提高活动的趣味性”的教师占比最高，其次是“提高活动的针对性”。不过令人遗憾的是，这是一道多项选择题，提高主题班队会效果也必须多管齐下，但大多数教师仅仅选择了一项，他们所有选项占比之和仅为108.6%（见表5-66）。

表5-65 小学寄宿农村留守儿童所在学校班主任组织指导主题班队会的效果

开展主题班队会的效果	完全没帮助	有一点帮助	有较大帮助	有很大帮助
占比/%	0.6	15.3	52.3	31.8

表5-66 小学寄宿农村留守儿童所在学校班主任对提高主题班队会效果的谋划

应该如何提高主题班队会的效果	提高活动的针对性	提高活动的实效性	增强活动的实践性	提高活动的趣味性	提高学生的参与度	丰富并创新主题班队会的形式	充分利用社会（社区）资源
占比/%	18.6	17.8	15.2	22.1	17.2	12.8	4.9

二、中学寄宿农村留守儿童所在学校班主任状况分析

（一）中学寄宿农村留守儿童所在学校班主任的基本情况

监测数据（见表5-67）显示，中学寄宿农村留守儿童所在学校班主任在岗年限不足5年的班主任占29.88%，这部分年轻班主任的专业素质值得关注。

表 5-67　中学寄宿农村留守儿童所在学校班主任在岗年限调研统计

班主任在岗年限	频数	占比/%
3 年及以下	136	15.45
3—5 年	127	14.43
5—10 年	209	23.75
10—20 年	282	32.05
20 年及以上	126	14.32

中学寄宿农村留守儿童所在学校班主任管理压力处于中等偏上的水平。监测数据显示,880 位班主任管理压力的平均值是 6.27 分(最高 10 分)。老师们的多项选择结果表明,班主任管理压力来源依次为"工作任务重,时间长,精力不足""工作责任大""安全教育压力大""家长不重视,理解、配合和支持不够""交各种材料"(见表 5-68)。

表 5-68　中学寄宿农村留守儿童所在学校班主任管理压力来源调研统计

班主任管理压力来源	频数	占比/%
工作责任大	454	51.59
工作任务重,时间长,精力不足	485	55.11
自身的知识、能力不足,工作方法欠缺	56	6.36
交各种材料	247	28.07
学生问题层出不穷,难处理	172	19.55
安全教育压力大	331	37.61
同事不合作	5	0.57
学校领导不支持、不理解	17	1.93
家长不重视,理解、配合和支持不够	254	28.86
社会、家长期望高	129	14.66
家庭不支持,家务事缠身	26	2.95

续表

班主任管理压力来源	频数	占比/%
其他	14	1.59
没有问题	36	4.09

中学寄宿农村留守儿童所在学校班主任中年轻教师占比较高，班主任管理压力偏大，各种因素导致班主任班级管理能力有待提升。监测数据显示，中学寄宿农村留守儿童所在学校班主任管理能力的均值为 492，略低于 M 省城乡更大样本教师群体的均值 500。

（二）中学寄宿农村留守儿童所在学校班主任与学科教师的合作情况

中学寄宿农村留守儿童所在学校班主任与学科教师的沟通合作对于留守儿童寄宿教育具有重要促进作用。监测数据（见表 5-69）显示，班主任与学科教师的沟通不能较好满足教育教学工作需要。回答“定期沟通”的教师占比只有 40.17%，而回答“有需要的时候再沟通”的教师占 58.27%。凡事预则立，“有需要的时候再沟通”，往往已经不能很好满足寄宿农村留守儿童的教育发展需要了。

表 5-69　中学寄宿农村留守儿童所在学校班主任与学科教师的沟通频率

班主任与学科教师的沟通频率	频数	占比/%
从不	11	1.56
有需要的时候再沟通	412	58.27
定期沟通	284	40.17

监测数据(见表5-70)显示,班主任与学科教师的沟通内容比较广泛。占比较高的内容依次是:“学生学习表现”“学习行为习惯”“学生心理健康”“班级管理情况”。沟通涉及如此广泛的内容,说明班主任与学科教师非常有必要“定期沟通”,形成制度,同时,“有需要的时候再沟通”。

表5-70 中学寄宿农村留守儿童所在学校班主任与学科教师的沟通内容

班主任与学科教师的问题内容	频数	占比/%
学生学习表现	604	86.78
学习行为习惯	537	77.16
学生身体健康	179	25.72
学生心理健康	385	55.32
学生的人际交往	154	22.13
学生家庭背景	157	22.56
班级管理情况	337	48.42
自身教学情况	252	36.21
其他	32	4.60

监测数据(见表5-71)显示,学科教师与班主任的沟通困难相对较小。回答“沟通顺畅,没有困难”的教师占比77.59%,这固然值得肯定,但选择各种困难的情况也不容忽视。

表5-71 中学寄宿农村留守儿童所在学校学科教师与班主任沟通困难的原因

学科教师与班主任沟通困难的原因	频数	占比/%
自己不愿意与班主任沟通	20	2.87
班主任没时间	57	8.19
班主任态度不积极	52	7.47
班主任抱怨多、责难多	48	6.90
与班主任关系不好	17	2.44
沟通没成效	47	6.75

续表

学科教师与班主任沟通困难的原因	频数	占比/%
沟通顺畅,没有困难	540	77.59

(三)中学寄宿农村留守儿童所在学校班主任的专业发展

中学寄宿农村留守儿童所在学校班主任的专业发展是提高留守儿童寄宿教育质量的重要保证。监测数据(见表5-72)显示,班主任老师们对自己最重要的岗位能力做出了多样判断,占比较高的能力依次是:“管理建设班级的能力”“协调各方面关系的能力”“心理辅导能力”“安全管理能力”。这种状况体现了班主任老师们有较好的专业判断能力,但是,作为一个多选题,他们选择“组织活动的能力”“对学生进行综合素质评价的能力”“学习反思的能力”等班主任必备重要能力的占比都很低。这说明老师们的专业判断能力和岗位履职能力等都有待进一步提升。

表5-72　中学寄宿农村留守儿童所在学校班主任对班主任最重要能力的选择

班主任最重要能力的选择	频数	占比/%
管理建设班级的能力	771	87.61
组织活动的能力	217	24.66
协调各方面关系的能力	364	41.36
安全管理能力	275	31.25
处理应急事件的能力	223	25.34
心理辅导能力	316	35.91
指导家庭教育的能力	81	9.20
对学生进行综合素质评价的能力	135	15.34
学习反思的能力	64	7.27
自我情绪调控能力	103	11.70
其他	6	0.68

加强农村留守儿童寄宿学校班主任队伍建设具有重要意义，监测数据（见表5-73）显示，老师们对建设最重要的事项做出了多样判断，占比较高的选项依次是："完善班主任培训制度""将班主任工作作为评职评优的必要指标""合理确定班主任的工作量""建立以班主任为核心的任课教师集体负责制""坚持表彰优秀班主任"。以上情况体现班主任老师们有一定专业判断能力，但是，作为一个多选题，以上各个任何一个选项的占比都没能超过50%，其他选项的占比也很低。这说明老师们若要积极参与自身所在队伍建设，不断提高专业能力尚需有关各方持续加强指导和支持力度。

表5-73　中学寄宿农村留守儿童所在学校班主任对加强班主任队伍建设最重要事项的判断

加强班主任队伍建设最重要事项	频数	占比/%
将班主任工作作为评职评优的必要指标	352	40.00
坚持表彰优秀班主任	202	22.95
建立骨干培养机制	194	22.05
完善班主任培训制度	431	48.98
建立以班主任为核心的任课教师集体负责制	338	38.41
加强班主任课题研究	98	11.14
开展班主任基本功大赛	113	12.84
开展班主任主题班队观摩	128	14.55
专家指导	108	12.27
合理确定班主任的工作量	367	41.70
其他	16	1.82

第六章　农村留守儿童寄宿教育个案学生研究

米尔斯曾经指出，理论研究的本质是个人生活叙事①，而“故事是继承历史和历史哲学的时间手段”②。在质性研究范式下，本章前三节通过小微草根叙事呈现中、西部农村地区9位“理想类型”个案留守儿童寄宿教育生活的喜怒哀乐与酸甜苦辣，其主要目的是邀请读者与文本深度对话，亲历农村留守儿童寄宿教育生活的“理论化”③过程，探索留守儿童寄宿教育的历史与现状、问题与困难、策略与路径，积极建构读者和研究者共同拥有的研究结论。在此基础上，本章第四节讨论个案留守儿童寄宿教育生活故事，分析个案区县农村留守儿童寄宿学校学生的学业成绩问题，提出改进农村留守儿童寄宿教育的核心策略。

---

① 参见[法]福柯：《疯癫与文明》，刘北成等译，生活·读书·新知三联书店1999年版，第3—7页；周勇：《教育叙事研究的理论追求》，《教育发展研究》2004年第9期，第56—60页。

② 丁钢：《教育叙述何以可能?》，《教育情报参考》2002年第11期，第19—20页。

③ “理论化”是与个案小微叙事研究具有相近内涵的概念。比如，20世纪70年代以来，女性研究者认为，妇女谈论她们的经历、叙述她们的生活、讲演个人和集体的故事就是妇女对生活的理论化（参见邓津等主编：《定性研究：方法论基础》，风笑天等译，重庆大学出版社2007年版，第992页）。

第一节　三位小学寄宿留守儿童的教育叙事研究

一、老师的“得意门生”小梁[①]

小梁是松峰小学的寄宿农村留守儿童，12 岁，就读于该校六年级 1 班。来到他家堂屋，满墙奖状就映入了眼帘。这些奖状证明他是“三好”学生、优秀班干部、“体育之星”、“希望之星”、期末考试第一名。他还获得了全县农村留守儿童“我的好老师”主题演讲大赛一等奖。小梁性格开朗，乐于倾吐心声，介绍自己的学习生活全面主动，与本书课题组调查员小杨很快成了好朋友。

小梁还有一位姐姐，叫小栋，16 岁，就读于县民族中学，也在校寄宿。父母在他们姐弟俩名字上下过一番功夫，希望他们长大后能够成为“栋、梁”之才。姐姐小学和初中都是在镇里学校寄宿，成绩从小就很好。虽然学习生活条件艰苦，但她以 653 分的成绩考上了县城里的民族高中。凭这个成绩本来可以上县里最好的那所高中，但她为了减轻家里的经济负担就选择了相对差一点的民族高中，因为民族高中可以免费提供床被等生活用品，还有一些食宿费补助。

家庭贫困是姐弟俩成为农村留守儿童的主要原因。小梁说他们家早年发生过火灾，房屋财产都被烧得精光。后来爷爷重病在床，需要治疗，父母也因长期过重的体力劳动身体很差。尽管勤勤恳恳、省吃俭用，家庭经济还是越来越困难。后来爷爷去世，为了偿还债务，供姐弟俩上学，父母不得不狠下心来外出打工，留下姐弟俩和外婆一起生活。

---

① 本书对各地区、各学校的师生姓名一律采用化名。

小梁说，他从三年级就开始寄宿，那时他还不到10岁。上学路途遥远是他寄宿的主要原因。他认为寄宿比走读要方便得多，不寄宿的时候，早上5点多就得起床，6点钟必须准时出门，每天要步行2小时的山路才能到学校。在校寄宿每天可以睡到6点多才起床，相比之下他觉得寄宿更快乐、轻松。

小梁说，他们每天的生活从叠被子开始。每天6:20起床，第一件事就是把被子叠成“豆腐块”，然后跑到教室上早自习。6:40—7:10的早自习时间，老师会来监督他们读书、背书。他们每天7节正课，上午4节，下午3节，从8:30开始到15:20结束，中午有一个小时的午餐时间。此外，寄宿的学生在第七节课后，还有一个小时的作业课，从15:30—16:30，专门完成课外作业。这些作业，没有寄宿的同学则带回家完成。每天晚上有两节自习课，18:50—20:20，由老师辅导着做作业，或者自己看书学习。晚自习下课后就洗漱就寝，20:50准时熄灯睡觉。他讲，学校纪律要求很严，熄灯后大家就会慢慢睡去。

小梁提供了他2018年春季学期的课程表（见表6-1），从中可见学校每天为寄宿农村留守儿童安排的早晚自习和作业课的时间约3.5小时。小梁讲，这些时间都是老师监督大家读书、做作业。他作业做得快，做完后老师就让他去给同学讲题，或者自己看课外书。不过，班上的课外书很少，教室图书角老是那几本，学校没有阅览室。他没趣时就只好坐着发呆。老师有时也奖励先做完作业的同学去操场玩，打乒乓，或者自由玩耍，很痛快。但是，玩得太疯会被批评、罚站，因为老师觉得不安全。有同学的确摔破过头皮，流了很多血。小梁觉得很多同学比他过得还要没趣，“因为他们做作业拖拖拖，一天到晚都在做，结果还是做不完”。

小梁的学校没有统一组织课外兴趣活动。食堂的电视，每天都要开一会儿，但不允许同学自己调节目。连同起床、洗涮、就餐等，学校每天为寄宿学生提供了4个小时以上的“自我安排”时间（见表6-1）。小梁讲这些时间有事情就做事情，该补作业就补作业，无聊了就无聊。如果运气好，老师开恩，抢占得到乒乓球台，可以玩痛快。没有抢到球台可以看电视，但时间不长。同学可以自由玩耍,下下棋,做点游戏都可以,但坐着发呆的同学还是有。少数同学吵架、打架,会被老师惩罚,被罚打手板、跑操场、抄课文、下蹲1000次、面壁思过,严重的被罚站乒乓球台,在全校同学面前出丑。有的同学不按时完成作业,也要受罚。被处罚的同学每一次都很难受,有时还哭鼻子。但是,被罚后又犯错误,又会受罚。小梁也被惩罚过,只是不多,因为他虽然调皮好动,但成绩好,是老师的"得意门生"。

表6-1　松峰小学六年级1班作息时间及课程安排表

课节	星期一	星期二	星期三	星期四	星期五
起床 6:20—6:40					
早自习 6:40—7:10					
早餐 7:10—8:00					
早读课 8:00—8:25					
一	语文	数学	语文	数学	语文
二	品德	数学	语文	科学	语文
课间操 10:00—10:20					
三	数学	语文	实践劳动	语文	数学
四	数学	美术	英语	品德	科学
午餐 12:00—13:00					
五	科学	体育	音乐	安全教育	品德
六	语文	品德	数学	数学	语文
七	语文	语文	科学	数学	数学
作业课 15:30—16:30					
自我安排 16:30—18:00					
晚餐 18:00—18:50					
晚自习 18:50—20:20					
洗漱就寝 20:20—20:50					

小梁说,同学们吃饭最积极。每当吃饭的铃声响起,他们就会拿着自己的"家伙"飞奔向食堂,生怕比别人晚了一步。对食堂的饭菜,他们也还满意。

一日三餐都有米饭,早上也会有面条,但他说自己不爱吃面条。中餐、晚餐至少一荤一素,还有免费的汤。每顿饭小梁和同学都能吃饱,晚餐费用 5 元左右,午餐免费,每周生活费大约 50 元。

玩是孩子的天性,小梁也不例外。他讲平时校园总是很热闹,哪怕课间 10 分钟,他们也能玩成一片。课间他们会三五成群玩魔方,比赛谁拧得快,也会一堆人围在一起“扳手劲”,搞得像擂台挑战赛。还有下象棋、跳棋、军棋、五子棋,不过老师经常干涉,要求同学先做作业,不能“游手好闲”,光玩。

小梁讲自己能文能武,上体育课或课后空闲时,会“冲锋”进运动场。为的是“兵贵神速,拿下场子”,抢占乒乓球台。学校几百名寄宿学生,只有 5 个乒乓球台。小梁和伙伴们经常会和其他班级的“冤家”抢一个台子,往往争得面红耳赤、相持不下时,有时要用拳头才能解决问题。除了乒乓球,足球也是小梁的最爱。他说,学校操场没有球门,一群人追着球跑也很过瘾,为了能狠狠踢上一脚,哪怕摔倒受伤也无所谓。他的脚的确受过伤,还缝过两针,不过几天后他又玩得很嗨。他希望学校组织一个球队,但不现实,因为老师和家长都不支持。

小梁的确是老师的得意门生,他家满墙的奖状足以证明。小梁从一年级开始就是班长,以后还当过中队长。他说,班长其实并不好当,卫生和纪律最难管。卫生每天都打扫,总有个别同学偷懒。为了能保证按时打扫干净,他只能经常代替他们做。小梁的同学讲,每逢大扫除,小梁都抢着最脏、最累的活干。在纪律方面,小梁先严格要求自己,再要求别人。他讲,上课铃响起,教室不能安静,他就会大喊:“上课了,大家不要讲话!”久而久之,他便成了大嗓门。

学习方面,小梁是班上第一名,有两学期还是全镇第一名。问他为什么成绩那么好。他说:“就是按老师的要求来,认真听讲,认真完成作业。”他的同学讲,他有一个外号,叫“接瓜瓢”。乡亲们往往用这个不太好听的名号来形容话多、喜欢接别人话头的人,但小梁很喜欢这个称谓。他喜欢回答老师提出的问题，往往老师刚问完，他的答案就脱口而出。他觉得这个外号和自己挺般配。小梁的优秀与自信在很大程度上是与生俱来的，当然老师也给了他很多特别的机会。他时常进出办公室，帮助老师做事情。老师每次出题，都由他抄写到教室的黑板上。他还会帮老师批改部分作业。这样一来，全班同学做的题在他手中会过三遍，自然可以熟能生巧、举一反三。

为了荣誉，小梁付出了顽强的努力，甚至经历了不为人知的心酸。比如，他代表全校农村留守儿童参加县里举办的“我的好老师”演讲比赛，非常不容易。他说，这个活动先由学校征集演讲稿，然后在学校参加初赛，最后到县里参加决赛，稿子一写再写、一改再改。为了背熟稿子，他更是没少下功夫。因为太紧张，他背了忘，忘了又背，急得一个人偷偷哭。他非常感谢学校几位老师和校长，给了他很多指导和鼓励。

想家、想爸妈，是所有留守儿童不愿公开言说的秘密。小梁说，每当过节的时候，每次回到家，或是看见同学父母，自己生病、有心事的时候，他都特别想念爸妈，想扑进他们的怀抱。他讲，有一次，寝室来了一个刚住校的同学，因为不习惯，半夜哭。结果寝室的其他小伙伴也都跟着哭，他也躲在被子里抽泣。一向坚强的他，一说到父母，眼角就泛红。看来，远离爸妈的孩子，即使很优秀，外表很坚强，内心也柔弱。

小梁希望学校能够成为同学们的第二个家。他说，同学们生活在学校、学习在学校，同学就像兄弟姐妹，老师就像爸爸妈妈，大家相亲相爱完全可以成为一家。他希望在这个家里，同学们的活动更加丰富多彩，老师不要为调皮的同学生气，同学也要关心老师。他希望学校的乒乓球台更多更好，足球队能够建立起来。他特别希望老师能够带着同学们经常走出校园，去城里看看，去公园玩玩，“去野外探险更过瘾，去河沟野炊好有趣儿”。

二、“不喜欢整天住在学校”的小跃

“我特别讨厌星期天，每个星期天，一早起来我就很不开心，郁闷着过完上午,和奶奶吃完午饭,就又要一个人去学校,我不想去。”这是 11 岁寄宿留守儿童小跃一则日记的主要内容。他根本没有上寄宿学校的意愿和兴趣,但是他不得不去。那么,在学校的日子,他过得怎样?寄宿教育对他有着怎样的影响?他对自己的生活有着怎样的期待?带着这些疑问,本书课题组调查员小胡利用暑假的时间慢慢靠近小跃,与他交上朋友,并通过他的日记、作文、谈话和日常生活等掌握了小跃的基本情况。

小跃即将读六年级,作为一名寄宿农村留守儿童,他给人最深的印象是缺乏自信,对学习没兴趣。他在作文里写:“在我刚上一年级没有多久,我的爸爸妈妈离婚了。妈妈走了,爸爸也到外面打工去了,奶奶只好把我送到学校寄宿。我很不高兴,我认定爸爸妈妈不要我了,我认定自己不是好孩子。我不喜欢整天住在学校,我不喜欢读书,我的成绩在班里有点差,好像老师不喜欢我这样的孩子。”

小跃另有两则日记表明,寄宿学习生活虽然令他“很不高兴”,但他自理能力较强,也能够以老师和家长期待的方式对待学习。其中一则日记片段如下:“今天,轮到我做寝室的卫生,所以,我起得要比平时早。一起床,心里就很不高兴,可是,没有办法。我很快就整理好了自己的床,刷牙洗脸过后就开始扫地。扫完地我觉得自己做得很快,再看寝室的同学,还有几个人还没有起床呢,心情好像高兴了一点。”①另一则日记片段如下:“今天,很不高兴,因为语文老师给我们布置了很多课外作业,放学了回到寝室我就只好开始做作业,作业做了很久,今天都没有能去和王鹏他们耍,作业太多了,我必须做完了再玩。”②

小跃觉得自己在校期间受到了同学的歧视,孤独感很强。他说:“在学校的时候,我总是知道自己是个留守儿童,爸爸妈妈离婚了,身边的同学也都知道。那天,在教室和李海抢书看,他抢不过我,就对着我大吼——‘拿给你看

① 摘自小跃 2018 年 5 月 21 日日记。

② 摘自小跃 2018 年 5 月 8 日日记。

就是,我回去喊我妈妈给我买本新的,把这个漫画书的全集都买了,等我拿到学校不给你看。谁叫你没妈妈?你奶奶才不会给你买呢!哼!'说完,他就跑开了。我手里拿着那本漫画书跑到教室外面就哭了。我觉得他明明是瞧不起我,我在班里没有什么好朋友。"他讲这段话,一直低着头,最后,泪珠滚落而下。

小跃在寝室里没有玩伴和朋友,缺乏情感交流,交际能力有待提高。他说:"我们一个寝室一共有12个人,有些不是一个班的,我很少和寝室里的人一起玩。和他们玩,他们总是欺负我一个人。在学校,我大多数时候都是和王鹏一起耍。他不是寄宿生,放学了他就回家了。我就经常一个人在寝室,在自己的床上,也不知道干什么。我也不喜欢和寝室的同学一起说话,不知道和他们说些什么,和他们耍不来。"

暑假过后的国庆假期,调查员小胡去小跃家。刚进他家门就看到他坐在一个烂沙发上,小腿绑着白纱布,布里渗出的血已经凝固,很吓人。他讲:"我们寝室的床是木头做的上下铺床。这学期该我睡上铺,没有梯子专门用来上床,只能脚尖用力踩着一个小木桩往上爬。上床的时候床晃得很,我脚一滑就摔到地上,腿被挂流血了,就这样了。"忙问他疼不疼。他的回答让人意外:"一点儿都不疼,还有点儿舒服。"说完居然咧嘴一笑。这是他很少有的笑容。小跃解释:"那天我在医院,奶奶给爸爸打电话,说我受伤了,让他国庆节回来看我。我很高兴,爸爸很久没有回来了,国庆节了,爸爸要回来了。"

很替小跃高兴。可是,第二天事情就发生了逆转。小胡拿着一本《爆笑校园》的漫画书去和小跃分享,在路上碰到他奶奶给菜地施肥淋粪。她说:"来找我家跃娃啊?去和他耍一下也好,他半天没说话啦。"小胡感到纳闷,和奶奶随便应了个声,就朝小跃家跑去。到了他家门前坝子,看到小跃独自蹲在坝子一角,埋着头。小胡轻轻走过去,静静蹲在小跃身边,不知道说什么好。过了好一会儿,小跃才抬起头来。他双眼红肿,肯定哭了好久。"爸爸国庆节不回来了。"问他原因,小跃什么也没说。去问小跃奶奶。奶奶很无奈,说:

“跃娃他老汉儿打电话说,国庆做工的钱要比平时多点儿。有什么办法,家里面就这个条件,还有好多账要还啊。”

很想去小跃学校的寝室看看,就问小跃,寝室是否关门。他说应该没有,寝室放假也不会关。第三天小胡去了,看到这间住 12 位同学的陋室,果然和小跃说的那样,床是上下两层的木床,陈旧,摇摇晃晃的。窗子只剩下木制的框架和几块旧玻璃。粉刷的墙面受潮了,早就一块一块脱落。寝室没有衣柜什么的,只有两张旧桌子。

很多次问小跃的愿望是什么。他每次都不加思考地回答:“我最想的就是爸妈能够一直在家里,我和他们在一起,不要整天整天在学校寄宿。”问他奶奶:“小跃有哪些愿望? 家里对小跃寄宿的学校有哪些希望?”奶奶主要讲了以下内容:她希望小跃父亲有能力多挣点钱,多回家看看小跃,希望自己多给小跃一些照顾。他们不指望学校成为小跃的家,学校是学校,家就是家。她只希望学校尽可能让小跃住得舒服好一点,安全一些,起码不要受伤。也希望学校伙食好一点,老师多关心学生,不要让小跃受同学欺负,让小跃喜欢寄宿,喜欢学校,喜欢学习,过得高兴一点儿。

三、“说话头头是道”的辜小杜

辜小杜是一名五年级的寄宿留守儿童。2018 年 7 月中旬到 8 月上旬,本书课题组调查员小王在给辜小杜及其同学上暑假补习课期间,对他进行了比较仔细的调研。辜小杜在家是老大,还有一个即将升入小学三年级的妹妹。辜小杜读小学的前三年,父母都在广州打工,他和妹妹由外公、外婆看管。那时候,他每周一到周五,寄宿在校,周末回到外公外婆家。读四年级时,他母亲受了工伤,右手截肢,基本丧失劳动能力,只好在家看管两个孩子。可能是身体受了较大伤害,母亲“很扭曲”(辜小杜语),对儿子要求很严苛。

母亲讲,辜小杜有时像个大男子汉,小小年纪似乎可以撑起家里半边天,周末回家可以替母亲做费体力或有一定技术含量的家务。母亲认为儿子“嘴巴甜,说话头头是道”,可是“学习上说一套,做一套,就像干死的老鸦只剩一张嘴,华而不实,让人操碎了心”。母亲望子成龙心切,只好经常采用“特殊手段”,打骂交加,每个周末几乎是“一天一小打,两天一大打”,暑假更是如此。

暑假补习期间,辜小杜起初表现不错,上课积极发言,作业认真细致。他母亲和小王老师都以为他可以坚持下去,有较大收获。可是,三天过后,辜小杜在课堂上的表现就越来越差。他小动作不断,经常哗众取宠,老师多次警告反复劝说,依然没有什么好转。

有一次,他在课堂上要小动作,被窗外“暗中监视”的母亲看到了。母亲气急败坏,冲进课堂,破口大骂:“你个王八蛋、龟孙子,你是畜生迈(吗)? 现在该干啥子? 你老是开小差,老是搞小动作,乱球搞! 你是要找死迈? 你啷个(怎么)是恁个(这么)混账的东西哟!”她一边大骂,一边用健全的左手狠狠乱掐儿子的手臂和后背。事后了解到,她也曾多次到辜小杜寄宿的学校监视,也曾多次冲进教室,“收拾”辜小杜,语言也都是如此粗俗、尖刻和暴烈。

辜小杜寄宿的小学坐落在一个山坳里。这里气候宜人,空气清新。学校所在乡场比较闭塞落后,小街两条,饭馆三家。居住在乡场上的家长和老师对孩子们的学习有着比较奇怪的评判。不少家长开口谈论的就是自家孩子成绩有多优秀,但老师给孩子的成绩都是六七十分。一些老师反复表扬学生成绩很不错,辜小杜的英语老师甚至绘声绘色地讲述学生在课堂上如何“生动活泼”,但辜小杜和班上很多同学“hello”都不会说、写。辜小杜的语文老师也说自己学生作文写得很棒,但辜小杜和班上很多同学会把标点符号全都打成逗号或圆点。这或许是有意鼓励,呵护学生自信心,但是,当着学生的面,家长和老师的赏识就很稀缺了。孩子们讲,他们人人都因为学习成绩差,挨过家长和老师的骂或打,让他们“头都抬不起”,“狼狈不堪”,或者痛得“哇哇乱叫”。

暑期补习快结束时,很多孩子和调查员小王老师成了好朋友,小王给他们每人送上一幅自己画的简笔画作为纪念。一堆孩子围着小王叽叽喳喳,特别高兴。小王借机询问他们美术课的教学情况。辜小杜说:“我们同学都不会画，老师也不会画。你画得怎么这么好呀？我们美术老师，每次上课就让我们看录像，一节课下来，我们什么都没画好。”他嘟着小嘴，脸上满是羡慕，把小王的画本翻了又翻，看了又看。

“你们有美术、音乐方面的兴趣活动吗?”

“没有。”孩子们异口同声地回答。

“只上语文、数学?”

“我们语文、数学上课最多，美术、音乐很少上课。”辜小杜说。

“那你们平时想要画画、唱歌，怎么办呢?”

一位女同学说：“我们唱歌的时候很少，一般都是晚上在寝室的时候，睡不着才会唱歌。寝室 8 个人里面有两三个会唱，其他同学有时也跟着唱。”

“你们寝室舒服吗?”

辜小杜说：“寝室很挤，8 人一间，里面很臭。有的同学不讲卫生，也没有老师管。有时候同学乱扔别人的臭袜子，扔过去扔过来，扔到同学脸上，掉到水杯里，几个人就打起来了。”他眼里满是嫌弃，一只手握住另一只手，相互挤压，很有节奏感。

“学校食堂怎么样?”

一位男同学说：“我们食堂里面的饭菜没得人想吃。怎么可能会有人喜欢吃呢？比猪吃的还差。”

“同学们喜欢在学校住宿吗?”

那位男同学接着说：“哪个喜欢在学校寄宿啊？谁有神经病还差不多呢。每天晚上都有晚自习，九点半才下课，我们真的是起得比鸡早，睡得比狗晚。”这个孩子吐露了心里的“典藏话语”，引来了所有孩子的哄笑。

笑声未停，辜小杜就抢着补充：“就是嘛！我们学校食堂里的饭菜很差，还不许剩着。我们班主任会盯着你吃完，吃不完就受惩罚。给你说，我们那个班主任好像一个魔鬼，上次还罚我们跑操场。是在夏天，好热，太阳好大！”他起初双手交叉紧握，说话间突然把手有力打开，紧接着又一跺脚，说到“好像一个魔鬼”时,咧嘴龇牙,很像表演小品。

“就是就是!我们班主任就是一个魔鬼!每天中午只给我们15分钟吃饭时间,吃完饭必须回教室,不准出教室门,有事要报告才可以出去。我们班的班委都是老师选,全是他喜欢的学生。”另一个同学也激动起来,稚嫩的双眼显露着很想找回公平的冲动。

辜小杜又说:“其他老师上课也不舒服。我们英语老师喜欢骂人、打人,说脏话,很多同学都怕她。每次英语课都只叫那几个成绩好的人回答问题,还偷偷摸摸给一些同学辅导作业。就是为了收钱呗,哼,谁都知道!”

“你们下课后都干些什么呢?好玩吗?”

辜小杜说:“学校给每个班的同学划了一个玩耍区域,地方很小,不准出界,很不好玩。我喜欢和玩得好的那几个同学玩,斗鸡、下跳棋,这些好玩。我看不惯班里其他一些人,他们很不好玩。”

“家长会给老师打电话讲你们在学校的情况吗?”

辜小杜说:“很多同学的家长都会给班主任打电话,问我们的情况。班主任老是喜欢告状,我一点儿也不喜欢他。”他恢复了双手交叉紧握的姿势,摇着头,一副郁闷的样子。

“你不喜欢老师,喜欢同学吗?同学欺负过你吗?”

辜小杜说:“也不是经常欺负,就是有时候玩的时候,有几个同学说我很野,说我妈是个残废,是‘独臂打手’,让我最受不了!”他依然保持着双手交叉紧握的姿势。

“你妈妈很在意你的成绩,老师上课的时候,你为什么不认真听呀?”

辜小杜有些不自然,吞吞吐吐地说:“我,我,我每次……每次妈妈打我,我都会想……会想好好学习,会想我错了,下次不要再犯了。”

旁边同学忍不住,补充说辜小杜妈妈很凶!班主任老师老爱告状,就像火上浇油!一位女同学一直关切地注视着辜小杜,充满了同情。小王老师见状转移了话题:“你们都喜欢文娱活动吗?”

“喜欢!”同学们齐声回答。

“可是学校文娱活动很少,一般就是‘六一’儿童节才表演。”一位同学说,“每次庆祝‘六一’,学校表演文娱节目,辜小杜都会上去。”

另一位同学抢过话头说:“他今年很不愿意,是班主任鼓捣(强迫)他上去的。班上其他人不会跳,只有他跳那个舞很精彩!”同学边说边指着辜小杜,满眼羡慕。

“那你们住校期间,是不是很想父母?住校到底好不好啊?”

辜小杜恢复了调皮劲儿,笑着说:“我们住校,感觉超级不爽。所有男生寝室都脏、乱、差,那个味道,现在想起来都觉得‘酸爽无比’。”同学们都笑了。

“呵呵,笑得这么乖,在学校一定很舒服?”

辜小杜脱口而出:“不舒服。晚上的时候,睡不着的时候,我们都会想妈妈,很想家,想着想着就会哭,就会流泪,哭够了才会慢慢睡着。”

一位女同学说:“我们寝室也有人哭,特别是才开学的时候,好多人都哭。星期天从家里到学校来的时候也有人哭。”

辜小杜接着这位女同学说:“我们寝室也是这样,不过一般都不会告诉别人。不会向别人说自己的心里话,都不想说,不会说。但是,你不说,也有人知道你哭了。”

第二节　三位初中寄宿留守儿童的教育叙事研究

一、留守女童秋橙的经历和体会

秋橙是家里的独生女,15 岁,2018 年暑假刚读完初二。她父母常年在外打工。从她能够记事以来,母亲回家 9 次,父亲回家 7 次,其中,父母同时回家 5 次。小时候,她读书期间和外公、外婆住在一起,寒暑假就到父母打工的地方去。在老家读完小学二年级时,秋橙到父母打工的宁波重新读一年级。过了四年,她又回老家读五年级。学校不愿意收,嫌她成绩太差。父母托人说了情,她才入了学。秋橙说自己很长时间都是地地道道的"流动儿童",回到家乡也无法"扎根",只能"边玩边读书,度过了小学的尾巴"。

开始读初一时,爷爷奶奶、外公外婆都不愿意带她。母亲觉得寄宿在学校很不方便,学校食堂饭菜不好,自己镇上初中校的教学质量也很差,就把她送到另一个镇上的一位亲戚家寄居,同时在那个镇的初中校读书。她爷爷、奶奶说,这是"无聊","找事做","瞎搞灯"。果然,过了半年,她因为寄人篱下无法适应,只好回到自己镇的初中校,开始寄宿学习。

从她祖辈口中了解到,她"目中无人,没大没小,没有教养,没有礼貌","娇生惯养,花钱大手大脚,不勤快,爱偷懒,没孝心"。当然,这些评价是长辈们恨铁不成钢的数落。邻居(也是她家亲戚)讲:"我是看着她长大的,小时候很可爱,慢慢就讨厌了,再后来就目中无人了。现在她爷爷、奶奶没有哪一次能管住她。"

爷爷爱喝酒,她却把爷爷的酒倒进了水缸。农活忙的时候,大热天,爷爷叫她去田间给奶奶送水,她一回头就去和别人家的孩子玩游戏。她还在家里偷偷拿了一百多块钱……其实,秋橙从小都很不习惯住在爷爷家,除非爸爸回家那几天。她更多待在外公、外婆家里,因为妈妈和爷爷、奶奶的关系不好,妈妈也不准她长期待在爷爷家。渐渐地,爷爷、奶奶的话,她就根本不听了。针对她的缺点,爷爷反复说:"就因为她外公、外婆没有教好!"

秋橙从来不会自己洗衣服,也不会做饭。在老家,有外公、外婆照顾,秋橙从来不需自己动手。在宁波,更不用自己动手,妈妈会洗衣服、做饭,生怕秋橙磕着、碰着,把她当小公主养着。学习上,秋橙从小学到初中,成绩及格或较高的次数很少。数学课本里简单的运算她也弄不清楚,更别说良好的学习习惯了。性格和人际交往方面,她活泼好动,自然不乏"知心朋友",不过更多是男生。她说:"男生都更好说话一点儿,更喜欢用简单粗暴一点儿的方式解决很多问题。”相反，她认为很多女生婆婆妈妈，犹犹豫豫，不好相处。她和一帮男生喜欢去网吧打游戏，做很多好玩的事情，如下河捉鱼、上山打鸟等。

无论是生活上的一窍不通，还是学习上的“混天日”，家长、老师对她的情况都只能是无可奈何或漠然视之。父母常年不在家，外公、外婆心有余而力不足。老师见惯不惊，因为像她一样没才艺、没成绩，也好像没有个性的寄宿学生很多，这些人只要在校期间闹不出什么大的“幺蛾子”，能够“不惹麻烦”就好。寄宿期间的无聊、烦恼、委屈和孤独，秋橙一直在慢慢经历和体会。

一学期下来，大多数老师都没和她单独说过几句话。即使有老师说过，也是批评她：“物以类聚，人以群分。你没有志气，混混混，成天混日子，毕业后只能去打工！”秋橙和几个铁哥们一道挨训受罚的机会比较多。比如，语文考试后老师骂：“总是有那么几个老油条，总是作弊！”秋橙知道自己挨骂了。还有，因为和几个同学上课随便说话，被罚扫地、抄单词一百遍；因为与几个男生晚自习外出上网吧，被通报批评，写一千字的检讨书；等等。秋橙说，老师讲，我们要接受义务教育，我上学就是尽义务，能够赶快混一张毕业证就好。

秋橙是本书课题组调查员小春的堂妹。因为是亲人，再加上秋橙生性活泼，快言快语，所以能够较好了解她的寄宿教育经历和体会。以下是对她进行访谈的小片段：

问：“你从去年春节过了就开始寄宿吧？学校寝室环境怎样？”

答：“我都读完初二了，你才知道我寄宿呀！我们那个学校的寝室啊，十多人住在一起，臭死人了，每天晚上都睡不好！那个卫生间，刷牙洗澡挤成一团，乌烟瘴气，令人作呕，把人耳朵都挤掉了，烦死人。一天到晚都这样，哪里还有心思读书哟！”

问：“那你们食堂的饭菜还好吗？”

答：“好？你不晓得，我们食堂的菜一直都是那几样，而且有时候饭都没煮熟，吃了拉肚子。比猪吃的还差，我宁愿吃泡面、零食，也不爱吃食堂。”

问：“你这学期的成绩怎样？”

秋橙瞬间低下了头，也没了侃侃而谈的语调："呃呃呃，还是那样吧！没得啥关系的，就是不想学，听不懂。"说话间她把手机拿出来，手指轻轻一点，就打开了微信，伴着一连串"嘀嘀嘀"的声音，一条一条消息闪进了触摸屏。看过消息，她抬起头，坦然地说："嗯，成绩好又怎么样？以后还不就是那样。谁说成绩好将来就不打工呀？大学毕业生那么多，还不是一样的打工仔、打工妹！"

问："哦，是吗？不说成绩了！你平时有玩得好的闺密吗？"

答："有啊！不过最好的只有一个，其他耍得好的都是男生。我和闺密一起打饭，一起上课，像穿了连裆裤一样。晚自习上课了，我们都喜欢去小卖部买零食，她喜欢吃，我也喜欢吃。回寝室睡觉的时候，起初我们都睡不着，就会一起说话，想爸妈的时候也是一样。上次外婆去世后，妈妈回家几天又走了，我每天晚上都睡不着。我们都特别想爸妈，又不愿意公开说，就我们俩悄悄说。不过，还是有些话不会跟她说，我怕她给别人讲。其他女同学，我更不喜欢和她们一起说话。男生还不错。"

问："感觉你和闺密挺好的呀！为什么还特别喜欢和男生玩？"

答："和男生一起玩才有意思嘛！去网吧，玩游戏呀，或者看他们打架也不错，感觉好帅呀！小时候就觉得和男生玩得好，不会有人敢欺负我。现在嘛，男生讲义气，不像女生喜欢告状。经常和我玩的几个男生上课喜欢玩游戏，有好玩的也会介绍给我。他们都坐在教室后面，喜欢把书叠在课桌上，叠特别高，然后低着头，假装做作业，其实是在玩手机。老师一般都不管他们，有时就算没收了他们的手机，他们也会缠着老师要回来。我们那个数学老师一点儿都不负责，他上课有时也玩手机，讲课就是把答案说了就完事，然后让我们抄作业。当然，他也经常给那些成绩好的同学讲题，成绩差的他基本不管。我们每天起得比鸡早，睡得比狗晚，无聊的时候和那些男同学聊一聊，也算打发日子吧。每天早自习，我觉得最难熬，因为肚子最容易饿，一直都想去吃早餐，可老是不到点，烦得很！我在这些时候心情不高兴，和玩得好的男生说说笑话,心里会好过一点儿。我真是压根儿都不想去读这个寄宿。”

问:“那你最想做的事情是什么呢?”

答:“我希望爸妈赚很多钱回家。这样我就不用寄宿,就可以重新获得自由啦!”

二、瑞哥的日常学习生活和两次打架事件

胡灵瑞读初二,父母长期在外务工,家里只有他和读高二的姐姐,以及 73 岁的外婆。他平时在校寄宿,周末、节假日才回家。灵瑞个头较高,成绩和人缘都不错,几乎所有同学都称他“瑞哥”。

瑞哥在校作息状况如下:早上 6:30 起床、洗漱、吃饭,然后进教室上早自习,之后是四节课。中午 12:30 下课,吃饭午休。下午 2 点上课,共三节课,4 点半下课。晚上 7 点开始上晚自习,8 点半下课,回宿舍,9:30 熄灯睡觉。他说:“早上学校食堂只有面条和粉条,还有米饭,早上吃饭吃不下,面条好吃些,只吃面。中午多数是吃米饭,打一两个菜,便宜,味道也还可以。晚上一碗面,加个煎蛋。可惜学校小卖部被撤了,想吃零食和麻辣味,只能喊要得好的哥们儿带进来。”

瑞哥所在寝室有四张上下铺床,一共住 8 个人。室内没有柜子,中间摆着一张从老师办公室淘汰下来的桌子供同学放置牙具等杂物。瑞哥讲:“寝室没有风扇,没有空调,但有稀奇古怪的东西! 一天早上起床,同学们先走了,我去关窗,看到一条大蛇梭了进来,吓得我直接跳上床,大叫起来。管理员闻讯赶来,用一根长竹竿把蛇赶走了。”

夏天比较热,不过寝室通风情况还算好。冬天寝室无法提供热水,但学校有统一的锅炉开水房。晚上到了熄灯时间,寝室管理员就拉闸关灯,不再允许任何人说话。瑞哥讲:“如有同学说话,管理员就敲门警告,使劲儿吼,吼完了就扣分。”有时,管理员并不敲门,只是透过门上巴掌大的窗口,往里面窥视。学校每一个寝室的门,都有这样一个窗口,是专供值班教师和管理员监视同学

室内表现用的。有的门起初没有窗口,管理员就用凿子打孔,像开了一个巨大的老鼠洞。

瑞哥是室长,负责管理寝室纪律和卫生。他说:“寝室公共厕所旁边可以洗头、洗澡,我经常去洗。我们寝室只有我和班上纪律委员爱卫生,其他同学都很邋遢。有一个同学特别烦,经常把鼻血流得到处都是,脚也经常不洗,几周才洗一回澡,懒得出奇,很臭!纪律委员很讲卫生,但一点儿都不守纪律!他像个哈儿(傻瓜),头发是卷卷毛,又不会说话就爱吼,还说普通话。寝室管理员看不惯他,有天还骂了他。骂得很难听,叫他滚。其他人也看不惯他,很多人看到他就想揍他。寝室每天都要打扫卫生,轮流打扫,轮到他时,他就是不扫。我就把门关上,押着他扫地,不然就告诉班主任。但是,他还是不认真扫,随便用扫把舞两下就跑去吃早饭去了。”

瑞哥每天的课内外学习都按照学校的作息时间表进行。他说:“周一到周五上课期间,每天 7 点半以前必须到教室。英语老师 7 点过几分钟就拿个棍子(教鞭)来了,东看看,西看看,一个劲儿地喊我们读英语。哪个打瞌睡就敲一下他的桌子,说要提起精神!老师在教室里到处转,哪个同学要背书就举手。”他还说:“有些人,老师来了就读几声,没来就睡觉。我不睡,都是专心读书。”瑞哥要好的哥们儿说:“瑞哥是个学霸,小学毕业差一分就考上一中(当地最好的重点中学)了。他的数学成绩很好,但上课也不是非常认真,喜欢和坐在他后面的班长讲话。不过他从来没被老师批评过,可能老师喜欢成绩好的学生吧!”

瑞哥喜欢数学课,但最喜欢的是信息课,因为老师上课完全不教什么,只是让同学们开着电脑随意玩,即使打游戏,老师也不管。瑞哥说:“我最喜欢管得不严的老师,最不喜欢管同学像婆婆妈妈的语文老师。语文老师上课死气沉沉,上得人心很烦,不过他范读课文还是很有感情。英语老师对工作很负责,有次中午在教室督促同学背书,累得坐在板凳上都睡着了。”

瑞哥只和班上几个同学玩得特别亲密。针对自己很讨厌的同学,他说:

“根本就不想和他们几个耍，他们有的幼稚得像小孩子，有的又成熟老练，冷漠得很。还有一个人，胆小老实，体弱多病，土里土气！我们班纪律委员最不讨人喜欢，像个地痞流氓！”

周末，瑞哥一般宅在家里，除非特别要好的哥们儿约他外出。做完作业，他会看看英语和数学书，复习或预习，然后就“K歌”，偶尔聊聊QQ、微信。他说：“我最喜欢K歌，在‘全民K歌’上K到8级了。周末K歌K够了，就看小说。我看了很多小说，多数是玄幻，也有宫斗、穿越。如果我觉得好看，就推荐给铁哥们儿。我看小说着迷，就是因为一个铁哥们儿有天给我带了本漫画让我看，还告诉我那本漫画是根据小说改编的。我看了觉得很过瘾，就去找小说原著来看，后来就开始看小说了。周末遇到不会做的作业，我就问问姐姐。她通常直接告诉我答案，没心思仔细讲解。我姐很厉害，成绩好，聊QQ、微信，打游戏，都是牛人，但从没耽误学习。”

读书期间，瑞哥“真刀真枪”地打过两场架。他说：“其他都是小敲小打，可以忽略不计。”第一次打架是个周五。那天要放周末，心情原本应该很好，但瑞哥一起床就发现自己皮带坏了，裤子又被床头的钉子挂了一个洞，就很不高兴。周五有他特别喜欢的信息课，可他没心思打游戏，只是站在一个铁哥们儿旁边看了看。大课间活动，他下楼去看别人跳绳，自己却不敢跳，因为怕裤子掉下来。这时纪律委员来了，督促他必须跳。一位铁哥们儿在旁边打抱不平，指桑骂槐。瑞哥从小脾气都不好，此时更是忍无可忍，他冲上去就踹了纪律委员一脚。

瑞哥那位铁哥们儿后来讲：“痛快！那个哈儿马上就倒地了！但是，哪晓得他吃了豹子胆，翻起身来就在瑞哥背上捶了两拳头，第三拳还砸到了瑞哥脑壳上。瑞哥脑袋估计有点晕了，就开始发狂，一顿暴打，打得那个东西‘血长血流’。瑞哥有很长、很锋利的手指甲，把对方鼻子都差点抓掉了。还是体育老师看到了，才拉开的，同学们都不敢去拉，看到瑞哥那样子想拦都不敢去。”之后，班主任调查情况，狠批了瑞哥一顿，命令他写检讨书在班上念。师命难为，瑞哥只好照办，可他念完检讨书，走下讲台就撕了。

因为这次打架，瑞哥被班主任扣了50分操行分，只能天天给班上搬桶装纯净水，冲抵了二十几分。另外，为班上办黑板报，冲抵了20分。最后真正被扣的操行分是8分。“这个扣分、加分制度是班主任制定的，表现好，就可以加分，用分可以换奖品。”一位同学说，“瑞哥当时根本不在乎什么奖品了。只顾狠狠打架，打出了威风。以后班上很多同学都不敢惹他了，女生也不太和他说话了，怕他，躲得远远的。其实，瑞哥平时比较温和，只是喜欢说脏话，口头禅是‘你个哈儿’”。

瑞哥第二次打架是在一个晚餐时间。那天他坐在食堂吃饭，刚煮好的面条非常烫，他吃得很慢。一个高年级学生走过来直接命令他让开，没说半个“请”字。瑞哥的同学说：“他是‘别人好我就更好，别人歹我就更歹’！那天高年级同学蛮不讲理，还扇了瑞哥一耳光。这可不得了！瑞哥直接就把碗滚烫的面条扣到了那个高年级的头上、脸上！真是不得了！学校保安马上把那个同学送医院！”后来，班主任在班上狠狠教育了瑞哥。不过，由于是对方先动手，瑞哥也赔了医药费，老师只用教鞭打了瑞哥屁股几下就让他下去了。

班主任教训瑞哥之前，几位铁哥们儿就提醒他，让他多穿了两条裤子，所以瑞哥并不觉得很痛。瑞哥讲：“班主任的教育方法有固定套路。同学犯了错，他从各处了解情况之后，把犯错的人喊到面前教育，还要求写检讨，在班上念。最后，当着全班同学的面，让犯错的人自己选择打手还是打屁股。一般情况下，同学们都会选择打屁股，因为大家往往会有所准备，多穿裤子，打起来不痛。班主任也许知道这一点，但并不揭穿。就凭这点儿，同学们认为班主任还不算恶毒，做很多事情也愿意给班主任一点儿面子。”

三、晓峰的教育问题与相关对策

2018年暑假，本书课题组调查员小邱返回农村老家，访谈村里留守儿童、村民、村校教师等人士，研究了一位15岁寄宿留守儿童晓峰的教育问题与相关对策。

晓峰从小生活的村子叫金寨村，小学六年上学的学校叫金寨村小学。近年金寨村人口越来越少，经济稍好人家都搬到了镇上，依然住在村里的人几乎全是留守老人和儿童。金寨村小学所在地海拔约1100米，离镇中心有10公里山路，一对五十多岁的老教师夫妇在这里已经教了两代人，男老师姓刘，女老师姓房。

问起村校有无新的教师来源，房老师笑着回答："哪有什么新的来源哟，还不是我们两个老骨头守到这儿，年轻点儿的老师，哪个愿意到这个山旮旯来嘛！"刘老师补充说："学校啥都是我们管，娃儿不多了，也不需要什么新的来源。我们高山学校，娃儿中午在学校吃，饭都是我俩煮。每天一大早，她先上课，我就准备准备吃的东西，最后两节课，我上课，她就去煮饭、炒菜，中午我们跟学生一起吃。"

"一般炒几个菜呢？"

"炒个荤、炒个素嘛！两盆子，还是够吃了，娃儿又不多。"

"那平时你们住哪里呢？"

"这么多教室，腾一间出来住就是了。铺个床，晚上就这里睡，还当办公室，周末偶尔回家一趟，拿点儿衣服。没事又不回去，就在山上住。"

"现在学校还有几个班呢？"

"今年差得很，一个学生都没招。家庭好点的都去镇上租房子带娃儿读书，毕业了的打工的打工，读寄校的读寄校，没得往年热闹啰！"

通过交谈了解到，目前村校共有12名学生，都是留守儿童，年龄参差不齐，勉强分为了4年级和6年级两个班。学生语文、数学的新授课一般分开上，语数复习课和美术、科学等课程都合班教学。两三年前晓峰在村校上学时，情况就与现在基本一致。虽然两位老师都认为村校教学质量"还过得去"，但学生家长要求高，小学没毕业，或刚刚毕业，就想办法安排孩子去镇上、县城读寄宿制学校，也有一些随父母到了打工的远方城市。

镇上寄宿制学校让村里留守儿童在上学路上少奔波，独立自主早当家，很多家长都比较认可和支持。一位60来岁的农妇讲："我孙子天天住在学校，用不着我们带，生活费给了他自己晓得在学校买饭。现在不晓得比往年好多少倍！我们这里单家独户的，娃儿去上学要走两三小时，冬天更是造孽（可怜），天还没亮，打起火把就要去上学！现在方便了，感觉他去学校也懂事多了。平时回家主动帮家里做事情，自己的衣服、鞋子从来都是自己洗，早上起来，铺（床）也收拾得整齐，以前呢，像个狗窝。"

但是，村校两位老师对寄宿制学校的评价并不高。刘老师说："娃儿一天到晚关在学校，像坐牢一样，封闭式管理，管得了身，管不了心，一些学生的身子也没管住！翻院墙、逃课，晚上从寝室窗户翻出去到场镇网吧上网、打游戏的学生不少。"房老师说："晓峰从村校毕业才两年，我们很惊奇和遗憾。这个娃儿啷个（为什么）变得这么快呢？实在不好说！人长性长，是一个方面的原因；更重要的是，寄宿到底适不适合这些留守孩子，都还是一个问题。镇里寄宿制初中的教育教学，有很多地方要改才行。"

刘老师介绍，晓峰小学毕业时算不上最优秀的学生，但也绝对不是调皮捣蛋的"混混儿"。但是，"初中寄宿后，不到一年，就这也不是、那也不是。初二下期上体育课与同学发生矛盾，约起一伙人，打群架，闹的事情很大。还有，课外活动不服老师管教，和老师吵架，老师扇他一耳光，他踢老师一脚，老师踢他一脚，他扇老师一耳光。这孩子呀，遇到事情，就蛮干！还有很多事情，瞒着老师、家长，慢慢恶化。其实，不只是晓峰，很多寄宿学生，由于父母长期不在身边，缺乏管教，在行为习惯、礼貌待人等方面都存在一些问题。学习意识也淡薄，自信心也缺乏。问过一些自己教毕业到镇上、县城读寄宿的学生和他们的爷爷、奶奶，大多数都是说，'成绩差''不是那块料''学不进去''讨厌学习'。问学生觉得自己在学校表现好不好，几乎没有人肯定回答，觉得自己很棒，大多数人回答'不好''不如别人''一般般'。很可能是因为寄宿学校的老师很少表扬学生，或者他们实在不适合读那样的寄宿学校"。

房老师讲,晓峰父亲也是他们的学生。晓峰父母对晓峰的管教十分严格,小学阶段,家长和老师经常交流情况,孩子发展很不错。升入镇中学后,因为家离学校远,就开始寄宿,父母也出门打工了。没想到孩子很快出现了问题。现在,他父亲专门回来管教,好像也不奏效。

得知晓峰父亲返家的消息,调查员小邱登门了解情况。其中一段对话如下:

"你出去打工,晓峰周末回来跟着谁呢?"

"跟他奶奶住,每周末回来一次。"

"晓峰现在学习成绩怎么样?"

"简直莫说了,差得很!初一第一次月考还考了班上第四名,后来在学校乱搞,一次比一次考得差,刚刚期末考年级两百多名去了!"

"他在学校都干了些什么呢?怎么下降这么快?"

"他完全是不搞学习哇,也不晓得他啷个回事。原先在小学还多听话的,一下去读书就学坏了,跟着那些同学上网吧、打游戏,晚上不回寝室。班主任打电话说管不住他,叫我回来给娃儿做下思想工作。我们打也打了,骂也骂了,劝也劝不动,硬是喊没得法!"

"那你们问过他原因吗?跟他心平气和交流没有?"

"说了的呀!一开始生气,就是打嘛。后来打也不管用,就坐下来仔仔细细跟他讲道理嘛。一说他,他就把头低着,也不多说话。平时在学校,他就称王称霸的哟,调皮得很,在屋头跟我们话都没得两句!"

调查员小邱还访问了村里一位女同学,她与晓峰小学、初中都在同一个班,也是寄宿生。谈起晓峰在学校的情况,她的表情比较复杂,似乎有些不满,还隐含着愤怒与不屑。下面是谈话片段:

"听说晓峰在学校表现不好,成绩也下降很多,你知道原因吗?"

"还不是跟他兄弟伙这些(人),在班上横行霸道,欺负女生,我都有点讨厌他了。"

“那他是怎么变成这样的呢?”

“具体不晓得。我只知道,他刚到中学不久,就喜欢我们班一个女生。”她压低声音,竖起右手二拇指,嘘了一声:“千万别给他爸说,晓峰知道是我说的,我就惨了!”

“嗯,后来怎么样呢?”

“没追到,还被打击说个子矮,是二等残废。然后他又追了隔壁班的一个女生,也没有追到。当时可能就不爽了,上课也不认真听讲了。老师有时候还抓到他上课睡觉,有一次上课语文老师提醒他振作精神,他就跟老师吵了起来。他还跟值周老师打过架。上学期他爸爸回来,是因为他和九年级的一个学生打架。他们在体育课上闹了矛盾,后来各自都约了人,打群架。其实,最主要的导火索好像是他和九年级一个女生走得太近。”

“他为什么会这样呢?”

“不知道,这得问他自己。可能他觉得学习没用,没趣,又没人管得了他。”

调查员小邱与晓峰有过几次当面交谈,因为彼此经常在村校操场打篮球,相处较好,谈话比较随意。下面是其中一个小片段:

“你觉得是父母在身边好,还是不在?”

“各有好处吧?”

“比如呢?”

“在身边,感觉自己要收敛一点儿;不在,自己要自由些。”

“哈哈,看来你挺了解自己的嘛!那你为什么不加油,不想学呢?”

“怪我自己太懒了呗,自制力不够,想要。”

“那你希望父母回来,在镇上租房子带你,还是自己读寄宿?”

“无所谓,不管在电话里还是在家里,他们都只关心一个话题,就是学习。我成绩差,无所谓。学校老师也(对我)无所谓,成绩差的,他们根本不管。”

晓峰比同龄人略显成熟,谈到父母,他的情绪比较低落和反感。渴望父母亲情，应该是儿童的天性，但对于刚进入青春叛逆期而自认为是大男孩的晓峰而言，没有父母束缚的所谓自由也是一种诱惑。由父母家庭陪伴到学校寄宿是一个从严格管教到“彻底自由”的过程，晓峰过渡得太快，学校、教师、家长和他自己都可能没太在意。

村校两位老师讲，寄宿制学校对晓峰，以及村里所有留守儿童的积极影响很大。孩子们在社会和政府帮助下，享受了很多福利，一部分家长也很放心，很支持。但是，不少寄宿留守儿童的成长问题的确严重。他们负面情绪较多、孤独感强，孩子天性更需要父母爱抚，可寄宿制学校和家长的情感支持不够。教师的教育和管理方法不科学。“一天到晚就是学习、学习，就是考试、考试，这怎么行？进城打工的父母为了讨生活，一年到头都在奔波，累死累活，少于与子女联系，基本无法关注孩子成长。这种情况下，学校老师不想办法弥补，那怎么行？”房老师说得很严肃。

刘老师则建议，政府应不断加大对农村寄宿学校的建设和管理力度，不断完善基础设施。他还说，学校要充分利用假期或春节家长回家的机会，举办留守儿童家长培训班，做好家校沟通工作，使学校内外对留守儿童的积极影响形成合力。学校在课程上要大胆创新，要结合生活实际，邀请家长参与开展专题活动课教学，加强生存教育、安全教育和法制教育，强化引导留守儿童自尊、自立。要开展形式多样的心理教育活动，对儿童显性和隐性的心理压力进行疏导。

两位老师也希望，政府能够有效实施产业扶贫，让当地村民在家乡挣钱，在家多陪伴孩子。刘老师讲：“如果经济发展好，家家都小康，谁还愿意背井离乡？金寨村进城打工的人一直很多，土地荒废越来越严重。现在政府扶贫，如果扎扎实实抓点产业，让农民团结起来，在自己地盘儿发家致富多好！有土地就饿不死，一方水土养一方人，村里如果种大棚蔬菜，健康环保，非常有发展前景。村里偏僻，但有天然优势，环境优美，空气清新，夏天凉爽，民风淳朴，是发展乡村旅游的好地方，漫山遍野的野生猕猴桃可以吸引很多游客。政府支持家长在家搞产业，家长带着子女在生活、生产中受教育，那很多问题不就迎刃而解了吗？”

第三节　三位高中寄宿留守儿童的教育叙事研究

一、一名高一留守女孩的讲述

我叫程芸，今年读高一，在校寄宿。我很愿意真实地讲述自己的成长经历和学习生活故事。我爸妈常年外出打工，他们整年整年不在家，已经15年了吧。他们留下我和姐姐长期跟着奶奶在老家生活。姐姐在县城住校读初中那几年，很久才回一次家，所以家里只有我和奶奶相依为命。不过，我也只能一周回家一次，因为从小学二年级开始我就在校寄宿。小学六年，我很多时候都在默默流泪，我总是在想爸爸妈妈为什么这么狠心把我们扔在家里。每周去学校，都是就着冷咸菜吃饭，那时我长得又黑又瘦。有几次我妈妈和姐姐来看我，就抱着我哭。我还安慰她们，说自己过得很好，我没事，因为我想帮她们照顾好奶奶，让妈妈安心工作，让姐姐安心中考，我不能成为她们的负担。奶奶年龄大了，不能太累，所以从三年级开始，我周末回家都要帮奶奶洗衣服，或者去田里干点儿活。每周一早上去学校，我都要赶做老师布置的周末作业。我也不想让父母担心我的学习。很庆幸的是，我的学习成绩一直不错。

没有父母在家的日子充满辛酸。我以全乡第三名的成绩小学毕业，但是去我们县城那个较好的初中读书还是要交外乡费。当时600块钱的外乡费真的很多，但父母还是支持我去了。父母不能回来陪我到校报名，而是请了一个让我喊“叔叔”的亲戚陪着去。初到学校的情况我现在都记忆犹新。当时是9月1号正式开学，我们首先要参加一周军训。我那个叔叔因为家里有事，8月30日一大早就送我去报名了。他帮我安排好寝室后给我40块钱就走了。他对我说，要留10块钱车费周末回家。叔叔走后，我只好在那个人生地不熟的地方随意逛逛。住校生活用的饭盒、洗漱品、保温瓶，一样都没有。我就留了

10 块钱,用 30 块钱买了日用品。钱不够,我就找邻居姐姐借了 20 元。很不巧的是,学校要到 9 月 1 号才可以蒸饭,8 月 31 日,我没有钱,也不知道上哪里去吃饭。最可悲的是,那天是我 12 岁生日,却被饿了整整一天。

那个周末,姐姐和叔叔来学校找我。我给姐姐说我借了别人的钱。叔叔听到后,什么都没问,就直接在校门口吼我:“不是给你钱了吗? 你为什么还要找别人借钱?”那一刻,我的眼泪再也绷不住了。我当时什么都没说,只是抱着姐姐一直哭。我想,姐姐一定心疼了吧,因为从那以后,她都一直带着我。那时,她放弃了高中的学习,在县城打工,工资很低,每个月交了房租所剩无几,但她依然把我带在身边。我每周周末都去她的宿舍,我们一起洗衣服、做饭,我体会到了家的温暖。

当然,不是每一个亲人都有姐姐好。我也有被亲人嫌弃的时候,很伤心。初一结束那个暑假,妈妈让我舅舅的儿子给我带 100 块钱和一套衣服回来。妈妈想到我是个女孩子,在家肯定有用钱的地方,还说让我给奶奶买点药。表哥回来后打电话叫我去取,他告诉我说衣服和钱都在外婆那里。我去找外婆拿钱。她却说,钱是我妈放她那里的,下学期才能每个星期给我 10 块钱做生活费。我当时就说:“外婆,我每周车费都要 20 元,10 块钱怎么可能够用? 这个钱是我妈给我暑假用的,而且还要给奶奶买药。”可外婆一直不给我,还骂我,骂得很难听。我听不下去,就走了。走了一会儿,她在后面喊我回去把钱拿去。我想钱本来就是我的,喊我拿我就拿。结果回去就听到外婆在和隔壁奶奶说我骗钱,还诅咒我奶奶早病死。我实在听不过去就和她理论了几句。从那以后,妈妈不在家时,我就再也没去过外婆家。因为每次去外婆家,分明是舅舅家的弟弟、妹妹调皮捣乱,挨骂的却总是我。有时候,外婆还会给我妈妈或者舅妈告状,说我带着弟弟、妹妹捣乱。

父母不在家的辛酸远远不止这些,学校每次开家长会,也是我最难过的时候。看着同学或喜或忧地陪着自己的家长,而我孤独地站在一边,心理实在不是滋味。读初中后,每次家长会我都是自己参加,但大多数时候都不知道老师讲了啥。初三那次家长会很例外,我记得很清楚,老师给我们讲了感恩的故事。其中一个故事大概是一个孩子和爸妈因为一丁点小事就吵架离开了家里,因为身无分文,在外面吃尽了苦头,一个大叔给了他一点儿吃的,他就跪着说大叔是他的再生父母。那个大叔说:“那你的亲生父母呢?你这样说怎么对得起你亲生父母?”这个孩子顿时想起了自己的父母,想起了父母对他的点点滴滴,流下了悔恨的眼泪。后来,老师还让我们看了几个感恩父母的视频,当时所有同学和家长都很受感动。老师让我们面对家长大声说:“爸爸妈妈我爱你!”我只能呆呆地站在那里,不知所措地抹眼泪。我们英语老师就把我搂在怀里,安慰我。家长会开完了,我哭着给爸妈打电话,他们问我是不是犯错了,我就一直哭,最后哭着说我想你们了,很想。当时听到了我妈妈的抽泣声和爸爸无奈的叹气声。后来妈妈经常给我打电话,询问我的情况。我也知道爸妈在外面很忙,让妈妈尽量少给我打电话。虽然我很想他们,但是我知道他们在外面都是为了我,为了这个家,所以我也强忍着对他们的思念,让他们觉得我长大了,懂事了。可是,事实上,哪个孩子不希望和自己的爸爸妈妈住在一起呢?

然而,希望归希望,现实归现实,长期在学校寄宿,我几乎丧失了与他们一同生活的能力。今年初三毕业后的暑假,我终于能和父母见面了。一放假,父母就让我买了去新疆的火车票。我开心极了,心想终于能和爸爸妈妈一起生活几个月了。可是,不知道是因为我们太久没在一起生活了还是别的什么,我总感觉跟他们住在一起很虚幻,又不自由。起初,我老是跟妈妈争吵,觉得她不懂我。妈妈也一直说我不懂事,不听话,所以好几周我都在对妈妈发脾气。有一天吃饭时,妈妈批评我:“你怎么歪歪倒倒的?坐没坐相,根本不像个女孩子!”我当时就来气了,直接顶回去:“你又没教过我!我怎么知道女孩子应该怎么坐?!”这话惹得爸爸也发火了,他们都骂我太不懂事,怎么生了我这么个家伙。我越听越生气,摔下碗筷就跑了出去,任凭妈妈在后面怎么呼喊也不回头。

我一直跑啊跑,也不知道跑了多远,因为我眼睛早就模糊了。本来他们就没教过我什么嘛!我这样一直想着,眼泪一直往下流,直到流干。后来我跑不动了，就漫无目标地走，一直走，一直走，走到离家很远的地方。后来我发现自己肚子好饿，就一边走一边期待着父母从后面追过来。道路两旁有很多饭馆之类的铺子，我走着走着就受不了了，真的好饿啊。后来，我不知不觉停下脚步，在一个小吃摊前停下来，呆呆地看着那些食物。那个阿姨好像注意到了我，就问我是不是饿了。顿时，我的记忆回到了那次家长会，我脑海里都是那个孩子的眼泪和他与父母拥抱的幸福时刻。我恍然大悟，没想到这个故事活生生地再现到我身上。我不顾一切地飞奔回家……结果妈妈还为我留着饭菜，见我回来，便对我说，先吃饭吧。我的眼泪再一次涌出来了，我紧紧抱着妈妈，说："妈妈我爱你。"那次过后，整个暑假我都过得很快乐，我想自己可能真正长大了吧。

初中毕业，我考入了我们县最好的这所高中。8 月底，带着对父母、对初中老师、对姐姐感恩的心，我走进了这所高中。早在去年，姐姐已经到珠海打工，她的工资也有了增加，现在她每月给我 800 元生活费。我依然寄宿在学校，和姐姐、父母都无法住在一起，但我性格开朗、乐观，有时还很爱搞笑。我没有人们议论的留守儿童的自卑、害羞，我内心虽然有点敏感，但是自尊心很强，学习特别勤奋。现在，高中第一学期已经接近期末，我感觉自己收获很大！

我印象很深刻的是新学期报到后就开始的一周军训。每天早上 8 点，我们准时到操场训练。最先练习站军姿，然后是队列训练，如原地转体、齐步走、正步走、跑步走等。晚上有文艺会演让我们放松，教官也会让我们几个班进行拉歌比赛。我们总教官很像宋仲基，休息时我们很多女生都会去围观他。文艺会演有很多同学参加，但我不敢上台。军训那几天太阳很大，但是训练不间断，每天我们都大汗淋漓。最后一天汇报表演，学校邀请了部分学生家长去参观。汇报表演结束，教官们离开时，我们女同学都哭了，舍不得相处了一周的教官。一位同学哭着说："'宋仲基'走了……"她说完又笑了，好像有点儿害羞。

我不是很开心的时间也有，9 月中旬那几天，沿海地区台风，姐姐没能及时把生活费给我打过来，那几天我都很节俭。我也不好意思找姐姐要，后来实在没法了，一位同学主动借我 50 元钱。我并不想找别人借钱，班上很多同学当时还不熟,我总觉得欠人情很不好意思。还好,过几天姐姐给我打来了生活费,我立马就还了钱。

我们班一共48名同学,实行"小组管理、合作学习"的制度。老师把全班同学分为6组,我所在的组叫作"五好学生+1",由我担任小组长,经常带领同学们学习探究。我知道高中到了新班级要慢慢适应更难的学习。我在学习上不敢有丝毫怠慢,还是如以前一般勤奋刻苦。现在学习任务繁重,学校要求每周六也要在学校上课,可以完成作业,或进行复习,等等。一周六天课结束,大多数同学都会如出笼的小鸟一般放松放松,但我总会在教室里继续学习。我不想把学习上的事情做一半、留一半,这样思路会被打断。我相信有付出定会收获成功。

我在学校和老师相处很好。这学期我写过一篇作文,写的是初中老师。虽说分数不高,老师只给了37分,但是我认为自己写出了真实感情。别人对我好,不论是多么小的一件事,我都能记在心里。我是这样写的:

我的老师①

"春蚕到死丝方尽,蜡炬成灰泪始干",这是对祖国辛勤的园丁——教师最恰当的描写,也是对苟老师最真实的写照。②

苟老师,初中班主任,是一位亲切、细心、有责任心的人。她对待学生尽心尽力,把每一个学生都当作自己的弟弟妹妹看待。记得在我们军训的时候,那时正值中午,太阳直射在我们的身上,我们每个人都汗流浃背的,当然,我们的苟老师也在一旁陪着我们。不管多大的风多大的雨,她都会一直陪伴着我们,我们开心,她也会开心,我们难过,她也绝对不会开心。她还会时常给我们鼓励,总之,她随时随地都在我们身边鼓励着我们,关心着我们。还记得一次,刚上初一的时候,我们进行了一次考试,我那次考试只考了二十几分,面对全班同学

① 为了不影响阅读,对文中大量标点、字词等错漏和不够通畅的文句进行了必要修改。

② 本书全稿查重结果显示,作者模仿和摘抄了较多网络文字。参见佚名:《我的好老师(四年级作文750字)》,2020年2月16日,见 http://www.ruiwen.com/zuowen/wo/1453217.html。

的嘲笑,我当时就哭了。我跑到老师办公室找老师重新要了一张试卷,并发誓我一定要好好学习数学。第二天中午,老师就把我叫进她办公室,为我一道一道地讲,还出一些相关的题目给我做,直到我会了为止。直到第一次月考后,老师告诉我,我数学考了 119 分。我当时非常激动,一直在寝室里跳来跳去的。苟老师对我说:“不错,下次继续努力。”那时候,我才真正笑了,我享受到了成功的喜悦。

还有就是在初一下学期的时候,我们苟老师被我们气得哭了。后来魏老师告诉我们,苟老师不是第一次为了我们而哭,但她平时都不会生我们的气。她结婚的时候,学校本是给她 7 天假,她毫不犹豫推掉了,说,不行,她不能放着学生们不管。

我们没想到一个刚毕业出来教书的老师会如此爱我们,我们却三番五次气她哭。对此,我想同学们都会想给老师说句“谢谢”和“对不起”。我们敬爱的苟老师是我们最爱的亲姐姐!

遗憾的是,作为重点中学的高中生,我的作文实在太差。语文老师给我的评语是:“有师如此,人生幸事! 把这份爱当作前行的动力吧! 若能有一个对开头呼应的结尾,此文更佳!”老师也当面给我讲了好多次,要求我进一步加强优秀文学作品的阅读,把语言基本功提高,把标点符号用好,但我总没进步。

二、对一名高二留守男孩的调查

(一)被调查者相关情况

被调查者柳力的家乡约 70%的中小学生是留守儿童。在关爱留守儿童方面,当地形成了“111+30 文明之光制”“1+N 代理家长制”“1+1 同伴互助制”的“三道加法”模式。“111+30”就是 111 个文明单位与 30 个乡(镇、街道)建立包片帮扶制度;“1+N”就是由 1 名教师、文明单位干部职工或志愿者担任 1 名或多名留守儿童的代理家长;“1+1”就是 1 名非留守儿童结对帮扶 1 名同龄的留守儿童,互助互爱,共同成长。当地教委网站的工作总结认为“三道加法”模式让留守儿童帮扶工作实现了“大关爱、全覆盖、高质量”。

柳力在一所重点中学接受寄宿教育,就读于该校高 2017 级 2 班。他还有一个 8 岁的妹妹,兄妹俩自幼由爷爷、奶奶抚养长大。父母常年在广东东莞打工,有时年底回家一次,有时几年都不回来。父母对柳力学习生活情况的了解很有限。柳力小学成绩优异,从上初中开始住校。父母常年在外,对孩子过问甚少,少有的电话交流往往是问“钱够不够用,成绩如何”。长期如此,柳力越来越反感和父母交流,成绩也一落千丈。柳力父母认为,自己辛辛苦苦在外面挣钱,每天下班都很累,没有太多精力去过问儿子,自己文化水平也不高,根本不懂儿子的学习,无力给予更多关心。柳力父母很在乎儿子的学习成绩,经常拿柳力与其他同龄人进行比较,这让柳力更加难以接受。

柳力性格外向活泼,热情健谈,这是老师同学一致的评价。柳力对自己的留守生活与住校学习没有特别的不满,但不愿意别人把自己当作留守儿童特殊对待,所以和他交谈基本听不到留守儿童这个概念。他的班主任老师讲:当前学校对于留守儿童,生活上有一些政策性、保障性补助,班主任和任课老师还被要求对留守儿童展开“一对一”或者“一对多”的成长辅导,具体实施效果他不便评价。他讲自己每隔一段时间会找班上的留守儿童询问学习状况及生活上是否有困难,并灵活沟通、教育。班主任强调:“其实留守儿童的很多方面和其他同学没有区别,过多关注,反倒让他们觉得不安、反感;留守儿童问题需要具体情况具体处理,不能一概而论。”

(二)被调查者讲述住校学习生活

1. 与“老班”斗智斗勇

“来了,来了,快快快!”听着同学们的吆喝,我每次都是飞快地吃完早饭跑进教室。就像大家相互传言的一样,班主任是这个世界上最令人恐怖的生物!

我们都叫他“老班”，不知是因为他像老虎那样凶猛，还是像老板那样刻薄。他还很像一个幽灵，比如，你和同学三三两两走路，好像没事儿吧，可神不知鬼不觉的，转眼间他就站在你身后了，盯着你，还不说话。我们班是全年级学习成绩最差的班，也是最爱捣鼓坏事的班。自习课其他班同学安安静静做作业，我们班好多同学都睡觉，要不然就吹牛，反正没几个人做正事。老班往往一闯进教室就说，全年级就是我们班最闹！有时他也会严厉批评一两个捣乱的同学，“杀鸡给猴看”。但是，老班有“张良计”，我们有“过墙梯”，大家总有法子对付他。

老班虽然嘴巴有毒，说话尖酸刻薄，但说真的，他对我们还是挺负责的。每天不管上不上早自习课，他都会6:50准时出现在教室门口堵我们，一个一个考勤，几年如一日，从没迟到、间断。每天上课期间，他也不定时出现在我们教室的窗台边，监视违纪同学，看谁上课玩手机、睡觉，简直像智能化的摄像头。为了阻止我们上课玩手机，每周日同学一到校他就开始收缴，你想假装没有带手机都不行。现代人没手机真的就感觉与世隔绝了，同学们哪能忍受？后来，班上同学偷偷准备两个手机，一个应付老班，上缴，一个私自留下，偷偷使用。

老班还很怪，都快30岁了，成天不操心自己的感情生活，就知道操心我们是不是谈恋爱了。谁谈恋爱，要是被老班发现，少不了一小时的谈话，还要请家长到学校进行“配合教育”。不过，我们班还是有谈恋爱的。我的成绩不怎么样，但在班上还算过得去，所以有一段时间老班经常问我这、问我那，希望我把成绩搞得更好。更多时候，他对我是一副恨铁不成钢的样子，因为我常常跟着班上同学一起捣乱。老班让我不要跟班上调皮的同学走得太近，但他们都是我的铁哥们儿，老班当然就管不到那么多啰。

2.“卧谈会”与“坐谈会”

感觉每次一到学校，我和同学就有说不完的话，也不知道哪来那么多话。我们寝室每天都有“卧谈会”，大家都睡在床上闲谈。宿管人员不是学校的老师，但同样蛮横厉害。我们当面亲热地叫他师傅，背后叫他“太平洋的警察”。他不让我们把零食带进宿舍，大伙儿只好穿有兜儿的衣服，把东西偷偷塞在衣兜里带进去。这种“走私”一旦被他发现,不但零食被没收,还会被扣分、记过。每次有人被抓住,被问“哪个班的”时候,基本上都会说是其他班级的,然后偷偷溜走。这样的事情发生后,被没收的零食、没收零食的“太平洋的警察”,就会成为我们卧谈的对象。当然,每次卧谈会还有更丰富的东西,比如:班上谁是班花;寝室兄弟谁更义气;哪个班女生颜值最高;自己看中了哪位女生;恳求会写文章的哥们帮忙出谋划策写条求爱短信;班主任没收手机后会干啥;谁又恋爱了,谁和谁又分手了;食堂哪个大师傅打菜的手患上了帕金森打抖症;食堂菜里没有油星子但有大虫子……虽然都是些鸡毛蒜皮的事,但能让我们谈好久。每次都要等“太平洋的警察”来敲门,并高声吆喝“再说话记过了哈”,我们才压低嗓子。可他一走,我们又偷偷聊起来。

除了寝室“卧谈会”,我们还有操场“坐谈会”。我们几个玩得好的兄弟伙,下午吃过饭后都会去操场走走,在操场边的水泥栏杆上闲坐着吹牛,吹的内容和卧谈会差不多。有时候运气不好,会遭到老班跟踪。有时候,他懒得靠近我们,老远就粗声粗气地吼:“还不回教室做作业,是嫌作业太少啦?”此时此刻,我们只好匆忙跑回教室,否则他会罚我们做一大堆作业。老班也是“太平洋的警察”,管得宽啊! 他的控制无处不在,时刻都盯着我们的一举一动,唯恐我们偷懒或给他捅娄子。

3. 周末与体育课

周末一部分同学回家,一部分因为回家太远或父母长期不在家,就经常要约留在学校玩。有时候,一些同学可以和一些不回家的老师打打篮球。我们不太会打球,老师就教我们一些招式。我觉得那些老师打球的时候和平时给我们上课不一样,没有高高在上的感觉,很亲切。打完球,我们如果再出去吃碗面条,就会舒服得不得了。高中生活很累,学校因为是新修的校区,外面可以吃的东西很少,吃碗面条要走很远的路。学校食堂的饭菜不好吃,很多同学回家一次就会在家里炒好菜,用瓶瓶罐罐装着带到学校,每餐倒一点儿埋在饭里焐热后吃。有时候,寝室几个同学会提前商量好各自带什么菜和大家分享。

当然，这一切都得在“太平洋的警察”面前“瞒天过海”。

我们每周都有两节体育课，几乎每节课老师都让我们自由活动，老班有时会跑来跟我们一起打打球。其实，老班并不像有的老师那样会打，每次都是从这边跑到那边，从那头跑到这头，满场跑下来可能连球都摸不上一个，而且跑不到一会儿就累得不行。他来打球的真实目的是逼着所有同学都去运动运动。起初，我们都说没有运动器材。后来，他动用班费给我们买了一大堆东西，有羽毛球、乒乓球、篮球、足球、短绳、长绳等，让我们再也没有理由推托。有了这些“武器”，老班就天天逼着我们去运动。每天早上上课之前，他也要逼我们出去在操场跑两圈。别的班同学都不跑，我们全班同学都觉得他们在看我们笑话，有一种丢人的感觉。可是老班规定，除了下雨天，每天都要跑，所以我们天天祈求上苍下雨。

（三）被调查者的心声

我自小在农村长大，我父母在外面工作，我不希望别人过多关注我。我希望所有人能把我当成一个普通的学生对待，不要把我犯下的错误都归结为“留守儿童问题”。这对我不公平，对留守儿童更不公平。留守儿童也是一个普通的人，一个普通的学生。我们学校最不应该把留守儿童和其他同学区分开来对待。

留守儿童表现出和父母不熟悉、不亲近、不理解的现象，很大程度上是因为爸爸妈妈长期不在家，学校做的一些事情并不能解决这些问题。比如，我们学校搞的所谓留守儿童关爱活动，效果微乎其微。开展“感恩教育”之类的集体活动、老师定期家访、学校和同学父母保持沟通交流、开展一对一辅导、举办留守儿童教育讲座等，都是搞起花样给别人看，反倒增加了我们对学校和父母的不信任。我们长年累月在学校寄宿，渴望学校有家的温馨，有自由，多开展让同学兴致勃勃的活动。

从小父母都不怎么管我，爷爷奶奶把精力放在妹妹身上，也没怎么管我。

老师也不怎么管我，他们把主要精力放在比了我更优秀和更糟糕的同学身上。从小自由自在惯了，别人越是不让我干什么我偏要干，别人越要我干什么我越不想干。我现在长大了，他们才想着要来管教我，说实话，这会不会太晚？在我最需要被管教的年龄，他们给了我放纵，现在又来怪罪我不听话、不懂事。有时候，我特别不明白他们这些家长、老师是怎么想的。他们就想控制住我们！但是，我们也是独立的人，有自己的想法，我希望他们能够更加尊重我们。

三、对一名高三留守女孩的调查

（一）知情者的讲述

1. 被调查者父亲讲述

我们家有三个孩子，家庭负担比较重，在农村务农收入少，为了供他们姐弟三个上学，我们只能出来打工挣钱，其实心里还是很放心不下。还好，这几个孩子都比较听话，特别是贾薇，非常听话，从小她都很少让我们操心。每次给老师打电话，听到的都是老师夸奖，夸她学习很努力，成绩好。回到家里，她还帮奶奶做家务，帮弟弟补习功课。每次打电话她还不忘关心我们。给她的钱从来都不乱花。孩子听话也让我们打工更有劲，更有盼头。

2. 被调查者同学讲述

贾薇是我们寝室的学霸，学习超努力，人也特别好。能在高中阶段碰到这么一个朋友，我感觉特别幸运。我这个人比较不爱学习，但每天和贾薇在一起就慢慢被她感染了。不管是谁，只要有不懂的问题问她，她都会细心讲解。她也很大方，有好的学习方法，便捷的学习思路，都会和大家分享。贾薇生活特别节省，很少出去逛街买东西。在学校吃饭，早上就是白开水和馒头，中午也从来都是最便宜的套餐，有时候甚至连肉都舍不得吃。学校的伙食本来就不好，就只有荤菜里面还稍微有点油水。晚上她也是有一顿没一顿的，为了做作业，她往往省了吃晚饭时间。有时候我都感觉心疼她。她对自己很不在乎，但对朋友很够意思,朋友遇到困难,她如果能帮就一定尽力帮。

3. 被调查者老师讲述

贾薇在学习上特别努力,刚刚寄宿进校的时候在班上成绩属于中等,但通过一学期努力,她现在的成绩一直稳居班上前十名。这孩子非常懂事,可能是她自己一直说的,穷人的孩子早当家吧。父母不在身边所有的事情她都必须自己解决,这也使她比较沉稳内敛,缺少了这个年龄的孩子该有的灵气和活泼。她很少去参加课外活动,一天到晚都是坐在教室看书、写作业。所以,尽管她学习成绩不错,我还是比较担心她。

4. 被调查者邻居讲述

这个孩子特别勤快,别的孩子放学回家都是到处玩,在家看电视,可她回家还帮着做农活,割猪草、喂猪、煮饭,什么事情都干。这孩子还特别喜欢看书,经常看到她手里拿着一本书在看。她对人也特别有礼貌、喜欢帮助人,不管谁找她帮忙她都很愿意,觉得她对人很好。

(二)被调查者的讲述

我对高中生活一直都很期待。开学那天是大姐送我到学校的。爸爸、妈妈太忙,没时间大老远回来送我上学。我知道他们很辛苦,姐姐要上大学,弟弟今年也上初中了,家里还有很多要花钱的地方。那天大姐帮我安排好宿舍,买好生活用品就离开了,她还要赶到她的大学去报到。我一个人,初到城里,心里感到很不安定。其实现在看我们这地方也不大,不过对于我一个乡下长大的女生来说,当时还是让我找不到方向。周围的一切都那么陌生,学校很大,学生很多,却没有一个可以说话的朋友。那时候觉得真的好孤独,好无助。

还记得我第一个周末坐车回家的情况。那是军训结束后的下午,我找不到如何去长途汽车站,只好到校门口去看。碰到一辆公交车,觉得它可能要经过长途汽车站,就上车了。但是,坐了十几分钟都还没到,经过的路也不太像前几天我到校时经过的路。我以为自己坐反方向了,就赶快下车,跑到马路对面找了一个公交站坐车。这一次真的坐反方向了,又回到了公交车的起点站——学校门口。我急得像热锅上的蚂蚁,在周围到处转。后来不得不鼓起勇气问旁边的路人,知道了坐哪个车到哪里下。可是,等我终于找到长途车站时,已经没有车了。此时,天也开始暗下来,我真急,快要哭了,可没有办法。最后,只好打了一个摩的回家,花了 50 元,现在想起来都还觉得心疼。

高中的住宿条件比起初中好了很多。初中的时候三四十个同学住一个大寝室,每天寝室都很嘈杂,很脏很乱。特别是夏天,整个寝室都弥漫着各种难闻的气味。一层楼三四个寝室只有一个公共厕所,有时候上厕所都要排很长的队。在学校洗澡、洗头、洗衣服都很不方便,我一般都是每周带一套衣服去换,星期五再把脏衣服带回家洗。冬天在学校是最难过的,学校只在下午 5 点提供热水,还要到底楼开水房去排队打。一瓶开水要用来晚上洗个热水脚,还要留出一部分第二天早上洗脸、刷牙。为了能用到开水,每天都要排很久的队。有时候去晚一点儿,可能就没有水了,那晚上你就只能鼓起勇气洗冷水脚。初中寝室的床很硬,一点也不暖和,冬天盖一床被子冷得我常常半夜醒来,将外套穿在身上继续睡。后来,我们经常两个同学一起睡,这样比较暖和,可以睡个好觉。但是床小了点,睡觉的时候要老老实实,不能乱动。

高中寝室的条件比初中好了很多。八个人住一个寝室,每个寝室都有单独的厕所、阳台,可以洗衣服、晾衣服,每个人都有自己的小柜子。寝室还装有空调、热水器。这么好的条件我以前想都不敢想。整个寝室的同学也非常友好,平时大家都一起上课、吃饭,一起回寝室。周末放假回家,每个人都会在家里面带很多好吃的东西来学校分享。有一次半夜我生病了,室友们发现了,就把我送到医院,陪我输液,帮我拿药,背我回寝室。在我生病期间,一直是她们细心照顾我,和她们成为室友真是很幸运。

学习方面,我刚刚到学校时很不习惯。虽然这里很多同学都和我一样,来自农村,爸妈也外出打工,是留守儿童。但是,我总感觉很多同学特别优秀,尤其是家在城里的同学,学习成绩好,懂的东西很多,有自己的特长,画画、唱歌、体育、跳舞、各种乐器……这些我什么都不会，在这里我感到很自卑。以前上初中，班里同学谁都一样，没有谁擅长特别的才艺，大家都只知道读书，谁成绩好就在班上很受老师重视。现在我才真正发现自己与城里孩子原来有这么大的差距。我暗暗下决心，一定要更加努力，在成绩方面脱颖而出。

通过一年努力，我取得了不错的成绩，每一次考试都在进步，从年级600多名到前100名。这次期末考试我进了年级前20名，地理、政治都考了年级第一。现在我很喜欢学校的老师和同学，在这里学习我感到很快乐。我必须感谢班主任老师。他是一个年轻的数学老师，在我最无助、最失落的时候是他发现了我的特长。他夸我字写得很漂亮，给我很多机会让我展示特长。每一次考试后他仔细帮我分析错题，不断鼓励我，让我越来越自信开朗。现在高二的学习任务更重了，每天我都要花很多时间去预习、复习、做作业。以前高一我10点睡觉，6点半起床，现在为了更多一点时间学习，我改到12点睡觉，早上6点起床。我知道我不如别人聪明，所以我必须比别人更加努力。

我希望自己高中毕业后考一个好的大学。我想在大学学习心理学专业，以后做一个心理咨询师，或者从事心理研究。现在人们每天面临的压力越来越大，很多人都或多或少存在心理问题，我想为身边的人解决一些心理问题，让更多的人活得更快乐。尤其是像我一样的留守儿童，这么多，心理方面存在很多问题，应该得到更多的关注。留守儿童不是坏孩子的代名词，我的很多同学是留守儿童，也都很优秀，但是，我仍然希望自己以后能够帮助众多留守儿童过得更加快乐幸福。

我有很多话想对爸爸妈妈讲，但他们总是很忙，很少有机会和我一起聊聊天、谈谈心。我知道爸爸妈妈在外面每天工作很累，为了让我们姐弟几个有好的生活条件，有钱念书，他们每天起早贪黑，夏天顶着狠毒的太阳帮人砌砖，汗水把衣服都浸湿了。每当看到爸爸两鬓的白发，看到妈妈脸上的皱纹，我心里都有说不出的难受。爸爸妈妈为我们付出了很多，可因为工作忙，经常不在我们身边，我不怪他们。尽管他们离我很远，但是我还是能感受到他们对我的爱，我更应该好好学习，不让他们失望。

我也希望爸爸妈妈不管多忙，都能够每年回来看我们两次，能抽点时间和我们好好聊聊天，问问我的想法，而不是只管把钱寄回家，更不要有空回家了就多数时间和别人搓麻将。希望爸妈在我考差的时候更多给我鼓励、关心，而不是责备我。我不要求我的父母像其他同学的父母那样天天陪在身边，帮我做饭、洗衣，带我去游玩。我只是希望我的父母能偶尔抽出半个小时，和我视频聊天，说说心里话，在我无助的时候多鼓励我，在我取得好成绩时一起分享。

（三）被调查者纪实作文片段①

开学第一课

今天是高中生活开启的第一天，晚上所有的同学都去教室集中上开学第一课。班主任老师先做了自我介绍，然后由同学们挨个接下去。我只是简单说了两句便匆匆走下了讲台。自由交流的时候，感觉同学们相互都讲得很热闹，仿佛大家都很熟了。可我不知道该和别人聊些什么，只是一个人呆呆地坐着，偶尔和寝室新认识的室友讲两句。大概 9 点钟，老师就让大家解散了。其他班的同学也在这时候解散了，很多人一起涌出教学楼，叽叽喳喳的好不热闹，但是周围越热闹却让我越觉得孤独。

扣分的惩罚

“你怎么又迟到了！班上又因为你被扣了两分。还有你们几个，在寝室最近怎么回事?！老是被扣分！不是熄灯过后讲话，就是寝室卫生差！你们爸妈花钱送你们来学校，是让你来学习的，不是让你们来乱搞的！老子告诉你们几个，你们扣分，学校扣老子工资，扣多少你们就给我交多少！一分十块钱！我看你们扣嘛！马上给我滚

① 所有片段摘选自被调查者贾薇 2018 年春季学期的课内外作文本，片段题目大多数为本书作者所加。为了不影响阅读，本书作者修改了文中大量标点、字词等错漏和不够通畅的文句。

到操场,去跑二十圈!”走廊里传来班主任歇斯底里的声音。

这是学校大部分班主任管理班级的法宝,谁犯错让班级被扣了分,谁就必须沿着操场跑圈!班级被扣分,学校就扣老师的工资,老师就罚学生交钱。这段时间,我们班也实行这个规定。不过,根本没起到多大作用,有的同学会直接交钱“包月”。后来,这一规定增加了条款,谁被扣分,就记在他所在小组,一周累计,扣分最多的小组就罚做一周的清洁卫生,每个小组内实行“连坐制”,一人违纪,全组遭遇。这个方法就有效多了,因为大多数人还是不愿连累一个组的同学。

耍朋友

“唉,你知道不?我们班某某和某某正在谈恋爱,某某前段时间还和另一个耍朋友呢,我看他女朋友都不知道换了多少个了。”

“听说他前几天为了现在的女朋友还和另一个男生干了一架,两方约了好些人打群架,他把对方打得住进了医院,抢来了现在的女朋友。”

两个室友在寝室你一言,我一语,聊着班上同学的八卦。像她们说的耍朋友现象,在我们学校并不少见,哪个班都有几个“班对”。当然,也有“跨班”,和别的班同学谈恋爱。这可能是青春期荷尔蒙作祟吧!不过,大多恋爱都死得很快,要不是被班主任狠心拆散,便是自己作死,三天两头吵架闹分了手。严重的时候,会出现那种为了江湖地位和美人芳心干起来的群架。事情一闹大,自然会找死!每一次这样的事件,学校都会尽力防范,严肃处理,但隔段时间,又会再次发生。

给教师评分

“嘿,班长你为什么把我们给教师的评分改了?凭什么把所有评分都改成了A等?”

“班长,我看你就是个马屁精,就会拍老师的马屁!”

“班长，说说看吧，那些老师给了你多少好处，你把所有同学的教师评价表都改了！”

“班长，咱们做人能不能真实一点，你不真实就算了，你凭什么改我的教师评价表？”

大家这么责问班长也够委屈他了。班长这样做也是为了班级考虑。每一次教师评价结束，那些评价不好、分数不高的老师轻则被校长训，重则被学校扣工资。老师心情不好，就会把气出到我们学生头上。每一次教师评价，其实都不真实。评价之前，班主任总会再三地嘱咐，让我们不要“情绪化”，一切以大局为重！再者，也因为害怕得罪老师，大多数同学都是尽量打高分，这样大家都“皆大欢喜”。

我的心声

大家都夸我很听话，又勤快。其实我也想跟其他的孩子一样，放学了之后和他们一起玩，一起疯。可是，家里面只有奶奶一个人做农活，我必须回来帮她。我多做一点儿也就多减轻一点儿奶奶的负担。我也有想叛逆不听话的时候，可是又想，爸爸妈妈辛辛苦苦在外挣钱，就是为了我们姐弟几个能好好读书，将来能有出息，要是我叛逆不听话，不努力，那就太对不起他们了。有时候我又想，要是我不读书的话父母是不是就要轻松点，那样我是不是就能天天和他们在一起了……但是看到每次在我取得好成绩时父母骄傲的样子，我还是觉得我应该好好读书。

我做梦都想自己能够像别的孩子一样，每天有父母陪在身边，但是，我的爸爸妈妈必须到外面去挣钱来养家。现在我大了，要学会理解他们。以后就算遇到再大的困难，我也要学着自己解决。要坚强点，不要让父母担心，要努力学习，才能不辜负他们的希望。

我的弟弟

在我五岁的时候，妈妈生了弟弟。家里面又多了一个孩子要养，生活变得挺困难的。如果爸爸妈妈不出去打工，以后就根本没办法供我们上学。无奈之下，就把我们姐弟三个留给了五十多岁的奶奶照看。说实话，刚开始的时候我很反感这个弟弟的到来。我认为是他破坏了我们原本幸福的生活。要不是因为他，爸爸妈妈就不会离开我们到很远很远的城市打工，我就可以继续做那个被爸妈宠着的小公主。我也埋怨过父母为什么还要生一个孩子。难道就是因为嫌弃我和姐姐都是女孩子，想要一个儿子？重男轻女！

爸妈走后，整个家的重担就落在了奶奶身上。奶奶要做农活，没时间照看弟弟，便把两岁的弟弟留给我和大姐照看。这个我特别讨厌的小不点却像天生就和我很亲近一样，总爱每天跟在我的屁股后面“姐姐、姐姐”地叫个不停。晚上非要挨着我睡觉不可，看不到我就到处找，不管我怎样骂他他都要来黏着我。有了好吃的，他总是想着我，哪怕一颗糖他也要给我留着。在我伤心的时候，他会来安慰我，像个小大人一样为我擦干脸上的泪水。慢慢地，我发现或许他就是上天给我送来的礼物。就算没有他的到来爸妈也会出门打工，而他的到来让我在没有爸妈陪伴的时候不那么孤单，也是因为他让我学会了怎么去关爱别人。

第四节　改进农村留守儿童寄宿教育的核心策略

本章前三节呈现9位留守儿童的教育生活故事，旨在从多个角度描述和解释农村留守儿童寄宿教育的问题与对策。基于9位留守儿童在内的众多儿童个案研究，以及课题组的前期研究结论、定量研究结果，我们认为农村留守儿童寄宿教育的关键性问题是大量寄宿制学校的履责与担当不够,其最大困难是这些学校的教育教学质量普遍难以提高,深刻认识并强力化解这些问题与困难是改进农村留守儿童寄宿教育的核心策略。

一、全面提高留守儿童寄宿学校的教学质量

通过陕西、贵州、广西、四川、重庆等五省(区、市)约 800 人的书面访谈发现,农村中小学教师、农村留守儿童及其家长都认为,留守儿童寄宿教育最大的困难是寄宿学生的学业成绩难以提高。本书上编(第一至五章)量化研究也发现中小学寄宿留守儿童的学业发展问题严重。虽然本章前三节研究的个案儿童中有老师的“得意门生”,甚至是“学霸”,成绩名列前茅,如小梁、程芸、贾薇等,但他们学习成绩的优秀并不具有普遍的代表性。比较而言,其他更多儿童因各种原因遭遇学业不顺的情况才是常态。大量学习成绩较差,甚至严重低差的寄宿留守儿童因为缺乏合作能力或合作意愿,不符合本书课题组的目的性抽样标准,成为名副其实的“沉默的大多数”而未能接受深度调研。

留守儿童寄宿教育面临着系列特殊问题,但最大的问题还是农村中小学校存在的共性问题,即留守儿童寄宿学校因为生源质量、师资水平、设施设备、地理条件、文化生态等方面的不足或限制,教育教学质量大面积整体低差。比如,本书上编量化研究发现,寄宿留守儿童所属农村儿童群体相对于城市儿童群体而言,学业和身心发展系列指标严重低差。

2016 年 7 月至 2019 年 3 月,我们在西部地区 V 县陆续访谈了大批寄宿留守儿童,发现他们学业困难突出,成绩严重低差。2019 年 7 月,我们再度深入 V 县调研,发现大量寄宿留守儿童,尤其是中学寄宿留守儿童成绩很不理想,周围其他同学的成绩也都很差。调研期间,我们统计分析 V 县所有举办初中的学校七至九年级学生 2016、2017、2018 三个学年度春季学期各科期末考试成绩发现,除县城 2 所重点中学之外,全县其余 20 所学校初中生的学习

成绩都很差,而其中每一所学校都有大量寄宿留守儿童。

V 县 2017 年 6 月参加春季学期各科期末考试的初中学生共有 23668 名,其中七年级 8524 名,八年级 8613 名,九年级 6531 名。2018 年 6 月参加考试的学生共有 23660 名,其中七年级 8686 名,八年级 8379 名,九年级 6595 名。统计数据显示,绝大多数学校都存在学生流失辍学现象,这从一个侧面反映这些学校教育教学质量令人担忧。2017 年 6 月,与学期初相比,全县七年级流失学生 68 名,八年级 140 名,九年级 107 名,合计流失学生 315 名。2018 年 6 月,与学期初相比,全县七年级流失学生 68 名,八年级 110 名,两个年级流失学生合计 178 名。我们得到的统计数据显示,2018 年 6 月 V 县九年级学生没有流失,期初和期末都是 6595 名,但这并不能说明九年级没有学生流失。因为 2017 年八年级参加考试的学生为 8613 名,同样一批学生,经过一个年度,大幅减少了 2018 名。另外,2017、2018 两个年度参加考试的九年级学生也都比七、八年级少 2000 名左右。访谈得知,这些学生因为成绩低差,无法或者不愿就读普通高中,所以多数被统一提前分流到了中职学校,少数则已经流失,但不同去向学生的具体数目本书课题组未能准确掌握。

课题组随机抽取部分学科成绩(见表 6-2 至表 6-7)研究发现,全县 22 所学校当中,除县城 2 所重点中学黔山中学、黔山一中之外的其余学校的各科成绩都较差,有的学校部分学科的成绩严重低差,甚至令人触目惊心。访谈得知,V 县初中生 2017、2018 两个年度春季学期各科期末考试所用试卷都严格依照全国统一的学科课程标准命题,初一、初二由县里专门的教学研究机构组织专家命制,初三则采用全省统一的中考试卷。试卷难度适中,信度效度可靠,但及格率、优生率如此之低,而绝大多数学科后进生率远远高于优生率。[①] 这充分说明 V 县初中校,尤其是绝大部分寄宿留守儿童就读的农村初中校各

① V 县规定,考试成绩达到试卷总分 80%的学生为优生,低于 40%为后进生。

年级、各学科教学质量都严重低差。①

就全县综合情况而言,2017 年,初一年级数学、英语、历史、生物的及格率分别为 51.03%、29.96%、26.94%、36.29%;初二年级语文、数学、物理、思想品德的及格率分别为 65.03%、36.83%、30.95%、22.29%;初三年级数学、英语、化学、历史的及格率分别为 56.27%、53.62%、37.59%、59.01%。2018 年,初一年级语文、数学、生物、地理的及格率分别为 58.5%、28.46%、50.24%、35.53%;初二年级数学、英语、物理、地理的及格率分别为 33.76%、29.63%、38.6%、60.32%;初三年级数学、英语、化学、思想品德的及格率分别为 46.61%、49.6%、44.35%、32.8%。两个年度所有学科之中,只有语文因为学科属性的原因,平均分和及格率相对稍高,但其优生率依然非常低下。两个年度所有年级中,因为初三年级有 2000 名左右的后进生分流到中职学校就读未参加考试,初三个别较难学科,如英语的及格率相对高一点。换言之,如果不排除这 2000 名左右的后进生,统计的初三年级的所有学科成绩一定更差。

就具体学科而言,数学、思想品德、英语等学科成绩低得令人难以置信。如数学,2017 年初一至初三年级优生率分别是 27.16%、5.35%、13.61%,而后进生率分别是 29.60%、35.68%、22.55%。2018 年 3 个年级优生率分别是 4.87 %、7.95%、9.78%,而后进生率分别是 41.86%、41.78%、27.61%。2017 年,初一至初三年级数学及格率低于 40%的学校分别有 10 所、14 所、5 所;2018 年,初一至初三年级数学及格率低于 40%的学校分别有 15 所、19 所、11 所。2018 年初一年级数学及格率不足 10%的学校居然高达 8 所,超过全部学校的三分之一,小垭口中学的及格率只有 2.86%,175 个学生之中只有 5 人及格。数学学科如此,其他大多数学科亦如此。

① 2019 年 10 月,本书课题组又分析研究了 V 县 2019 年春季学期所有中小学部分年级各科期末考试成绩,从中发现的成绩低差情况与前面三个年度完全一致。

表 6-2　西部地区 V 县 2017 年春季学期初中一年级随机抽取的部分学科期末考试成绩统计表

单位	数学（满分 150）				英语（满分 150）				历史（满分 50）				生物（满分 100）			
	平均分	及格率/%	优生率/%	后进生率/%	平均分	及格率/%	优生率/%	后进生率/%	平均分	及格率/%	优生率/%	后进生率/%	平均分	及格率/%	优生率/%	后进生率/%
全县合计	85.37	51.03	27.16	29.60	69.23	29.96	9.13	46.37	22.79	26.94	5.27	41.52	52.92	36.29	11.22	26.71
黔山中学	117.48	85.51	60.80	5.05	98.70	68.05	28.33	12.94	33.10	67.92	25.10	8.41	68.88	71.15	32.34	4.27
黔山一中	119.37	87.93	64.40	3.25	98.29	68.27	27.40	13.16	27.83	45.36	8.98	19.81	64.06	60.22	21.36	5.88
团结中学	100.81	67.46	46.32	19.67	91.88	60.66	26.10	24.82	25.74	38.24	10.66	31.25	60.53	53.49	21.14	16.73
河东中学	88.26	53.97	18.83	15.90	64.30	20.50	1.26	48.12	25.45	38.49	4.60	24.27	57.53	50.63	10.88	10.46
平坝中学	85.73	48.31	24.15	25.60	78.28	37.20	8.70	29.47	18.70	14.01	0.97	61.35	54.56	38.65	11.59	23.19
游龙中学	91.76	60.82	28.35	25.26	67.30	26.80	4.64	46.39	24.55	32.99	6.19	34.02	45.39	15.98	0.52	37.11
神女中学	80.74	43.27	16.78	31.13	68.50	24.94	5.96	44.15	19.79	13.25	1.77	54.08	60.19	52.32	15.89	15.67
丽水中学	81.71	47.18	24.25	33.73	68.25	29.41	5.64	46.46	23.84	30.61	3.96	35.65	53.68	37.09	13.45	27.61
胡家中学	79.94	48.33	24.91	35.32	68.15	29.00	11.52	47.21	22.11	21.93	1.12	42.75	45.57	19.33	3.72	39.03
唐槐中学	83.26	50.47	21.97	30.49	57.99	15.44	3.22	59.47	23.11	28.60	3.31	38.92	49.89	28.22	5.78	29.73
马场九年制学校	83.13	54.55	3.03	15.15	73.00	33.33	3.03	27.27	21.03	12.12	0.00	36.36	43.65	9.09	0.00	36.36
金鸡中学	83.83	47.35	25.71	26.53	60.81	17.55	1.63	57.14	19.85	16.73	1.22	50.20	50.83	30.61	8.98	26.12
桃花中学	77.70	38.18	19.38	34.69	60.55	15.31	2.13	57.17	21.67	20.54	2.91	46.32	53.52	39.92	11.43	29.46
长林九年制学校	69.12	33.83	9.77	43.61	65.71	18.80	2.26	45.11	19.10	10.53	1.50	60.15	43.03	9.77	2.26	45.11
虎跳中学	73.08	38.97	12.31	36.92	55.50	14.87	1.54	61.03	15.55	4.10	0.51	68.72	47.24	20.00	3.59	28.72
先锋中学	66.42	36.22	13.78	50.00	57.26	13.52	2.04	59.69	19.65	11.73	1.02	54.08	45.10	19.64	2.30	37.76

续表

单位	数学(满分150)				英语(满分150)				历史(满分50)				生物(满分100)			
	平均分	及格率/%	优生率/%	后进生率/%	平均分	及格率/%	优生率/%	后进生率/%	平均分	及格率/%	优生率/%	后进生率/%	平均分	及格率/%	优生率/%	后进生率/%
黔山二中	70.87	33.07	13.66	42.37	60.30	18.60	4.13	57.06	18.87	12.97	0.92	56.95	42.69	15.38	1.72	46.84
燕平中学	71.20	36.91	11.36	41.32	52.13	10.73	0.00	69.40	18.82	10.09	0.00	54.89	45.59	19.24	2.52	31.86
小垭口中学	76.14	34.54	12.37	29.38	54.14	11.86	1.55	67.01	19.69	8.25	0.00	49.48	40.32	9.28	0.00	52.58
岩口九年制学校	71.15	34.38	4.69	35.94	42.26	7.81	0.00	82.81	15.42	3.13	0.00	75.00	43.31	12.50	0.00	39.06
平川中学	50.05	19.38	3.81	66.44	46.14	4.50	0.69	76.12	16.97	9.34	0.69	67.82	50.53	33.56	8.30	29.07
书香九年制民办校	60.16	18.03	3.28	49.18	41.74	4.92	0.00	78.69	12.53	0.00	0.00	77.05	33.88	6.56	0.00	62.30

表 6-3 西部地区 V 县 2017 年春季学期初中二年级随机抽取的部分学科期末考试成绩统计表

单位	语文(满分150)				数学(满分150)				物理(满分100)				思想品德(满分50)			
	平均分	及格率/%	优生率/%	后进生率/%	平均分	及格率/%	优生率/%	后进生率/%	平均分	及格率/%	优生率/%	后进生率/%	平均分	及格率/%	优生率/%	后进生率/%
全县合计	91.98	65.03	5.55	6.51	71.41	36.83	5.35	35.68	46.66	30.95	8.96	40.67	23.24	22.29	0.99	29.73
黔山中学	108.17	89.63	21.07	0.65	99.76	75.69	21.72	9.24	65.26	65.48	26.90	11.35	27.90	44.73	4.54	14.59
黔山一中	106.94	90.97	14.84	0.81	92.99	65.32	12.42	12.58	60.43	54.84	22.58	20.00	28.32	47.58	1.45	12.26
马场九年制学校	102.23	86.49	2.70	0.00	102.19	86.49	8.11	0.00	41.74	10.81	2.70	51.35	24.89	13.51	0.00	8.11
神女中学	95.60	65.57	7.03	3.51	77.11	42.86	6.79	31.62	51.88	37.24	8.43	28.34	24.30	25.53	1.64	27.40

续表

单位	语文(满分150)				数学(满分150)				物理(满分100)				思想品德(满分50)			
	平均分	及格率/%	优生率/%	后进生率/%	平均分	及格率/%	优生率/%	后进生率/%	平均分	及格率/%	优生率/%	后进生率/%	平均分	及格率/%	优生率/%	后进生率/%
团结中学	100.82	81.27	13.11	3.17	77.67	45.39	14.99	33.72	52.12	43.37	17.87	35.59	23.75	25.94	1.15	28.82
丽水学校	94.27	76.00	6.33	3.67	80.04	50.17	5.67	20.17	50.09	38.67	10.00	28.50	24.31	28.67	1.17	20.67
长林九年制学校	97.01	80.83	1.67	3.33	77.28	31.67	0.83	18.33	48.11	28.33	5.00	29.17	22.58	13.33	0.83	27.50
先锋中学	92.71	67.05	1.99	6.13	71.79	34.77	3.15	34.77	44.34	25.50	5.13	44.87	24.93	28.15	0.66	22.85
游龙中学	88.12	64.57	1.14	5.71	74.23	41.14	2.29	30.86	43.38	20.57	3.43	36.57	22.00	12.57	0.57	28.57
河东中学	92.13	69.29	2.14	4.64	71.01	26.07	0.71	27.14	40.91	17.86	1.79	49.64	23.02	13.93	0.00	27.14
金鸡中学	88.07	59.62	0.77	6.15	68.40	33.85	1.15	39.62	43.32	22.69	4.62	46.92	24.18	20.77	0.38	19.23
燕平中学	85.42	52.02	0.58	8.67	66.93	33.82	1.45	39.02	49.53	36.71	7.80	31.50	21.69	14.16	0.00	34.97
平坝中学	87.84	57.05	1.92	6.73	64.30	24.68	1.28	44.55	41.87	20.51	4.17	48.72	21.36	10.90	0.00	34.62
虎跳中学	87.66	63.84	2.26	5.65	67.52	35.59	2.82	36.72	42.60	24.86	4.52	45.20	20.27	11.30	0.00	38.42
小垭口中学	88.74	56.73	0.00	5.26	70.53	28.07	0.00	33.33	37.17	11.70	0.58	59.65	17.71	1.75	0.00	59.06
黔山二中	86.23	51.81	1.21	9.78	64.02	22.34	0.85	43.48	41.90	22.46	5.07	50.48	21.26	12.08	0.24	37.92
桃花中学	80.95	45.26	2.89	14.93	61.14	24.72	2.09	47.03	43.64	26.32	6.74	46.71	21.04	12.36	1.44	38.20
胡家中学	91.01	64.71	2.57	8.09	65.92	26.47	1.47	38.97	36.78	15.07	2.21	59.93	22.68	18.01	0.37	30.15
唐槐中学	87.61	56.58	1.44	7.61	55.97	21.81	0.93	55.25	40.84	21.30	3.81	51.34	22.89	22.74	0.51	32.51
岩口九年制学校	86.43	56.79	6.17	3.70	70.08	29.63	2.47	30.86	34.79	7.41	1.23	60.49	23.15	17.28	1.23	24.69
平川中学	76.98	34.71	1.47	18.24	42.37	6.76	0.00	72.35	32.67	7.94	1.47	67.94	17.45	3.53	0.00	61.18
书香九年制民办校	69.16	33.33	1.75	14.04	59.68	22.81	3.51	35.09	34.91	12.28	5.26	45.61	17.21	5.26	1.75	49.12

表 6-4　西部地区 V 县 2017 年春季学期初中三年级随机抽取的部分学科期末考试成绩统计表

单位	数学(满分 150)				英语(满分 150)				化学(满分 70)				历史(满分 50)			
	平均分	及格率/%	优生率/%	后进生率/%	平均分	及格率/%	优生率/%	后进生率/%	平均分	及格率/%	优生率/%	后进生率/%	平均分	及格率/%	优生率/%	后进生率/%
全县合计	85.13	56.27	13.61	22.55	87.11	53.62	21.05	22.94	35.91	37.59	12.94	31.19	30.18	59.01	22.39	16.03
黔山中学	107.81	82.61	40.58	6.44	116.08	86.47	62.64	5.64	49.24	73.27	46.22	10.14	37.21	85.02	52.33	3.86
黔山一中	106.15	82.32	30.91	5.05	106.61	77.41	40.27	8.17	42.42	53.19	20.21	15.75	35.58	81.43	35.07	4.01
团结中学	90.73	61.24	23.63	22.19	90.47	55.33	25.22	20.46	37.10	40.20	17.29	31.99	32.45	63.40	32.71	13.26
丽水学校	88.54	67.13	9.79	18.53	90.78	59.79	22.73	19.93	38.89	47.90	11.89	22.03	30.48	61.19	24.13	15.38
神女中学	88.54	55.51	9.51	14.07	97.96	68.82	23.57	8.37	38.33	42.21	9.13	18.25	32.31	65.78	28.90	11.41
小垭口中学	90.77	63.16	3.51	11.40	97.13	65.79	19.30	13.16	34.04	28.95	3.51	33.33	30.24	61.40	13.16	12.28
河东中学	79.23	43.10	3.02	24.57	92.09	60.34	11.21	14.22	34.93	33.62	6.47	29.31	31.33	62.93	21.12	14.22
桃花中学	82.60	54.01	5.86	17.59	84.05	51.23	12.96	18.83	35.96	39.20	7.41	25.00	31.01	67.90	19.75	9.26
长林九年制学校	81.33	54.74	1.05	20.00	90.81	66.32	14.74	8.42	34.14	36.84	3.16	27.37	28.30	52.63	8.42	7.37
燕平中学	79.17	46.74	2.17	25.72	78.37	41.30	5.07	27.17	32.21	26.45	5.07	40.22	28.45	50.36	10.14	18.48
先锋中学	83.03	56.85	4.96	23.32	77.62	41.69	10.50	27.70	35.29	34.99	10.20	27.70	29.58	58.31	15.74	13.99
平坝中学	78.00	41.67	3.24	25.93	83.81	49.07	13.89	25.93	29.97	16.67	3.24	48.15	29.58	52.78	15.74	12.50
胡家中学	80.92	56.50	19.77	24.86	77.82	45.20	18.64	30.51	35.44	39.55	15.82	28.25	27.94	53.11	20.34	17.51
黔山二中	74.34	45.85	7.31	34.39	77.52	42.69	14.78	33.39	30.81	27.08	5.81	44.85	27.55	49.50	16.94	22.26
金鸡中学	75.80	39.88	2.45	26.99	87.51	55.21	11.04	12.88	29.30	20.86	0.61	42.33	23.62	28.22	2.45	32.52
虎跳中学	69.94	41.72	3.97	43.71	73.84	33.77	9.27	37.75	32.18	27.15	8.61	45.03	27.63	48.34	13.91	27.15
平川中学	80.00	46.26	2.20	18.50	70.88	29.96	4.41	33.04	28.06	13.66	3.08	48.02	27.37	50.66	9.25	18.50

续表

单位	数学(满分150)				英语(满分150)				化学(满分70)				历史(满分50)			
	平均分	及格率/%	优生率/%	后进生率/%	平均分	及格率/%	优生率/%	后进生率/%	平均分	及格率/%	优生率/%	后进生率/%	平均分	及格率/%	优生率/%	后进生率/%
唐槐中学	71. 78	39. 64	5. 99	37. 84	68. 76	30. 06	6. 11	43. 47	32. 19	26. 83	6. 47	41. 80	24. 80	36. 65	6. 71	31. 50
岩口九年制学校	62. 36	24. 39	2. 44	51. 22	68. 73	36. 59	4. 88	46. 34	23. 21	7. 32	0. 00	63. 41	26. 26	41. 46	21. 95	26. 83
马场九年制学校	54. 17	4. 17	0. 00	50. 00	62. 44	25. 00	0. 00	45. 83	27. 54	8. 33	0. 00	41. 67	20. 75	20. 83	0. 00	33. 33
书香九年制民办校	37. 63	12. 00	0. 00	66. 00	44. 67	22. 00	2. 00	66. 00	18. 58	10. 00	2. 00	70. 00	14. 78	16. 00	2. 00	60. 00

表 6-5　西部地区 V 县 2018 年春季学期初中一年级随机抽取的部分学科期末考试成绩统计表

单位	语文(满分150)				数学(满分150)				生物(满分100)				地理(满分100)			
	平均分	及格率/%	优生率/%	后进生率/%	平均分	及格率/%	优生率/%	后进生率/%	平均分	及格率/%	优生率/%	后进生率/%	平均分	及格率/%	优生率/%	后进生率/%
全县合计	89. 81	58. 50	4. 56	8. 00	66. 89	28. 46	4. 87	41. 86	58. 92	50. 24	20. 93	19. 73	50. 01	35. 53	9. 22	33. 76
黔山中学	108. 38	93. 55	17. 68	0. 48	94. 24	64. 16	16. 61	10. 51	72. 12	75. 03	44. 80	5. 85	61. 58	58. 06	19. 35	12. 19
黔山一中	106. 40	90. 74	16. 21	0. 41	95. 23	65. 67	20. 03	9. 54	74. 84	80. 79	51. 36	2. 86	67. 39	70. 98	30. 93	4. 90
团结中学	102. 08	81. 37	9. 31	0. 76	78. 51	41. 37	4. 89	25. 19	73. 01	77. 25	43. 05	5. 04	61. 32	57. 86	18. 78	16. 03
胡家中学	95. 57	70. 26	3. 45	5. 17	82. 12	49. 14	7. 33	21. 12	59. 84	55. 17	14. 22	12. 50	47. 48	25. 43	4. 74	35. 78
丽水学校	93. 06	66. 99	2. 69	7. 53	71. 88	34. 73	3. 87	32. 58	60. 76	56. 13	21. 18	17. 31	49. 18	33. 12	4. 95	34. 08
虎跳中学	85. 24	42. 25	0. 00	4. 93	64. 87	29. 58	1. 41	47. 89	65. 40	59. 86	28. 17	11. 27	53. 11	40. 14	6. 34	24. 65

续表

单位	语文(满分150)				数学(满分150)				生物(满分100)				地理(满分100)			
	平均分	及格率/%	优生率/%	后进生率/%	平均分	及格率/%	优生率/%	后进生率/%	平均分	及格率/%	优生率/%	后进生率/%	平均分	及格率/%	优生率/%	后进生率/%
长林九年制学校	91.26	63.73	1.96	3.92	58.04	9.80	0.00	53.92	61.01	50.98	16.67	15.69	43.09	17.65	1.96	45.10
神女中学	83.91	44.30	2.01	9.17	58.57	16.55	0.89	51.45	52.30	32.66	7.16	25.06	59.65	56.60	16.33	17.45
平坝中学	85.87	50.34	0.67	10.07	59.59	19.13	1.34	52.01	47.89	25.50	5.70	30.54	47.49	29.87	4.36	38.59
河东中学	82.44	43.08	0.40	9.49	54.32	9.09	0.00	56.52	53.22	39.13	5.93	22.13	45.63	25.30	2.37	36.76
桃花中学	80.87	38.90	0.52	11.53	50.52	8.43	0.34	64.54	63.43	61.27	25.47	13.08	45.97	28.23	5.85	41.31
马场九年制学校	80.00	28.57	0.00	11.90	54.74	4.76	0.00	52.38	49.36	23.81	0.00	21.43	45.40	19.05	2.38	33.33
先锋中学	87.69	55.37	0.33	6.51	53.62	9.12	0.00	60.26	58.09	48.53	15.31	17.26	45.65	24.43	3.58	39.41
游龙中学	85.00	53.69	0.00	7.38	55.91	14.76	0.67	53.69	51.14	38.25	10.74	27.52	44.88	28.19	3.36	41.61
平川中学	79.10	36.55	0.33	13.95	62.26	13.95	0.33	40.53	54.20	42.19	11.96	22.59	39.99	12.29	1.00	50.83
唐槐中学	81.95	42.21	0.39	11.36	56.12	13.22	1.47	53.38	50.24	32.52	6.17	28.30	40.66	15.67	1.96	49.07
燕平中学	79.55	37.07	1.15	12.64	60.34	20.40	2.87	49.14	52.87	40.80	8.62	25.57	44.35	25.29	3.16	43.39
黔山二中	84.52	50.05	0.78	10.68	55.85	16.80	1.11	55.28	49.08	29.03	8.12	34.26	41.43	19.24	2.89	50.61
金鸡中学	73.61	24.15	0.00	21.26	56.72	13.53	0.97	53.14	45.91	22.71	3.86	40.58	43.44	25.60	4.35	48.31
岩口九年制学校	76.09	21.43	0.00	15.71	43.04	5.71	0.00	81.43	41.69	5.71	0.00	44.29	45.13	21.43	2.86	37.14
小垭口中学	77.69	30.29	0.00	17.14	42.83	2.86	0.00	72.57	46.34	24.00	6.29	38.29	42.36	20.00	3.43	45.71
书香九年制民办校	47.84	20.00	4.00	36.00	28.36	8.00	4.00	76.00	25.12	8.00	4.00	60.00	19.08	8.00	4.00	76.00

表 6-6　西部地区 V 县 2018 年春季学期初中二年级随机抽取的部分学科期末考试成绩统计表

单位	数学（满分 150）				英语（满分 150）				物理（满分 100）				地理（满分 100）			
	平均分	及格率/%	优生率/%	后进生率/%	平均分	及格率/%	优生率/%	后进生率/%	平均分	及格率/%	优生率/%	后进生率/%	平均分	及格率/%	优生率/%	后进生率/%
全县合计	68. 62	33. 76	7. 95	41. 78	66. 68	29. 63	7. 85	47. 52	51. 42	38. 60	16. 54	34. 09	62. 55	60. 32	24. 91	14. 08
黔山一中	97. 21	72. 86	26. 49	9. 53	95. 57	70. 92	28. 27	12. 28	72. 41	78. 35	49. 60	4. 04	79. 24	93. 38	64. 30	1. 13
黔山中学	94. 68	66. 67	21. 35	15. 36	93. 80	63. 93	21. 35	16. 54	68. 76	69. 27	39. 58	10. 03	74. 95	82. 81	48. 83	2. 60
团结中学	86. 26	56. 80	23. 90	27. 94	86. 76	56. 99	22. 43	27. 21	63. 34	58. 64	37. 68	22. 98	75. 07	81. 25	55. 51	6. 07
丽水学校	70. 35	35. 27	5. 23	38. 72	67. 29	28. 03	5. 23	46. 08	58. 31	49. 64	21. 97	22. 45	66. 90	73. 04	26. 25	7. 24
长林九年制学校	78. 54	33. 85	3. 08	21. 54	67. 73	20. 77	0. 77	36. 92	55. 36	42. 31	7. 69	16. 92	56. 28	40. 77	10. 00	16. 92
神女中学	69. 41	27. 61	4. 18	40. 60	68. 28	27. 15	3. 94	44. 32	45. 86	27. 61	7. 66	42. 46	63. 61	62. 18	22. 97	10. 44
河东中学	62. 65	24. 89	2. 15	49. 36	65. 15	21. 89	2. 58	46. 78	53. 63	39. 48	7. 30	18. 88	64. 58	66. 95	20. 17	8. 58
游龙中学	75. 94	31. 55	3. 21	24. 06	70. 77	26. 74	1. 60	35. 29	47. 35	31. 55	5. 88	39. 04	65. 80	70. 59	29. 41	8. 56
平坝中学	64. 69	25. 59	3. 79	47. 87	72. 36	33. 65	7. 58	38. 86	48. 04	31. 75	11. 85	37. 91	59. 28	51. 66	18. 48	13. 74
桃花中学	62. 47	23. 27	2. 96	48. 52	60. 32	17. 55	1. 58	54. 04	48. 37	31. 16	10. 26	36. 49	56. 80	47. 73	15. 78	16. 17
胡家中学	62. 21	29. 57	3. 50	49. 42	66. 62	28. 02	6. 61	43. 19	46. 81	32. 68	7. 39	40. 47	60. 56	59. 14	19. 46	16. 73
先锋中学	58. 37	16. 67	1. 32	53. 17	60. 45	16. 93	1. 32	55. 56	42. 62	17. 99	2. 91	45. 50	61. 91	59. 79	14. 02	9. 52
唐槐中学	63. 23	29. 82	5. 18	46. 40	52. 68	14. 77	2. 21	66. 35	44. 05	26. 94	8. 34	46. 60	55. 63	45. 64	9. 88	19. 56
金鸡中学	62. 41	27. 08	2. 50	47. 08	55. 74	17. 92	1. 25	62. 92	41. 72	21. 67	5. 83	52. 08	57. 73	52. 92	16. 67	18. 33
虎跳中学	52. 17	12. 44	0. 52	61. 66	54. 37	13. 99	0. 52	60. 10	45. 93	24. 35	5. 70	42. 49	60. 63	54. 40	12. 95	9. 33
小垭口中学	52. 43	14. 81	0. 53	62. 96	51. 94	11. 64	1. 59	68. 25	41. 67	19. 58	3. 17	52. 91	59. 55	55. 56	9. 52	11. 64

续表

单位	数学(满分150)				英语(满分150)				物理(满分100)				地理(满分100)			
	平均分	及格率/%	优生率/%	后进生率/%	平均分	及格率/%	优生率/%	后进生率/%	平均分	及格率/%	优生率/%	后进生率/%	平均分	及格率/%	优生率/%	后进生率/%
马场九年制学校	64.76	17.24	0.00	44.83	66.19	17.24	0.00	41.38	32.95	3.45	0.00	75.86	55.21	34.48	3.45	6.90
燕平中学	53.73	15.31	0.98	58.96	49.31	11.73	1.63	71.34	47.61	32.57	6.84	34.85	53.15	42.35	7.82	25.08
岩口九年制学校	55.32	8.20	0.00	59.02	47.56	1.64	0.00	80.33	41.48	14.75	1.64	47.54	56.07	50.82	16.39	27.87
黔山二中	51.20	16.65	1.99	62.25	55.87	17.82	3.99	60.02	40.70	21.69	5.39	50.76	52.17	40.33	12.31	30.13
平川中学	48.92	10.21	1.41	62.68	44.55	6.69	1.41	76.06	37.50	17.61	4.93	56.34	50.99	36.62	9.86	30.63
书香九年制民办校	44.68	17.81	10.96	46.58	30.63	9.59	9.59	76.71	32.27	21.92	9.59	45.21	38.80	17.81	1.37	52.05

表 6-7　西部地区 V 县 2018 年春季学期初中三年级随机抽取的部分学科期末考试成绩统计表

单位	数学(满分150)				英语(满分150)				化学(满分70)				思想品德(满分50)			
	平均分	及格率/%	优生率/%	后进生率/%	平均分	及格率/%	优生率/%	后进生率/%	平均分	及格率/%	优生率/%	后进生率/%	平均分	及格率/%	优生率/%	后进生率/%
全县合计	80.51	46.61	9.78	27.61	85.25	49.60	19.89	27.67	38.28	44.35	13.60	26.02	25.35	32.80	4.58	26.29
黔山中学	104.01	77.85	30.08	7.11	107.38	75.37	49.92	13.55	48.53	71.40	38.02	10.58	30.44	60.50	16.86	16.20
黔山一中	97.11	68.93	19.19	9.85	104.46	74.87	38.71	10.19	47.11	70.97	28.86	9.34	31.42	63.84	16.13	9.85
神女中学	87.93	55.26	12.50	18.09	95.56	60.53	31.25	18.75	41.28	51.64	16.78	18.09	25.34	30.26	1.64	22.37
丽水学校	90.39	61.95	12.06	15.55	98.36	69.37	24.13	11.83	40.93	51.74	11.83	15.55	25.57	32.02	0.93	22.74

续表

单位	数学(满分 150)				英语(满分 150)				化学(满分 70)				思想品德(满分 50)			
	平均分	及格率/%	优生率/%	后进生率/%	平均分	及格率/%	优生率/%	后进生率/%	平均分	及格率/%	优生率/%	后进生率/%	平均分	及格率/%	优生率/%	后进生率/%
团结中学	85. 66	50. 68	20. 85	28. 64	89. 99	53. 22	31. 69	27. 29	40. 54	49. 66	23. 39	26. 95	27. 69	41. 36	8. 47	17. 80
游龙中学	90. 43	60. 63	2. 36	11. 81	96. 07	66. 93	14. 17	8. 66	39. 87	50. 39	4. 72	12. 60	22. 61	14. 96	0. 00	35. 43
小垭口中学	86. 09	49. 14	4. 31	12. 93	86. 73	50. 00	10. 34	18. 97	38. 57	41. 38	9. 48	18. 97	23. 78	20. 69	0. 00	27. 59
长林九年制学校	77. 47	39. 47	0. 00	25. 00	81. 76	40. 79	7. 89	23. 68	41. 37	59. 21	10. 53	18. 42	24. 69	26. 32	0. 00	21. 05
河东中学	76. 69	30. 61	1. 53	22. 45	87. 83	53. 57	9. 18	15. 82	36. 25	32. 65	5. 61	22. 45	25. 89	30. 61	2. 04	17. 35
胡家中学	77. 54	42. 24	3. 11	27. 33	80. 20	37. 89	13. 66	27. 95	38. 36	49. 07	9. 32	20. 50	23. 41	22. 36	0. 00	31. 06
燕平中学	77. 12	47. 08	4. 17	30. 00	80. 69	42. 92	12. 92	29. 58	39. 66	46. 67	10. 42	18. 75	23. 94	22. 50	1. 25	26. 67
先锋中学	74. 86	41. 79	3. 94	32. 17	78. 71	41. 58	11. 16	32. 60	34. 26	31. 29	3. 50	31. 95	26. 27	36. 98	3. 28	21. 66
马场九年制学校	76. 02	22. 22	3. 70	18. 52	85. 04	44. 44	11. 11	22. 22	37. 81	37. 04	7. 41	14. 81	18. 41	0. 00	0. 00	59. 26
金鸡中学	78. 58	42. 49	3. 11	25. 91	80. 11	40. 41	6. 74	23. 83	30. 60	20. 21	1. 55	40. 41	24. 58	27. 46	1. 04	22. 80
虎跳中学	74. 20	39. 29	5. 00	35. 00	73. 84	32. 14	9. 29	36. 43	32. 96	28. 57	2. 14	35. 00	21. 78	10. 00	0. 00	35. 00
唐槐中学	69. 73	31. 54	4. 83	40. 00	68. 19	30. 34	6. 04	47. 65	34. 83	35. 03	7. 92	34. 23	24. 38	27. 52	1. 74	26. 98
桃花中学	69. 77	31. 64	1. 39	35. 10	75. 10	33. 03	5. 31	31. 64	36. 17	38. 57	6. 47	25. 17	22. 33	20. 79	0. 23	35. 57
黔山二中	71. 28	37. 17	4. 67	38. 72	78. 47	44. 63	16. 17	36. 55	32. 90	30. 95	8. 09	39. 97	22. 19	18. 66	0. 62	38. 88
平坝中学	60. 87	23. 53	1. 81	52. 04	72. 42	35. 29	10. 41	41. 18	32. 59	32. 13	5. 43	39. 82	22. 39	24. 89	1. 81	42. 08
岩口九年制学校	72. 97	35. 14	5. 41	43. 24	67. 39	21. 62	5. 41	45. 95	27. 00	13. 51	2. 70	56. 76	21. 70	16. 22	0. 00	37. 84
平川中学	58. 58	17. 12	0. 45	52. 70	65. 90	26. 13	5. 41	47. 30	30. 01	22. 97	2. 25	48. 20	19. 72	9. 91	0. 00	52. 70
书香九年制民办校	54. 20	23. 81	0. 00	52. 38	54. 51	21. 43	0. 00	57. 14	22. 80	9. 52	0. 00	66. 67	14. 27	0. 00	0. 00	69. 05

就校际差距而言，县城中学，尤其是2所重点中学的教学质量远远领先于农村中学。这种县域之内基础教育非均衡发展的情况虽然广泛存在于本书课题组深度调研的中西部地区，但是依然令我们震惊，因为成绩低差的学校实在太差，且不是个别特殊现象，而是接近占了总数的一半。比如，2017年马场九年制学校初三数学平均分只有54.17，是最高分黔山中学的一半，及格率只有4.17%，优生率为0，后进生率为50%。该校初三年级参加考试的24名学生中，只有1人及格，12人是得分率不足40%的后进生。又如，2018年初三思想品德成绩，虽然比平川中学更差的还有两所学校（其平均分分别为14.27、18.41，及格率都为0），但平川中学也真是惨不忍睹：平均分只有19.72，及格率只有9.91%，优生率为0，后进生率为52.7%。该校初三参加考试的222名学生中，只有22人及格，117人是得分率不足40%的后进生。

就学校性质而言，21所公办学校虽然大多教学质量低差，但总体上仍然显著优于全县唯一的民办寄宿制学校。两个年度，书香九年制民办校每个年级大多数学科的平均分、及格率、优生率都最低，而后进生率都最高，简言之其教学质量低差到了令人难以想象的程度。但是，2017年该校初中三个年级有学生193名，2018年仍有初中生146名。访谈得知，该民办校的学生几乎全员寄宿，主要是留守儿童，学校可以提供较为便利的寄宿生活服务，学生缴费也远远高于公办学校。这说明，V县农村公办初中校学生的考试分数在统计表上虽有一定优势，但在多数家长和学生心目中，这些公办学校和这所民办校的教育质量没有根本差别，否则，这些家长不会仅仅为了孩子寄宿生活的一点便利，主动付出更大代价。

V县教育委员提供给的数据表明，全县22所学校中，完全中学3所，初级中学15所，九年一贯制学校3所，除以上21所公办校外，还有民办九年一贯制学校1所。22所学校全部属于寄宿制学校，全县有79.04%的初中生寄宿。2019年6月，V县共有初中生25450名，其中留守儿童缺乏准确统计。根据个案学校的数据推算，除县城2所重点中学之外的20所学校，农村留守儿童占比都在 60%—80%之间。如以中间值 70%计算，V 县共有初中留守儿童约 17800 名，其中寄宿留守儿童约 14200 名，约占全体初中生的 56%。

V 县初中寄宿留守儿童占比如此之高，其成绩低差必然带来全体初中生总成绩的很不理想。但是，其他学生毕竟还占比 44%，如果他们成绩较好，就不至于让总成绩如此严重低差。尤其是及格率，大多数学校、大多数学科的及格率都低于 50%，有的学校有些学科甚至低于 10%，或为 0。优生率方面，除县城 2 所重点中学稍高外，其余大多数学校的每一个学科，优生率都低于 10%，大量学校低于 5%，一些学科优生率为 0 的学校也为数不少。以上情况说明，寄宿留守儿童就读学校全体学生的学业成绩普遍严重低差。寄宿和留守等因素固然给留守儿童寄宿教育带来了消极影响，但是大多数农村学校共同面临的师资队伍、设施设备、地域环境、文化生态等，给留守儿童寄宿教育带来了更大的局限。

基于以上判断，我们认为改进留守儿童寄宿教育的核心策略是系统改善他们就读学校的办学条件、师资队伍、课程教学、学校文化等，在提升全校教育教学质量的过程中实现留守儿童寄宿教育质量的整体性提升。农村留守儿童的寄宿教育问题，是我国城乡基础教育非均衡发展的一种具体表现，要系统改进农村留守儿童寄宿教育，必须在城乡基础教育均衡与公平发展过程中全面提升农村中小学教学质量。

当然，城乡基础教育均衡与公平发展，绝不是让农村中小学师生抱着对城市教育的羡慕和崇拜，去实现对城市教育的模仿和复制。农村基础教育在多方面盲目追求城市化这一方向性错误，直接导致广大农村儿童弱化或丧失了本可茁壮成长的文化生命根基，致使大批农村学校教学质量严重低差。人民教育家陶行知先生早在 1926 年就指出：“中国向来所办的教育，完全走错了路：他教人离开乡下向城里跑，他教人吃饭不种稻，穿衣不种棉，盖房子不造林。他教人羡慕奢华，看不起务农。他教人有荒田不知开垦，有荒山不知造林……他教农夫子弟变成书呆子。他教富的变穷，穷的变得格外穷；他教强的变弱，弱的变得格外弱。”①90 多年后的今天，虽然农村教育应该顺应城镇化进程，教一部分人“离开乡下向城里跑”，陶行知先生谈论的某些具体现象也不一定存在，但是，他深刻揭示的农村教育盲目向城市看齐而导致农村儿童厌农、贱农、离农、弃农的方向性错误，依然普遍存在。

位于贵州正安县大山深处的田字格兴隆实验小学肖校长讲，农村教师拥有管理山里孩子的丰富经验，在本地民风民俗、天文地理、风景特产等方面拥有丰富课程资源，但是在现行教育体制之内“玩不转”，老师们的优势与特长无法发挥作用。“天南海北的农村学生，使用统一的国家教材，学习远离自己生活经验的文化及知识，学习长江、黄河、喜马拉雅山，学习爱祖国，学来学去，总是觉得外面的世界很美好，自己的家乡很糟糕。”②另外，当前乡村文化道德建设亟待加强，极个别人伦理价值混乱，“读书无用论”和拜金主义思想时有抬头，这对于广大农村留守儿童的健康成长而言是非常可怕的现实。

面对农村基础教育普遍存在的问题，农村中小学校必须尽快纠正发展方向，大力引导每一个农村儿童爱农、敬农、学农、兴农，全面实施乡土人本教育，培育和弘扬农村教育的个性与特长，并以此为基点，高质量地比肩城市学校，大力促进城乡基础教育均衡与公平发展。在当前不可逆转的城镇化进程中，农村基础教育必须教一部分人“向城里跑”，但要引导和支撑这些未来新市民跑得潇洒自信、坚实豪迈，起码不至于灰头土脸、狼狈不堪。当然，也必须教一部分人立足乡土，扎根农村，在快乐充实、勤劳幸福的人生历程中建设家乡，并能够与从城市主动来到农村创业的有识之士牵手合作，振兴乡村，为将来必然出现的“逆城镇化”社会发展做出贡献。

为此，农村基础教育“要运用环境里的活势力，去发展学生的活本领……

① 《陶行知教育名篇》，教育科学出版社 2006 年版，第 126 页。

② 肖诗坚：《校长札记：我的乡土人本教育观》，2019 年 7 月 6 日，见 http://www.360doc.com。

培植生活力，使学生向上长”①。农村中小学教师要充分挖掘利用乡土文化教育资源，充分肯定激发农村儿童的生命潜能，在实施语文、数学、英语等国家课程的过程中有效探索国家课程的地方化和校本化，同时开发实施富有乡土文化内涵和现代科技含量的地方课程和校本课程，培育学生的自信力、合作力、创造力和健康的体魄，提高学生的学业成绩和道德素养，真正实现对于每一个农村儿童而言都具有真实意义的教育的人本化。学校、家庭和社区要合力唤醒农村儿童的乡土之情，引导他们热爱家乡，热爱农民，感恩乡土的养育之恩，感恩祖先文化的涵养之情，让农村儿童有根基、有底蕴，支撑他们未来不管是“向城里跑”还是扎根农村，都能够自信自强、创造发展。要引导农村儿童敬爱自然，观察探索花草虫鸟、田野溪流，感悟体验寰宇浩瀚、天地大美，培养对自然的敬畏心、呵护心及探索心，学会与万物和谐共生。要教导农村儿童懂得自我生命及一切生命都具有各自的宝贵性、唯一性和平等性，引导他们主动接受淳朴厚重的乡土文化的熏染而拓展生命的厚度与宽度，快乐沐浴祖先传统智慧和新时代春风而茁壮成长。

二、大力增强留守儿童寄宿学校的主动担当

10 多年以来，各地农村寄宿制学校在应对和解决留守儿童教育问题方面被各级政府和社会各界给予厚望，国家财力物力投入极为巨大。为解决农村留守儿童教育问题，广大农村中小学，尤其是寄宿制学校也付出艰巨努力，取得了较大成效。比如，截至 2010 年重庆市累计投入 68 亿元，建成农村寄宿制学校 2080 所。其中，2010 年累计投入 17.1 亿元，完成寄宿制学校建设 480 所，修建校舍面积 93.7 万平方米（教学类用房 36.8 万平方米，宿舍和食堂 52.3 万平方米，其他类用房 4.6 万平方米），惠及在校农村留守儿童 20.7 万

① 《陶行知教育名篇》，教育科学出版社 2006 年版，第 126 页。

人，其中寄宿留守儿童14.1万人。①

2011年12月，全国农村留守儿童工作经验交流现场会在重庆召开，与会领导和代表充分肯定了重庆在探索解决留守儿童教育问题方面取得的显著成效。在此前后，重庆市大部分区县掀起了农村寄宿制学校建设及其办学条件持续改善的高潮。比如，仅长寿区2010—2012年度就投入资金12693.52万元，建成20个寄宿制工程项目，提供了8056个床位（见表6-8）。

表6-8 重庆市长寿区2010—2012年度寄宿制学校建设情况统计表②

项目名称	实际投资/万元	建成校舍/平方米	床位/个	食堂设备/台、件
葛兰镇中心校一分部寄宿制工程	728.85	4302.05	640	1375
双龙镇中心小学校寄宿制工程	551.77	3951.56	576	1375
八颗镇初级中学校寄宿制工程	409.77	2276.25	192	308
长寿湖九年制学校寄宿制工程	502.07	3120.13	336	448
长寿区职业教育中心寄宿制工程	558.53	4065.48	960	—
八颗镇中心小学校寄宿制工程	572.31	2620.39	336	233
海棠镇中心小学校寄宿制工程	938.41	4854.41	880	730
洪湖镇实验小学校寄宿制工程	722.87	2616.32	336	178
龙河镇实验小学校寄宿制工程	706.87	2244.26	264	273
新市镇实验小学校寄宿制工程	590.33	2189.69	192	273
邻封镇中心小学校寄宿制工程	659.51	2159.69	224	298
葛兰镇初级中学校寄宿制工程	577.11	2242.86	264	373
龙河镇实验中学校寄宿制工程	609.43	3120.39	448	380
八颗镇付何初级中学寄宿制工程	513.71	2242.86	264	308
海棠镇初级中学寄宿制工程	304.30	1466.14	—	982
万顺镇中心小学校寄宿制工程	604.82	2620.39	336	298

① 数据来源：重庆市教育委员会相关处室。

② 数据来源：重庆市长寿区教育委员会计财科。

续表

项目名称	实际投资/万元	建成校舍/平方米	床位/个	食堂设备/台、件
云台镇中心小学校寄宿制工程	891.41	4302.05	720	685
云集镇中心小学校寄宿制工程	612.27	2159.69	224	248
石堰镇初级中学校寄宿制工程	1060.19	4864.37	864	783
长寿湖镇石回九年制学校寄宿制工程	579.01	2159.69	—	189
合计	12693.52	59578.67	8056	9737

2016年，重庆市再次在全国会议上交流农村留守儿童教育关爱经验，受到与会领导和代表的高度肯定。在此前后，重庆市农村寄宿制学校建设工程一直在大力推进。比如，仅长寿区2016年寄宿制学校学生公寓就配置有床位31996个、学习桌椅7613位、储物柜5493套、电风扇16671台（见表6-9）。

表6-9　重庆市长寿区2016年寄宿制学校学生公寓设施配置情况统计表①

学校名称	床位/个	学习桌椅/位	储物柜/套	电风扇/台
长寿实验中学校	1952	564	440	1120
长寿中学校	2880	680	430	1340
长寿川维中学校	2160	800	632	830
长寿第一中学校	1752	560	289	880
长寿二中	1072	480	256	860
长寿葛兰中学校	960	343	260	556
龙溪中学	880	88	80	380
长寿双龙中学校	1034	476	400	680
重庆市医药学校	2308	600	340	1022
葛兰镇初级中学校	296	40	40	102
新市中学	435	60	48	280

① 数据来源：重庆市长寿区教育委员会计财科。

续表

学校名称	床位/个	学习桌椅/位	储物柜/套	电风扇/台
龙河镇中学	416	80	82	240
石堰镇初级中学校	1248	360	188	480
长寿区云台中学校	715	80	82	390
海棠初级中学	918	240	135	424
大洪河中学	512	68	60	300
万顺中学	320	112	128	428
长寿区八颗镇中学	285	108	109	320
长寿湖中学	384	68	102	312
云集镇中学	66	36	38	126
付何中学	378	88	92	258
江南九年制学校	604	242	136	368
但渡九年制学校	176	44	44	156
长寿湖九年制学校	384	88	40	312
石回九年制学校	200	22	26	126
黄葛九年制学校	420	60	40	266
飞龙九年制学校	176	40	28	126
葛兰中心校一分部	514	80	86	298
新市镇实验小学	150	44	42	124
邻封镇中心小学校	188	40	40	142
双龙镇中心小学校	496	98	120	235
龙河镇乐温小学	124	12	18	122
龙河镇实验小学	328	68	70	236
龙河镇中心小学	320	64	72	128
石堰镇中心小学校	958	58	58	326
石堰镇兴隆小学校	214	22	26	184
云台镇中心小学校	800	86	80	386
长寿区海棠镇中心校	760	46	52	356
洪湖中心校	528	28	30	156
洪湖镇称沱小学校	130	14	28	124
三合小学	96	30	20	128

续表

学校名称	床位/个	学习桌椅/位	储物柜/套	电风扇/台
洪湖镇文化艺术学校	61	4	6	12
万顺中心校	288	28	22	64
万顺白鹤林小学	60	20	18	30
八颗中心校	334	80	44	266
云集镇中心小学校	204	28	28	64
长寿特校	12	16	8	28
行知学校	2500	320	80	580
合计	31996	7613	5493	16671

2016 年 7 月以来，本书课题组在我国中西部农村地区调研发现绝大多数农村寄宿制学校的校舍场地、设施设备等硬件较 10 年以前，都发生了翻天覆地的变化。2018 年，国家进一步明确，办好农村寄宿制学校“是实施科教兴国战略、加快教育现代化的重要任务，是实施乡村振兴战略、推进城乡基本公共服务均等化的基本要求，是打赢教育脱贫攻坚战、全面建成小康社会的有力举措”①。同时，针对留守儿童寄宿教育，国家要求：“充分发挥寄宿制学校全天候育人和农村教育资源的独特优势，合理安排学生在校时间，统筹课堂教学、实践活动、校园文化、学校管理，积极开展丰富多彩的综合实践和校园文化活动……进一步完善农村留守儿童教育关爱体系……切实加强对留守儿童受教育全过程的管理，优先满足他们的寄宿需求……使乡镇寄宿制学校真正成为促进孩子们身心健康成长的重要阵地。”②

然而，令人遗憾的是，农村留守儿童寄宿的大批农村学校软件建设的速度

① 国务院办公厅:《关于全面加强乡村小规模学校和乡镇寄宿制学校建设的指导意见》(国办发〔2018〕27 号)。

② 国务院办公厅:《关于全面加强乡村小规模学校和乡镇寄宿制学校建设的指导意见》(国办发〔2018〕27 号)。

远远不及硬件改善的速度，教育教学质量现状与国家的要求存在巨大差距。本书课题组前期研究发现，农村学校对留守儿童教育关爱工作的热情下降，尤其是寄宿制学校在多年的坚持后，相关工作已经处于比较疲软的状态。① 通观本书呈现的多位寄宿留守儿童的教育故事，也发现大量寄宿制学校的教育工作存在严重缺位。前述 V 县绝大多数初中学校教学质量严重低差的状况也说明，大量农村寄宿制学校的担当精神和履责情况令人担忧。

2017 年 1 月，我们在 V 县调研寄宿留守儿童小均发现，他就读的小学在提升教育教学质量方面尚存巨大努力空间。该校学生作息时间与本章第一节所述小梁同学就读的松峰小学作息时间（见表 6-1）极为类似，课外活动、早晚自习合计 160 分钟。在这些时间段，学生往往无所事事，或者只能机械地读书、写作业，大多数学生处于“放羊”状态。课间操、扫除、午休、早餐几个时间段，学生也有大半时间无所事事。这些情况导致学校大量寄宿留守儿童的童年与梦想都处于无奈的“寄宿”状态。

问及寄宿留守儿童的日常学习生活，小均讲：

> 其实我也没什么好说的，每天都是做那些事。每天都是上课，做作业，吃饭，睡觉。②
>
> 我们每天早上 6:20 起床，然后做早操；7 点到 7:30 上早自习，7:30 到 8:30 吃早餐。我们每次吃饭都是我们自己去排队，吃完了我们就自己洗碗，洗碗的地方就在我们食堂旁边，我们吃不完的饭都倒在垃圾桶里。
>
> 我们的早饭每周星期一都不一样，有这样那样的。星期二和星期四基本都是面条。星期三是米粉。星期五是饺子。每天中午的饭

① 参见本书“绪论”第一节。

② 为了充分保留受访者提供的有关留守儿童寄宿教育的各种信息，在不影响阅读理解的前提下，尽可能采用访谈实录。其中保留了部分重复或有语病的地方，以便读者更好判断受访者的素质能力和所讲信息的真实性。下同。

都是差不多的，有时候好吃，有时候不好吃。好吃的时候我就吃很多，不好吃的时候我就吃一点点儿，然后倒了。

我们每学期的生活费是在开学的时候交给了学校，我们直接去吃就行了。我每周有5块钱的零用钱，我们星期一到星期五不允许出校门，只能在学校吃。我就是星期天去学校的时候和星期五放学回来的时候在外面买些吃的。我最喜欢吃有一家的包子、馒头。

我们吃早饭的时候就有老师检查寝室卫生，如果地面没扫干净，就要室长重新安排人扫干净。我们老师是看哪个人最高，就选哪个当室长；我是我们寝室最高的，所以，老师就让我当室长了。我们寝室同学都很贪玩，有时候也会有人吵架。值周老师检查卫生的时候，要是我们被子没弄好，老师就会帮我们重新叠好。

我们每天都是8:30上课，下课了，我要么在教室做作业，要么就是在走廊上和他们一起耍。我和男生一起玩，我们班女生自己耍自己的，有些时候我们会和女生一起耍。开学这一个月，有五次作业我都做完、做对了，我没有被打。我们语文老师凶死了，作业做不对，就把人拉过来打。

我们老师上课都是用电脑。我最喜欢的就是体育课，因为体育老师不管我们。上课了，喜欢打球的就打球，不喜欢打球的就玩。有的是打篮球，有的踢足球。我就是喜欢去踢足球的，我脚上力气特别大。我们学校有足球队，我参加了那个足球队。

中午12:30我们吃饭，然后就回寝室睡觉。我一般都是在教室做作业，要么就在操场耍，和别人一起玩游戏。不过，有时候会被老师追着去睡觉。我们每天中午必须回寝室睡觉，要是到时间还没回去睡，老师看到了就要惩罚。

下午上课是从2:00到3:30，放学了就大扫除。我们放下午学的那段时间，我都是先去操场踢足球，然后吃饭，然后又去踢足球。

要是有作业,我就把饭吃了去做作业。他们那些都是一下课就去吃饭,我和我朋友都是先耍会儿了,才去吃饭。

上晚自习是7:00到7:50,有老师去看着我们,都是寄宿生才有晚自习,有的走读生离学校近的也来上。晚自习我们都是自己做作业,看书。有时候老师会讲作业。我要是作业做完了,晚自习就一直耍。有时候,我会把作业留在晚自习才做。

晚自习下了,我们就回寝室洗脸、刷牙、洗脚、睡觉。我们睡觉的时候又不敢和别人聊天,我是室长就更不敢和别人聊天了。每天晚上都有值周老师查寝,要是有同学没睡觉就会被罚站操场。我们寝室有26个人,有的是两个人睡一张床,有的是一个人睡一张床。我是一个人睡一张床,我最不喜欢和李力一起睡了。和他一起睡,他总是动过去动过来的,第二天早上起来被子都不晓得去哪了。我还是喜欢一个人睡。我们一周在学校不洗澡,回家了以后再洗,因为学校没得洗澡的地方。我们寝室张鑫最爱流尿,棉絮都打湿完了,臭烘烘的,我们都不去他床上耍。他流尿了我们给班主任说,班主任就给他爸爸妈妈打电话说。结果,他爸爸妈妈在外头打工没管他的。班主任就叫他自己把棉絮弄出来放在乒乓台上晒一下,他又不听,不弄出来晒。他也不爱干净,给他说什么他总是不听。该他打扫卫生了,他不打扫,我给他说了,他还使劲朝我吼。我就去告诉老师,他还是有点害怕。

我们经常玩一些游戏。我们还编了一个笑话,很搞笑。是这样说的:我和你一起去抢银行,你抢金,我抢银,不知谁拨了110。我从后门逃走了,你从前门被捕了。我在家里吃馒头,你在牢里吃拳头;我在家里吃鸡腿,你在牢里吃飞腿;我在家里吃冰棍,你在牢里吃电棍;我在家里吃红薯,你在牢里吃老鼠;我在家里听曲子,你在牢里挨鞭子;我在家里吃瓜子,你在牢里吃枪子。

> 我们寝室也有人打架。前几天学校一个六年级的打我们四年级有个叫小东的同学，把他颈子都差点掐断了，小东当时就说不出话来了。现在小东说话有点沙哑，六年级那个人还在家里没有来上课，他们班主任叫他回去反省。我们班的人不敢打架，要是打，刘老师就拿很大的棍子来打屁股。
>
> 有一次，我有5块钱被偷了。我猜是小强偷了我的钱，因为他每周没得好多钱，而且穿得也有点烂，我们寝室的人都不喜欢他。但是，我没有告诉老师，也没有找他要。以后，我都把我的钱放在身上，钱就没有掉过了。

小均的以上讲述，本书课题组通过他的老师、同学进行了核实。本书课题组认为，小均寄宿的学校达到了国家有关文件①的保底性要求，比如学校有教职工值班制度、学生宿舍安全有人管理等。但是，透过这个普通学生“每天上课，做作业，吃饭，睡觉”的日常学习生活，以及他和同伴编唱灰色童谣等情况，我们可以看到学校在寄宿留守儿童思想教育、学习指导、体育锻炼、食宿管理等方面都存在很大努力空间。

2017年1月，我们在V县另一所学校调研寄宿留守儿童小衡发现，他就读的学校也不容乐观。第一次去学校，看见很多学生正趴在乒乓球台上吃饭，大多戴着红领巾，衣服都很脏。走进食堂，发现里面很暗，只有一颗电灯泡发出微弱的光，地面潮湿，好几扇窗户被遮挡着。里面就餐的学生看到我们感觉很惊讶，他们一直看着我们，想主动亲近，又退缩了。大多数学生三三两两围着桌子吃饭，也有个别独自一桌。所有桌子都很脏，整个食堂拥挤不堪。

我们找到小衡时，他正和同学坐在食堂一角最昏暗的地方吃饭。我们喊他，他端着饭碗走过来，其他不认识我们的学生也跟着过来了。我们询问小衡，他们都争先恐后地回答。所有孩子吃的东西几乎一模一样，米饭里泡着菜

---

① 如《国务院关于加强农村留守儿童关爱保护工作的意见》（国发〔2016〕13号）。

汤,黑乎乎的。问他们饭好吃吗,他们异口同声回答:“好吃!”

食堂里面除了吃饭的学生和我们,没有其他人,煮饭、打菜的阿姨和管理的教师都不知去向。两个刚打完菜的大盆子,黑黑的,其中一个倒扣在地板上。洗碗的地方在食堂旁边,我们跟着小衡走到那里。他把一大碗没吃完的饭倒进围着篱笆的大塑料桶,桶里已经有大半桶和他们碗里一模一样的东西。我们看到孩子们都是自己洗碗,自来水乱溅,打湿了大多数学生的衣襟。不少学生手和脸被冻得发红,个别学生穿的衣服很少,有两三个学生冷得全身发抖。

小衡洗完碗,把碗放回寝室后,我们和他在校园溜达了几圈。他告诉我们,刚才有个冷得全身发抖的同学,家里很穷,爸爸妈妈都打工去了。“他很讨厌!很烦人!每次都没得人和他一路去吃饭,他都是一个人耍。他们老师经常把他留在教室让他补作业。他们寝室的人都不喜欢他。他也不爱干净,脸上脏得很。老师说他,他也不听。”

第二次去学校调研是次周星期五的12:40。和第一次一样,看到很多学生趴在乒乓球台上吃饭。我们直奔食堂,发现里面的情况和上周基本相同。我们找了好几圈也没找到小衡。他的同学告诉我们,小衡没来食堂吃饭。后来找到小衡的时候,他正跪在教室外走廊边的铁栏杆旁玩。问他为什么不去吃饭。他说:“我不去吃,我不想吃,我不饿,食堂的饭不好吃。”我们不解地问:“你上次不是说好吃吗?为什么现在又说不好吃?”他答:“上次是骗你们的。”

我们调研的其他众多寄宿制小学的情况与小衡就读学校大同小异。我们深感这些学校在改善寄宿留守儿童食宿条件、加强生活自理教育等方面亟待努力。我们也访问过一批农村中学的寄宿留守儿童,其中小菲同学的话语比较具有代表性。她说:“寝室的环境怎么样啊?很一般般。寝室是新修的,照说条件还可以吧,不过实在说不上舒服!十几个人住在一起,臭死了。有几个女生还不讲个人卫生,每天晚上睡都睡不好,而且我们寝室晚上还有强盗。还有我们寝室那个卫生间，每次刷牙洗澡挤死了，热水还要自己拿个暖水瓶去接水，人又多，每次时间又不够。我真是见不得那个学校，熄灯那么快，每次都是……有几次因为这些事情，她们还差点儿打起来，都闹到班主任那里去了。”

小菲长得比较胖，但脸色苍白，说话时，嘴唇不时一撇，眼里全是嫌弃和不满。她的话可能略有夸张，也不乏偏激，而一位小学老师的话就比较客观了："学校哪有条件天天洗澡哟？这些寄宿留守儿童，都是一周才回去换洗一次衣服，衣服能够换洗就不得了了。在学校一周下来，衣服裤子脏得要死，特别是那些爱打爱跳的，爱在地上滚过去滚过来的，有时候我们看到真是焦麻了。听话的嘛，你说下他还听，不听话的就没得法了。我们老师又不是他屋头的大人，他不听话，我们还敢打他骂他吗？这些娃儿这么小就来寄宿，看起也真是可怜！特别是冬天，一天又没得火烤，冷得发抖。”

我们了解到，不少学校，即使是高寒山区学校，寝室都没有取暖设施。空调、暖风机没有经费配置，烤火盆不敢用，害怕煤气中毒。有学生告诉我们："在学校没有火烤，只能冻着，脚趾和手上全都长满了冻疮。"一些学校，学生夏天也不能洗澡，不能换洗衣服，寝室卫生问题极为严重。在一所寄宿制小学，学生告诉我们："寝室就是臭！特别是有的人身上很臭！有的人喜欢买麻辣小吃在寝室吃，弄得整个寝室都特别臭！老师不准我们买零食在寝室吃，但是很多人都偷偷地买进去吃。"这种情况，另有学校也存在。

寝室简陋且管理不善对寄宿留守儿童身体健康影响较大。一位小学寄宿留守儿童讲："我们寝室同学多，大家身上都长了疮，皮肤病，我也长过，痒得很，还长了很长时间。在学校的时候没人带我去医院，是回家后，外婆去给我买药搽，后来就好了。"另一位学生讲："我们班小兴手长冻疮都化脓了，爷爷也不管。每天衣服都是脏兮兮的。"还有学生讲："我们经常感冒，冬天晚上天天有人咳嗽，吵得所有人都睡不着觉。大家感冒一个接一个，好像做扫除轮流值日一样。"

食宿条件亟待改善,大量学生急需加强心理关怀,农村寄宿制学校必须增强主动担当。比如,本章第二节所述初中女生秋橙。无论她生活上的一窍不通,还是学习上的得过且过,老师都无可奈何或漠然视之,认为她只要在校期间不出什么大的"幺蛾子"就好。秋橙讲,一学期下来,大多数老师都没和她单独说过几句话。在农村寄宿制中小学,与秋橙有着类似情况的寄宿留守儿童绝非个别。

针对寄宿留守儿童学业发展、食宿改善、心理保健等方面存在的问题困难,我们建议各级教育行政部门,在国务院有关文件要求民政部门牵头主管留守儿童关爱保护工作的背景下,依然要严格考评督导寄宿制学校,增强留守儿童寄宿学校的主动担当。原则上,必须进一步落实教育部等五部门要求①,加强留守儿童寄宿教育全程管理,将留守儿童关爱教育纳入教师培训课程,重点提高班主任的相关意识和能力。加强留守儿童心理健康教育,主动回应他们的学习生活诉求,避免将留守儿童标签化、污名化。加强留守儿童法制安全教育,增强留守儿童自救自护、应急避险能力,保障学生人身安全。加强家校联动共育工作,对留守儿童家长、监护人实施有效的家庭教育指导服务,积极开发实施课外活动特色课程,努力谋求农村寄宿制学校的整体性治理。

针对农村寄宿制学校教学质量大面积严重低差的现实,各地必须严格执行中央文件②,落实政府责任,加强督导检查。各级教育行政部门与纪检监察机构,要依据相关法律法规,建立健全严肃严格的问责机制。调研发现,重庆市彭水苗族土家族自治县 2017 年 6 月开始试行义务教育学校教学质量底线管理考核,这对于中西部边远贫困地区、民族地区大力增强留守儿童寄宿学校的主动担当,全面提高教育教学质量具有较好借鉴意义。

---

① 参见教育部等五部门:《关于加强义务教育阶段农村留守儿童关爱和教育工作的意见》(教基一〔2013〕1 号)。

② 如国务院办公厅:《关于全面加强乡村小规模学校和乡镇寄宿制学校建设的指导意见》(国办发〔2018〕27 号)。

彭水县此项工作的考核对象为全县义务教育阶段学校（含高完中初中部）学科教师，各单设中学、完小、独立法人小学的校级干部。考核依据是县级或校级统一组织的小学、初中期末考试成绩。该办法规定的小学期末考试成绩的底线要求是：学科平均分不得低于最高分的 70%，即以全县年级学科平均分最高的学校或班级为标准，低于 70%的学科视为未达到底线要求。初中的底线要求是：数学、英语、物理和化学等学科平均分不得低于最高分的 60%；语文、思想品德、历史、生物和地理等学科平均分不得低于最高分的 70%。

未达到以上要求的教师或学校，将根据成绩的具体情况受到两个层次的问责处理。其中，对教师的处罚包括：参加由县教师进修校集中组织的一周以上的自费业务学习培训；根据所任班级或学科多少，按每班每科 2000 元的标准，在当年奖励性绩效工资中扣除，直至扣完为止；不发当年奖励性绩效工资；在职称聘用时降低一个档次聘用。对校领导的处罚包括：参加由县教师进修校集中组织的一周以上的自费业务学习培训；扣发校长奖励性绩效工资 2000 元，其他校级管理干部（书记、副书记、副校长）扣发 1000 元；对校级干部进行轮岗、交流或调整（彭水县教委，2017）。

彭水县位于重庆市东南部，面积 3903 平方公里，辖 3 个街道、18 个镇、18 个乡，户籍人口 70 万，属于典型的边远、贫困、民族地区。该县寄宿留守儿童群体规模巨大，留守儿童寄宿学校教学质量整体低差。为贯彻落实《重庆市义务教育学校教育质量标准》，较好保证大量寄宿留守儿童能够享受公平而有质量的义务教育，县里出台以上办法并严格执行。办法制定期间，有关部门对其可能产生的不利影响进行了充分论证。人们最大担心是该办法可能导致学生学业负担大幅度增加。但是，通过讨论，大家认识到：彭水县作为民族自治县，因为地理位置和经济条件差，留守儿童群体规模大，绝大多数中小学生不可能拥有重庆市主城区和其他一些相对发达区县城区学生的补课机会，他们的学业负担不是重了，而是需要适度增加。所以，上述办法后来由彭水县人民代表大会审议通过①并由县教委正式发文开始试行，目前积极作用正在逐渐显现。本书课题组认为，该办法遵循实事求是、因地制宜的原则，在寄宿农村留守儿童群体规模较大的边远贫困地区具有较大推广价值。比如，重庆市城口县、巫溪县、巫山县、奉节县、云阳县、开州区、万州区、忠县、丰都县、石柱县、黔江区、武隆区、酉阳县、秀山县，以及贵州省桐梓县、正安县、务川县等地都可推广。

当然，为了促进学校和教师的主动担当，各级教育行政部门或纪检监察机构对留守儿童寄宿学校教育教学质量严重低差状况进行督察问责并不是最佳策略。严格的考核要与有效的培训密切结合才可能取得成效。上级考核的依据虽然是学生的考试成绩，但必须鼓励和支持每一位教师在积极促进学生全面发展的过程中通过激发学生的主体精神来提高成绩。每一位教师不能一味死盯学生的成绩，而要增强使命感和担当精神，充分利用乡土教育资源实施课程与教学改革，因地制宜、因校制宜、因班制宜地开展创造性教育教学工作。这是全面提高留守儿童寄宿学校教学质量最可靠的路径。调研发现，彭水县普子镇中学在这方面有较好探索，可供同类学校积极参考。

普子镇中学距县城 54 公里，处于经济落后的边远山区，学校留守儿童占比接近 90%，其中约 80%寄宿。但是，这所普普通通的农村寄宿制中学教学质量出类拔萃。近年，以寄宿留守儿童为主体的学生参加彭水县期末统考和重庆市中考的成绩在县里十多所同类学校中名列前茅。学校生源极差，但学生每年进步很大，在彭水县学生学业发展增量评估排序中，普子镇中学一直名列前茅，甚至超过了县城重点中学。因为学习风气浓厚，大多数留守儿童一心扑在学习上，所以其他学校广泛存在的寄宿留守儿童教育的系列特殊问题，如就餐秩序混乱、寝室脏乱差、心理困惑严重、早恋现象突出等，该校基本不存在。普子镇中学成功实施留守儿童寄宿教育的秘诀在于全校上下大力增强了

① 本书课题组未能得到彭水县人民代表大会相关文件证实。

责任担当。①

首先,学校行政领导率先垂范,积极作为,全心全意为全校老师服务。学校远离县城,学校行政班子想方设法创造条件保障每一位教师的周转住房和在校饮食,教师能够心无杂念,长期住校,与学生共同生活。饮食方面,教师每餐5元可以确保吃饱吃好。住宿方面,教师每月缴纳50—90元房租,可以安享25—30平方米的配套公寓式住房。评职晋级方面,学校科学制定方案,追求公开透明、公平公正,教师完全可以依据方案自己申请、自己算分、自己确定上与下。学校实行人性化管理,每位教师每学年可以无条件享受一次两天以内的事假。任何教师只要有调动高升的机会,学校绝不阻拦,相反会多方创造条件,支持教师快速成长。2019年8月,普子镇中学教导处冉主任讲,全校教师调往县城、重庆市主城等地任教,或转行到其他部门工作的,近5年总数已有90多位,与全校教师总量基本持平,但并未影响学校教学质量。

其次,全校教师积极奉献,不计付出,全心全意为全体学生服务。在普子镇中学,几乎每一位教师都会争先恐后地为因公、因私、因病请假的教师代课,与其他同类学校大量存在的推诿拒绝现象截然相反。冉主任讲,不是老师们想挣代课工资,而是愿意付出,想上课,喜欢上课。普子镇中学全校教师都乐于付出,特别是班主任。每周日学生返校,其他很多学校是晚上6—9点,但普子中学是下午2点。班主任老师提前到校,绝不收取学生任何费用,完全是义务工作,检查督导学生周末课外作业。也有任课老师利用这个时间组织学生集中进行月考或单元考试。平时,只要有一技之长的老师,都会积极主动地担任学生社团教练工作,促进学生全面发展。另外,初一新生报到时间,其他学校每年都是开学前1—2天,而普子镇中学每年都会提前一周,班主任、体育教师、生活教师提前上班,对新生开展类似于军训的常规教育。寄宿留守儿

① 该校寄宿农村留守儿童教育具体情况请参见本书第十章第一节之三:三义乡初中留守儿童寄宿教育现状与成效。

童出操、清理寝室和个人卫生、排队取餐、有序就餐、早晚自习等方面良好习惯,以及小学、初中学习内容与方法的衔接过渡,都是这一周教育内容的重点。

再次,学校教育教学管理规章制度健全,执行有力。比如,普子镇中学对教学常规的督查严格落实。教案设计、作业批改、学生辅导等都有严格的检查标准。学生评教每学期都会按时、有序进行。全体教师除上课时间之外,每天必须安排两节课在办公室坐班处理教育教学工作,并一律纳入课表,严格考勤,方便师生之间和教师之间定时有效沟通。教研活动方面,集体教研活动的个人出勤,以及教研组的年度考核结果,一律与教师专业工作考核和绩效工资分配紧密挂钩。新教师培养方面,学校更是严格执行规章制度,加强培养力度,使新教师在较短时间内能够担当重任,掌握较强的教学技能,传承学校优秀的教学、教研文化。

第七章　农村留守儿童寄宿教育个案小学研究

栖凤山小学是我国西南偏远贫困山区一所规模较大的乡镇中心小学。本书课题组大面积田野调查发现，在地势平坦、耕种条件较好、传统农业比较发达的平原或浅丘农村地区，人口往往比较稠密，乡镇小学及其所属村校一般都能较好满足适龄儿童就近入学，在校寄宿的小学留守儿童很少。而偏远贫困山区，地广人稀，交通不便，乡镇中心小学必须举办寄宿教育才能基本满足当地大量留守儿童的入学需求，栖凤山小学就是这样一所学校。本章将从留守儿童寄宿教育管理者、实施者、接受者、旁观者和研究者的多重视角深度透视栖凤山小学这一“理想类型”个案，以较好探究农村小学留守儿童寄宿教育的问题困难与应对措施。

第一节　对学校两位主要管理者的访谈调查

一、校长讲述学校概况与教育特色

栖凤山小学群山环抱，学校旁边流水潺潺，教室窗外随时都可能传来牛、羊、猪、狗的叫声。如果撇开经济条件不说，这里还真是一块风水宝地，像世外桃源。校舍虽然老旧朴素，但比较雅致，有书香味。栖凤山小学所在县是国家级贫困县，栖凤山小学远离县城，处于两省三县交界处，自然不可能有大量建设经费投入，所以老旧一些也只能将就。学校建于 1941 年，历史悠久，为本乡甚至全县全国培养了不少人才。校园占地面积近两万平方米，建筑面积近一万平方米。2013 年，借助全省农村薄弱学校改造机会，修建新校门和古色古香的风雨廊桥，整理后山植物园，校园书香味就更浓了。

学校主要服务 9 个行政村，有中心校 1 所，村小 3 所。村小和中心校一共 29 个教学班，教师 86 人，学生接近 1500 人。其中，小学生 1100 多人，21 个教学班；学前幼儿 300 多人，8 个班。学生当中，留守儿童接近 1200 名，约占学生总数的 80%。学生到中心校上学普遍较远，个别学生要走大约 5 个小时山路，所以中心校的寄宿学生超过了在校学生总数的 70%。村小没有寄宿学生，一是没有住宿条件，二是学生离家相对较近，没有必要寄宿。除周末、寒暑假外，中心校寄宿的孩子基本上都生活在学校。他们的学习就靠教师引导，吃、穿、住就靠学校照顾。所以，学校责任重大，办得不好，就断绝了这些孩子走出大山的希望。

学校多数学生家庭条件都不太好，他们的家大多处于高山坡地或深山河谷两边。这些家庭虽然享受国家扶贫政策解决了温饱问题，但经济收入普遍很低，个别家庭还住着非常陈旧的房屋。学校服务的 9 个行政村当中，风头村条件最艰苦。离开场镇到村里，首先要走大约 3 公里沥青路，接下来就是上山的土公路，弯弯曲曲，坑坑洼洼，接近 20 公里。天晴有面包车、农用车、摩托车载人上山进村，下雨则只能坐摩托车出入。路面的积水和淤泥随时可能溅到身上，陡坡路段必须下车推着摩托车步行。如果久雨或大雨，车技再好的人也不敢骑着摩托上路。这时如果有急事必须进出村子，一般只能全程步行。

学校一至六年级都有寄宿留守儿童，学前班的个别孩子也住在学校。一部分孩子过着哥哥带弟弟、姐姐带妹妹的独特的校园生活。他们每天有 4 至 5 小时的玩耍时间，加上留守孩子性格比较野，家庭教育缺失，我们得想方设法让他们文雅一些，学的东西多一点。于是，学校建立了以书法为主，以美术、课外阅读等兴趣活动为辅的特色课程体系。我们将中国传统书法与现代教育结合起来，把书法艺术的精髓融入教育全过程之中，陶冶寄宿留守儿童的情操，培养他们的良好行为习惯，强化各方面的礼仪教育。当然，我们还针对留守儿童寄宿教育，开展了大量专门活动。学校大队辅导员也是留守儿童工作办公室主任，她会详细讲述这些方面的情况。

全校教育的特色是书法教育，学校倡导练字就是养心。字如其人，点画之间可见人的品性。学生练字，一点一画，一横一竖，在反复书写中陶冶自我，可以磨炼端庄刚直的品德，陶冶高雅朴素的情趣。练字养心，可以涵养善之心、真之心、美之心。引导寄宿留守儿童练字养心，还可以涵养感恩之心、友爱之心、梦想之心，培养他们的专注之态、入定之力、坚持之志。

学校教育特色除了练字养心之外，还特别强调雅言雅行。要求寄宿留守儿童注意个人言行，把书法的文雅气质融入日常行为，落实礼仪特色教育，形成文雅校风。我们期待每一位学生崇尚道德，情致优雅，志趣高远，言语礼貌，互助互爱，创造其乐融融的住校学习与生活环境。学校有《"雅言雅行"准则》，规定了一系列上学礼仪。比如，按时到校，因故不能到校，要向班主任请假；上学要穿戴整洁。对上课礼仪，也有规定。比如，上课铃声一响，要快速坐好，安静等待老师来上课；上课专心听讲，敢于提问，大胆发表自己的意见；自习课保持认真，按照老师布置的任务自学，老师不在时由班长负责组织监督。

学校也规定了升旗集会和其他集体活动的礼仪。比如，参加升国旗仪式要衣着整洁，脱帽肃立，行队礼，不能走动或东张西望；参加各项集会活动，必须准时到达，服从指挥，该鼓掌时要热情鼓掌。我们规定课间活动礼仪，要求不追逐打闹，不踢球，不参加剧烈活动，不出校门，天天认真做眼保健操、广播操，出操要迅速，靠右行走，不大声喧哗，排队整齐、肃静。

学校规定学生日常生活要严格自律，不沉迷于手机、电视、网络游戏，养成写生活日记的习惯，合理使用零花钱，初步养成理财意识。要能使用礼貌用语，如请、您、您好、谢谢、对不起、没关系、再见等。要爱护学校教育教学设施设备和花草树木，节约水和电。上学往返学校要高度注意交通安全，不能坐“三无”车辆，不骑自行车，不在公路上逗留玩耍。校内外都不玩火、不玩电，不玩危险刀具，不做危险游戏。发生意外伤害事故，必须及时报告师长，寻求支援。

对于家庭生活礼仪，学校还有特别规定。实事求是地说，学校规定很细，对学生应该有约束和引导作用，但是，实际效果不一定好。因为规定只是规定，要落实到行动上，还需要教师、家长持之以恒地教育，而现在寄宿留守儿童最缺少的就是家庭教育。学校和老师的作用很大，但毕竟有限。我们规定学生不随地吐痰、扔弃瓜皮果壳，要爱护绿化，不攀摘花草树木，人多时要学会礼让、不拥挤，不大声喧哗打闹，学生在校寄宿期间就往往做不到，尤其是没有老师盯着的时候。在就餐礼仪方面，因为有专门的教师值班，所以学生做得较好，吃饭时不大声喧哗，排队打餐之后就迅速到各自的座位就餐，也比较节约粮食，不随处倒饭，不剩饭剩菜，吃多少，打多少。

学校要求学生尊师，因为直接与老师相处，学生礼仪行为还不错，比如进办公室喊报告，经老师同意才能进去，未经教师同意，不随便翻阅试卷、作业本等。在校内或上下楼梯与老师相遇时，绝大多数同学也能主动向老师问好。但是，学生的个人卫生和文明用语习惯，就不尽如人意了。要求他们穿戴整洁，每天早晚刷牙，饭前便后洗手、吃东西前洗手，不讲土话、脏话和粗话，大多学生都做得很不够。

学校感到很自豪的是书法教育特色。学校领导班子高度重视，成立“书法教育”特色建设领导班子，由校长任组长，亲自抓，副校长为副组长，直接负责各项工作的具体落实。学校分年段组建书法教育特色教师队伍。制订《书法教育特色创建方案》，完善特色创建考核评价制度，做到“六保证”：时间保证、教材保证、场地保证、活动保证、质量保证、经费保证。为了适应学生年龄特点，遵循书法的训练规律，我们精心设计书法教材，编写一至六年级校本教材，不同年级设计的训练内容不同，免费为各年级学生印制教材，保证教材人手一本。学习书法贵在坚持，学校把书法课排入课表，根据教材编制书法测试卷，每期测试书法教学效果，作为指导教师工作绩效的考核内容。全校学生每天中午坚持30分钟的硬笔书法训练，学生在优美的音乐中，享受着书写的快乐。教师晚上无偿给寄宿留守儿童指导1个小时，丰富他们的课余生活，培养兴趣特长。

学校还编排书法韵律体操，创造性地将书法和体操相结合，编出名为“笔舞墨海”的书法操在全校推广，成为学校一道亮丽的风景线。这套书法操轻重有度，缓急有节，刚柔并济，使学生放松身心、舒缓压力、活动筋骨、增强体质，效果很好。为了赢得全社会的支持，学校努力营造氛围，加大宣传力度，邀请学生家长、乡里的书法爱好者，每学期举行一次室外书法现场大赛活动。在优美的乐曲声中，几百名学生在家长和社会贤达人士陪伴下，在操场上即兴创作，交流切磋，充分享受书法艺术带来的乐趣。寒假即将到来时，学校还组织学生为全乡500多个建卡贫困户书写、赠送春联，鼓励他们立志脱贫。

学校特别重视“书法特色教育”主题文化建设。教室过道、学生寝室、文化长廊，到处是学生的书法作品，浓浓的墨香浸润着整个校园。在书法特色教育的带动下，学校教学质量明显提升，学生综合素质测评、参加全县统考，近三年都名列全县农村学校前三名。学校书法特色教育也使学生行为发生了较大改变，书法比赛取得的成果也越来越多。我们获得了市里、县里书法教育特色学校的称号。一批同学参加全国少儿精英现场书法大赛获得银奖、铜奖，有位同学因为书法特长，被省城的重点中学免费录取。在“陶行知杯”全国第二届中小学生书法大赛、“三峡杯”全国第二届青少年书法大赛、全国少儿现场美术作品大赛，以及省里、市里、县里各类书法大赛中，学校100多学生获金奖、银奖，还有一、二、三等奖，为学校挣得很多荣誉。中国教育网、凤凰新闻、光明网等先后对我校书法教育特色建设情况做了报道，全省范围内近10个区县，以及县内，共有约50所兄弟学校领导、教师来学校参观交流。

学校的发展愿景是进一步打造书法教育和礼仪教育特色，巩固成果，加大宣传力度，改善寄宿留守儿童的学校生活及成长质量。这需要我们狠抓教学常规管理，充分调动教师工作的积极、主动性，建成一支积极创新、甘于奉献、对学生认真负责的教师队伍。同时，不断规范和加强后勤保障工作，把学校真正办成孩子学习生活的乐园与家园，让全体寄宿留守儿童吃得饱、睡得香，安心生活，专心学习。

目前学校感到特别忧虑的是大量留守儿童家庭教育基本上是一片空白。父母外出打工，试图改善家庭生活状况，然而不尽如人意。有的孩子花钱大手大脚，懒惰贪玩。有的孩子把钱拿去玩游戏，不吃饭，光吃零食，营养搭配失衡。寄宿留守儿童没有家长监护，老师照顾不过来，一些同学情绪消极，个别甚至表现出自闭、抑郁倾向，不和别人交谈。有的性格脆弱，没有自我约束力，没教养，没礼貌。这些问题，光凭学校，凭借我们的书法和礼仪特色教育，是不能完全解决的。寄宿农村留守儿童生活存在一些问题，我们能够做到的是不歧视、不放弃，尽量给予鼓励与关爱。

学校希望上级有关部门对农村留守儿童教育问题给予高度重视，对寄宿学校给予更大的财力支持，以便我们在书法和礼仪特色教育过程中进一步鼓励老师、奖励学生，更好打造教育的特色品牌。我们办好寄宿制学校，对留守儿童从生活上和心理上给予更多关爱，帮助他们学会自我管理，也需要家长加强合作。学校在上级有关部门的财力支持下，可以举办更多更好的培训活动，引导留守儿童家长重视对子女的教育，宣传普及家教知识，尽快营造出最有利于留守儿童健康成长的大环境，让远离父母的孩子能够真正获得来自社会各界的关爱与帮助。

二、大队辅导员讲述寄宿留守儿童教育的现状与改进思路

栖凤山小学和我们县大多数农村小学一样，少先队大队部和留守儿童工作办公室是同一个机构。我既是大队辅导员，也是留守儿童工作办公室主任。

我们这个县，毫不夸张地说，是个留守儿童大县，不管县城的学校，还是农村的学校，留守儿童占比都超过了60%。县城个别重点学校可能例外，因为只有这种学校的学生才可能主要是城里孩子。县城其他学校，也挤满了农村拥进去的留守儿童。这些孩子能去县城，只是因为家里经济条件好一些，父母在城里买了房子，或者租得起房子，孩子就和爷爷奶奶或外公外婆一起住进城里读书。他们父母大多数还是远走高飞外出挣钱。这些在县城读书的孩子究其实质还是农村留守儿童。

我们学校，和其他农村学校一样，约80%的学生都是留守儿童，中心校有70%以上的学生寄宿。县里把培养照顾好留守儿童当作教育民生工程的重点来抓。根据县教育局文件要求，结合学校实际，我们成立了留守儿童工作办公室。不过，主任和工作人员主要就是我，学校所有班主任也是中队辅导员，他们虽然做留守儿童关爱工作，但不属于办公室的工作人员。留守儿童工作办公室的主要职责是促进学校师生、社会各界教育资源的整合优化，组织实施关爱留守儿童的教育教学活动，全面提高留守儿童的身心素质与学习生活的幸福感。我们要使留守儿童建档率达100%，入学率、巩固率均达100%，结对帮扶率达100%，还要做好寄宿留守儿童健康管理，定期组织他们参加免费体检。

我校有农村留守儿童关爱工作领导小组，组长是校长，办公室主任当然就是我，我们必须不折不扣地完成上级交代的任务。比如，上级要求建立留守儿童档案，我们就摸清底数，立马建立专门档案。我们动员全校教师对寄宿留守儿童在学习方面认真辅导，在生活方面仔细照顾，还要扎扎实实地组织课内外兴趣活动、娱乐活动，愉悦寄宿留守儿童的身心，提高他们的独立生活能力。针对寄宿留守儿童当中的重点帮扶对象，我们安排最负责任、最有爱心的老师进行一对一的关爱教育，定期家访，向监护人及时反馈孩子住校学习与生活情况，让留守儿童缺失的家庭教育有所补偿，同时肯定、鼓励他们的进步，缓解他们的自卑、孤独和忧郁。对少数学习成绩严重滑坡、人格发展不健全、道德行为失范的寄宿留守儿童，负责一对一关爱教育的老师还要为他们制定个别教育方案，并严格落实帮扶教育工作。

学校大队部以留守儿童工作办公室的名义定期举办各种主题教育活动，如春季学期的“我自信，我骄傲”心理健康教育活动、秋季学期的“我快乐，我飞翔”文艺创新会演活动等。每年，我校庆祝“三八”妇女节的同时组织开展“关爱留守儿童”主题活动，增进留守儿童与外地父母的感情。端午节前夕，组织留守儿童一起迎端午，吃粽子，同学们感受到了大家庭的温暖，知道了端午节吃粽子习俗的由来。“六一”儿童节前夕，为寄宿留守儿童组织集体过生日活动。学校为他们准备生日蛋糕，让同学们经历、体验插蜡烛、唱生日歌、许心愿、吹蜡烛的整个过程，让他们享受家的温暖。中秋节前夕，老师和寄宿留守儿童共度中秋，为留守儿童分发月饼，他们非常开心，深深感谢学校和老师的关怀。

我们组织过一次历时3个月的活动，评选自信自强留守儿童。活动主题是“有我在家，爸妈放心”，时间是3月初到5月底。活动主要内容有三点：一是开展留守儿童才艺展示活动，培养自信心；二是通过心理咨询、演讲，培养留守儿童正确的自我意识和乐观向上的心理，塑造健康的人格，增强社会适应能力；三是搭建关爱留守儿童的工作平台，组织志愿者、文明单位以及村社干部开展“1+1”结对帮扶活动。为了更好培养寄宿留守儿童自信心和自理能力，大队部组织他们每年都参加集体洗衣服比赛，演出情景剧《妈妈，我在家，你放心》。还引导他们给父母写短信、微信，表达自己的情感。在这些活动中，涌现出了一批优秀留守儿童。比如，六年级的宋妍梅，勤劳俭朴、自立自强、充满爱心、全面发展。她努力学习每一门功课，不断提高自身素质，语文成绩尤其突出。她一有时间就去学校图书室借书，沉浸在知识的海洋里。还有四年级的曹磊同学，在学习上非常刻苦，成绩优秀、勤俭节约，是同学们学习的好榜样。

留守儿童住校学习期间我们组织大量教育活动，寒暑假还要为他们办实事。今年暑假,学校组织30名优秀留守儿童到省城科技馆,参加“热爱科学,体验科技”夏令营活动。每位班主任都与班上留守儿童开展“心手相连、共度快乐暑假”活动,组织本班同学实地参观乡里的水泥厂,让孩子们体验父母在外打工挣钱的艰辛和忙碌,引导他们理解父母,节约用钱,好好学习。有的班级还组织孩子们参观植物园、烈士陵园、县里的工业园区。大队部则组织50名优秀留守儿童进军营,参观县武警消防中队,并军训一半天,亲身体验军人为了国家和人民安全有多么艰辛。学校老师还和武警战士、水泥厂的干部等人一起,为孩子们捐赠图书、文具等,鼓励他们在暑假期间多读书、读好书。学校还和乡里安全生产办公室负责人合作开展“珍爱生命、平安度假”安全教育活动,引导留守儿童防溺水、防火灾、防中暑,学校和乡政府联合在危险河道、公路转弯等有安全隐患的地方树立安全警示牌,引导孩子们平安度过整个暑假。

暑假最有影响的活动是“关爱留守儿童暑假大家访”和家庭教育流动培训活动。全体教师分工对每一位留守儿童进行家访,开展学业辅导和心理疏导,关心农村儿童生活,帮助解决实际困难。学校组织全校教师分为6个小组到学校招生范围的村组、院坝,开展留守儿童家长或者监护人的教育培训活动。通过集体讲座和个别沟通交流,让他们明确如何对孩子进行学习辅导、心理疏导和行为习惯的养成教育,强化家庭长辈的监护责任意识。

几年工作下来,学校建立健全了留守儿童教育关爱工作检查考核机制,创造了比较满意的育人环境,给大量寄宿留守儿童的学校生活带来了温暖。学校多数学生的行为习惯好了,成绩提高了,待人接物礼貌了,自立自强了。但是,留守儿童问题作为当前社会的一个大问题,学校解决起来自然面临着巨大困难。我们贫困山区的学校如同贫困山区的家庭一样,同样摆脱不了贫穷的限制。开展寄宿留守儿童教育活动所需经费严重欠缺,往往让我们感觉“手长衣袖短”,有心无力。学校严重缺乏心理健康教育专业老师,对全体教师进行专业的心理教育培训迫在眉睫。当然,全校教师自己家庭、工作也面临很多困难,他们长期为寄宿留守儿童教育工作加班加点,没有加班津贴和绩效,长期义务奉献,老师也是人而不是神,时间久了,积极性自然会降低。

寄宿留守儿童教育更大的困难是他们长期难以享受父母的温情呵护,只能在爷爷奶奶、外公外婆,或者三亲六戚有心无力的照顾中勉强度日。寄宿留守儿童因为亲情缺失而孤独,非常希望得到父母双亲的陪伴和关爱。但是,他们父母双亲往往劳动收入较差、文化水平低,监护人或父母很少主动和学校老师联系。这些孩子长期缺乏亲情温暖和心理疏导,难免得过且过。我校现在依然有部分留守儿童不能很好完成学业,行为习惯差,学校的礼仪特色教育难以落实。个别寄宿留守儿童有不同程度的心理问题,他们自卑、焦虑、抑郁,极少数甚至行为失控,不时闹出校园欺凌事件。由于缺少亲人悉心照料,周末、节假日、寒暑假,寄宿农村留守儿童的安全隐患也比较大。

我们学校寄宿留守儿童教育还有很大努力空间。学校不会过多指望家长和社会,我们要尽可能尽职尽责。今后一段时间,学校打算把寄宿学生单独编班,把走读学生抽取出来单独教育。这种做法,校长已经同意,学校行政会议也研究通过了,下学期秋季开学就会落实。在这个基础上,还可以从三个方面进一步改进留守儿童寄宿教育。

一是优化校园环境,给全校学生,特别是寄宿留守儿童提供一个新家园。办寄宿教育,要想学生成长好,学校必须充实完善硬件设施设备,给学生提供良好的学习生活环境。学校计划争取教育局加大经费投入,努力美化校园环境。今后几年,要打通、硬化学校各处路道,让学校形成一个严密整体,改善学校夜间照明设备,消除各种安全隐患。要更换学校广播系统,确保校园各处信息畅通,为每个住读班购置电风扇和一套多媒体教学设备,解决学生课余生活单调问题。要加强校园文化氛围营造,学校花园、花台要不断美化,空地全部要绿化,室外板报、墙报要不断更新,育人氛围要浓郁。还要努力改善住宿条件,统一添置学生的被盖、床单和洗脸盆、漱口杯等日常生活用品,争取家长支持,以批发价卖给学生使用,让学生感觉到住在校园比在家里更舒服。

二是严格管理，强化养成教育，打造礼仪特色教育，让学生健康成长。小学阶段是少年儿童道德品质和行为习惯形成的重要时期，尤其是留守儿童。要让他们真正“学会做人、学会求知、学会生存、学会健体、学会合作”。这是我们留守儿童工作办公室和全校上下必须高度重视的一项课题。今后3年内，我们要严格管理，逐步规范，提高住校学生行为习惯养成教育的质量，让学校礼仪教育的特色与书法教育的特色一样鲜明。要切实加大管理力度，通过定制度、定人员、定职责，从学校行政、班主任、宿管员到食堂生活老师，从值周教师检查早晚课余活动、课堂教学到为学生提供学习生活服务，都要制定完整的管理制度和方案。要强化落实大队部职责，争取学校增加留守儿童工作办公室的人员编制，加强力量专门管理寄宿留守儿童工作。

加大力度，强化学生良好习惯的养成教育，大到思想品德培养、文化科学知识学习，小到洗脸刷牙、床铺整理和物品保管，全校教师都责无旁贷。只有培养提高学生的自理能力，他们将来独立生活才有坚实基础。为了提高寄宿留守儿童的生活自理能力，学校要有计划地对他们的内务整理、排队打饭、清洗整理衣服鞋袜等进行专门培训，全面落实礼仪教育的要求。要采取定时检查和突袭抽查方式进行检查评比，让学生的自主管理、自理生活、自觉学习能力显著增强。学校还要进一步注重健康教育和心理指导，开设健康教育课，开展一系列卫生保健教育活动和健体活动，磨炼学生健康的体魄和健全的人格，让他们人人尽可能做到自尊自爱、健康向上、努力进取、性格开朗。

三是不断丰富寄宿留守儿童课余生活，让他们快乐成长。对于学校寄宿留守儿童这个庞大的群体，要经常思考怎样让他们健康快乐地成长，要更好安排组织一年四季形式多样、内容丰富多彩的活动，让学生在乐中学，在学中乐，在乐中增长知识、陶冶情操，最终实现全面发展。未来3年内，学校要竭尽全力让学生的课余活动丰富起来。首先要把“3固定2灵活1比赛”形成制度。“3固定”，就是每天下午一小时课外体育锻炼时间要固定，每天晚自习前收看《新闻联播》节目要固定，每天睡觉纪律和房间整理检查评比要固定。“2灵活”，就是学校、年级、班级根据实际情况，开展有效的活动要灵活，各位学生参加课外体育锻炼的项目可以灵活选择。“1比赛”，就是学校每学期必须开展一次寝室内务整理比赛，让学生尽力展示自己的才能，使每一个寄宿留守儿童在礼仪行为养成过程中学有榜样，做有标准。

其次，要努力搭建师生互动平台，大力推进师生心与心的交流，解决学生学习、生活中的实际困难，帮助学生健康快乐成长。学校每学期要在寄宿班级中开展一至两次班级联欢晚会，由学校安排评比，要促进师生互动，为学生健康成长搭建施展才华、张扬个性的舞台，让寄宿留守儿童充分感受到家的温暖。另外，要组织课外特长辅导小组，利用学生课余时间，义务为特长生发展服务。加强学生各类特长辅导，既丰富学生课余生活，又培养专业人才。学校的书法特色教育，已经独树一帜，特色鲜明，甚至声名远播。我们要发扬书法教育的成功经验，在美术、科技、体育项目，如乒乓球、篮球、田径等方面，专门训练一批特长学生。学生肯定会热情高涨，刻苦训练，让住校生活更充实快乐。

总之，全心全意教育关爱留守儿童，是我们学校义不容辞的责任。办好寄宿教育，让每一个孩子快乐学习，健康成长，尽量免除外出打工家长的后顾之忧，是我们学校存在的价值。在前些年工作基础上，我们进一步努力，完全可以把学校建设成留守儿童温馨的家园、学习的乐园。

第二节　对学校班主任、普通教师的访谈调查

一、三位班主任讲述寄宿留守儿童教育的个案与思考

（一）邓卓美老师的讲述

我们学校对寄宿留守儿童实施礼仪教育，实质上是实行封闭式准军事化管理，这可以加强行为习惯教育，但也严重压抑学生个性。大多数学生好歹算

是习惯了这里的生活，不过，即使不习惯也没有更好办法。虽然我们学校是在偏远农村山区，但社会环境还是比较复杂，如果不封闭管理，学生安全保障有困难。有段时间，我也认为，小学生虽然单纯，但里面有很多不懂事的“刁蛮匠”，如果不实行准军事化管理，老师费再多口舌也不一定有效果。

学校从一年级到六年级，70%以上的学生都住校，而其中，几乎每一个同学都有父亲或者母亲，甚至双亲外出打工。我们教师也基本是住校，只有几个老师家离学校很近住在自己家里。学生一日三餐都在学生食堂吃，老师也一样，当然教师伙食油水要好一点儿。有的老师周末回家，部分老师周末也很少回家，除非是放小长假。哈哈，学校基本上是所有老师和学生们的家了。也好，这样以校为家比较方便。当然，周末那些住校生全部要回去的。不回去得了哟？学校不组织上课，娃娃一个人，那么小，在学校怎么行？实在有特殊情况，个别学生回不了家，班主任一般都不让他留在教室和寝室，会把他喊到自己住的地方，然后给家长打电话，让他们派人来接。

我在学校工作快满5年了。学校现在住校生越来越多，教育起来难度还是不小。不过，用心教，和他们斗智斗勇，有时候还其乐无穷。我跟踪观察过一个比较特殊的留守儿童，也积极教育他。那是我刚进学校第一次值周遇到的一个学生。那天中午，我按照学校要求，负责学生自由活动期间教学楼的安全巡视。这时一个同学急匆匆地跑来告状：“老师，二年级一班教室有人打同学，还抢东西。”我大吃一惊：“这还有王法？”三步并作两步赶到现场，逮住了一个脏兮兮的小男孩。

他衣冠不整、头发蓬乱、光着脚。我端着值周教师的威严架势，厉声问：“叫什么名字？哪个班的？”他歪着脖子，横着脑袋，对我不屑一顾。我连问了两遍，他也不回答。旁边有同学胆怯怯地说：“他叫汪明。”我心里一愣：“咋碰上这小混蛋？前几天还听班主任抱怨他油盐不进呢，看来运气不佳！”我一时弄不清他的底细，只好简单安抚了“受害者”，对他例行公事地教训了几句。效果可想而知，那自然是油盐不进。面对我的说教，汪明一直保持着最初的姿态,歪着脖子,横着脑袋,不屑一顾。我本想来点"法西斯手段",但那天心情比较好,忍住了。

后来,我了解到汪明与其他寄宿留守儿童一样,家里没人管,天性好动,调皮捣乱,如牛一样倔强,软硬不吃,甚至"刀枪不入"。我在校园也经常看到他光着脚,衣冠不整,脏兮兮,头发蓬乱。看久了,我从心底生出一些怜悯之情,有时也觉得他蛮有个性,想亲近他一会儿。他对我,感觉也没有什么反感和畏惧。我经常友善地喊喊他,有时趁他不注意,逮住他揪揪耳朵,或是拍拍肩膀,他往往会像狡猾的泥鳅一样溜走。后来,他好像受到了我的"启发",或者想友善地"报复"我,见面就扯扯我的衣袖,甚至向我扔个小纸团,也曾悄悄撞我后腰。我想抓住他时,他已经溜走了。

这样与他相处,不过是想逗他玩玩,让他多笑笑。可没想到,我后来成为他的班主任就头疼了！他读三年级时,我教他语文,也当班主任。我原以为汪明懂事一些了,可开学第二天早自习,他就给了我一个下马威。当时,我推开虚掩着的教室门,门框上掉下一把扫帚,把我弄得灰头土脸。我发现他狡黠地望着我,有善良的玩笑味,就忍住了。可接下来,他一直在座位上左右扑腾,屁股下面好像有锥子一样,我也忍住没有批评他。后来,我转身写板书,他一拳把后排女生打哭了。我实在忍无可忍,一步跨过去就给他一顿暴风骤雨般的"法西斯教育"。他可能压根没想到我会如此暴烈,居然垂下了头,在座位上安静了20分钟。

但是,这并不意味着他要改过自新。当天他的课堂作业本就没交。我找他要,他歪着脖子,横着脑袋,对我不屑一顾。我怒吼着要了两遍,他才挤出半句话:"我不想做!"我火气上蹿,气急败坏:"你这什么态度！今天不交作业,不准吃晚饭!"他抖着腿,不理我。我下命令:"下午放学后留下来,把作业做完再去食堂吃饭!"放学后,我去教室找他,他早就没影儿了。班上学生讲:"下课铃一响,他就冲到食堂去了。"我当即决定到食堂去抓人,但走了几步就停住了。理智告诉我,他"刀枪不入",再厉害的"法西斯手段"也不会顶用。

第二天，我装作什么事儿也没发生，照常上课。汪明显得有点儿不自在，可我一整天都没有理他。第三天一大早，我在教室门口逮着他，轻轻揪住他的耳朵，用以前与他玩笑打趣的语气告诉他："我相信你的耳朵还很管用！"他不理我，跑了，但我发现那天他规矩了一些。看来，与他嘻嘻哈哈相处也许是一种不错的选择。于是，我把这种方式延续下去。效果不错，他对我的友善居然与日俱增。我也抓住一切机会表扬他，还奖励他零食，让他享用了两次美味。结果，他渐渐成为我的铁哥们儿，一个周末还从奶奶家里给我带来了 10 个土鸡蛋。到此为止，我才觉得自己征服了他。这当中的辛酸与喜悦，也只有我才知道。毫不夸张地说，写一本小说也不会短。现在，汪明跟着我读到六年级了，情况一直正常，没有惹什么大祸。五年级结束，还被学校评为"礼仪之星"。上学期，他的书法作品送到县里参加展览，获了铜奖。

寄宿留守儿童总的说来很淳朴，与他们交上朋友，教育教学就会轻松许多，有时甚至会收获一些小感动，觉得与他们相处很有乐趣。比如，这地方，冬去春来，田间山头，野菜遍地。有个星期天我去挖了一袋名叫折耳根的野菜，放在乒乓台上清理晾晒。回校上学的孩子们见了，纷纷围过来，说下周帮我弄更多。结果第二个星期天，三个孩子给我提来了很大一包折耳根，还有其他一些蔬菜，以及十多个洗得干干净净的鸭蛋。如果不是我在班上及时制止，我想学生"贿赂"给我的东西会把我吃得撑死。

（二）吴久奎老师的讲述

对于寄宿留守儿童教育，我作为班主任在积极探索，努力奉献。我对得住自己的良心。我组织各种集体活动，使他们对班集体产生强烈的归宿感。寄宿的孩子要在学校度过漫长的时间，班上有他们同龄的伙伴，彼此拥有更多共同语言，我引导他们互帮互助，效果比较好。

寄宿留守儿童当中或多或少有些"问题学生"，对他们搞我们学校的礼仪教育，难度很大。他们内心世界复杂多变，有的焦虑怨恨，有的沮丧自卑，有的孤独多疑，有的暴躁冲动，有的厌倦畏难，有的抑郁不安。为了解开这些孩子的心结，我在班里开设“悄悄话信箱”，搭建“心灵小驿站”，引导他们倾诉心里话。还引导他们之间结对子、诉衷肠，不少寄宿留守儿童慢慢打开心扉，情绪情感问题得到了不同程度的缓解。

有的寄宿留守儿童很可怜。我班一个十分瘦小的男孩，一次严重迟到后，引起了我的注意。我了解到，他从家里到学校要走两个多小时，家里只有一个年迈的爷爷仍在务农。那天他本该星期天下午到校，但是周一中午才来。主要是因为他爷爷生病了，他在家里多待了一晚上。周一早上，爷爷无法给他做早饭，小小年纪的他只能自己做。吃完饭，收拾好碗筷，到学校就是中午了。他到了学校，心中念念不忘的是爷爷还躺在家里，所以周三又请假回家，照顾了爷爷两天。一个 12 岁的孩子，蛮懂事，怪可怜。

还有一个男孩儿，也是既可怜，又可爱。他上学晚，14 岁了还在念五年级，长得高大黑壮，在班上也很调皮。如有同学招惹他，他一律用拳头解决问题。他甚至偶尔顶撞一下老师，但本质很可爱。有一次，我打算在班上组织演出一场课本剧，有个反面角色，比较符合他扮演。我小心问他是否愿意，没想到他一口答应。他一向很在意别人看他的眼光，这次愿意扮演丑角，真难得！更让人高兴的是，排练时他一丝不苟，演出时因为投入过度引得全班同学哈哈大笑，他自己也嘿嘿地笑了。这个可爱的大孩子让人觉得可怜的原因是，他妈妈外出打工和别人跑了，10 年没回家。他爸爸经常到山上打猎，打野猪。我很好奇地问过打猎的情况，他很努力地用不够丰富的词句讲述了爸爸捕猎的工具、经过及关键动作。上学期，他爸爸打猎时被山上落下的大石头砸死了。寒假后，他失学了。因为年龄超过了 14 岁，该初中校管他的义务教育，所以我们小学也没去过问。最近听说他在山外一个小镇的建筑工地打工。前两周，他托人给我带了一小块野猪肉，精瘦，沉沉的。我觉得自己没法好好帮助他，心里蛮愧疚。

虽然，我尽心尽力帮助过不少寄宿留守儿童，但是帮助不完每一个需要帮助的孩子。特别是看到他们很可怜，自己又无能为力加以帮助的时候，就非常难受，非常无奈，只能长叹一声，或者黯然神伤，麻木以对。

（三）付艾老师的讲述

也不知怎么，是不是学校校长特殊照顾我这个女老师，才让我这学期接手六年级二班。这是全校教师都公认的“烂班”，无论是礼仪行为习惯还是学习成绩，都让人感到特别恼火。开学第一天，以前的班主任给我介绍这个班的大体情况，说有几个同学非常调皮，他们的“带头老大”更是让人头疼。这个孩子人高马大，曾偷过学校小卖部，也经常在外面搞坏事。他最喜欢的事情就是到河沟、池塘里洗澡、摸鱼，对于学校，他想来就来，想走就走，没有半点规矩可言。在寝室，他更是无法无天，欺负小同学，随便霸占同学床位，不讲卫生，乱用同学的毛巾、脸盆。

他父母在外打工，家里有三个孩子，哥哥姐姐都在外面上学，他最小。起初他和爷爷一起生活，后来爷爷瘫痪了，无奈之下父母将他寄养在姑姑家。平时他住校，周末到姑姑家生活，有吃有睡，就是没有人管他学习和品行。他长长的头发，冷冷的神情，给人一种说不出的感觉。我现在天天扭着这个孩子转，总希望把他教育好，但是事与愿违，把我搞得身心疲惫，也没有多大效果。有时他会表现好几天，要是他脾气一犯，就麻烦了。我表面是他老师，有威风，但心里也怕他胡闹。我现在对他真的无计可施。

当然，班上还有麻烦的事、麻烦的人。开学不久，班上一名寄宿留守儿童把全学期周末回家和到校的一百多元车费钱都用完了，还向其他同学借了几十块，到学校小卖部买了一大堆零食。我通知家长到校商量如何教育。家长到校后，在见到我之前把孩子暴打了一顿，打得他鼻青脸肿。这个同学也不简单，跑到厕所说撒尿，结果给 110 打了电话，说他被坏人打伤了，想跳到厕所的粪池里去。乡派出所民警不敢怠慢，几分钟警车就开到了学校。这事在学校闹得沸沸扬扬，在社会上也产生了很坏的影响。

出现这些事情,首先是我这个班主任的责任。作为班主任,我很有爱心,也很有原则。我们班一个女孩子,父母外出打工,多年杳无音讯。她家住在山脚下,奶奶把她和妹妹带大,十分用心地爱她,使她在众多衣衫破旧的小孩子中,穿戴显得格外整洁、精神。有一天,她奶奶提了一篮子莴苣和20个鸡蛋来送给我,背上还背着流着涎水、目光呆滞的妹妹。老人家两鬓微白,头发整洁,布衣布鞋干干净净,说话诚恳有礼。奶奶告诉我,孩子父母想抛弃脑瘫的小妹妹,她不忍心,也不想被人同情,就这样坚持着过日子。我不忍心收老人的礼物,也不忍心拒绝,不过最终还是收下了。几周后,我托人买了一件崭新的衣服,找了一个很好的奖励理由,把衣服送给了那个女孩子。她奶奶很受感动!

我虽然有爱心,有原则,但教育学生还要不断努力。寄宿留守儿童生活缺乏计划性,自理能力、自制能力都不很强,我必须进行耐心细致的教育。可现在,我一天到晚忙忙慌慌,不能注意到每一个学生的细节。刚刚讲的闹得很大的这件事,我觉得自己应该承担很大的责任。我决定今后多教育学生懂得节约和感恩,让他们知道钱是爸妈用辛勤劳动,甚至血汗挣来的,教育他们不要乱花一分钱。要引导学生养成不贪吃零食的习惯,懂得多计划自己的生活。

我班闹出那么大的事情,同学这么难以教育,也是学校领导没有尽到责任。一到五年级,学校一直都没有安排很好的老师带班。六年级,这个班“烂下了滩”,又叫我一个女老师来当班主任。我能够怎么办?校长是学校教育的总负责人,如果领导经常教育要求各个方面的人员,在工作中不怕麻烦,深入教师、学生中,注意他们的工作和生活动态,提醒他们时时、处处教育学生不吃零食,学校就不会发生这样的“好吃佬”事件,也不会有“带头老大”存在。

对于寄宿留守儿童,生活指导教师虽然工资很低,但也有责任。他们是学生生活的“总管家”,必须关心学生,不怕麻烦,热爱工作,尽心尽责。对学生的住宿情况、生活规律、思想动态,他们都要准确了解,做好教育。生活指导教师还应定期组织召开生活委员和寝室室长会议,指导学生干部的工作。但是,我们年级的生活教师了解学生的生活状况吗?注意寄宿留守儿童的思想动态了吗？她们如果能够在工作中不怕麻烦，真正当好学生的生活管家，学生也不会这么贪吃，也不会短短十几天就花掉上百元钱。我们班“带头老大”进出寝室随随便便，也可能是生活指导老师没有尽到责任。

我不是一个推卸责任的教师，我实事求是分析，我们学校的伙食团，也应该承担责任。每学期、每个月伙食团安排的食谱都简简单单，甚至马马虎虎，顿顿一个样、天天一个样，老是那样几个菜，学生自然会吃腻。那么，他们去买零食吃也就是自然而然的事情。如果我们伙食团的管理人员，多动些脑筋，不断更新食谱，伙食团的师傅不怕麻烦，菜品不断翻新花样，做到色、香、味齐全，做到饭熟菜香，让寄宿留守儿童每天、每顿都吃得美美的、饱饱的，他们还会这样贪吃，每天都去小卖部买零食吗？即使去，也只是尝尝鲜，不会花那么多钱买那么多。也许，他们会说学生伙食费很低，没办法。但是，我认为，学生不求吃大鱼大肉，提高饭菜质量，并不会增加多大成本。

学校保安的责任也大。如果他们认真履行职责，真正关心学生，认真做好来访登记，及时制止家长暴打学生的行为，事情也不会闹大。对于我班“带头老大”，他们也应该有法子，但还是睁只眼、闭只眼。我最讨厌学校的小卖部，是校长亲戚承包的。他们卖小食品、学习用品，还卖一些利润很高的教辅材料，美其名曰方便学生学习生活，实质就是谋取私利。小卖部为了赚钱，拼命榨取寄宿留守儿童的油水，学校还怎么培养学生良好生活习惯呢？

寄宿留守儿童出现方方面面的问题，当然他们的家长负有不可推卸的责任。家庭教育责任重大，家长是孩子生活的引路人。这方面我就不多说了，说了也没用。现在农村社会也有大问题，哪村哪社打麻将的人都成群结队。一些村民比吃、比喝，好吃懒做，以大吃大喝为乐，对学生良好行为习惯的养成教育形成巨大冲击，让我们感到非常无奈。

我真希望校长、教师、家长，及家庭、社会、学校形成合力，共同教育学生养成良好行为习惯，加强对寄宿留守儿童的生活管理，加强学校伙食团建设，提高饭菜质量。幸好，那件事以后，在校内外舆论影响下，学校小卖部被迫“关门大吉”。很多留守儿童蛮可怜,小卖部昧着良心赚他们的钱,也实在不道德。

二、七位普通教师讲述自己的见闻、经历与感想

(一)段丹红老师的讲述

我们一年级一班有个小女孩,6 岁半,住校已经接近一学期。她父母亲常年在外打工,奶奶 67 岁,爷爷 70 岁,都在家务农。爷爷的眼睛有病,几乎看不见东西,奶奶是文盲,一个字也不认识。爷爷奶奶带着她生活,还带了她哥哥,9 岁,读三年级,也在学校寄宿。

一般情况下,奶奶每周星期天下午把两个孩子送到学校,但是,有一个星期天傍晚,接近 7 点钟,天快黑了,还不见人影。我只好给奶奶打电话,奶奶告诉我,家里忙着抢收油菜,无法送孩子到学校读书,两个孩子,哥哥带着妹妹上学,已经出发很久了。奶奶说:“以前他们两个也一起走过,不是一次两次了,你别管他们,应该没事的。”放下电话,我觉得很担心,要是真出了什么事,该怎么办呢?于是,我顺着她上学的路去找。还好,在离学校不远的小河边找到了她。她正和哥哥兴致勃勃地抓螃蟹呢。她哥哥很贪玩,行为习惯也差。找到她,我没有立即批评她,而是问她为什么不赶快到学校上学。她说哥哥要抓螃蟹,不管她,让她自己一个人走,她怕在路上遇到坏人,就和哥哥一起抓螃蟹,忘了到学校。我能怎么办呢?只能狠狠批评她哥哥,并叫小女孩经常提醒哥哥,不要贪玩,早点进学校。我知道,这些话基本上不会有作用。平时在学校,妹妹课间也经常去找哥哥玩,玩着玩着就忘了到教室上课。我把这些情况打电话告诉过他们父母,但没有用,只能等着孩子们慢慢长大。教育他们自理、自立、自强,家长和老师都要付出足够的关爱啊!留守儿童健康成长是全社会都应该关注的问题,社会各界都应该行动起来,用真心,付出真情、真爱。

（二）帅小云老师的讲述

一家两三个孩子同时寄宿的情况在我们学校很常见。我刚刚教毕业的一个班，有个男生，曾经和自己的弟弟都在学校寄宿。我印象很深，兄弟俩身体瘦弱，小小的脸被乱蓬蓬的头发遮盖了大半边，亮亮的大眼睛偶尔会从蓬乱的头发里闪现出来，一双破烂的凉鞋总也包不住紧裹着尘土的几个脚丫。这两兄弟，父母外出打工多年后失去联系，只能靠务农的爷爷养大。弟弟低一个年级，哥哥在我班上，十分聪明。两兄弟相依为命，互相照顾，几乎形影不离。后来，他们都辍学了，因为爷爷摔断了腿，他们必须学会自谋生路。我和大队辅导员还有他弟弟的班主任老师一起去劝他们复学。起初没有看到他的弟弟和爷爷，哥哥说弟弟陪着爷爷看腿病去了。他在荒凉的黄土地里，拄着锄头，穿着过大的成人衬衣，裤子也不合身，挽得很高，打着赤脚。他耷拉脑袋，眼睛直直地盯着脚下的土地，不愿回应我们的话语。后来，他爷爷拄着两根拐杖回家了，我们继续劝弟兄俩复学，给爷爷做了很多工作。结果他们俩总算回到了学校，但小学一毕业，哥哥弃学了，才 14 岁，也不知在外面干什么。他弟弟现在读六年级，也快毕业了。关于哥哥的去向，我问过弟弟，弟弟也说不清楚。不过弟弟说，爷爷认为哥哥在外面表现不错，哥哥挣了钱可以让弟弟继续读初中。

（三）邹运游老师的讲述

我参加工作三年，习惯当这大山里的教书匠。我也许就是一个佛系青年，不在乎去追求什么了不起的前途，也不觉得学校的留守儿童有多苦。都是经历嘛！山里的小花总会开出自己的春天，河边的小草也总会抓紧自己脚下的沙土。林子里的小树苗，需要慢慢长大。我在这里，感觉不错。尤其是星期六，空荡荡的校园，绿树掩映校舍，到校闲玩的孩子们在操场自由奔跑，不知哪家的大肥猫懒懒地躺在乒乓球台上晒太阳。感觉这里条件是清寒了些，但也正合我心意,我向来比较喜欢清幽。

在这学校,我随遇而安,寄宿留守儿童,也随遇而安。生活随遇而安,教与学也随遇而安。我随大流,运用现代化多媒体教学手段,尝试各种教学新花样,但效果并不明显。比如,在家提前将一周要讲的课件拷入笔记本电脑,然后带到学校为孩子们上课,但不管视觉还是听觉,都达不到预想的效果,所以大多数时间只能像前辈教书匠们那样平平静静地照本宣科。这些孩子并不挑剔,但他们的好奇心已经被老师们花花绿绿的多媒体课件满足了,所以上课总是爱看不看、爱听不听,我也能够坦然接受。

学校其他老师,也和我一样,过的都是随遇而安的日子。上级要求一轮一轮做课程改革,实施素质教育。我们呢?做的是一轮一轮的应试教育。大家你知我知,心照不宣。一些时候,学生们或许晚上想念父母,或者因为天气闷热,课堂上呵欠连天。我有时赶做农村留守儿童关爱工作和精准扶贫工作资料彻夜未眠,课堂上昏昏欲睡,也只能随遇而安。让他们做点游戏,抄抄课文,我伸伸懒腰,或者闭目养神,这样一切都得过且过。幸运的是,期末考试,我们班的孩子往往不会让我输给我的同事。

最喜欢周末,不是因为慵懒,也不是为了闲暇,而是可以享受自由,享受人心相融的美妙。我往往带着不能回家,或者不愿回家,或者无家可回的两三个寄宿留守儿童,看花开花谢,看山野,看蓝天,感受自然的美。也喜欢带着他们在校园旁边的空地播种、除草、采摘瓜果,体验劳动的乐趣。更多时间,我带领他们走进学校简陋的阅览室,在文字的天地里寻找人生的自由。余下的时间,我一个人爬山、种菜、阅读,思考如何妥帖安放自己的心,思考如何与这些留守儿童心心相通,共同享受随遇而安的日子。夕阳西下时,与三两个孩子坐在还有余温的乒乓台上,当然躺着更好,听他们叽叽喳喳议论天空的晚霞像什么,远处的山又像什么。这样好像可以为我们的心找到一个共同的家。由此,我也想到,留守儿童寄宿教育在随遇而安的无奈中,也会有一丝亮色,甚至是诗意。

（四）刘长川老师的讲述

我们这里离县城很远，是偏远山区。农村家长文化水平低，教育意识差。哪个不想赚钱呢？他们认为把娃儿放在学校，有人给他看着，自己就出去赚钱了。我们学校寄宿学生这么多，80%以上的是留守儿童。要是学生娃儿在学校出什么事了，老人们又把责任推给班主任，推给学校。我们老师实在没得办法啊，只能把他们像关羊儿一样关在学校里面。他们在学校食堂吃饭，既方便学校管理，也给那些家长减少负担。星期五放学了，有些爹妈在家的就来接回去，有些老家伙还走得动的也来接一下，大多数都是自己走路回去。个别同学觉得回去没多大意思，就不回去，赖在学校等值班的、留校的教师来陪一陪。这种状况还是很恼火，家长不尽责，学校责任重大，老师负担重，学生也很不高兴。

（五）万敏强老师的讲述

寄宿留守儿童学习基础很差，有的学生离家实在太远，很小到学校寄宿也实在不方便，就在中心校管辖的村校读一、二年级，三年级再转到中心校寄宿。村校教学质量差，学生该读三年级了，可是一、二年级最基本的知识也没有掌握，根本没办法跟上进度。村校缺老师，有经验的老师不断退休，安心在村校教书的老师不断退休，很少有年轻的新老师去，愿意去的大多都是水平差的，或者没有门路的，迫不得已去了也不安心。现在我所在的村校从学前班的小班、中班、大班到小学一、二年级，五个年级的学生都有，也就11个教师。

每个老师各教各的书，所教科目大都不与所学专业对口。老师不够用，哪个科目差老师就让任课比较少的老师去代课，这种情况很普遍。而且，有几个老师专业基本功差，起初代课几年，接着辞职不干，后来又去参加考试，由代课教师转为公办教师，重新回来教书。他们大多数是初中生，教育思想过时了，教学方法也很老套，赶不上这个时代的发展。在这些老师手下学习的留守儿童,成绩可想而知。

我们村校的留守儿童,二年级结束,转到中心校寄宿,要赶上学习进度,适应离家住校的生活,都有问题。这也难怪中心校老师叫苦连天,没有好心情。不过这些孩子能够吃苦耐劳。我看到过中心校五年级的寄宿学生帮学校食堂搬运煤炭的情况。其中最勤快的是村校转学来的孩子,他们很自觉地铲煤,再嘻嘻哈哈地把煤炭背到食堂的灶炉前。学校食堂靠燃煤做饭,而拉煤车只能拉到校门口,搬运工作要靠高年级各班轮流承担。那些一直在中心校读书的学生好像要孱弱一些,很多人力气小,也许是一年级就开始寄宿,没有村校学生一样爬坡上坎的野放时间,所以身体虚弱一些,劳动也就自然不积极。

(六)戴如娟老师的讲述

在学校教书是一个百感交集的过程。有时候很受感动,有时候又很愤怒,有时候满怀希望,有时候又无可奈何,有时候浑身是劲,有时候什么都不想做。我是一个情绪化的老师,感觉受学生的影响很大。我才到学校工作的时候,恰逢秋天,山里的冷风来得更早一些,吹开了路边、山坡上成片的野菊花。我跟几个学生说:“你们周末结束到学校上学时,帮我摘几朵最好看的吧,我很喜欢这种香味。”结果,那个星期天的傍晚,教室讲台上满是金灿灿的、香气扑鼻的野菊花。孩子们课桌抽屉里也是金黄的野菊花。教室熠熠生辉,香气弥漫,我也心花怒放,幸福无比。

还有一个周六,我在校门口溪沟里洗衣服。看到一个小女孩,她是学校四年级的寄宿生,爸妈都外出打工,奶奶那个星期病了,她就自己洗衣服。她提着盛满衣服的小桶,在上游远远地看到了我,就害羞地问了一声好,然后绕道换到下游去了。我问她为什么走这么远去洗衣服,她说她的衣服很脏,在上面把水弄脏了,让老师洗衣服半天都洗不干净。我说没事的,可她就是不听,让我很受感动。我甚至觉得,能够教到这样的学生是一种幸运。

但是,我也遇到过极其调皮的学生。他名叫金友刚,是我班最有名气的学生。他个子矮矮,脸黑乎乎的,全校几乎每一个教师提起他就头疼。有一天,大雪纷飞,寒风刺骨,我快步走向教室,当我推门进屋时,头顶上方掉下一个粉笔盒,细碎的粉笔头撒了一地,全班同学哄堂大笑。我狼狈不堪,心爱的羽绒服也被弄脏了。我满肚怨气,气急败坏地吼道:“谁干的?站起来!”教室里鸦雀无声,一秒、两秒,我环视教室,无人站起。我咆哮起来:“我数一、二、三,如果再不站起来,我查出后要扒你的皮,抽你的筋!”话音刚落,教室后排角落传来声音:“是我,怎么样!”循声望去,金友刚!他高昂着头,跷着二郎腿,两眼斜视,一副扬扬自得的样子。瞧他那副模样,我气炸了肺,破口就骂:“没教养的东西!你爹妈是怎么教你的?你让你爹妈不配当家长!”这可不得了!他从凳子上跳起来,两手叉腰嚷道:“不准骂我爸妈,你有什么了不起,臭教书匠!”我无言以对,愣了半天,才说:“你下课后到我办公室,现在开始上课。”

我也不知道那节课我讲了些什么,就在恍惚中下课了。等我刚进办公室,班长就跑来告诉我:“老师,你的备课本被烧了。”“是谁干的?”“金友刚!”我飞快跑进教室,可惜来晚了,我的备课本已经化成灰烬。望着眼前的一切,我冲着金友刚歇斯底里吼:“滚,滚出去,以后我的数学课再也不要你上了!”我独自站在走廊上,寒风呼呼刮来,让我直打寒战,我想不通,这个孩子怎么这么顽劣?真是不可救药!

(七)白小军老师的讲述

我在这里工作二十几年了,看着这所学校一点一点变化。十多年以来,我们学校一直都是寄宿制学校,不过以前管理没有现在这么严。现在寄宿学生大多数都是留守儿童,父母外出打工,孩子要么跟着爷爷奶奶,要么跟着外公外婆,有的家长为了出门赚钱,把学生送到学校寄宿就不管了,周末学生回家就一个人,孤孤单单。学校老师也是退休的退休,调走的调走。说句搞笑、不怕脏的话,新来老师上岗的速度,根本没有那些村民生娃儿的速度快。

我们学校现在这么多班,这么多住校学生,这么多杂事,老师根本不够用。

真是差老师啊！没得办法的时候，只能将就，现在教幼儿班的几个老师就是以前连上劳动课、自然课和体育课效果都很差的老师。农村学校条件本来就不好，教育质量差，我们这里搞留守儿童寄宿教育就更缺老师。农村留守儿童本来各方面就是差，更别说寄宿留守儿童了。老师都疲于奔命，还谈得上教育质量吗？也难怪学生不喜欢上课、做作业。

随便举一个例子吧。我班一位男生，家住龙洞村，在家里他是个独儿，还有两个姐姐，由于家长重男轻女，他自小就被娇生惯养。读一年级时，父母开始外出打工，只在春节时买些东西回来看一眼儿，其他时间只顾着干活赚钱，基本不回家。他一入学就成了寄宿留守儿童！这家伙呀，头脑不错，调皮捣蛋是一把好手！上课搞小动作，从来坐不住。所有课内外作业，长期都是一拖再拖，不愿做，不会交。被老师追急了，他还干过偷梁换柱的勾当，把别人作业本的封面撕掉，大笔一挥，写上自己的尊姓大名，交给老师蒙混过关。他上课没精打采，一股风都吹得倒，一下课，就满地疯跑，一条猎狗也追不到。只要老师不和他说作业的事情，他就生龙活虎。他喜欢跟同学追来跑去，对任何玩的活动都兴趣百倍，如弹玻璃球、跳皮筋、疯跑抓壮丁等。

像这样的学生，我们学校肯定不止一两个。为什么会出现这种状况呢？一是家庭教育几乎一片空白。家长放任不管，小学生就认为自己上学可以玩个痛快。作业稍稍多一点，就有同学说："在学校多没劲，要做这么多作业，简直是活受罪！"二是小小孩童长期在校寄宿，容易受到高年级不良住校生的影响和教唆。高年级学生带坏低年级学生的例子比比皆是。像跑江湖的老手一样，学生住校时间越长，贪玩和对付老师的手段就越多。

不过，一位教育家说过，孩子过错的根源在于成人。作为父母，作为教师，不管日子有多苦，工作有多累，都应齐心协力，对寄宿留守儿童多一点关心，多一点教育。我们老师要用一颗平常心去善待留守儿童，用爱心和责任心去帮助他们。每一位家长，则要尽职尽责，正确取舍，着眼长远，关爱子女，争取完全改变目前令人沮丧的情况。

第三节　对留守儿童和实习教师的访谈调查

一、八位留守儿童讲述自己的寄宿教育生活

（一）汪鑫宇同学的讲述

我从一年级到五年级，都在学校寄宿。这学期，学校马老师的儿子转学到班上，我们耍得很好！他来了，我们班男生胆子就变大了。以前，我们班女生好凶，老是欺负男生。要是哪个男生碰了一下她们的东西，她们就又骂又打，搞得呼啦呼啦的。现在，马老师的儿子来了，她们就不敢凶了，班上成了我们男生的天下，我们男生该报复女生啦！哪个女生要是敢动动男生的东西，就会被扇耳光。

不过，我一般都是别人打我，我才打别人。我不主动惹事，不欺负女生。看到她们哭，觉得可怜巴巴的，所以我不欺负她们。我特别喜欢踢足球。这个星期二早上，我吃了三大碗面条。为什么呢？因为星期一下午我去踢足球，踢得太晚，就急匆匆去做作业。后来，老师检查寝室，说我没有把地板扫干净，我只好回去扫。结果，那天下午就没吃饭。晚自习下课后，我又帮别人打扫教室，结果去食堂晚了，所以晚上也没有吃饭。那晚上真的饿死我了，一整晚我都想吃饭，所以第二天早上一口气吃了三大碗面条。

（二）邱军军同学的讲述

我读五年级，在学校寄宿两年了。我很不喜欢做作业，在学校寄宿很不好玩。下午上课后作业很多，老师每天都布置很多作业。有时候，做不完，周末还要带回家做，可是回家就不想做，也没有时间做，结果只好回学校了再做。每次回家，奶奶都叫我做这样那样，挖地，种菜，背柴……我一点儿都不想做这些，可又不能不做。做了这些事，就没有时间做作业了。我真想妈妈回来陪我

读书。

奶奶一天到晚都唠叨我,说我读书不得行,一周还花那么多钱。每周末我回家,奶奶就去打牌。我自己煮不来饭,吃泡面了,她又骂我不该吃。骂得我心烦,即使有一点儿时间,也不想做作业。在学校做作业也很烦,我做不来作业的时候老师就吼我。数学老师给我讲作业,也一直吼我,说我笨,说我字都认不到。语文老师布置的作业更多,还叫我们多认字,多看书,可是我想看的书,家长又不给我买。老师给班上同学买书,也不问我们喜欢什么。

(三)巫小梅同学的讲述

我在学校寄宿三年多了,这学期读六年级。我学习成绩一般,就是很喜欢画画,我觉得我画得很好看。有一天,我们班要布置教室后面的黑板,老师抽人去画。我当时好想去呀,就举手,一直举。可是,老师假装没看到,不让我去,就点了班长、学习委员和几个成绩比较好的人。

下课了,我去问老师为什么不让我去。老师说:"你成绩那么差,一天到晚跳飞飞的,就知道好玩,赶快去把你作业写好吧。"我难受极了,走回教室,根本没有心思做作业。这时候,看到他们几个被老师信任的得意门生正在布置教室,我说我也参加画黑板报的插图。他们都不让我画,还说:"你要显摆自己不得了吗,去去去!"当时我想,你们有什么不得了嘛,不就是成绩好点嘛! 狗仗人势! 这以后,不管老师喊大家做什么事,我都不举手了,也不想找老师说话了。

(四)刘雷同学的讲述

我读三年级,在学校寄宿要满一年了。这学期刚刚开学的时候,外婆给了我 17 块钱,我在校门外面那个小卖部买了一个笔记本和一支圆珠笔,还剩 6 块,就放在寝室枕头下面。晚上我回去找的时候钱不见了,我以为是自己弄丢了。第二天晚上,我们寝室那个又矮又胖的男生买了好大一包麻辣豆腐干,给我们寝室所有人都给了一两片,我也吃了两片。我当时就感到很奇怪,他哪里来那么多钱呢?我用怀疑的语气问他。他说:“我哥哥从外面打工回来了,他给我6块钱,我就去买了。”我相信了他,可我一个朋友悄悄给我说那个男生的钱是偷来的。我就明白了,他一定偷了我的钱。我就去找他要,他死活不承认。我说:“你要是不还给我,我就把你的书全部撕烂,我让你读不成书!”他只好承认偷了我的钱,但就是还不出来。

我去给老师说,老师叫他第二周把钱还给我。他答应了,但是我不干,我要他过两天就还给我。我在老师面前使劲哭,老师才说给他家长打个电话。我以为老师打了,结果三天后那人还是没还我钱,我就去找老师要,叫老师给那人家长打电话。老师不打,还说:“不就6块钱嘛!没事,反正他买的零食你也吃了。”我就在那里哭,老师也不管我,最后那人还是没把钱还我。我也不敢再去给老师说了,我怕他吼我。我不喜欢这个同学,他就是个小偷,一天到晚脏兮兮的,衣服破破烂烂,全身都臭。

(五)肖瑾同学的讲述

我在学校寄宿两年了,现在读四年级。我们老师很凶。有次我们做课外作业,老师批改后很生气。他说:“这个题我都讲过四五次了,你们还做不来!你们是哪样烂脑壳儿嘛!我把本子给你们发下来,你们一个两个睁大眼睛给我好好看哈,再做错的就要挨打!”老师气鼓鼓地把讲台上的竹棍子拿起来,又狠狠敲打了几下。我接到作业本,看到自己做完了作业,而且全对。我高兴地说:“老师,我是对的,我不遭打!”可我话都没说完,老师就劈头盖脸地打了下来。

他凶神恶煞,我赶忙躲,结果棍子落到我肩膀上,当时我就哭了。他打我的时候还说:“谁叫你乱吼乱叫?你说是对的就对吗?”我多么委屈啊!心里很不高兴!我明明做对了,还遭打,其他有些人做错了,都没被打。他打了我,出了气,还去给别人耐心讲题,这是什么道理!我下课后看了我的肩膀,肿了好大一条杠杠,都紫了。星期五的时候我肩膀还痛,回家就给爷爷说了这事。爷爷说:“你一个女娃子,这么不听话,该遭打嘛,学生不听话,老师就是该打。”从数学老师打我以后,我就不敢去问他问题了,我也不想去问他什么。

(六)王生乾同学的讲述

我读五年级,在学校寄宿三年多了。我们班有几个女生就爱欺负我,特别是和我挨着坐的那两个女生。她们爸妈都在场上做生意,没有出去打工,她们经常欺负我。每次她们都不让我进座位里去。她们商量好,给我说:“想进去每天就给5角钱过路费,不然,就别想自由进去!”我只好每天给她们钱。我不敢给老师讲,更不敢给爸妈讲,讲了我可能没有好日子过,她们会约镇上的杂皮娃儿来报复我。

她们抢我的东西吃,我也不敢给老师说,我怕她们打我。她们扯我的头发,好几次都把我弄哭了。她们很爱讥笑我,说我怎么这么笨。有一天,我没钱交,她们不让我进座位,使劲扯我头发,把我头发都扯下来一些了,我就哭起来。班主任老师来了,问我怎么回事。我不敢说。我前面那个女生就说是同桌扯我头发,把我弄哭了,班主任老师才把我们的座位分开了。

(七)倪蕾同学的讲述

我是转学来的,读六年级,在学校寄宿一年多。我们女生寝室很烦,她们都不喜欢我。我上床的那个女生脚臭得要命,每天都喜欢在我床上滚过去滚过来的。我叫她走开,她死活不听。我生气了,就直接打了她一下。另外几个女生就来帮忙,还把碗里的水倒在我身上和床上。她们七嘴八舌骂我说:“你要找死吗?自己死去呗!活该老师天天吵死你!”

我去找班主任。班主任问了我,就说:“她们不该打你,但你也不该先打别人啊,别人不就在你床上耍一会儿吗?你不要把你以前在外面的那些烂德行拿到学校来!”我当时觉得好委屈!明明就是她们的错,为什么还要先批评我、骂我？这学校还可以讲道理吗？现在我已经不想去读书了，反正我也不喜欢读书，就在家里耍着挺自由，想做什么就做什么，反正妈爸都没在家，也管不到我。

（八）李杨倩同学的讲述

我在学校睡觉老是做噩梦。昨天晚上做梦的时候，我梦到和梅老师，还有我那个朋友一起到森林里面去。我们在那里大声吵闹。梅老师就说不准闹，怕猛兽来。可后来，我朋友学恐龙的声音，“哇！”的一声，我们就听到“咚咚咚”的一连串声响，我们就看到恐龙了。我们赶忙跑到森林边去，跑得死去活来，我累得要死了。梅老师就说，他假装更凶的恐龙，叫出很大的声音，把那个恐龙吓跑。说完梅老师就打雷一般“砰砰砰”叫了几声，结果弄来一个超级霸王龙，吓死我了。还好，那个超级霸王龙是来帮我们的，它把原来那个恐龙咬死了。

但我还是被吓了个半死，就躲到一个洞里面去。那个霸王龙在洞口掏、掏、掏……没过多久就把我们拉出来了。我们吓得快死了！可一瞬间，霸王龙笑眯眯的，把我们放到它的背上去，带着我们飞回了学校。霸王龙把我们的教学楼、寝室都一脚踩扁了，说我们不用在学校被关着了。房屋被踩扁后，我们也从霸王龙背上下去了。我们就在那里走，走，走，走了一会儿，不晓得走到那里去了。后来，我一个人走，走，走，乱走，可后来走到家里爸妈的房间里去了。真奇怪，吓死人。难道霸王龙是可以帮我找到爸妈的神龙？

二、一位实习教师对留守儿童寄宿教育的探究

我刚从师大毕业，学的小学教育专业，再过一个多月，我就要到一所农村寄宿制小学工作了。大四上学期，我在去栖凤山小学实习之前，计划对农村留守儿童教育多一些探究，一是为了做好毕业论文，二是为毕业后的工作多一些准备。到栖凤山小学之后，我仔细观察学校环境和老师们的工作状态，努力和

每一位留守儿童做朋友，与他们谈心，观察他们的日常学习生活，向家长、老师、学生和学校附近的村民了解情况，同时认真做好教育实习工作，用心体会和反思，最终取得了较大收获。

栖凤山小学周边地区人口分散，山多地少，从县城乘中巴车到校要花两个多小时。学校所在的乡场就在栖凤山主峰下面的山坳里，传说那座山峰曾经有金凤凰栖息。乡场不用 10 分钟就可以从街头走到街尾，除乡政府、卫生院、邮局之外，沿街民房之中还有几十个杂货铺，七八家小超市，两个小旅馆，一家理发店。我经常去的三家小餐馆，主营面食和盖饭。

当地青壮年大多在外地打工，老年人在家务农，带着孙辈小孩。由于大多孩子的家离学校很远，且交通不便，所以催生了寄宿留守儿童这个群体。栖凤山小学寄宿学生约 1000 人，其中留守儿童接近 800 人。这些孩子在校午餐质量不错，还可以减免一些费用，早餐的鸡蛋免费，餐食卫生也能得到较好保证。这比起前些年要好得多，那时寄宿学生必须自己从家里带大米、红薯、土豆等，自己淘洗后由工人在学校大蒸锅里统一蒸熟，然后，就着从家里带来要吃整整一个星期的咸菜吃下去。

学校师资力量匮乏，教师专业不对口教学的现象比较严重。老师们的生活与工作条件也比较差。刚参加工作的年轻老师和我们实习教师住在一幢破旧的楼里。我们用广告纸糊那些烂到掉渣的墙壁，楼梯摇摇欲坠。春秋季节，老师们上山挖野菜，在学校门口的小溪里洗衣服。冬天，学校水管被冰封，我就用电饭煲烧水，站在不锈钢盆里洗澡。在那里，我白天陪学生，晚上常常要驱赶闯进寝室的老鼠。因为缺老师，我被安排教五、六年级的音乐课。我不太认识五线谱，也不会弹琴，两个月练习后，可以生硬地用两只手同时弹电子琴。在这期间，我悄悄哭过几次，既为自己水平不够着急，也为自己将来的工作担心。

当然，我也有被学生打动的时候。整个冬天，我发现他们的衣服里三层外三层地套着穿。很多同学的外套过小或过大，有的外套是适合秋天穿的夹克，也有早就磨破的单层校服,有个孩子一直没有外套,外面长期穿着一件脱线的腈纶毛衣。绝大多数寄宿留守儿童的衣服会翻来覆去地穿很长时间,他们一个冬天很难换洗几次衣服,外面的衣服脏了,就把里面的翻出来套上去。元旦节,我回到自己家,跟周围邻居、同学说了这些现象,大家捐出了一大包冬衣。我独自辗转两趟乡镇客车,把这些冬衣带到了学校。我把最缺少衣服的孩子叫到寝室,告诉他们有人送他衣服。没想到最先进门的男同学瞬间满脸通红,连忙摇手说:"不要,不要。"我就一直劝,他反而紧张难受得说不出话来。最后,一大包衣服只送出去了三件,还是我硬塞的,理由是给爷爷、给奶奶、给弟妹。孩子们的自尊令我惊讶,我发现了他们丰富的内心。

刚到学校时,我先后对办公室的五位老师说,我要写毕业论文,研究农村留守儿童教育,想请他们帮我填写问卷。他们给我的回答是:"呵呵……研究留守儿童呀！我不会填这个,我搞不来这个,我们没有专门弄这个！我们不晓得这些个事情！那你得找那些领导,他们专门弄这些,他们比我们了解得多。你找我们这些普通老师没得什么用!"我把问卷给我的一位学长,他是我们师大毕业才 3 年的老师,他的回答和那些老师也基本一样。他说:"这个你直接去找学校留守儿童工作办公室主任,也就是学校的大队辅导员,她了解,你问我们是问不出哪样凿头(答案)的。"老师们为何集体拒绝我？起初,我以为他们觉得没有必要认真对待我这样一个小不点儿的实习生,就忽悠我。过了几天,那位学长告诉我,他们被上级和学校布置的各种各样的留守儿童工作"折磨够了",什么建档案、家访、写教育个案 、做心理辅导、手拉手结对帮扶、过集体生日、评比自信留守儿童等,很多老师都认为这些工作大多数是搞形式主义,"一天到晚烦死人啦",所以一听我说要填写留守儿童教育调研问卷,"脑袋就晕",谁都不情愿。

不过,留守儿童工作办公室主任和学校另外一个办公室的几位老师对我的调查还不至于很反感。留守儿童工作办公室主任为人率真热情、和蔼友善。她告诉我,留守儿童寄宿教育问题实在太复杂、工作太难做,上级的要求是一回事，学校做的是一回事，老师们讲的又可能是另一回事，而最终，我写进论文的内容，只能是“应该写”的那一回事。我认为大队辅导员的话有道理，所以暗自决定对老师们讲的东西加强辨别，观察留守儿童寄宿教育最真实的情况。大队辅导员一边填写问卷，一边对我说：“这些留守娃儿也是可怜，这会儿可能都在教学楼后面的食堂吃饭。他们家长都出门打工，要么跟着爷爷奶奶，要么住在亲戚家，家长很少来学校看他们一眼。一周才回一次家，衣服脏得很，花野猫一样的脸。家长只晓得赚钱，不晓得在屋头管一下自己的娃儿，认为把娃儿交到学校就全是学校的责任了。”

大队辅导员讲的一些情况，我自己也观察到了。我第一天到学校时，是中午 12:40，我进去正好看到学生和老师们在吃中饭，孩子们身上的确很脏。不过，当天我看到的老师们工作的懒散状况，给我印象更深。进门时，我问门卫室老师：“请问我可以进去吗？我是来实习的。”“可以。”值班老师也许没有来得及吃午餐，声音显得有气没力。我发现里面坐着一个保安，一个老师，年纪都是四十多岁吧。他们没有抬头看我，都各自玩着手机。虽然才 11 月底，传达室已经开始用电暖器烤火了。下午，学校副校长带我到办公室，我看到里面的老师也都在烤火、聊天，个别写着什么。后来我发现其他办公室老师也经常烤火，往往边聊天边批改学生作业。老师们除了上课，一般都待在办公室，不爱出门。

天气的确很冷，不过那些孩子不怕。那天下午最后一节课刚下，我突然听见操场边大喇叭里传来尖厉的声音，催促着学生赶紧打扫自己班上公共区域的卫生。我走出办公室，看见不少学生穿着很久都没有换洗过的衣服，很脏。有的同学裤子、鞋子上有一块一块的泥印，衣襟和两袖很黑，不少同学蓬头垢面。他们有的拿着用竹丫枝做的扫把，有的拿着高粱秸秆做的扫帚，有的拿着铲子。有认真打扫卫生的同学，也有游戏玩耍、追逐打闹的同学，但没有看到一位老师。半个小时过去后，我出门再看，发现少数班级的同学还拿着清洁工具在劳动或打闹。

学校中老年教师占比较大，但工作干劲不足。据说，前些年学校在全县小学语文、数学统考成绩排名中，连续3年都是倒数第一，导致原任校长在2013年直接“下课”，被调到另一所学校做了普通教师。学校现任校长在后来的五年多时间里，不但把全校学生的语文、数学成绩抓起来了，还搞出了书法教育特色。与以前相比，老师们都感觉很累，但工资并没有增加多少，所以中老年教师大多不喜欢这个校长。才参加工作的年轻教师因为没有对比，或者还想奔前途，绝大多数都很拥护校长。但从整体情况看，除少数非常认真负责的老师之外，学校老师的工作风貌与我曾经待过几星期的那所城里小学没法相比。当然，学校的教学楼和设施设备更没办法与城里学校相比。我看过几间学生寝室，里面挤挤挨挨摆着简陋的木头架子床。学生的生活物品摆放基本整齐，但寝具并不统一，花色不同的床单与被套，增加了整个房间的凌乱。寝室窗户较大，但屋里仍有一股潮气和酸臭味。冬天都如此，夏天就可想而知了。

学校的课间操很特别。刚去学校时看到，一些班级是学生干部在前面领队，带着班上同学排着队从教室走出来。那些学生像被关在圈里的羊群破门而出那样，根本不听招呼。他们三五成群地打闹、闲聊，或者独自站在那里玩着手上的东西，几个站好队的学生则在那里反复催促迟迟排不好队的同学。但班主任老师一到场，懒懒散散的学生立马像长了飞毛腿一样，“嗖”的一声跑到自己的位置排好了队。

广播里响起音乐时，多数学生会认真做体操，少数学生则在那里乱跳，不知跳的什么。体操做完，他们以班级为单位到指定区域活动，有的跳竹竿舞，有的跳学校特有的书法舞，有的踢毽子，有的跳绳。一眼看过去，感觉操场上几乎没有老师。大多数同学在操场玩的时候，教室走廊上还有几个头发凌乱、衣服肮脏、眼神迷茫的学生。他们因为违反纪律，正在被老师罚站、罚吹冷风。他们有的规规矩矩站着，有的趴在栏杆上，眼巴巴地看着操场上活动的同学。看到这一幕，我心里有些不是滋味。他们可怜的眼神让人心疼，他们很像是被锁在笼子里的猴子，渴望破笼而出。学生自由玩耍20分钟后，学校音乐响起，广播里传出甜甜的声音:“亲爱的同学们,上课时间到了,请赶快回到教室上课!”那些学生顿时像被风卷的残云一般,飞快地跑回教室不见了踪影。

栖凤山小学虽然有几位老师为我填写了问卷,但比较而言,学生填写的问卷给我提供的信息更为丰富。填写问卷的学生主要是四年级寄宿留守儿童,他们完成了35份问卷,内容涉及他们的家庭情况、生活习惯、情感交流等。根据这些问卷和其他方面的调研情况,我把握了寄宿留守儿童的部分基本情况。

家庭方面,这些留守儿童周末大多寄养在爷爷奶奶、外公外婆家,少部分在亲戚家,父母有一方在家的属少数。他们家庭经济条件普遍很一般。零花钱最多的留守儿童每个星期有25元,一般的学生每周不到10元,少数同学根本没有零花钱。零花钱的多少并不会影响他们吃饭的情况,因为每学期初,学校已经向家长统一收取了伙食费。四年级的学生大多是从一年级开始寄宿,已有三年多的住校生活经历。

生活方面,35份学生问卷的答案大多是一周换一次内衣、洗一次头。实际情况却不一定。比如冬天,因为冷,一些同学根本没有定时换洗衣物。班主任兼任他们的生活老师,学习与生活一起管。负责任的班主任老师会多督促孩子,教学工作忙或不负责任的老师会把学生的生活指导放一边。大多寄宿孩子认为自己和走读同学在衣着、卫生等方面有差别。

情感方面,在隔代抚养关系中,监护人满足的只是最基本的物质生活保障。对于孩子成长所需的心理呵护与亲情滋润,父母也好,祖辈也好,也多是一知半解。即使知道,也无能为力。孩子与家长亲情联系的主要方式是打电话,一般都是每周不足一次,交流的内容也多是“你吃饭了没有……你什么时候回来……爸爸妈妈我想你了”。更有部分孩子,拿起电话无言以对,或干脆拒绝接电话。孩子们发泄苦痛的常见方式是哭,几乎每一个孩子在校期间都哭过。

少数孩子到过父母务工的城市,大多数孩子去过县城,对大山之外,他们好奇、憧憬又迷茫。他们写的梦想是当教师、科学家、荒野猎人、飞行员等。在被问自己认为梦想能否实现的时候，60%以上同学的回答是“不知道”“不能”。大山阻挡了很多孩子投向远方的目光，以及实现梦想的路径，这和我自己读小学住校时的情况几乎一模一样，让我感到很难受。

我深入访问过一个学生家庭。家里两姐弟相差一岁，都在学校寄宿，读五年级。从奶奶口中得知，两个孩子都非常懂事，学习也很刻苦，但是数学成绩都不好。孩子平时除数学外的作业题自己都能做。数学很多问题不能解决，回家后也找不到帮助解答问题的人。在学校，虽然可以问老师，但两个孩子都内向，总觉得经常问，老师会嫌弃他们很笨。通过我开导，他们表示以后会经常请教老师，但我觉得他们太胆小，很难迈出第一步，需要老师主动关怀指导。

我还了解到一个特殊的留守儿童。他一岁多的时候，父母就到广东打工，11年都没回家，孩子已经记不清父母的模样。父亲在外靠打零工挣钱，没有稳定工作，月收入最好的时候有两千多元，但从未寄钱回家，家里还有外债要还。母亲有病难治，好像是癫痫，常年吃药，基本没有工作和收入。父母二人并无结婚证，他们在外自己的生活都难以维持。庆幸的是孩子的爷爷、奶奶给了他们很多照顾，让孩子能够得过且过。爷爷虽然年老，但依然能够打零工维持家用。孩子说，爷爷奶奶很好，周末假期偶尔还陪他玩耍一会儿。

我上音乐课，也和一个六年级留守儿童有过激烈冲突。这个学生已经接近14岁，性格倔强，脾气暴躁。我了解到，他是家里的独子，不爱读书，喜欢和同学三五成群地到处闲逛，爱和老师抬杠，爱玩手机。父母在外地打工，只有奶奶在家带他。听同学说，以前老师惩罚他，用棍棒打他，他当场就跑了，跑到山上一天一夜不回学校，随后全校、全村的人都去找他。第二天，他自己回去的时候发现所有人都在找他，还感到很好玩。

他在我的课堂上认真了一周，其余时间都完全不像话。他上课和同学说闲话，小动作不断，我让他唱歌，他根本不理睬。我找他谈过好几次，每次都无果而终。有一次，他实在太过分，让我差点失去了理智。他把教室窗玻璃用教科书的书脊敲破了。当时我正在弹电子琴，只听得“哗啦”一声，玻璃碎了一地。我顿时五脏六腑都好像生了烟，七窍都冒了火。我声嘶力竭地吼起来："说！给我一个理由！为什么会这样?!"我"火冒三丈"，根本控制不住情绪，只想知道他为什么会这样让我愤怒！

那家伙双手交叉抄在胸前，左脚向前伸直抖动着，双眼望着别处，很不情愿地回答我："就是它自己太脆了，我用书一碰，它自己就碎了。"我说："那我现在叫你去碰一下它旁边的那块玻璃，看它是不是也会碎？如果是，那么我相信你！如果不是，你给我一个理由！"他斜着眼睛瞟了我一眼，没有任何言语。我劈头盖脸骂起来："一本书，拿在手中敲敲敲，敲个鬼！神经病！听说你在班里是老大呀！有多少小弟呀？现在连班主任都不敢对你怎么样了吧！害怕你突然又跑了？这样的责任他可不敢担！怎么？教教我，你是怎么做大哥的呗！你在家里是个独苗苗，父母拼死拼活去打工，你感觉自己在家里、在学校就是老大了吧?!看你一天浪费几十块钱，可是连个像样的包书皮也没有。把钱拿到哪里去鬼混?!窗玻璃，必须照价赔偿！你觉得浪费父母的血汗钱，很开心吗？混蛋！"

他可能没有料到我这个实习老师会发这么大的火，居然闷着声，低下了头。望着周围不知所措的学生，我也只能见好就收，重新上课。后来，我一直想与这个孩子好好沟通一下，但班主任告诉我，他的情况很复杂，不要轻易惹他，最好的办法是睁一只眼闭一只眼，让他混到毕业就阿弥陀佛。思来想去，我的确想不出教育他的好办法，也只好知难而退，顺其自然了。

通过近两个月的观察了解，对比自己作为寄宿留守儿童的教育生活经历，我认为当前寄宿留守儿童的宿舍条件、饮食条件有了较大改善，但是他们面临着更严重的心理问题。在这个高度信息化的时代，农村学校的教师与学生、学生与家长、学生与学生之间，情感信息的交流远远没有想象的那么便利和融洽。栖凤山小学书法教育特色全县闻名，寄宿留守儿童也因此受益较大，但是要让他们真正能够"吃得好、住得好、学得好"，学校教师、家长以及社会各界还有很多事情要做。

第四节　受访教师视角的问题困难与对策经验

一、农村留守儿童寄宿教育的问题与困难

（一）“做得越好负担越重”

我们学校一把手是积极乐观的好校长，他要最大限度维护学校的良好形象，所以不愿多谈留守儿童寄宿教育的问题和困难。我负责管理全校学生的德育和安全工作，感受更多的是压力。我认为，举办寄宿教育，关爱留守儿童，我们做得越好负担越重。一是工作要做好，工作量必然增加，负担重。二是做好了寄宿教育，乡里转学到县城的学生、跟家长外出读书的学生，以及周边其他乡镇的一些学生，都被家长送到学校寄宿，家长照样在外打工。学校对留守儿童越关爱，学生数量就越多，而学校教师短缺，寄宿学生教育经费也严重不足，制约了一些活动的开展。再者，一眼都看得穿，我们学校校园小，学生活动空间狭小，学生人数越来越多，严重不利于有效开展寄宿学生的教育活动，安全管理增加了难度。另外，有个政策必须执行，现在上级要求“减负”，寄宿小学生不准上晚自习，教师不能讲课，学生不能多做作业，学校要组织丰富多彩的课余活动。可是，学生多了，组织活动差钱又差人，压力自然很大。

（二）“有的老师很不情愿把留守儿童寄宿教育搞好”

现在学校大规模搞寄宿教育，留守儿童越来越多，老师工作量越来越大，不接受留守儿童寄宿的学校生源逐步减少，教师工作量也越来越小。但是，那些学校的教师又不可能大量调入我们学校。一是编制问题，我们学校不能超编；二是那些学校依然要留下一些学生，年级的个数还是 6 个，要开的课程还是那么多门，老师基本上还是需要那么多。我这个班，一年级只有学生 31 人，

留守儿童25人,现在全班学生达到52人,留守儿童47人。增加的那些学生,有的是跟父母外出成绩很差的,有的是没办法继续在县城读书的,还有附近其他学校转过来的。那些外出务工家长听说我们学校关爱留守儿童,寄宿教育质量好,立即将子女送回学校寄宿,他们认为这样很划算。还有一部分学生,原本不是留守儿童,但家长看到学校很关爱留守儿童,可以享受优惠,于是纷纷外出打工,让子女住到学校,寄宿留守儿童的占比不断增加。这样一来,有的老师很不情愿把留守儿童寄宿教育搞好。

(三)“一部分留守儿童的家长心态很不正”

我有一个发现,不知是否该讲,那就是一部分留守儿童的家长心态很不正,有意无意把自己抚养照顾子女的义务推给学校。上学期,我们班一个同学生病了,高烧到41度。我是班主任,只好给家长打电话,说孩子生病,在乡卫生院住院,请家长赶快来照顾。家长居然说:“娃儿在学校生的病,应该由学校负责治疗,我没办法管,我到学校还要走两个多钟头,现在天快黑了,娃儿爸爸打工去了……”话没说完,电话就关机了。我想可能手机没电了,但是她不该这样说呀!过了一会儿,我又给家长打电话,始终打不通。没法,我只好没精打采地陪在这个学生身边,在卫生院照顾了一晚上。我们隔壁班一个学生生病的事,也让大家很气愤。那天做课间操,他班一个学生说自己头疼厉害。即将退休的班主任齐老师说带他到卫生院买点药。学生说不用去,爷爷长期带他到一个药店只买一种药,吃了就会好,他想借齐老师的手机给爷爷打个电话。齐老师说爷爷到校要走接近两个小时,就动员孩子去乡里卫生院开了二十多块钱的药。后来孩子爷爷到了学校,不但不感谢,还说齐老师这样做,是为了照顾卫生院医生的生意,让他白白浪费了钱。齐老师很生气,为了证明自己的清白,就拒绝让孩子的爷爷付钱。后来,还是学生的妈妈过意不去,把钱补给了齐老师。

（四）“个别家长让老师很无奈”

寄宿留守儿童家长的电话很金贵，我班40来名留守儿童，每学期接不到10个家长的电话。偶尔有家长打来电话，首先不关心孩子学习和表现，而是问这学期有些什么费用减免，要求一定照顾他的孩子。有的家长还强调自己身体差，没文化，在外面打工特别不好挣钱，要求学校多给孩子一些寄宿生活补助。有时，我会借机说：“你当家长，就好好教育一下自己的娃儿吧，专心致志学习，读书有出息，别走你们的旧路。”他们往往会这样回答：“我们农村人，没得办法啊！读不读书都差不多，长大有口饭吃就行。我们没有读多少书，也还是一样出门混日子。”这个别家长让老师很无奈。

（五）“要做好家校联系工作，真难啊”

有些留守儿童的爷爷奶奶很啰唆，小眉小眼的，就盯着学校的贫困生补助。上学期有个企业到学校捐了一点钱，资助的名额有限，每个班只有三个。资助的原则是：“每个班只发最贫困的，由班主任在班上筛选确认。”我就把300块钱发给了班上公认的三个贫困生。结果，另一个学生的爷爷奶奶到学校来找我，我正准备坐车去县城开会，他们拦住我们的车说：“我们家有三个无娘儿，都没有人看得见，学校老师心好狠！”实事求是讲，他们家的确贫困，但是学校也不是没有落实相关费用的减免，他们怎能这么说话呢？我只能说，贫穷并不是什么美德，而往往会让人变得尖刻。一次家访，我还遇到过这样的奇葩家长，是一个学生的外婆。她看我两手空空，公然质问我：“现在老师下乡，都带扶贫礼物，你怎么什么礼物都没有带呢？”她老人家并不是开玩笑，让我大吃一惊。原来在她眼里，老师去家访就是去送礼的。虽然这只是极个别现象，但从一个侧面反映了寄宿留守儿童家庭教育的深层问题，要做好家校共育工作，真难啊！

（六）“周末在家的教育很成问题”

寄宿留守儿童的家长要么对孩子缺乏责任心，不闻不问，要么溺爱放纵，娇生惯养，两种情况都容易导致留守儿童行为习惯不良。有些外出务工家长认为自己难得回家一次，所以在家时恨不得把所有东西都给孩子，对孩子百依百顺。外公外婆也娇惯宠爱，对孩子的问题行为缺乏及时有效的约束管教，一般都听之任之。这使部分留守儿童周末在家不听祖辈教导，平时在校不遵守规章制度，迟到、逃学、说谎、打架、欺负同学。极个别高年级学生甚至与社会上一些不三不四的人混在一起。上学期发生在我班上的一件事，让我深受震撼。那是一个周末，学生基本上都离开了学校。我班上一个留守儿童回到外公外婆家，可那天外公出门做零工挣钱去了。孩子就偷偷摸摸地跟村里几个无业青年骑摩托车去县城闲逛，一辆车上坐了 4 个人，结果摩托车失控，摔下河岸，我班那个学生被当场摔死。闻讯赶回老家的父母痛哭流涕，后悔莫及。他们说：“出去打工就是为了找钱，可现在儿子都没了，钱找来有什么用嘛？”这个事故说明，寄宿留守儿童周末在家的教育很成问题。没有家庭教育配合，学校教育往往毫无成效。

（七）“教师方面的问题最大”

我认为，农村留守儿童寄宿教育的各种问题当中，教师方面的问题最大。近几年，学校来了不少“特岗教师”，是国家专门招来补充到山区教师队伍里的“新鲜血液”，但是，他们与寄宿留守儿童打交道的效果并不理想，教育教学质量比较差。里面的原因很复杂，一是这些大学生所学的专业与教学岗位基本不对口；二是他们还年轻，没有山区工作和生活的经历，不能体会到农民的苦处，与寄宿留守儿童在感情上不能打成一片；三是他们大多都不安于现状，认为自己没有社会关系才迫不得已到山区教书，很冤，大材小用。目前学校站在讲台发挥作用较好的老师大多数是 2000 年以前毕业的中师生。当年物质匮乏，这些老师是地地道道的农村子弟，对农村充满爱，在师范学校经过严格培训，吹、拉、弹、唱，样样都会一点，可算全才。最可贵的是，他们默默奉献，愿意吃苦，责任心强，与寄宿留守儿童相处较好。让人遗憾的是，这批教师最近几年调走的比较多，当领导后不在教学一线的人也不少，还有些人快要退休了。我们学校教师出现了青黄不接的现象。一些责任心强、能办事的教师一直守在一线苦战，已经被拖得疲惫不堪。涉及寄宿留守儿童教育的每次大型活动都由他们策划准备，来学校观摩和检查的人又多，几乎每周都有，他们还要承担繁重的教学任务。另外一些混日子的人，就像一根朽木插进烂泥潭，不知有何用。忙的忙，闲的闲，两极分化，也让一些做事多的老师心里很不平衡。

（八）“付出艰辛劳动的教师根本得不到应有报酬”

我们学校搞农村留守儿童寄宿教育，搞教育特色，书法教育慢慢出了名，学生越来越多，寄宿留守儿童越来越多，这在我看来并不是什么好事，起码没有什么实惠，相反增加了我们的负担。我们做的一切工作，不能说全是分外之事，但有大量工作都是可做可不做的。我们做了，付出艰辛劳动的教师根本得不到应有报酬。县里没有关爱留守儿童的专项资金，绩效政策也不允许给多付出的老师多发钱。校长也费力不讨好，每一次活动，都求爹爹告奶奶到处去化缘找钱。当然，关爱留守儿童最辛苦的是班主任老师。学生的吃喝拉撒睡，什么都要管，教育、教学，哪一项都不敢马虎，工作量特别重。稍微做得不好，就是学生怨、家长恨。以我班为例，全班 57 名学生，每学期必须对一半学生进行家访，近 30 个家庭，每周要访问接近两家。山区学生居住分散，很多家庭只能星期天去访问，要耗费很多休息时间。每次家访还要记录在案，期末上交学校。学校规定寄宿学生每天要新学一条名人名言，每周要搞两次阅读竞赛活动，这些教学任务都加在班主任头上，工作量可想而知。更无可奈何的是，这样做了啥补贴都没有。

（九）"的确是一个社会性难题"

农村留守儿童寄宿教育难度大，的确是一个社会性难题。对这个难题，学校和教师在很大程度上都无计可施。这些孩子长期生活在一个养育功能不健全的家庭，不是缺乏父爱就是缺乏母爱，问题很大。那些父母一方外出打工的家庭，和孩子生活在一起的父亲或母亲，长期独自承担养儿育女的重任，一般都会严格要求孩子。一些孩子不一定懂事，可能对长期带自己的家长产生逆反心理，而对外出务工的亲人加倍思念。

久而久之，这些孩子可能厌恶学习，在家和家长对着干，周末离开学校后三五成群做"坏事"。外出务工的一方看到孩子不成器，就会埋怨在家带孩子的一方。这样家庭矛盾加剧，外出务工的一方就不愿回家。他们可能觉得孩子已经成了拖累，自己不可能再改变命运，就想方设法寻求刺激，甚至可能产生婚外情，离婚，再婚，或者私奔，不再回原来的家。这种家庭的孩子，老师基本上没法教育，但是这些孩子又还不得不待在学校。有的老师发牢骚，说现在的家长把子女往学校一放就"另觅新欢"，实在害人不浅，害了一堆人，老师自然也是一个"受害者"。

农村留守儿童原有家庭破碎的另外一种原因是，有的年轻母亲在家带孩子，耐不住生活的煎熬与寂寞，有意无意与其他男人好上了。消息传到在外打工的丈夫那里，他们往往咽不下这口气。于是，一些好端端的家庭被拆散，甚至闹出人命惨案。这些家庭的孩子寄宿在学校，能够健康成长吗？鬼都不相信！

（十）"做留守儿童寄宿教育实在令人心酸"

寄宿留守儿童长期缺少家庭温暖和亲情关怀，心理教育困难特别大。班主任往往费力不讨好，甚至可以说是好心不得好报。班主任当生活指导教师，深入寝室，要求留守儿童勤洗手、勤洗头、勤刷牙、勤换衣服，一些学生还会满肚子怨气。比如,我班有名男生,他的心理有些“变态”。那天二班的班主任易老师帮我值班,批评他不讲卫生。他极为不满,后来就逮住一个机会把易老师的手机偷偷拿走,准备扔进厕所,幸好被同寝室同学发现,从他手中抢过去交还给了易老师。我作为班主任,知道这件事后,首先给他做思想工作,希望他从内心认识到自己的错误。其次,要求他给易老师道歉,保证今后遵守纪律,讲究卫生,热爱学习。这个家伙虽然调皮,但还是按我的要求做了。我也悄悄给他爷爷打电话,叫他们不能打他骂他,要多疏导,表扬孩子知错就改,以免孩子走极端。一切事情很顺利,可三周后,这个男生的父亲回家听说了此事,气势汹汹来到学校,要老师给个说法。天啦,这是什么样子的家长!他居然认为老师偏听偏信,与寝室那些同学联合起来栽赃欺负他的儿子。他说自己的孩子绝不会有这种不干净的手脚,是同学冤枉,告恶状,是老师过分,不加调查就栽赃。当时我不在校,大队辅导员把知情的学生喊到场,也把他儿子喊来,当着家长的面,把每一个细节都讲清。最终家长无话可说,拍拍屁股就走了,根本没有向易老师道歉的意思。从这个事情可以看出,做留守儿童寄宿教育实在令人心酸。

(十一)“小学留守儿童在校寄宿不是个什么好办法”

我在学校教了7年书,经常会遇到留守儿童厌学、逃学,甚至辍学,他们成绩落后,纪律涣散。小学留守儿童在校寄宿不是个什么好办法。这些学生,家长依赖学校,孩子缺乏家庭温暖,心理就出现缺陷,形成孤僻性格。我班上有一个孩子父母打工5年,每到过年才回家一次。问他是否记得爸妈模样,他只是低头不语。问他想不想爸妈,他很干脆地摇头。他说,想也没用,还不如不想。他性格孤僻,很暴躁,不让任何人碰他任何东西。真是悲哀!孩子周末、寒暑假由年迈的爷爷奶奶、外公外婆照顾,太困难!农村老人文化水平低,隔代教育难,老人管不了,不敢管,不会管,宠孩子,惯孩子。这样的孩子寄宿学校,难以遵守学校的规章制度,学习缺乏自信心,生活缺乏安全感。家长图方便，把孩子丢进学校就外出打工，钱可能挣到了，但严重影响后代，得不偿失。国家投入这么大，学校负担这么重，教师工作这么苦，最后学生教不好，损失极大。家长看到留守在家的孩子学习成绩差，着急也没用。学困生和流失生基本上都是这类儿童。近几年学校教导处统计转学生、插班生，发现他们基本上都是留守儿童。这些走南闯北像“学贩子”一样的留守儿童天性懒散，一般都不服学校管教，对老师有抵触情绪。个别高年级学生觉得自己父母没读什么书，同样天南海北挣钱，就觉得自己不读书也可以出去挣钱，所以得过且过，不求上进，成绩普遍差，搞得不好就会辍学。

（十二）“很多老师有意无意朝留守儿童泼脏水”

我认为，我们学校留守儿童寄宿教育的最大问题是老师对学生没有正确的观念，只看缺点，很多老师有意无意朝留守儿童泼脏水。前不久我们学校组织召开留守儿童行为习惯教育研讨会，结果开成了老师们的发泄会。有人说：“留守儿童的行为习惯就是差，差得不是一般！差的状况众所周知、有目共睹，我说都不想说了！有几个寄宿留守儿童是真正的优秀学生吗？全校数得出来10个，就阿弥陀佛！”有人说：“寄宿留守儿童的教育问题多得很了。比如，习惯差，成绩不好，长期自卑孤独；有的学生懒散，头不梳、脸不洗，也没人管。”有人说：“留守儿童就是差，更别说是住校留守儿童！行为习惯差，学习习惯差，缺乏父爱母爱，人情冷暖淡薄，隔代扶养孩子任性。留守儿童经常没按时完成作业，马马虎虎。他们缺乏关爱，性格孤僻，不与人交往，自闭。缺乏自信，课堂上不敢大胆发言。”有人说：“很多寄宿留守儿童性格内向，思想负担重，不善于表达沟通，做任何事情都拖拉，学习得过且过，一句话，寄宿留守儿童就是恼火！”我认为留守儿童不是这样糟糕！这些夸大其词的话语，对留守儿童是很大的打击，对寄宿留守儿童教育没有丝毫好处，还是少说为好！

（十三）“学校这样低水平的老师肯定教不好寄宿留守儿童”

作为一个刚大学毕业的新老师，我认为我们学校寄宿留守儿童教育的最大困难是老师的水平较低，当然也包括我。我一到学校就发现很多老师在全校大会上也会给学生讲土话。一些老师即使说普通话，也是南腔北调，吞吞吐吐，一些老师在大会上说土话，更是让人觉得别扭，甚至很滑稽。比如，组织全校同学做课间操，经常有老师通过学校大喇叭讲：“有的班还没有排好队的赶快点，不要每次都让别个那些个班站好了就在那里等你几个。你几个每次都耽误时间，你们要是再排不好队，等哈儿等别个进教室了，就把你们班留下来在操场站一上午个！”督促学生做大扫除，经常有老师在学校大喇叭里喊：“有的班级搞快点哈，别个都已经弄完了，就你几个在那里摸里摸索的啰唆，就让别人等你们哈，你们要是再不赶快弄完就把你们留在学校让你们黑了才回去个。”

有一次期末，学校一位主任组织学生放学，说了这样一段话：“赶快站好队，本来我们可以早点集合放学回家，就是有一些班级阵忙扫除不完，在后面拖拖拉拉的，弄得我们现在才集合。我们从明天开始期末考试。明天是一二年级，后天是三四年级，外天是五六年级。我们学校的想想法是你们离屋头比较远的就不要回去，就在学校，我们也给你们家长说的。离屋头近的、实在是要回去的就给你班主任说，叫你家长来接你回去。我们学校老师开会商量了，住校生的棉絮，可以就放在学校寝室，不带回去。放假了我们把门锁好，有老师在学校照看，不得遭偷的个。你带回去难得弄了嘛。你们要带就把筒子毯子带回去洗了，下学期带来筒起就是了。实在是哪种同学要带回去也？就是你流尿了，棉絮打湿了的就叫你家长来弄回去，把它烘干了，下学期了再拿来。”

我是学中文的，听着这些土话觉得很别扭，就用手机录了音。当时，我心里暗暗感叹，老师们全校性的讲话，水平竟然如此，这学校的教学质量，尤其是语文教学质量会有保障吗？如果一位老师只能说“那个太阳要落土了，水塘里还有野鸭子‘体垮体垮’①板着洗澡”，还如何去教学生学习“落霞与孤鹜齐飞，秋水共长天一色”？我认为，学校这样低水平的老师一定教不好寄宿留守儿童。

二、农村留守儿童寄宿教育的对策与经验

（一）“打心眼欣赏他们生命的潜能”

个别寄宿留守儿童的逆反心理很强，特殊的家庭让他们很容易自暴自弃，破罐破摔。扭转孩子逆反心理，不是一朝一夕的事情，我们要从日常生活细微处入手，多鼓励他们，打心眼欣赏他们生命的潜能。我班上高明同学父母离异，还都外出打工，高明则被丢给了伯父照顾。结果，高明养成了自私倔强的性格，不愿与同学友好交往，老师同学的话不管好歹，他都不听，甚至反着做。经过仔细观察，我发现他好动、散漫，不管什么文化课他都不愿学。上课对学习没有丝毫兴趣，无精打采，要么自己搞小动作，要么影响别人学习。下课追着同学打闹，老爱动手动脚，几乎每天都被同学告状。你管教他，他若无其事；你不理他，他变本加厉地闹。我多次找他谈话，希望他遵守学校规章制度，以学习为重，知错就改，争取做一个好学生。每次谈话，他都无动于衷，没有一点儿进步，真是“不可雕的朽木”，我对他几乎失去了所有信心。但作为班主任，我实在绕不过他这个顽固分子，因为不把他管好，整个班集体都没法带。后来，我发现他有一些书法特长，如果认真写字，效果很不错。他还喜欢画画、打羽毛球。于是我积极走进他的生活，与他一起打羽毛球，欣赏他的画画和书法，只要他有点滴进步就大力表扬。我学会经常对他笑，还经常换位，将自己转换为他哥哥，放下教师的架子，寻找可以让他转变的“支点”。但有一天，高明不知为什么又不高兴，在我上课时故意把课桌弄得哐当响，还扮鬼脸，引起

① 意为：扑腾着戏水。

同学都往后看,哄笑。我挺生气,问他为什么这样做。他爱理不理,嘴里嘀咕:“我高兴。”我只能以退为进,不再理他,退一步海阔天空嘛。后来批改课堂作业,我发现他全部做错了,但依然尽力压制愤怒情绪,反复寻找他作业本中可能存在的闪光点。很快,我有了主意,严肃地把他请上讲台。全班同学鸦雀无声,以为我会狠狠修理他。高明也一脸不高兴,磨磨蹭蹭走上台来,一副天不怕地不怕的样子。我站起身来,举着他的作业本对全班同学说:“同学们,高明同学今天的作业按时完成了,虽然答案有些问题,但他所有的计算过程正确,这说明他还是在注意听老师讲课,基础知识的掌握有进步。我们用掌声为他加油!”在同学热烈的掌声中,高明涨红着脸,显得很兴奋。就这样,我经常费尽心思寻找他的闪光点,肯定他,激励他,彻底扭转了他的逆反心理。现在,高明成了班上比较优秀的学生。从转化培养他的经历中我感受到,更好地关心教育寄宿留守儿童,班主任必须不断提高自身修养,改变心态,切忌怨天尤人。我们如果一天到晚都像吃了火药,烦躁暴怒,用不了多久就会毁掉一批孩子,也可能毁掉自己的健康和事业。

(二)“帮助要精准”

对寄宿留守儿童的帮助要精准,就像国家提出的精准扶贫一样。对家庭真正贫困的留守儿童,要给予足够资助,以各种奖励的名义进行资助,让受资助的孩子能够挺起胸膛做人。目前,我们对贫困寄宿留守儿童的资助有两点不好。一是把资助当成救济,当成施舍,让受资助的同学自尊受损;二是平均用力,较大面积资助,或全员资助,针对性差,不利于突出重点,也惯坏了家长胃口,助长了他们的依赖心理。有的家长,不管孩子的教育,专门盯着学校要资助。有的家长并不贫困,但在发放资助的前后几天,天天给老师打电话,哭穷,要求照顾。现在,每天免费发给学生一盒奶,国家花费不少,但很多学生并不珍惜。县里对寄宿学生每人每期的补助也是一样。其实,很多寄宿留守儿童家庭并不差钱,起码不差孩子读书的那几个钱,家里真正困难的学生很少。

如果把国家的资助金集中到少数真正有需求的留守儿童身上,效益要好得多。比较而言,学校这学期给真正贫困的学生补贴生活费,每人 500 元,就有很强的针对性。但是,资助没有用那种让学生感到很体面的奖励优秀,或是鼓舞进步的方式进行,对学生的激励作用有限。如果及时改进,以物质奖励或发放奖学金的方式对少量留守儿童做必要资助,一定具有更大促进作用。

(三)“一味埋怨家长肯定不是出路”

关爱寄宿留守儿童,肯定是做比不做好,多做比少做好。学校针对留守儿童占比很大的现实,开办寄宿教育,解除家长后顾之忧,也算行善积德。学校筹集资金,每期对贫困农村留守儿童进行适当资助,还建立“留守儿童之家”活动室,配备活动器材,定时开放,也是造福孩子。我们教师组织指导学生课外活动小组,发展寄宿留守儿童特长,丰富他们课余生活,把书法教育作为学校特色打造,也是一种积极创新。学校安装亲情电话,让学生免费与家长联系,促进亲子沟通,增进家长与学生之间的亲情,自然是一大好事。晚饭后,我们开展学生作业辅导,较好提高了教学质量。我们建立留守儿童档案,可以随时了解每一个孩子的学习生活困难与发展变化。种种努力,虽然辛苦了教师,但毕竟体现了学校的育人价值,也体现了教师的工作意义。办人民满意的教育不是一句空话,需要我们进一步提高认识,乐于奉献,为寄宿留守儿童多做一点儿实事。一味埋怨家长肯定不是出路,那样家长和学生会觉得我们非常无能和不负责任。

(四)“调整工作心态很重要”

要用师爱感化寄宿留守儿童。对学生真诚地爱,无微不至地关怀,才能建立起亲密无间的师生关系,使学生乐意接受老师的教诲与帮助。我不是一个道德多么高尚的教师,我这样想,也这样做,只是为了让我和学生天天过得快活一些，轻松一些。调整工作心态很重要。怕麻烦，怕辛苦，看到学生就烦，只会自寻烦恼。和学生对着干，自己痛苦，学生可怜，比多做很多工作还要痛苦，实在不划算。寄宿留守儿童得不到父母的关注和呵护是事实。教师一定要在情感上舍得付出，多温暖；在安全上时刻教导，多提醒；在生活上嘘寒问暖，多帮助；在学习上耐心辅导，多鼓励；在心理上细微体察，多沟通。功夫不负有心人，只要坚持不懈，最终一定会取得好效果。比如，我刚刚接手教现在这个班时，有几个男生经常裹在一起做坏事。他们那间寝室的人都无心学习，经常迟到旷课，欺负小同学，打架闹事。我向前任班主任老师了解情况，他摇头苦笑，劝我不必浪费精力，让他们勉强混到毕业了事。我不信这个邪，通过谈心和家访，准确掌握了这几个孩子"带头大哥"的情况。这个孩子父母外出务工，与年近七旬的爷爷一起生活，严重缺乏亲情关怀、学习辅导。爷爷一旦知道他在外闯祸生事，就会不容分说地进行棍棒教育，但没有一点效果，相反激起了他强烈的逆反。经过仔细思考，我决定对他实施感化教育。课后，我主动亲近他，跟他谈学习、谈生活、谈理想，逐步取得他的信任。发现他有了点滴进步，就及时在班上表扬鼓励，增进他的自信。同时，我连着几个周末都到他家家访，与他爷爷商量，共同做好教育。一天早上，在我的语文课上，他突然从座位上摔了下来。我迅速走过去，见他脸色绯红，浑身颤抖，双目直瞪。他的表情把全班同学吓得不知失措。我一摸他额头，就明白他是高烧抽搐，急忙让他平躺在地面，用手按住他的人中穴位，叫几个男同学为他太阳穴擦风油精。不一会儿，他回过神来，但依然全身烫手，发烧厉害，情况严重。我多次打电话找家长，都没人接，于是亲自把他送到乡卫生院，一直陪到下午 6 点，他病情缓解。这一次，我的体贴、关怀和真爱，使他彻底感动。他不再迟到旷课，在班级也不再打架闹事，学习也勤奋了。远远看见我，他就问好，还特别喜欢完成我交给他的特殊任务，每天帮我收发作业本。并且，充分发挥"带头大哥"的作用，把寝室几个同学的学习都带动起来了。现在，我觉得教这个班还蛮轻松。

（五）“争取家长支持，鼓励自我教育，优化教学策略”

采取针对性措施，争取家长支持，鼓励自我教育，优化教学策略，可以较好消除寄宿留守儿童的厌学心理。首先，争取家长支持，形成家校教育合力。我会经常联系孩子的父母，请他们暂时放下手里的活计，尽可能多到学校了解、关心孩子的学习生活。我特别诚恳地向他们讲：家长是孩子的第一任老师！家庭是孩子的第一所学校！儿童成长期遭遇的各种问题并不是有钱就能解决的，金钱代替不了父母的关爱和教育。要改变孩子的厌学心理，需要家庭支持配合。希望家长抽时间“常回家看看”，不只关注孩子的生活，更要多关心孩子的思想，逐步减轻孩子的依赖感，改掉不良学习习惯。我建议家长或者祖辈监护人，周末孩子回家后，要引导孩子自我教育，形成自觉学习的习惯。每周末学校布置的家庭作业，必须要求孩子认真记录，然后带回家，努力在规定的时间内完成。孩子做到了，家长就奖励孩子自由玩耍，做自己喜欢做的事情。长期坚持，可以引导寄宿留守儿童做到先学后玩，变厌学为好学。

其次，鼓励自我教育、合作学习。通过合理分组，引导激励寄宿留守儿童在氛围良好、有领头羊的学习共同体中自我教育，自觉进步。我有意识地把厌学情况比较突出的学生安排在热爱学习、乐于助人的同学身边，让他们组成小组，形成学习共同体。优秀的同学发挥榜样示范和积极帮扶作用，在学习全过程中及时有效地帮助暂时后进的学生。比如，他们悄悄提醒不专心听课、做小动作的学生；看到本组后进同学有一丁点儿进步，就及时向老师汇报，请老师表扬。为了强化学习共同体的凝聚力，我还利用品德课、班队活动课的机会，组织讨论“人是会转变的”“我来帮你找优点”“我要谢谢你”等话题，引导同学对待寄宿留守儿童要有发展的眼光、欣赏的态度、感恩的情怀。

最后，积极优化教学策略，让每一个学生都能体验成功。学习信心是学生前进的动力，教育技巧的全部奥秘在于让每一个学生时时处处都葆有学习的信心。对于暂时后进的寄宿留守儿童，我在教学过程中对他们做到“三个优先、三个经常”，即：优先提问、优先答疑、优先批改作业；经常观察、经常指导、经常鼓励。这可为他们提供广泛参与学习并获得进步与成功的机会。我注重激发他们的学习兴趣，充分利用各种条件，创新教法，提高教学效率。如运用多媒体教学手段、引导实践体验、组织竞赛活动、举办学习成果展等。我对学生作业运用“五星评价法”，鼓励孩子步步提高。五颗“☆”分别表示“按时完成”“提前完成”“卷面整洁”“答案全部正确”“每天进步一点点”。坚持运用“五星评价法”，使暂时后进留守儿童体验到成功学习的轻松快乐，增强了学习信心和兴趣。每周我会统计学生得到多少颗星星，在班里充分宣传、表扬。对成绩好，或有进步的同学发放糖果、铅笔或作业本等奖品，改变暂时后进同学在同学心目中的印象，促进每一个寄宿留守儿童自我教育。自我教育是最为有效的教育，对于每一位寄宿留守儿童，积极的自我教育都是促进他们健康成长的良药，高明的教师必须学会如调配和熬制这服药。

（六）“注意性别差异”

关爱寄宿留守儿童必须注意性别差异。通常情况下，小学阶段女生各方面表现都比男生好，成绩也更优秀。比如，我班有个留守女孩叫园媛，样子非常可爱，父母到上海打工，从小学一年级开始就把园媛送到学校寄宿，周末则交给外公外婆带。和其他孩子相比，园媛很幸运。她读一年级时，外公外婆还带了她的表姐，表姐比她大两岁，也在学校寄宿，成绩不错。学习上，她一直得到表姐帮助，在班里成绩一直很好；生活上，有表姐这个同伴，寄宿在校也比较快乐。每年寒暑假，园媛的父母还会将她带到打工的地方玩，增进她与父母的感情，增长她的见识。园媛性格开朗，在班里朋友很多。她兴趣爱好也很广泛，总是积极参加班级和学校组织的各种活动，年年被评为校级优秀学生。对于园媛这样的女孩子，我们给她搭建更多展示才能的舞台，她就可以得到更好发展。

班里还有这样一个女孩，名叫方芳。跟园媛一样，从一年级开始她父母就外出打工，自己在学校寄宿，周末由奶奶照顾。她没有园媛那么幸运，没有优秀的表姐带着她成长，但她的成绩在班上一直名列前茅，生活自理能力也非常强。也许是从小就和奶奶在一起的原因，方芳性格显得比较内向，但她也有自己的爱好。她特别喜欢书法，模仿能力很强，班里黑板报最重要的内容一直由她负责书写。最近，她还“栽培”了几个同学作为助手和她一起干。其他方面，只要是老师交给她任务，她总能完成漂亮。方芳个子比较高，身体素质不错，被体育老师选中参加学校体训队，年年运动会为班上争光，成了同学们的偶像。这样的孩子虽是寄宿留守儿童，但从不让老师多操心。为了让方芳能更阳光，我总是给她提供一些展示的机会，同时鼓励她多交朋友，让生活更丰富多彩。班里这两个留守女生，虽然只是例子，但可以反映出留守女孩在学校的总体情况较好，教师只需更多鼓励她们多参加活动，锻炼自己，展示自己，发展自己。

寄宿留守儿童中的男生表现情况大不一样，他们往往需要班主任花更多精力去关注。班里一个男孩叫滔滔，他有一个姐姐也在学校上学，一二年级时父母都在当地做水泥生意，两个孩子周末也得到了照顾，各方面表现都不错。但刚上三年级，父母为了挣更多钱，就把他们交给年迈的爷爷照顾，双双外出经商。由于姐姐小学毕业到初中寄宿去了，加之学习内容越来越难，滔滔慢慢变得不愿与班里的同学玩耍，成绩也一滑再滑。我经常和他谈心，希望他能振作精神，像过去一样好好学习，天天开心。我告诉他，姐姐每周末会回来和他玩，有什么事也可以和爸爸妈妈打电话，但无论怎么讲，他也不能很好地振作精神。

班里还有一个男生叫奇奇，很小的时候父母就离婚了。奇奇随父亲跟爷爷奶奶住在一起，父亲外出打工后，奇奇得到了爷爷奶奶不少溺爱。上一年级，奇奇做作业很吃力，爷爷不是鼓励他自己写，而是直接代写。有了这样的“帮助”，奇奇的学习习惯更差，常常不完成作业，而爷爷奶奶经常帮他撒谎，说他每次的作业都按时完成得很好。畸形的爱还让奇奇养成了小偷小摸的习惯，随意拿同学一支笔，甚至去校门外的商店偷东西。多次跟他爷爷谈，但奇奇没有好转。

班里这两个留守男生，虽然也只是例子，但反映出留守男生总体情况较糟。这样的男孩子需要我们走进他们心灵去关注他们的成长需求，更多从正面引导，帮助他们形成积极的人生态度。总之，教育关爱寄宿留守儿童应有性别差异，对男女同学要选择不同的教育方法和策略。

（七）“必须依靠家庭尽职尽责基础上的家校合作”

解决寄宿留守儿童亲情严重缺失问题，我认为解铃还须系铃人，要动员家长做好自己该做的事情。家庭尽职尽责是治本之策，学校只可能辅助，教师更多是引导。我们要引导家长想清楚，作为父母应多为孩子着想，能够就近工作的尽量就近，多陪伴孩子。要让家长深刻认识到，对于钱，人这一生挣不完，而孩子的教育和发展就是那么几年最重要。通过家长培训会、家访等方式，要让家长多想一想，钱挣来做什么？只有健全温暖的家庭，才能给予孩子真正的幸福。作为留守儿童的父母家长，责任与义务要随时记在心上。也许他们的命运不能完全掌握在自己手里，也许他们想回家而不能，但不管怎样，责任不能放弃，道德不能沦丧。虽然他们教养子女的条件无法完全具备，但是要做到问心无愧，亲情与义务要始终留在心中。教师要多做工作，联系家长，全社会各种媒体要大力宣扬，劝善，让家长多联系子女，多关心子女，多教育子女。教师无论怎么努力，也只能在一定程度上弥补寄宿留守儿童亲情的欠缺，绝不能替代。寄宿留守儿童亲情严重缺失，学校配备专兼职心理辅导老师，举办心理健康讲座，开展心理咨询，温暖心灵，都只是一种弥补。要较好解决寄宿留守儿童教育问题，必须依靠家庭尽职尽责基础上的家校合作，让家长与学校教师一道站在寄宿留守儿童的立场看问题、做工作。

（八）“必须强调教师的道德修养和专业技能”

留守儿童寄宿教育必须充分发挥教师主导作用。我不愿意唱高调，说一些违心话,或者大话、套话,我只想说一些老实话。现在有些同事一提留守儿童,就说家长应该如何如何。这有道理,但是有道理并不一定有效果。哪个家庭不愿意团团圆圆而让父母子女天各一方?留守儿童父母也是迫于无奈。如果每一个家长都不去打工,都窝在家里,寄宿留守儿童教育问题就是个伪命题,因为它根本就不存在。如果没有千千万万农民工几十年的贡献,我们国家不管是乡村还是城市,都不会有现在这个发达程度。正因为有农民工,有留守儿童,我们才会讨论留守儿童寄宿教育问题,农村教师才会承担这样一个必须发挥专业作用的特殊任务,拥有彰显自己专业价值的机会。

较好解决留守儿童寄宿教育问题,必须强调教师的道德修养和专业技能。留守儿童长年累月都寄宿在学校,教师一言一行都会在他们心里留下很深的印象。作为教师,必须端正工作态度,对任何学生都要公平,对寄宿留守儿童更应格外关爱,帮助他们缓解心理孤独等成长问题,而不是自私、虚伪、势利,推卸责任。对于自己的这份工作,我们应该心存感恩,应该加强反思。“吾日三省吾身,为人谋而不忠乎?”责怪家长和学生的时候,我们在反思自己是否尽职吗?我们的这种道德素养可以对学生起到很强的潜移默化作用。教师如果做到位,不知不觉中,学生的道德品质也就会随之向好,留守儿童寄宿教育自然会得到大幅度优化。

尤其是班主任,在拥有良好道德修养的基础上,要运用自己的专业技能多关爱寄宿留守儿童,通过家访等方式帮助指导他们成长,使他们把对父母的依赖转为对老师的信赖。这样“亲其师,信其道”,教师工作会倍感轻松。班主任还有必要在寄宿留守儿童中树立自强、勤学、守纪的榜样,带动全体学生共同进步。这些榜样同学可以自主发动很多同学参加丰富多彩的活动,那些有本乡本土特色,或者与学生生活密切结合的活动,可以增强同学友谊,提高大家自尊、自信水平和其他素质。比如,寄宿留守儿童集体过生日活动,唱生日歌,同学之间互送小礼物、祝福语,效果就很好。

对于寄宿留守儿童暂时存在的多方面缺点、错误和不足,教师一定不要急躁,要有静待花开的智慧和情怀,否则会前功尽弃。对于寄宿留守儿童周末返家的学习生活,班主任也可加强指导,激励孩子多参与家务活动和校外实践活动,引导他们与监护人多交流,注意人身安全。当然,班主任也好,普通教师也罢,对于寄宿留守儿童教育,没有开"无限责任公司"。社会上的事情我们实在管不了,也就没有必要强求。我们尽心尽责、问心无愧,做好自己应该做的事情即可。

(九)"老师要心怀善良,感恩孩子"

留守儿童淳朴善良,他们对教师有着极为纯真的情感,教师对他们有一点点儿的关爱,他们也会满怀感激。面对这样的儿童,老师要心怀善良,感恩孩子,自觉激发人性的良知,更加主动地提高自己的教育教学能力,更加真诚地关怀每一位寄宿留守儿童。

前几天,城里学校来支教的一位英语老师走了。第二天,我了解到他教的整个班的同学都对他很留恋。一位同学讲:"昨天秦老师给我们班的人都买吃的,还送东西了,他要走了,我们班的人都感动了。真的！以前,我一点儿都不喜欢秦老师,他好凶,我们一个单词没听写到,他就让我们把那个单词抄写100遍。他刚来的时候,还说要对我们好耶,结果这样子对我们,我们班的人都不喜欢他了。我们都希望他最好赶快走。可是,昨天晚上秦老师给我们买好吃的。秦老师原来对我们凶是原来。秦老师要走了,我们班的人个个都被秦老师感动哭了。"

还有,学校一位班主任很喜欢惩罚学生,但是学生喜欢她。我问过她的学生,学生说:"我们班主任刘老师,凶死了,要是我们作业做错了,或者做不完作业,就会罚我们抄作业。考试错一题,罚抄10遍。我们班哪个同学犯错了,班主任就会把他拉过来'啪啪啪'地打。有次我作业没做,也被打了的。不过,我喜欢我们刘老师,她对我们很好！有时候,我们食堂的饭不好吃,刘老师就会找炊事员说,给校长说,要是下次炊事员还做那个不好吃的饭,刘老师就会带我们去吃老师的饭菜。我都去过好几次了,很好吃!”我想,如果刘老师对学生和蔼一些,学生会更喜欢她。

做寄宿教育的老师必须增强对留守儿童的理解与关怀。他们天性善良,善于感恩,他们教育成长环境较差,需要教师尊重鼓励,而不是同情和施舍所谓的“爱”。留守儿童即使有这样那样的问题也不能全部怪家长,更不能责怪孩子。哪个家长不想自己的子女优秀?留守儿童自己也巴望着健康成长,天天进步。我们教师所能做的是理解、支持、尊重他们,给他们提供成长的舞台和动力,激发他们生命的能量,使他们做最好的自己。我们不能嫌弃留守儿童,也不能廉价地同情他们。我们心怀善良,感恩孩子,也可以更好地定位自己的工作,认识自己的优长和不足,和孩子一道成长。

第八章　农村留守儿童寄宿教育个案初中研究

S 校是西部农村地区一所普通的初级中学。从 2016 年 7 月到 2019 年 6 月，本书课题组把 S 校作为重点个案，深度研究该校寄宿留守儿童的辍学打工问题、校外寄居问题及日常教育生活状况。本章紧扣这三个研究主题呈现 S 校这一“理想类型”个案之中的学生、教师、家长及其他相关人员讲述的故事、现象、经历和思考，并留下较大对话空间，邀请读者积极参与草根视角小微叙事研究的理论建构，和作者一道探究和解释初中农村留守儿童寄宿教育的质量现状、问题困难与改进策略。

第一节　为啥辍学：S 校留守儿童弃学失学个案研究

一、相关背景与研究过程、方法

（一）相关背景

1. 国家相关政策及执行概况

早在 2012 年，党的十八大报告就明确提出，“均衡发展九年义务教育，基本普及高中阶段教育……大力促进教育公平，合理配置教育资源，重点向农村、边远、贫困、民族地区倾斜……提高家庭经济困难学生资助水平，积极推动农民工子女平等接受教育”①。2016 年，国务院也明确要求：“县级人民政府要完善控辍保学部门协调机制，督促监护人送适龄儿童、少年入学并完成义务教育。教育行政部门要落实免费义务教育和教育资助政策，确保农村留守儿童不因贫困而失学……及时了解无故旷课农村留守儿童情况，落实辍学学生登记、劝返复学和书面报告制度，劝返无效的，应书面报告县级教育行政部门和乡镇人民政府，依法采取措施劝返复学。”②

2017 年，国家教育事业发展“十三五”规划明确提出基础教育发展的主要目标是：“义务教育普及成果进一步巩固提升，普及高中阶段教育。”对于义务教育，要求均衡优质发展，“大力提升乡村及薄弱地区义务教育质量……着力提升辍学现象比较集中的农村、边远、贫困和民族地区教育质量。建立义务教育巩固率监测系统，全面落实控辍保学责任制，建立行政督促复学机制，推动政府、学校、家庭、福利机构、共青团组织和社区联保联控……努力不让一个孩子掉队”。对于高中阶段教育，要求 2020 年能够普及，为此必须加大对中西部贫困地区高中阶段教育的扶持力度，“实施高中阶段教育普及攻坚，在中西部集中连片特困县、国家扶贫开发工作重点县、民族地区县、革命老区县新建、改扩建一批办学条件达标的普通高中和中等职业学校，增加高中阶段教育资源”③。

以上系列政策表明，农村留守儿童不但应该接受完整的义务教育，而且是高中阶段教育普及攻坚工作应该特别关注的对象，他们小学、初中、高中阶段的弃学失学现象必须得到有关各方高度重视。然而，2019 年 4 月，习近平总书记在重庆考察并主持召开解决“两不愁三保障”突出问题座谈会指出：“在

① 《十八大以来重要文献选编》（上），中央文献出版社 2014 年版，第 27—28 页。

② 国务院：《关于加强农村留守儿童关爱保护工作的意见》（国发〔2016〕13 号）。

③ 国务院：《关于印发〈国家教育事业发展“十三五”规划〉的通知》（国发〔2017〕4 号）。

义务教育保障方面，全国有60多万义务教育阶段孩子辍学。乡镇寄宿制学校建设薄弱，一部分留守儿童上学困难。”习近平总书记强调：“实现义务教育有保障主要是让贫困家庭义务教育阶段的孩子不失学辍学……有关部门要指导各地摸清底数，确保工作有的放矢……行业主管部门要牵头制定工作方案，各省区市要制定实施方案，明确时间表、路线图，拿出过硬举措和办法，确保如期完成任务……要加大工作力度，聚焦突出问题，逐村逐户逐项查漏补缺、补齐短板。”①

为了贯彻落实习近平同志讲话精神，确保国家系列相关政策严格执行，全国各地农村义务教育劝返保学很快进入新的高潮，相关工作虽然困难重重，但依然在强力推进。比如，2019年11月12日，本书课题组访谈河南省某县一位农村中学班主任老师了解到的情况就很有代表性。这位老师讲：“根据教体局控辍保学的总体要求，我校在本期开学初就对学生辍学情况进行了摸排并劝返。由于开学初期学校事务较忙，加上对控辍劝返任务认识不足，所以成效欠佳。10月15日，县里再次召开控辍保学推进会，再次明确义务教育阶段‘一个都不能少’总体目标。学校立即召开了控辍保学专题会，针对厌学情绪特别强烈的张黄同学成立了‘劝返专班’。张黄2004年生，家住杏花村，八年级末在校，这期初该上九年级，但未报到。调查发现他已去广东惠州务工。学校领导及班主任开学初就与家长沟通，家长也不知他在惠州具体哪个地方。经多方沟通，家长打听到张黄经朋友介绍去了惠州一家美容美发厅务工。为了不打扰到该生，11月1日学校派了副校长李佳、班主任王峰和该生父亲坐火车去惠州，劝该生返校。一行人经过多方联系，终于见到了该生。但该生极其抵触，发誓不返回。班主任等人多次劝说，并向店老板施压，讲清楚了县的严峻形势。在一行人的‘威逼利诱’下，该生答应短暂回家一趟。11月4日，该生终于被劝回到职高就读。但是，11月6日该生又提着行李离

① 《习近平谈治国理政》第三卷，外文出版社2020年版，第159、160—161页。

开学校回到家中准备外出。我立即与原班主任赶到学生家中,对该生进行‘艰苦卓绝’的劝说,并以办理学籍为由,让他把身份证交出,悄悄转给家长保管。同时,给该生办理了热水卡等,承诺如果他坚持上学到期末,就给予他3000元的误工补助。也向职高的领导、班主任介绍了该生情况,请他们因人施策。原班主任也时不时地与该生沟通,稳定他的情绪。目前,该生仍稳定就读于那所职高。”

2. S校相关情况及辍学个案

S校隶属于西南某省丘陵地区一个面积和人口规模都比较大的县。学校周边地区绝大部分青壮年农民外出打工的历史已经延续了近30年,所以农业凋敝,大量田土已经荒芜或退耕还林。学校所在场镇紧邻长江,由新场镇和老场镇组成。老场镇的房屋一律顺江修建,大体可划分为两排,前排临江,后排靠山,两排房屋中间是一条经过修整拓宽可以单向通行汽车的小公路,全长约800米。老场镇所有房屋都比较陈旧,店铺生意也比较萧条。新场镇是从老场镇东头越过一个小山头后延伸出去的,离江边远一点,但地势相对开阔平坦,比较而言,要热闹和景气一些。新场镇中心有镇政府、卫生院、派出所等。从镇中心向外延伸着四条街道,长短不一,合起来大约有5千米。S校就坐落在老场镇和新场镇交接的地带,离镇政府大约900米。

学校有98名教职工,其中高级教师10人,中级教师35人,初级教师46人,7名职工。所有教师都有本科学历和中学教师资格证,平均年龄不到32岁。校长认为学校教师队伍质量不高,主要表现在年龄的两极分化,刚参加工作的年轻教师太多,很有能力、经验和责任心的老师太少。学校有初一到初三共三个年级,每个年级8个班,2018年春季开学全校有学生1326人。学校硬件设施不错,有塑胶操场和装饰一新的教学楼、办公楼。庄严的升旗台上,粗壮铮亮的不锈钢旗杆顶端有一面迎风飘扬的国旗,特别引人注目。学生宿舍和食堂虽然让学生不太满意,但据几位老教师讲,与前些年相比,已经“很幸福”了。

S 校所在的 V 县初中学生未完成义务教育而流失的情况比较普遍①，S 校学生因主动弃学或被动失学而导致的辍学现象也很常见。学校朱老师讲，在初一、初二年级，个别学生如果学习太吃力，就可能流失。在学生刚刚升入初三年级的秋季学期开学，每个班，特别是成绩差的班级，通常也有三五个学生不能按时到校报到注册。经过反复动员，也还会有一两个学生弃学在家，无所事事，混日子，混着混着就可能出去做坏事。初三下学期开学，春节刚过，有的班又可能有一两个学生被春节返乡的民工带着一同出去打工。这种童工，正式单位怕违法，怕罚款，一般都不敢招收，他们只能跟着熟人做些散工。朱老师告诉我们，这些辍学者一般都是寄宿留守儿童。他们主动弃学的主要原因是随着学习难度增加，深感学业发展无望，对上学没有兴趣，再加上年龄稍长，逆反心理增强，对学校、教师或家长产生严重抵触情绪，外出打工、闯荡社会的意愿与日俱增。辍学者被动失学的直接原因是被老师或学校明里、暗里以各种方式“劝退”或“开除”，其根本原因则是他们学业成绩或品行表现严重低差。

一些学生家长常讲：“龙生龙，凤生凤，老鼠生儿打地洞；打工的人，娃儿长大了反正都是去打工，迟打工不如早打工。”也有村民讲：“父母出去打工，娃儿在学校读书，一周才回家一次。回家也见不到父母，爷爷奶奶管不了，有的也不想管。娃儿学好了，没人夸；学坏了，无人骂，就让娃儿对学习产生无所谓的态度。有的娃儿精力不放在学习上，成天乱整，一心想逃学出去闯江湖。”还有村民讲：“我们村一些娃儿，就是读不进去书，考几分、十几分，老师不让读就只好不去读了嘛。还有个初中生在学校犯事，被开除，回到家里，啥事都不做。他喜欢抽烟，还抽 20 多元钱一包的，一天两包，偷父母的钱去买

① 2019 年 7 月，我们深入 V 县调研发现，该县初中生总数约 25000 人，每学期初到期末，学生的巩固率一般都在 99%以上，但因为基数较大，所以流失学生总数也较多。如 2018 年春季学期七年级流失学生 68 名，八年级 110 名，九年级无。2017 年春季学期七年级 68 名，八年级 140 名，九年级 107 名。另外，两个年度九年级春季学期期末参加考试的学生都比七、八年级少 2000 名左右，其中绝大多数分流到中职学校就读，少数则流失了，其具体数目我们未能准确掌握。

烟抽。”

课题组多次访问的张家村原本应该有 22 名学生在 S 校就读，但 2016—2017 学年有 3 名学生辍学，只剩下 19 位在校就读。第一个辍学的同学叫张肖，2016 年 9 月失学。他的同学和老师讲：张肖是独子，父母常年在外打工，家里只有奶奶陪伴。平时张肖寄宿在校，放假回家后也很少在家，经常到镇上泡网吧或跟一群同学外出玩耍。2016 年 9 月张肖刚刚升入初三时，他上课期间私自逃课翻学校围墙出去跟社会上的人打架，主要是因为一个女生。他有一次在网吧看见几个小青年欺负那个女生，出于“英雄救美”，张肖帮了女生一把。后来，张肖去上网经常遇到那个女生，喜欢跟她聊天。不久，两人就谈恋爱了。有一次张肖翻学校围墙出去跟女生约会，曾经欺负女生的那帮小青年就来找张肖算账。因为这个女生跟那帮小青年的“老大”谈过恋爱，是他们的“大嫂”。现在“大嫂”被张肖“拐骗”走了，这帮人就要收拾张肖。张肖“亡命”地跟他们打架，那帮小青年四散而逃，但张肖也挂了彩。当张肖再翻院墙回学校时，被德育主任逮了个现行。看到他脸上有伤，德育主任叫来班主任弄清了事情的来龙去脉。因为之前张肖私自出校门已经受过警告处分，这次闹出了这么大事情，就被学校勒令退学了。为了保护张肖的自尊和避免消极影响的扩散，学校并没有公开处理，只是让班主任私下操作。第二天，张肖就收拾行李回了家。起初无所事事，后来他离开家乡去了哪里，没人确切知晓。

第二个辍学的同学叫张超，他 2017 年 2 月离开学校到福建一家鞋厂打工。本书课题组研究人员电话访问过他，以下是对话片段：

“你为什么不想读书呢？”

“因为读书差吧！”

“就因为读书差就要去打工吗？”

“读书对我们差生没用，我比较叛逆，也读不进去书。天天都坐在教室，坐不住，反正在学校都是混日子，不如早点出来混社会，挣点儿钱，减轻家里负担。”

"家里人都不阻拦你吗?"

"他们阻拦不了。再说我们班辍学的又不止我一个。我父母很少管我,我基本上都是自己一个人在家。"

"班主任有没有挽留你呢?"

"没有,他可能也没把我们放在心上。读书好的人他才认为是好人。"

"你班主任这么说的?"

"没有,但是我成绩差,在他心目中肯定不是什么好人。我要走,他就根本不会留。"

张家村 2016—2017 学年度出现的第三个辍学打工的学生叫龙凤书,是我们初步掌握 S 校基本情况后,深入研究的重点个案。

(二)重点个案的研究过程与方法

本书课题组在实施文献研究和田野调查掌握相关背景的过程中,广泛走访学校校长、教师、家长、学生和普通村民,跟踪搜集研究信息,比较筛选研究对象,最终确定重点研究的个案学生和个案教师各一位,并陆续实施了深度互动访谈。这种目的性抽样方法为研究工作提供了比较饱满的信息。

重点个案学生龙凤书于 2017 年 3 月辍学打工。7 月暑假期间,通过他的班主任、伯父和同学、朋友介绍,我们与他建立了联系。起初,我们借助电话、QQ 和微信与他频繁联系,了解他辍学的缘由与经历以及他在 S 校的寄宿教育生活故事。9 月初步整理访谈资料后,我们围绕以下问题进一步访谈了相关人员:(1)龙凤书辍学打工时,学校、家庭、村社等方面人员与龙凤书有着怎样的交谈或往来?其间细节故事有何意蕴?(2)龙凤书在慢班学习不成功,经历了哪些印象深刻的故事?比如,英语成绩那么差,他是否受到过老师的批评嘲讽?(3)慢班教师放羊式教学有哪些具体现象和事例?设置慢班的情况目前在 S 校是否还存在?(4)最终促成龙凤书辍学的关键事件是什么?这可以揭示农村留守儿童寄宿教育的哪些问题?(5)龙凤书受"读书无用论”的影响有多深？家长、同伴的哪些话语，或者哪些具体现象影响了他的观念？（6）龙凤书辍学前后，家人哪些言行对他有何种影响？（7）学校、村镇对龙凤书家庭的帮扶措施有哪些？实效如何？（8）能够体现龙凤书家庭文化教育资源很差的现象与故事有哪些？（9）龙凤书自己对辍学打工原因有着怎样的判断和归纳？（10）龙凤书的故事可以启迪人们想到改进留守儿童寄宿教育的哪些策略与路径？

为了探究以上问题，课题组完成的主要工作有二：第一，约请龙凤书 2017 年国庆期间返回老家，面谈相关故事、现象、经历与体会，共谈 3 次，每次都在 2 小时左右。第二，在 S 校多位受访教师中选择能说、敢说的施哲宇老师进行深度调研。施老师 50 来岁，长期担任初三年级语文教师，也是分管学校德育工作的副校长。我们与施老师面谈 3 次，每次约 1 小时。在上述访谈过程中，为了检核相关内容的真实性，我们通过电话或面谈等方式，倾听了龙凤书母亲、姐姐、班主任和英语老师的讲述。

访谈过程中，我们及时整理各类资料，并在反复检视、核对的基础上，组合、删减资料存档。研究后期，我们充分借鉴北京大学教育学院陈向明教授大力倡导的社会科学“质的研究”研究方法，力求真实地再现当事人的立场和观点，尽可能从被访者的角度将龙凤书辍学打工的相关情况进行具体描述和分析。[①] 为了有效保护被研究者，我们在利用受访者语言还原和建构意义现场的过程中，对所有人名、地名和单位名都进行了化名处理。

二、个案儿童讲述辍学缘由与经历

（一）“穷人的孩子早当家”

我初三没读完，还有接近三个月中考，就出门打工了。这可能是因为“穷

① 参见陈向明：《王小刚为什么不上学了——一位辍学生的个案调查》，《教育研究与实验》1996 年第 1 期。

人的孩子早当家”吧。当时，我快满 16 岁，可以出去打工，也必须出去了。爸爸生病去世，为给他治病，家里花光了钱，还欠了亲戚一些债。妈妈在贵州打工，姐姐在西藏打工，她们挣的钱都很少。我爸妈都只有小学文化。姐姐读书成绩还算不错，她初中毕业原本很想读个重点高中，去考好大学，可是差 20 来分，没考上重点高中，也就不再读书了。

我开始读初一就在学校寄宿。我除了读书不努力，考试成绩差，其他各方面还挺能干的。父母和姐姐都在外打工时，我放周末假回家，有时会去外婆家帮忙做农活，偶尔也会在大伯家做一些事情，不过大多数时间都是一个人在家打发时间。因此，我学会了一个人独自生活，学会了做饭、洗衣服、换电灯泡等事情。这几天还跟我姐夫一起给老家的卫生间吊了顶，全部都是我们自己动手做。

我能够出去打工，就是因为我可以自食其力。俗话说：“人是铁，饭是钢，一顿不吃就饿得慌。”每周末待在家里，我学会了做各种饭菜。一次做不好，下一次努力做好，做好了再下一次就争取做得更好。我在家没种菜，但养了两盆花，一盆吊兰，一盆仙人球。村里小朋友有时来偷摘我的吊兰，我就把吊兰吊得很高。仙人球一直长得很好，现在有脸盆大了。我独自在家时，大伯会给我送一些洋芋、鸡蛋、菜叶之类的食物，邻居有时也会拿一些丝瓜、南瓜给我。有时放周末假，我也从镇上买一些洋芋带回家。我很喜欢吃洋芋，几乎每顿都吃。从小学四年级到初三，几年时间将我的厨艺练了起来。

初三才开学那个国庆节，学校放假七天，我试着过了几天打工的生活。我去县城找过去的一个同学玩，他是初二结束就去打工的。当时，这个同学打工的餐馆国庆期间生意特别好，工人们忙不过来，要用几个临工。做这个临工钱不多，一天只有 80 元，还要上班 10 个小时，但老板包吃包住。我很想试一试，通过同学帮忙，就顺利地进了这家餐馆。一共做了 6 天，老板后来给了我 500 元钱，其中包括 20 元回家的车费。我每天早上 9 点上班，直接工作到下午 1 点半。吃完中饭，下午 3 点又开始上班，工作到 8 点半。有时生意好，还会加班一个小时。工作很辛苦，早上9点之前必须到，要打扫卫生，擦桌子，拖地板，摆放餐具，做完之后就吃早饭。我的主要工作是招呼客人，递菜单，端菜，晚上还要洗那些数不清的油腻腻的碗筷、盘子。我负责三个包间，三个包间的端茶倒水、清洁卫生、递菜单、上菜品等事情，都由我一人完成。最开始，我的同学来帮帮忙，教我一下，两天后我就会做全部活儿了。一个人干很累，上完一天班，累得要死，手都抬不起来。同学说习惯了就好，后几天果真好了很多。我在那里觉得生活挺有规律，晚上也不用抱着手机玩，忙了一天，人累了，躺在床上就睡。

我们家的条件在村里不算最差，虽然现在我没了父亲，但我也不觉得自己低人一等。父母长期在外，我的独立性格也就培养了起来。我性格外向，对待事情有乐观的态度。我在家会做的事情很多，是一个“小大人”。初二结束那个暑假，我独自一人去贵州找过爸妈。他们没时间陪我，但我还是很孝敬他们。初三上学期，爸爸重病，我每次回家都陪他，照顾他。他去世后，妈妈很伤心，我就经常安慰妈妈。知道妈妈身体不好，我就用自己打工的钱，给她买了接近200块钱的阿胶糕补身体。妈妈怕我花冤枉钱，叫我别买，可我觉得这东西还是很有效。

（二）“我不是读书的料”

读初二半月后，学校组织了一次中考模拟考试，并告诉大家，学校要根据考试成绩重新分班。全年级八个班分成三类：一、二班是快班，也就是所谓的火箭班，里面的学生都是尖子生，老师上课进度很快。三、四班为中班，就是普通班，上课采用正常速度。五、六、七、八班是慢班，上课的进度比普通班慢。校长鼓励我们说：“慢班老师会教得更仔细，只要大家认真学，很快就可以转到快班！”但大家都明白，慢班的同学考重点高中基本没希望。的确，我不是读书的料，我原本在四班，这次被分到了最后一个班，就是八班。我们八班的同学很多都认为自己不适合读书，上课也不认真，学习的事情就成了“浮云”。

在八班，我的成绩起初排在班上中等偏上，还马马虎虎过得去。但到初三，成绩就越来越差。由于班上几个调皮同学看着班主任年轻，好欺负，上课就经常捣乱。长期这样，班上纪律越来越乱，把班主任老师气得双脚直跳。老师刚大学毕业，没有什么经验，自然无法管好我们这个烂糟糟的班。更何况，班上几个人是真心想学习呢？老师向校长诉苦，希望给她换一个班，但是校长没有同意。老师就拼命管我们，但依然没有什么效果。初三毕业要考高中，我们八班的同学却很少有这个打算。有的男生想出门打工，也有的想去读中职，学一门技术。女生少部分想读幼师，还有的是想读“3+2”，专科毕业后当小学老师。“3+2”就是读三年中职，毕业时参加一个考试后再读两年大学，拿到专科文凭后就可以教小学。不过后来据说取消了，这让一部分同学更加失去了信心。

我们班整体都是这种情况，我不是读书的料，成绩差，直接让我产生了出门打工的念头。我想，学习成绩不好，还不如出去闯一闯，不管打工有多辛苦，只要自己可以挣钱就好。我觉得自己待在学校很郁闷，不划算。我考不上重点高中，英语成绩太差，上课有时也在睡觉，早自习看到英语书就头疼，考试看到英语试卷就想睡觉。我也想过去中职学校读书，但感觉没有什么出息。我们村里有从中职毕业的，最后还是给别人打工，技术还没有早去打工的人好。

当时，我家里人也都同意我出去。我想出门打工是自己决定的，我妈当时在贵州上班，她回来也阻止不了我，再说我妈一般都尊重我的决定，只要我不学坏。我姐在西藏帮别人开餐馆，她是不管我的。其实，我不出去，也真没别的办法，只能白白混日子。老师讲课我基本上听不懂，他们一般也就是上课讲一下，下课就不管我们了。上英语课，本来老师比较负责任，但我一上课就开小差，“坐飞机”，云里雾里，不知自己在哪里。尤其是我们这个慢班，学习风气很差，老师也就放任不管。有一两科的老师除了上课讲一下之外，其他时间都不会去我们教室看一眼。我听一、二班同学说，他们的老师随时都在教室里转来转去，如果有同学问问题，马上帮助解答。这真是天壤之别啊！

当然,我们也不能埋怨老师。实事求是地说,数学、化学、物理老师讲课速度并不快,但我脑子反应太慢。起初听得明白一点儿,但弄明白后,老师已经讲下一个内容了。快班的同学说,他们并不希望老师去他们教室,因为他们的英语和数学老师争抢时间去给同学上课、布置作业,两个人像抢女朋友一样吃醋,都抢着给同学布置一大堆作业,结果同学们吃不消,意见很大。我们班同学也不希望老师早、晚自习来教室,个别老师来了就有同学大吵大闹,所以后来早、晚自习连一些老师的影子都看不到。只有班主任老师经常来巡逻,看看我们。我觉得,老师不来是对我们不公平,是看不起我们,来了又很麻烦,布置一大堆作业,烦死人。不是我造谣,初三国庆假期要我们做的试卷,有一个寒假的作业那么多,看着头都大了,还别说做题。由于实在不想做,我就跑到县城的餐馆去跟同学一起打工,作业一个字都没有写,后来给老师说自己生了病,也就蒙混过关了。

我的学习成绩落后不埋怨别人,只怪自己不是那一条河里的鱼。我爸爸妈妈认识的字还没有我多,不能辅导我。姐姐初中毕业就到外面挣钱,也不能在学习上帮我。不过,和我家里情况差不多的同学,也有人成绩很好。小学和我一起读书的几个同学现在县城读重点高中,有一个还被省城重点中学录取了,据说还有奖学金。不过,比我差的也有,我们村里有个人很老实,读完小学,在家里耍了一年,就出门打工了。我上初中混了快三年,感觉不读书可能还好一些,免得成绩差,被老师、同学瞧不起。

(三)“没钱万万不能”

我想出门打工,除了成绩不好,还因为家里特别差钱。大家都说,“金钱不是万能,没钱万万不能”。这话说得太对了。我爸爸在我读初三上学期时得了白血病,在医院做化疗,家里的钱用光了,最后还是没有治好,去世了。我如果读到初中毕业,后面不管上什么学校,都要花钱,家里实在是压力大。我反正是差生,念不念书都无所谓。我爸在世时,我做任何决定他都支持。我不想读书,出门打工,他也肯定不会反对。

爸爸是家里的顶梁柱,他身体垮了后,我们多次向亲戚借钱治病。但是,能够借到的钱很少,要想解决家里的困难完全不可能。爸爸在医院做化疗,医药费不是小数目,花了很多钱,身体也很受不了。爸爸每次从手术室里推出来脸色都白得吓人。后来,医生建议做手术,费用是十多万元。病已经到晚期,风险很大,就算手术成功了,接下来反反复复的治疗费还要花十多万元。我们当时想把老家房子卖了来治病,可钱还是不够。最后,爸爸放弃了治疗,让我们带他回了家。钱这东西太重要了！如果我们家有钱,无论如何都要试一试,说不定爸爸手术后会奇迹般地好起来。

爸爸治病最需要花钱的时候,妈妈到处借,但大多数亲戚朋友都有很多困难,不愿意借钱给我们。他们也担心钱借出去了难以收回来。我的两个姑姑,因为要给我们家借钱,都和姑父吵了架,还闹着要离婚。大姑父和二姑父都认为,医院根本没有把握治好病,让爸爸在医院受罪,不如回家过几天安乐日子。得了白血病,哪里还有安乐日子呢？爸爸回到家里,每天吃东西,吃多少就吐多少。我爸那时很瘦很瘦,接近一米八的个子就像一根竹竿。回家没多久,他就过世了。我妈那段时间天天哭。我想,我是家里唯一的男子汉,我妈和我姐都是女的,我有责任照顾这个家,我要出去多挣钱。所以我没有心思读书,就决定出去打工。

我们家缺钱,村里、镇里认定是“建卡贫困户”,给了一定的扶贫补助,过节的时候,还会有一些慰问品。但是,各种帮助对我爸爸治病没有起到什么作用,因为他查出白血病时,已经是晚期,上级把“建卡贫困户”批下来时,爸爸已经离开了人世。现在,我们家一直都是“建卡贫困户”,那个牌子还在老家的房门上贴着。

我们学校对贫困学生有资助,但每个班资助的人数存在很大差距。我们班是慢班,学校分配的资助名额很少。我家与班上其他同学家相比,应该是最贫困的,但我的成绩在班里不好,所以与那不多的资助名额无缘。我们学校的同学要获得资助,一般都要成绩好,期末考试成绩在全班必须排在前 10 名才有可能。后来,因为爸爸得了大病,学校破例给了我一个资助指标,但资助的钱与几十万元的治疗费相比,实在太少,只能算一个安慰。钱太重要了,爸爸住院那段时间,我基本上不敢花钱打菜,只能吃白米饭。不过,学校对寄宿生有优惠,每天免费为我们早餐加一瓶学生奶和一个鸡蛋。这在我家最困难时候,是一个很好的安慰。

钱在大人看来很重要,在小孩看来也很重要。每年过春节,村里的大人都会根据成绩好坏给孩子们发或多或少的压岁钱。家家户户过年的时候几乎都会全家人聚在一起讨论孩子的学习成绩,讨论应该给孩子发多少压岁钱。钱是很重要,没钱万万不能,但是大人们的这种行为让我心里很反感。我成绩差,每年得到的压岁钱都很少。这让我的自尊心受到了很大伤害。成绩重要,但我没办法得高分。钱更重要,所以我不喜欢读书,很想早点儿出去打工挣钱。

(四)“矛盾与挣扎”

虽然我最终决定不读书去打工,但临到离开学校,心里还是很纠结,在“想读书”和“去打工”两种想法之间,我有很多矛盾与挣扎。我当时想读书,主要是想继续混三个月,把初中毕业证拿到手。虽然我成绩不好,但上了那么久的初中,眼看就要毕业了,自己说不读就不读了,毕业证也拿不到,觉得过不了心里那道坎。我想,拿不到初中毕业证,自己进了社会只有个小学文凭,太没面子,打工也很难找到活做。如果继续读书,拿到毕业证,也算给自己有一个交代。当时想读书,还因为年龄,我虽然觉得自己长大了,但毕竟才十五六岁,还是未成年人。虽然成绩不好,不是读书那块材料,但还是觉得自己年龄有点儿小,适合待在学校。出去混社会,不安全,容易被人欺负,被人骗。如果遇到人贩子,遭罪的是自己。

挣扎到最后,让我不读书,提前去打工的主要原因有几个方面。第一,学校的纪律规定太苛刻。学校严格的纪律只适合管理那些喜欢读书的学生，用这些条条框框来管我们这一类学生，简直就是磨死人。我们经常违反纪律受到惩罚，内心产生了对学校强烈的抵触情绪。我成了一个不喜欢待在学校的人，还怎会喜欢读书呢？学校是学习的地方，不是关犯人的地方。学校关得住我们的身体，可关不住我们的心。

第二，学校、老师和家里人都不重视我读书。我被分在慢班，自然受不到学校和老师的重视。每次考试后，班里都会排名，老师只关心成绩好的学生。老师为什么不关心我们差生呢？如果没有我们差生在后面垫底，那些学习成绩好的学生，谁会知道他优秀呢？有时我真想把成绩排名表撕得粉碎。家里面，爸爸妈妈看到我在慢班读书，没什么前途，所以一贯传达给我的意见就是"能读到哪里算哪里"。我把自己准备提前去打工的打算告诉给妈妈时，她说："最好读完初中，但读书全靠你自己！不读书也是你自己的事情，以后混不好，不要后悔！也别怪我们没有劝你，你学不进去，我们逼你也没用。"

第三，我的学习成绩很差，这是最关键的原因。我的成绩一直都在狠狠打击我的自尊心，我从来没有在学习上有一点成就感。在学校这样窝窝囊囊，找不到自信，不如换个地方去发现自己的闪光点。我读的是慢班，有同学中途不读书是很正常的事。在这样的班上，要想翻身学好，简直就是做梦。既然在学校待不下去，还不如去闯社会，帮家里分担一下困难。

第四，我们村里人对我也有影响。村里绝大多数人都是初中文化，文凭都不高。村里出过两三个大学生，毕业后基本上都没有找到好工作，都是去打工。只有一个，毕业后分配到镇里小学，很辛苦，工资也不高。村里几个伙伴都认为，初中不毕业就出去打工也没什么不好。有个人比我早出去，他告诉我，打工其实很不错，可以逃离读书的苦海，享受自由，不用担心在学校受处罚。在他眼里，外面的社会就像天堂一样自由自在，可以想怎么样就怎么样。他还告诉我："杀人放火无所谓，反正未满十八岁！"当然我不同意他这种观点，但是他的话让我知道了江湖上并不那么可怕，自己可以去外面闯荡。

（五）“世上没有后悔药”

我现在打工已经半年了，我对自己的决定永不后悔。世上没有后悔药，我也不用后悔。偶尔，我也想回学校读书，想上大学。我打工三四个月后，也就是暑假，我们村里有个人考上了武汉大学，好牛！好光荣！这是我们村里考得最好的学生。我也羡慕，可是我成绩不好，英语是硬伤，考不上大学，所以我没有回学校继续读书的想法。我妈有次在电话里问我想不想重新回学校读书。她对我说：“打工不比种田轻松。谁家父母都望子成龙，如果你读书读好了，可以不用这样辛苦地打工，可以坐办公室，不用跑腿打杂。家里如果出个重点大学的学生，很有面子。你想不想回去读呢？”当时我很干脆地拒绝了她。现在我妈也彻底改变了看法。她觉得我打工可以挣钱，能养活自己，没学坏，没因为爸爸去世变得懦弱，她还是很喜欢我的。

离开学校去打工的时候，我只花了几分钟时间，就收拾好了被单、脸盆之类的东西。之前，我跟班主任说了自己不读书的原因，希望老师帮我开个后门，看能不能在同学们毕业的时候顺便帮我办个毕业证。班主任没有劝阻我，也没有说可以办毕业证，只是叫我出去不要干坏事。

我离开学校后就到了西藏，和姐姐一起给餐馆打工。我干的事情和去年国庆假期在县城餐馆差不多。西藏很远，天很蓝，空气很好，是个好地方，工资也不低，我一个月可以挣 4000 元。可惜后来姐姐要和姐夫到昆明打工，我也只好和他们一起去了昆明。在那里，我和姐夫一起搞装修，做一家一户的家装。姐夫和他的一个朋友做大工，砌墙、贴瓷砖、修花园，什么都做，手艺很好。我一边做小工，和水泥灰，打杂，一边向姐夫学手艺。

现在，我的手艺进步很快。有时候姐夫忙不过来，我也可以勉强应付几下子。我做一天工至少可以挣 150 元钱，只不过有时候没活干。我现在人长壮了，手臂很有力气。虽然打工不是想象的那么好，可我还是不后悔，在外面学到的东西是学校老师不可能教的。我觉得打工锻炼了身体，让我吃得了苦，我将来说不定还能做点儿大事情。你看现在那些成功的老板有几个是大学毕业呢？所以我对出门打工没有怨言，比别人看得开一些。

三、个案儿童讲述学习生活的故事

（一）“班上的老师还勉勉强强过得去”

我们班是慢班，是全年级最后一个班，班上的老师还勉勉强强过得去。语文、数学、历史老师布置作业我都能完成，这几科老师是男的。语文课要求写作文，除了周记以外，我几乎都是抄范文，很少自己写。老师会批改周记，还会写评语，我们写自己的一些事，老师会批注他的一些观点，所以我不敢乱抄范文。数学题能独立做的就做，不会的就空着，如果老师统一评讲，列出标准答案，我就把答案抄上去。如果老师不讲，作业本空着也没关系，他不会天天批改作业。历史老师很幽默，作业也不多，所以历史作业我每次都认真做。物理和化学老师也是男老师，他们的主要工作就是给我们布置作业，很多，但是他们很少改，所以我经常去找科代表，拿他的作业抄了交差。政治老师是女老师，比较通情达理。她布置作业的练习册后面附有参考答案，但从不像其他班的老师那样要求我们撕下来交给老师保管，可能她知道我们班的同学反正不会认真做作业，让我们抄一下参考答案比我们鬼画桃符要好，比我们互相抄袭，写错答案也要好。不过，有同学抄袭答案也是做得太绝妙，居然把参考答案里面的“言之有理即可”都抄了上去。这样明目张胆乱抄答案，老师不打你才怪呢！

班主任是女老师，教我们英语，因为是班妈妈，所以对大家都比较负责，有时候甚至比较亲热。但是，我经常不去上她要求我们必须上的英语早自习。我总觉得每天早上软绵绵的起不了床，眼睛也很难睁开，这怎么会有心思读课文呢？特别是读英语，让我脑壳闷。英语考试，总分150分，我经常只能考三四十分，相反，政治、历史总分只有100分，我有时候还可以考七八十分。英语是我成绩最差的一科，老师讲课，我很少听懂，只要老师提问让我回答，我的答案从来都是："Sorry，I don't know."所以，老师很少对我抱什么希望。我们班的成绩，从来都是排在全年级最后，纪律也是最差的。我们班的纪律，全校闻名，几乎所有来上课的老师对我们都有恨铁不成钢的感觉，他们往往咬牙切齿地说："教室在四楼，我在操场都能听到你们在闹，你们想啊，你们这个班纪律有多糟糕?!"

（二）"很特殊的表扬"

说起与班主任英语老师的那些事，我都有些心酸。最初，我并不是很抵触英语，只是初二一次很特殊的表扬让我觉得自己英语真的很糟糕。当然，一直以来，我的英语成绩的确不好，老师布置的任务我也很少完成。但是，那一次不一样，老师布置背诵的那篇小对话正是我每次读英语都读的那篇。因为我早自习不情愿读英语，所以每次都读那篇，一是为了应付老师，二是我也只会读那篇。就这样，我觉得那次老师布置的任务自己可以完成，反复读了几遍后，我居然在老师面前真的背了下来。老师听后，也觉得惊讶，但并未说什么。过了一会儿，一个平时英语成绩还算较好的同学在老师那里几次都没背完整，老师就开口了："你怎么回事？多简单的对话，看人家龙凤书都能背，说明根本不难啊！"老师的话让我听得很清楚，我也很明白，看似表扬我，其实是说我英语成绩糟糕透底，只可能偶尔完成一点儿简单的任务。我想，老师并没有什么恶意，她平时也总想帮我一把，但她说的这话实在让我心里不是滋味。

从这次特别"表扬"过后，我对英语课的反感也升了级，老师有意提一些非常简单的问题，我也懒得回答，只是应付着说："Sorry，I don't know."后来，英语老师结婚后经常回县城，没有太多精力管我们，我们班的英语成绩也就越来越下滑了。英语老师总的说来比较负责，只是我实在不争气。她多次喊我到办公室训话，有一次我站着听训，忽然脸色苍白，昏倒了，把她吓得够呛。她认为我是营养不良，站久了头晕，连着几天都叫我要规律作息，三餐按时，每顿饭多吃一点。不过，一周以后她就什么也没说了，班里还有其他同学需要教育，她也不可能只围着我一个人转。

（三）“同学造反不听课的下场”

我们慢班的晚自习与快班不同，快班每天晚自习都有老师上课，但我们都是地地道道的“自习”，老师几乎不讲课，只是坐在讲台上等我们提出问题之后再辅导。偶尔有同学去问问老师，但绝大多数时间都是同学玩，老师也玩，各玩各的。本来，一直到初三上学期开学，我们慢班上自习课也有老师讲课，后来因为闹了一次师生矛盾就转为真正的“自习”了。

这个矛盾，是由一本漫画书引起的。我们班王武斌、柳冬强跟我一样学习成绩不好，他们就坐在我前排。每次晚自习老师讲课他们都不听。那一次铃声刚打完，王武斌就拿出一本有连载的漫画书悠闲地看起来，一旁的柳冬强却找不到好玩的事情来打发时间。过了一会儿，王武斌的漫画书“啪”的一声掉到了地上，这让无聊的柳冬强有了事做。他还没等王武斌弯下腰，就一把将漫画书捡了起来，然后奸笑着看着王武斌。王武斌知道柳冬强不想把漫画书还给他，就扑过去硬抢。不料柳冬强躲得快，王武斌扑了空，一个狗啃屎，身子栽到了地上。王武斌气愤地爬起来，硬是要和柳冬强大干一场。当时，化学老师正在讲课，肺都气炸了，他使劲儿把书往讲桌上一砸，气急败坏地吼：“你们造反啦！课也不听，我不讲了！”吼完，气冲冲地、头也不回地走出了教室。其实，化学老师也知道，他的讲课我们根本听不进去，只是这场由漫画书引起的争斗点燃了他心中的怒火，让他找到了借口。

化学老师的这种情况，跟我们其他科的老师差不多。于是，这些老师就跟班主任商量，晚自习干脆让我们上纯粹的自习，不必讲课，反正初三需要大量时间让学生自己复习、做作业。班主任同意了，我们班的晚自习从此就没了老师讲课。这样安排，大多数同学觉得无所谓，少数同学也觉得是好事情，他们可以玩得更自在。我表面觉得无所谓，但内心还是感到老师很不公平，不负责任，不过也没办法，因为这是同学造反不听课的下场。

（四）“那真是赤裸裸的歧视”

我对化学老师的印象不太好。我们学校几乎每个老师都要上两个以上班级的课程。化学老师负责给一班和我们班上课。一班是学校最好的快班，最受学校和老师重视，我们班是慢班，对学校和老师来说都无所谓。初三上学期期末考试临近，学校进入了备战状态。一天上午第三节课，是我们班的化学课。刚打完上课铃，化学老师就站在了教室门口。他对着教室里一直炸开着锅的同学们说：“一班的英语老师有事不在，让我帮忙代课，期末了，我过去给他们评讲一下化学卷子，这节课你们就自习。”说完就走了。看到老师走了，教室里的同学更加放肆。

我对这种情况看得淡，看到闹哄哄的教室，也不知道自己该做什么，只好趴在桌子上睡觉。那天早自习本来就起得早，课间操一做，就感觉很困，所以睡觉休息最好不过了。不过，一觉醒来，想着化学老师说的话，还是觉得很不舒服。现在我觉得，该上我们班的课却不上，额外去给快班同学评讲卷子，同样是在期末呀，我们也要参加考试呀，老师这样做，那真是赤裸裸的歧视！

（五）“可惜老师根本没有看到我的进步”

比较而言，除了班主任，班里老师和我们最亲的是数学老师。虽然他在我们班没有像在快班那样每次考试后都要给同学们分析成绩，但是隔一段时间还是要习惯性地分析一下。比如，哪位同学哪里进步了，哪位同学哪里又出现了新的问题。有一次成绩分析是在半期考试之后，数学老师按照分数高低依次分析了班上前20名同学的成绩，但没有像以往一样分析到第30名，对最差的同学也没有提一提。我感到很失落，因为那次我的成绩很令我满意，分数提高了许多，考到了班里中等水平，起码也进入了前25名。我很渴望老师给我分析一下，表扬我一下，可惜老师根本没有看到我的进步。这一次让我真正感觉到了什么是失落。其实，成绩再差的同学也渴望得到老师认可，但是老师们没有那么多精力和耐心看到我们的进步。

（六）“犯同样的错误处罚却如此不同”

我对学习不感兴趣，所以上课迟到对我来说并不是什么新鲜事，迟到后受惩罚也是家常便饭。但是，有一次迟到受罚让我真的觉得很难受、很气愤。事情是这样的，那次我和快班一个同学由于迟到被学生会执勤的两个干部拦在了教学楼门口。眼看就要上早自习了，旁边快班的那个同学显得十分着急，而我平静地站着，习以为常。

这时，当天执勤的老师来了，分别看了我们两个的班牌，叫执勤的同学记下我们的名字后，就让快班的那个同学先上楼上课，却命令我继续站在教学楼门口好好反思。说完话，执勤的老师就走了。我一直按照学校的臭规矩，站到了第一节课下课。我觉得自己真是倒霉透顶！早知如此，不如当天就在寝室睡大觉。我感到气愤的是，犯同样的错误处罚却如此不同，难道学习成绩好，就高人一等吗？我想不通，心里感到很气愤。

（七）“成绩为王”

我们学校成绩为王，成绩好的人趾高气扬，即使是我们差班的同学，成绩好一点的人也觉得自己好像是高考状元。初三上学期期末有一天，班里几个成绩靠前的同学围在一起，兴致勃勃地讨论着自己准备报考哪个高中。我看他们说得挺热闹，就凑过去想插几句话。没料到我刚过去，就被一个同学的话气晕了。他酸溜溜地说：“龙凤书啊，你想考哪里嘛？我看哪，我们俩差不多，最差的那个高中我们都不要想了，最多考个职中，你说呢？”

他让我说，实质上是让我什么也别说。我瞟了他一眼，什么都没说，就晕乎乎地走开了。他的话好像也有一些道理，但是我听起来就是很不安逸。听了他的话，我觉得自己真的不是读书的料。也许，是我自己想多了，说话的那个同学很可能只是有口无心，但是他的话还是给我的自尊心造成了非常严重的伤害。为什么成绩好一点儿就会趾高气扬、高人一等呢？为什么成绩差的人要受到歧视和嘲笑呢？我实在受不了。

（八）“侥幸拿到了毕业证”

我虽然初中没有读完，但侥幸拿到了毕业证。我当时离开学校，也求过班主任老师，但没有抱多大希望。这次回老家，找到班主任老师，希望她开个后门，给校长说个情，让学校给我办一个毕业证。结果老师告诉我，我本来就有一个毕业证，一直放在她办公室。我真是喜出望外！老师说，虽然我没有参加中考，但是参加了体育考试和会考，所以有毕业证。

体育考试我有印象，但是忘了自己什么时候参加了会考。老师告诉我，会考大家都考得不错，每个同学都及格了。老师的话让我很快想起来了，我的的确确参加了会考，那是最好玩的考试。因为月考、期中、期末和各种模拟考试，老师监考都很严格，同学们基本上不能作弊，但会考不同，老师放水，同学之间可以互相“借鉴”答案，遇到大家都不会的题目，还可以翻书。学习成绩好的同学，通过手机把答案发到了班级微信群里。老师把毕业证交给我的时候，还对我说：“你读书不容易，打工也不容易，家里的日子过得更不容易，虽然你成绩不太好，但希望你以后的日子过得很好，前途很好！”班主任老师这次让我觉得特别有人情味，看来老师毕竟是老师，老师归根结底对我们还是很好的。

四、个案教师讲述相关原因与对策

（一）“寄宿留守儿童辍学的根本原因到底是什么”

1.“这种责任主要应该由学校和老师承担”

我们学校学生辍学的现象还是有些常见，这是没办法隐瞒的。学校一把手肯定不希望提这个事情，有的老师也顾及学校的所谓面子，不一定愿意讲。

但是,作为副校长,我不愿意粉饰太平,更不愿意隐瞒什么。我们学校只有负责任地面对这个问题,再仔细分析原因,寻找力所能及的对策,才有可能较好解决这个问题。我问过一些辍学的学生,请他们讲心里话,讲辍学的原因到底是什么。他们几乎每个人都讲,是因为自己学习成绩差,想出去打工挣钱。也有人说学校管得太严,太不自由。还有人讲,家里出现了特殊情况,很困难。比如,龙凤书,父亲得了白血病,治病把家里的钱花完了,人也去世了,对学生刺激很大。学生所讲都是事实,但是我们要仔细想一下:他们讲的这些情况能不能反映问题的本质?寄宿留守儿童辍学的根本原因到底是什么?

家家都有一本难念的经。学生讲的这些原因,在我看来,有的虽然很关键,如自己成绩差、厌学等,但都是表皮的原因。即使这些原因直接导致了学生辍学,但学生也不应该承担主要责任。比如龙凤书,他头脑聪明,很多时候学习态度也比较端正,只是有时会要点儿小滑头,偷点儿懒。他跟许多男生一样,对英语学习几乎没有任何兴趣,到了初三更觉得英语令人头疼。他对各科知识都不太懂,但很少去问老师,老师也不知道他到底哪里不懂。他的学习成绩的确很差,从表面上看,他应该为自己的辍学打工承担主要责任。但是,如果分析问题的实质,我们就会认为这种责任主要应该由学校和老师承担。

我们学校虽不算重点中学,但真正的弱智学生很少,本性真正很坏或从来不想读书的学生,几乎没有。绝大多数智力正常的学生开始都是希望学好的,为什么后来他们越来越没兴趣,成绩也越来越差,以至于辍学呢?原因显然出在学校和老师身上。一个辍学打工的学生告诉我:“我们是慢班,学校对我们都没有抱什么希望,老师上课照本宣科,课后老师人影都见不到。其他班老师在课余时间都会去看看同学,我们班的老师下课后对同学理都不理。我们有问题也不敢拿书到办公室去问,因为其他老师看到肯定会笑话我们的。”长此以往,再喜欢学习的学生也可能自暴自弃,最终弃学、失学。

我认为学校分班制度不合理,慢班的教师采用放任式教学是导致学生辍学的一个重要原因。慢班学生心里有落差,许多学生都认为自己学习无法打翻身仗。这样严重削弱了学生的自信心,使他们对学习产生了厌恶心理。这些学生厌学了,教师们又不重视,等于雪上加霜,使学生的学习陷入了恶性循环。学生上课不敢提意见,课后很少能够见到老师,除了班主任固定巡逻之外,少有科任老师课余时间去教室看望学生,让许多想得到老师关注的学生很失落。久而久之,学生疏远老师,老师厌烦学生,师生关系不和谐,让老师痛苦,学生低差。极个别严重的情况是成绩差得全学期几门课考试成绩总分还没有20分,或者严重违反校规、校纪,做了很出格的事情,实在没办法在学校待下去。对这种情况,我不想讲细节①,我只是觉得我们学校要深度反思,尽量杜绝。

2."复杂的社会因素是导致留守儿童辍学打工的深层次原因"

当然,学生学习不成功,也不全是学校和老师方面的原因,学校不是"无限责任公司"。现在社会太复杂,人们的追求太多元,"读书无用论"抬头,外面世界花花绿绿,诱惑大。要对付这些现象,学校和老师往往无能为力,费力不讨好。比如,龙凤书给我讲过,他的辍学打工在很大程度上受到了村里同龄人的影响。放寒假期间,他遇到一些回家过年的打工仔。他们给龙凤书讲,外面的世界真精彩,龙凤书听了觉得自己年轻,外出打工肯定会有作为,对学习就更不抱希望了。另外,现在农村学生读书的投入很高,回报低,也是一个事实。国家义务教育制度只能保证学生顺利读完初中。高中教育收费很高,农村学生考上大学家里付不起高昂的学费。就算进入了大学,毕业之后又不包就业,一毕业就等于失业。许多家庭都有这方面的顾虑,于是孩子想要出门打工,家长也只好答应。有的村子,前几年辍学打工成风,成绩一般的学生都会被裹进去。最近情况有所好转,但依然没法杜绝。

① 经多方了解确认,这种"细节"就是前文讲到的被老师或者学校明里、暗里以各种方式"劝退"或"开除"。前文所述张肖遭遇的被学校"勒令退学"(由班主任私下操作)即为其中一种"细节"。受访者对学校相关工作虽然有深刻反思的意识,但作为分管学校德育工作的副校长,不愿明确讲述学校和教师居然敢于违反国家义务教育法等相关法规的"细节",是可以理解的。

龙生龙，凤生凤，老鼠生儿打地洞，是遗传规律。打工仔的儿女多数只能去打工，是农村家庭的惯性，也是农村社会的惯性。我们学校这些寄宿留守儿童，学习成长的环境的确没办法与其他孩子，尤其是城里孩子相提并论。学校现在硬件基本达标了，但是软环境和教师队伍水平差，家庭教育和社会环境等更是不利于孩子学习发展。相当多的农村家庭父母双双外出，家庭教育处于空白状态，家长对孩子的教育以批评、责骂为主。有的家长将教育的责任推给学校和老师，远走高飞。孩子的成长环境多局限在一村、一镇，他们对外缺乏清晰的认识，视野有限；对内，无法获得较好的成长资源，贫穷限制了想象力。父母常年在外，孩子身处农村，面对高中、大学高额的学费，家长、孩子都看不到出路，弃学打工便成了便捷的出路。

学生家里越穷，读书的代价越高。在条件好的家庭，孩子读书计算的是所谓教育成本，对于广大农村普通家庭来说，读书付出的是沉重代价，是血汗钱。寄宿留守儿童高中的学费、书本费、生活费都不是小数目，他们读书越多，家庭付出的代价越大。还有，他们出生在农村，能够上的大学一般都很差。好的学校有更高的门槛，北大、清华等一批名校代表着更优质的资源，绝大多数农村留守儿童无法奢望。学校越差，越难找到好工作。大学生就业难，难的是普通大学生、农村大学生。寒门出贵子已经太难太难，这不是危言耸听。教育问题折射的是社会问题。社会越发达，社会阶层越稳定，底层人上升的空间越来越狭窄。30年前，改革开放初期一些农民、低学历的人凭着自己大胆获得了成功，那个时候是“只要你敢做，就能赚钱”。社会发展到今天，凡事都有规则，样样都讲人脉，成功需要几代人的知识积累和关系网络，个人努力几乎看不到多大成效。我认为这些复杂的社会因素是导致留守儿童辍学打工的深层原因。

（二）“解决寄宿留守儿童辍学问题的办法在哪里”

寄宿留守儿童辍学问题在我们学校虽然说不上多么严重，涉及的学生占比可能很小，也就是全校学生的百分之一二吧，但是每年总有那么几个。初

一、初二的寄宿留守儿童年纪小，一般不能外出打工，但个别学习成绩太差太差，读着读着就流失了，混上社会或宅家里，无所事事。初三年级，成绩越来越差的学生占比越来越高，辍学现象也就时有发生。学校和有关部门必须高度重视，既要重视这些辍学的孩子，又要重视辍学现象反映出来的系列问题，比如，农村留守儿童寄宿教育处境很尴尬，质量不容乐观。那么，改善留守儿童教育处境，提高教育质量，解决寄宿留守儿童辍学问题的办法在哪里呢？我认为，在政府，在学校。

政府方面，要进一步保障教育公平，要对农村儿童、留守儿童的教育加强倾斜性支持，要真正保证这些孩子能够接受公平而有质量的基础教育。在对这些弱势儿童的家长、家庭予以倾斜性支持的同时，要提出强制性要求。对贫弱家庭要有教育专项扶贫，杜绝学生因贫失学。目前，义务教育阶段贫困学生的帮扶情况较好，但是高中阶段和大学阶段贫困学生的教育帮扶力度还很小，这对学生初中阶段教育也会带来消极影响。政府要对不支持子女接受完整义务教育的农民家长采取强硬措施。

当然，政府最重要的工作还是从源头上解决问题，从根本上加强农村学校的建设，提高农村教育的质量，增强学校教育的吸引力，让学生在校三年能够学有所获、所值。这要求政府建好、管好学校的硬件和软件。硬件方面，近年政府给学校投了很多钱，改善比较明显，不过还要继续建好学生宿舍、食堂，配备先进的教学仪器设备。软件方面，目前我们学校还极其薄弱，最需要政府加大建设力度。我认为师资队伍是最重要的软件。教师工资福利发放、工作业绩考评、教学能力培养、教育信念养成，以及校长的培养和使用，直接关系到学校的教育教学质量，也直接关系到留守儿童在校期间的学习发展。

政府如何为农村教育埋单，如何替农村教育负责，有着非常深奥的学问，我虽然是所谓的副校长，但终归是一个小老百姓、一个普通的农村教师，我无法说清楚，更没法讲得具体。只是有一点儿，我想表达一个强烈的心声，那就是寄宿留守儿童长年累月生活在学校，大部分老师付出了工作职责之外的艰苦努力，政府不应该视而不见，而应该在工资补贴或者绩效发放方面进行足够的肯定。现在不少老师牢骚抵触，消极懈怠，也是因为市场经济条件下，他们在计算自己的劳动价值，觉得付出与得到不相称。对此，我们不能责怪他们师德水平不高，相关部门应该反思自己做得够不够。

如果有政府进一步加大投入，学校和教师再进行力所能及的教育教学改革，留守儿童寄宿教育，以及整个农村教育的质量都必然得到大幅度提高。作为学校，首先应该彻底改革学生分班的方法。我们学校最近也意识到了分快、慢班的危害，再加上县教育局三令五申，明令禁止，所以今年已经取消了快、慢班的分班制度。不过，还取消得不彻底，因为初二、初三年级都还保留着一个所谓的荣誉班。这个班把全年级最优秀的学生集中在一起，教育教学都瞄准县里最好的重点中学。这固然是为了培养精英，情有可原，也迎合了一部分家长的要求，但是学校投放的资源太大，付出的代价太大，对其他学生不公平，对这个班的学生也不一定是什么好事。

荣誉班的孩子为荣誉而学、而战，满脑子的就是升学，就是考分，能够顺利升学，固然不错，但是人生的路途长远，谁敢保证这些人没有心理疾病，高分不低能呢？高分低能的学生很脆弱，学校表面上支持了他升学，实质上可能耽误他们一生。荣誉班不能顺利升学的孩子很可能更惨，很可能四体不勤、五谷不分，就像村里人讲的那样，“种田不如老子，喂猪不如嫂子，打工下力不如汉子”，生存能力大打折扣。

取消荣誉班制度，把这些文化学习的精英当作星星之火一样对待，把他们分配到每一个班，让他们当学习小组的组长，团结带动一大批寄宿留守儿童，如兄弟姐妹一般友好相处，共同学习，互助成长。老师则像人生导师一般深度融入每个小组，鼓励所有小组集体之间在文化学习、体育锻炼、课外活动等方面展开合作竞争，每一个班集体就会生机勃勃、其乐融融。我想，在这样的集体，每一个留守儿童都会向别人取长补短，每一个同学都会为创造自己存在的价值而发挥自己的特长与潜能，实现全面发展。在这样的集体，我想基本不会出现辍学打工的同学。

当然，如果仅仅通过优化分班与分组加强学生集体建设，留守儿童寄宿教育质量的提高还是很有限。我觉得每一所学校，尤其是每一位老师要主动丰富教育教学的内容，不能只盯着考试，成天让学生做卷子、演算习题。农村家长的视野狭窄导致农村孩子的见识有限，学校教师必须充分借助互联网，借助现代信息技术，丰富教育教学内容，创新教育教学方式，让学生见到山外的东西，放飞孩子人生的梦想。当然，学校周边的山山水水，滋养着每一个孩子的肉体和灵魂。学校教师也要经常组织学生亲近大自然，阅读大自然这本最为巨大和丰厚的百科全书，充分享受城里孩子无法近距离享受的生态教育资源。

针对“读书无用论”的流行，学校要有针对性地开展理想信念教育。有一段时间，我听到班上学生成天念叨一些莫名其妙的东西。他们觉得很好玩，我却感觉很无聊、很无奈。比如，一些灰色调的顺口溜：“读书苦，读书累，读书还要交学费；不如早早混社会，有钱有势有地位，有吃有喝还不累。”又如：“学费高，学费贵，让我心里很怪味；好好学，学不会，生活如何去面对；老师说，家长批，读书生活真受罪。”

慢班学生当中流行着这样的打油诗：“春来不是读书天，夏日炎炎正好眠。秋有蚊虫冬有雪，要想读书等明年。年复一年又一年，年年都在等明年。四季如此何须等，背起书包出门外。”在一些所谓快班，学生胡乱改编的一个对联也比较流行，上联是“风声雨声读书声，我不出声”，下联是“家事国事天下事，关我屁事”，横批是“一边玩去。”

每一个教师，面对这样的灰色歌谣，都不应该一笑了之，更不能麻木不仁。我们必须加强学生的理想信念教育，给他们更多关爱和帮助，对他们的思想道德和心理健康予以正确引领，培育他们健全的心灵根基与美好的人生梦想。我大概记得陶行知先生说过，爱是一切教育的源泉，没有爱便没有教育。我们农村老师，必须用更多的爱心、耐心和细心去培育学生，努力让寄宿留守儿童能够享受幸福的学校教育生活，能够健康成长，主动发展。

第二节　何处是家:S校留守儿童校外寄居个案研究

一、留守儿童校外寄居现象概述

在多年的田野考察中,课题组发现留守儿童校外寄居现象非常普遍,不管是农村寄宿制中小学,还是非寄宿制学校,都有大量留守儿童长期寄居校外。非寄宿制学校没有寄宿条件,出现这种现象可以理解,而寄宿制学校出现这种情况,比较令人费解。在S校调研期间,我们发现该校作为一所寄宿制学校,农村留守儿童校外寄居现象比其他寄宿制和非寄宿制学校都更为突出。学校约有80%的学生是留守儿童,其中30%寄居校外,校外寄居留守儿童约占全校学生的24%。

我们调查发现,农村留守儿童校外寄居主要有五种类型:寄居亲戚家庭、寄居教师家庭、祖辈租房陪读寄居、同学合租房屋寄居、独自租房寄居。其中,祖辈租房陪读寄居占比最高,其后依次是寄居教师家庭、寄居亲戚家庭、同学合租房屋寄居、独自租房寄居。学校本身就是寄宿制学校,但大量留守儿童选择校外分散寄居,这意味着什么?

农村留守儿童校外寄居,家长必须较多支付孩子的日常生活费用。调研发现,寄居亲戚或教师家庭,家长每月一般要给寄宿家庭交付约1000元生活费,每学期5个月,共计5000元左右,每月学生还要花费大约200元零花钱和交通费,全学期合计开支约6000元。① 如果留守儿童选择学校集体寄宿,每

---

① 留守儿童寄居教师家庭大多还要支付一定的作业辅导费和补课费,其他留守儿童和普通学生也可能支付类似费用,故本研究对这些费用没有专门统计和比较。当然,相关费用也不便统计,因为教师为学生提供有偿的课业辅导,基本属于“地下工作”。寄居教师家庭的最大不同是能够得到比较方便的学习辅导,这是家长决策的重要原因。寄宿同一教师家庭的学生一般有2—5人,而寄居某亲戚家庭的学生一般为1人,基本不会超过2人。

学期只需交 120 元住宿费，每个月生活费则有较大弹性。少数家庭经济困难或很节俭的孩子，一般只会花 400 元左右，家庭经济条件好或大手大脚的孩子，一个月可能花销 1000 元以上。他们在学校食堂就餐，比较便宜，都从家里带被子等住宿生活用品，平时买点牙膏、牙刷之类的小物品，花钱较少。他们的另一笔开销是周末在家校之间往返的交通费，全学期 100 元至 300 元不等。在学校集体寄宿，留守儿童每学期的花费一般在 2500 元到 5000 元之间，其平均费用比寄居亲戚或教师家庭少支出约 2000 元。这对于很多留守儿童家庭而言，不是一个小数目。

留守儿童如果在校外租房屋，条件稍好一点的套房，两室一厅，每年支出约 8000 元，每学期 4000 元。差一点的房子，如果是一室一厅，也要 5000 元左右一年，每学期 2500 元。如果留守儿童是单独住，加上水电费、生活费、零花钱、交通费等开支，总费用会高于寄居亲戚或教师家庭，一般的留守儿童家庭承担起来并不轻松。尤其是如果还有一两位祖辈亲人陪同，会增加新的开支，一般家庭承担起来更不轻松。祖辈租房陪读较多的情况是一位祖辈亲人在镇上租住较差的房子带着一位留守儿童读书，或者一两位祖辈亲人租住条件较好的房子，带着大家庭的 2 个或多个孩子读书，这样费用均摊，成本就下降了。条件较差的房屋，一般是长条形的屋子带一个厕所，屋子从中间可以隔成两间小房间，一年的租金约 3000 元，每学期 1500 元，每月只有 300 元。如果没有祖辈亲人陪同，只是两位同学合租这样的房子，每人每月只需支出 150 元房租，以及每月 30 元水电费，住一学期约 800 元，加上每月 500 元左右的生活费，一学期大约 3500 元，与在学校寄宿相比差距不大。

农村留守儿童校外寄居，有的改善了学习生活条件，提高了学习成绩和身心健康水平，让在外务工的父母减轻了对孩子的担忧。有的只是满足了自己的虚荣心理或是追求个体自由生活的心性需求，让家长少了一些被孩子经常纠缠的烦恼。有的则无法回避留守生活与学习的各种问题困难，甚至增添了各种各样的烦恼，让有关各方产生了隔阂或矛盾，反复折腾而无更好办法，只好重新选择回到学校集体寄宿。更糟糕的是，校外寄居很可能助长留守儿童的不良习惯，使他们出现诸多问题行为，或者发生意外事故，严重影响其健康成长。留守儿童校外租房居住，不管有无祖辈亲人陪读，也不管是单独租住还是同学合伙租住，他们父母对子女饮食健康、人身安全、行为习惯、学习成绩等方面依然有不同程度的担心。所以，就整体情况而言，留守儿童校外寄居弊大于利。

对于留守儿童校外寄居现象，学校应该如何回应？是顺应引导、提倡支持，还是劝阻制止？是不闻不问，顺其自然，漠然视之，还是主动加强学校设施设备与课程师资建设，提高管理服务水平，增强集体寄宿教育的吸引力？这些问题的回答，直接关系到寄宿留守儿童能否找到一个安心学习与生活的“家”。

二、留守儿童校外寄居原因访谈

S 校部分留守儿童为什么放弃校内集体寄宿而选择校外寄居？被访谈者讲述的主要原因有两个方面：一是学生感觉校内生活不方便，学习效果较差，住校很不自由，没有一点家的感觉；二是家长感觉寄宿学校学习生活条件太差，担心孩子在学校无人监督照料，希望留守子女学习成绩较好，饮食住宿质量较高，“在一个有点儿家的感觉的地方生活学习”①，父母能够对亏欠子女的爱进行最大限度弥补。本书课题组研究人员访谈几位寄宿学生，部分谈话片段如下：

学生甲：我也不想住学校啊，但是家离学校太远，又没有亲戚住在镇上，外面租房子太贵，没办法，只好住在学校。学校的住宿条件挺差的，特别是洗澡、洗衣服最不方便。一层楼大概一百多人，共用一个厕所，中午、晚上大家一齐下课，上厕所就特别拥挤。这时，要是有人占用水槽、厕所洗衣服、洗澡，那么

① 受访家长原话。

外面排队等候的人简直有一种想把他吃了的冲动。要想洗衣服、洗澡,只能等到晚上大多数人休息了,人少了才行。冬天,我们基本都不洗澡。寝室没有热水,下午课后可以去一楼开水房打开水,但这会儿很多人都特别忙,要赶做作业,没时间打水洗澡,只能用一个温水瓶打水。晚上洗脸、洗脚,这瓶水都很难应付,自然不可能洗澡。冬天冷,晚上热水不多,如果谁洗澡,第二天多半要感冒。

学生乙:我住校是迫不得已,学校生活很不方便。比如,寄宿生进了校门,直到周末才让出校门。这就罢了吧!可最奇怪的是不让我们带吃的东西到学校来,就连牛奶、面包都不行。记得有次我妈妈给我用罐子装了炒肉,让我带到学校吃,结果到校门口就被保安没收了,还把我大骂了一顿,后来我再也不敢带吃的东西到学校了。

学生丙:住在学校真的像关在一个大牢笼一样。晚上 10 点半,寝管老师就会按时查寝,然后锁门关灯,早上 6 点再开门开灯。要是有哪个同学不听话,就把你带到办公室去站一晚上,第二天还要告诉你的班主任。有一次,我们寝室几个人关灯后不知道怎么发了疯,一直唱歌,把寝管老师惹来了。她盘问哪些人在唱歌的时候又没人承认,我们也不敢多说话。寝管老师就让我们全寝室十多个人都去操场罚站,直到查出是谁为止。大冬天的晚上,我们在操场上站了两个多小时,寝管老师最终也没查出到底是哪些人唱了歌。

学生丁:学校寝室特别乱,一个寝室十多个人,来自不同的班级,特别杂乱。同学的东西被偷的事情常有发生,反正最后也查不出到底是谁偷了东西,只能怪自己没把东西放好。我们学校男生寝室还时不时有人翻围墙溜出去。有一次,一个男生翻墙回寝室的时候,从三楼的阳台掉下去了,幸好下面有棵树帮他挡了一下,才不至于和明天说再见。像这样的事情,学校不知道就没事,知道了就是请家长、受处分、通报批评。但是,不管学校处理得多严,这样的事还是时有发生。

一轮谈话下来,几位同学都表示寄宿在校是无奈的选择。请他们进一步

讲述相关事例,部分片段如下:

学生甲:学校住宿条件不好等困难可以克服,但让人不能接受的是,同学放在寝室的钱经常会无缘无故丢失,放到柜子里面锁起来都会不翼而飞。有一次,寝室一位同学发现自己省下来的二十几块钱不见了,急得哭,到处找遍了也没找到,最后报告老师也是不了了之。有段时间,寝室老是发生丢钱的事情,我怕自己的钱也丢了,就特意把钱放到衣服口袋里,睡觉时放到靠墙壁的那面。我睡的上床,结果第二天起来发现钱仍然不见了。下床时,看到有一个凳子放在我的床边,显然小偷踩着凳子把我的钱摸走了。我幻想着找回我的钱,但最后还是没找到,也没有任何一个人承认看到过我的钱。你说,这样子,住在学校谁舒心?

学生丙:不见钱的事情我也遇到过,但是对我来说,不想住学校更多是因为寝室的室友。之前,我和一个同学要得特别好,什么都一起去做,但后来闹一些矛盾,关系闹僵了,她就号召周围的人疏远我,搞得我回到寝室也只能是一个人。现在我很不想住在学校,觉得寝室那种氛围很压抑,让我很不舒服。

学生丁:我不想住在学校是因为学校的宿管老师管得太严了。每天晚上10点半熄灯,熄灯以后一句话都不能讲,不然就要被警告,一旦被警告,第二天你的名字准上黑板,准会被班主任老师批评和惩罚。平时上课,没得时间洗头或洗衣服,下课回去后才开始洗头,有的时候会挨得晚一点。有一次,明明之前我一直都没有讲话,突然有同学问我一件事,我不由自主地说了三个字,就被宿管老师警告了。第二天,被班主任叫去谈话,罚做50个下蹲。我根本不想住在学校,一点都不爽!

综合几位同学的意见,我们认为,他们不想住在学校的心情可以理解,但讲述的情况是否属实,还得从多方面去印证。我们调查了多位家长,他们表示,之所以让孩子寄居在亲戚家、老师家,或者租房陪读,主要是因为他们觉得学校住宿条件太差,孩子常年一个人在家,父母不在身边,不能照顾孩子,不能陪着他们成长,本身就觉得对孩子十分亏欠,当然想给孩子一个好点的生活环境，或者请老师照顾，顺便辅导一下作业，补补课。有家长说："我们在外务工也无非是想多挣点钱，改善孩子的生活条件、学习条件，让孩子更好学习，将来不要像我们一样没文化。把孩子一个人留在家，没个人照顾又放心不下，把孩子交给学校寄宿，学校条件又那么差，杂七杂八，乱糟糟的，像个养猪场，不放心，就只好把他放在亲戚家，这样也有个信任的人管教、照顾，我们在外也放心一些，他放学后也不会觉得太冷冷清清，没得个着落。"

家长讲述的大多信息也主要来自学生，他们讲述的情况是否属实？我们带着相关问题走访学校的宿管老师。她告诉我们："的确学校的住宿条件比家里可能差了点，但是，你是来学校学习的嘛！这点困难都克服不了哇？现在最重要的是学习，现在这些孩子就是吃不了苦！你看我们那时候住的条件，比这差多了，还不是过来了。"我们问她学生犯错后如何处理。宿管老师讲："怎么处理呢？轻微的当然就是教育一顿嘛。严重的时候，必要的体罚还是要有的嘛。老师不用体罚，怎么管得住学生？现在这些孩子一点都不简单，你和他讲道理没用，他根本就听不进去。体罚最简单，更有效，只有让他的身体感到了痛，他才记得住，下次才不会再犯。"

我们还带着类似问题访问了一位班主任老师。他没有直接回答我们，而是讲述了他们日常工作的辛苦与烦恼。比如，寄宿学生的成绩普遍很差，辅导起来很费劲；寄宿学生管理难度大，思想教育很难落实；当寄宿生的班主任，工作生活都没有规律；等等。最后，他抱怨："学生在宿舍违纪扣了分，学校也会扣我们的工资。最烦的是宿管老师时不时给我打电话，说你们班谁谁谁晚上违反纪律，谁谁谁没回寝室。就算那个时候很晚了，还得一起出去找学生，不找的话又怕发生什么事情，到时候谁又来承担这个责任嘛?！白天要上课，要管理班级日常学习事务，已经很累了，晚上还要去管学生宿舍这些像乱麻一样的事，真的是难！学校蛮干，学生蛮干，要蛮干，大家都只好蛮干了，所以哪个学生敢在寝室犯事，我就绝不轻饶！"

在访问宿管老师、班主任，以及对S校进行实地观察后，我们认为，几位同学讲述的住校生活烦恼与困难属实，S 校的现实情况与家长、学生的感觉基本一致，即学校寄宿条件简陋，寄宿留守儿童学习、饮食与住宿等方面的管理存在较大问题，留守儿童寄宿教育质量整体较差。系列问题直接导致留守儿童放弃学校集体寄宿而选择到校外去找一个"家"。

三、校外寄居儿童个案深度调研

（一）对个案儿童班主任的访谈

2019 年 1—2 月，我们对 S 校初三年级校外寄宿留守女童吴佳讯实施了深度个案研究。起初，吴佳讯的班主任童老师向我们概要讲述了她的基本情况。

2016 年 7 月，吴佳讯小学毕业，即将上初中。因父母均外出务工，家离学校很远，不可能天天回家，只能寄宿学校，但父母觉得住校条件不好，也不放心孩子一个人寄宿学校。吴佳讯的舅舅几年前在镇上买了房子，并搬到镇上居住，离学校很近。于是，吴佳讯父母在那个暑假就和舅舅商量，让孩子就学期间寄居在舅舅家，周末放假回家和奶奶一起住。

舅舅、舅妈觉得这样安排，也就是家里多住一个孩子，没什么困难，还可以给自家孩子找个伴儿，就同意了。舅舅、舅妈做出这个决定，还基于以下原因：他们认为学校的住宿条件确实不好，他们知道很多孩子都不愿意住校，都住亲戚家或者在外面租房子住，或者住到老师家里。学校有很多老师家庭都收有几个学生居住，包学生吃住，家长每个月交给老师生活费大约 1000 元，只有那些家里经济条件不允许，实在没办法的学生才寄宿在学校集体宿舍里。吴佳讯父母可以把交给老师的生活费或者租住镇上房屋的费用交给舅舅、舅妈，这自然不会让舅舅、舅妈在经济上吃亏。

然而，舅舅家的表妹小荣与吴佳讯不能较好相处。小荣比吴佳讯小几个月，她们在 S 校读同一个年级，不同班。小孩之间本来就会因为一些琐事闹矛盾,更何况长期待在一起,难免磕磕碰碰。吴佳讯认为小荣说话做事大大咧咧,总觉得自己是主人,在自己家里,说话做事特别硬气,很少考虑别人的感受。她觉得自己寄居在舅舅家,低人一等,说话做事显得格外拘谨,必须小心翼翼,心里很憋屈。后来,两姐妹的关系几乎发展到了水火不相容的地步,吴佳讯只好搬到学校寄宿。这么一折腾,吴佳讯的学习成绩直线下降。后来,父母想给她找一位老师托管,住到老师家里去,也准备到镇上租房让她单独住,结果都因为一些东扯西拉的原因没有办成。不过,孩子最终还很争气,寄宿到校后学习成绩赶了上来,各方面发展都比较优秀,热情开朗,口才很好,在班上"粉丝"有一大堆。

(二)对个案儿童的深度访谈

通过班主任童老师沟通协助,我们对吴佳讯进行了三次比较深入的访谈。同时,为了验证吴佳讯所述情况是否属实,我们也试图联系她的表妹小荣接受访谈,但是小荣不愿意,其父母也不太支持,所以我们只好作罢。下面实录与吴佳讯三次谈话的主要内容。

问:开始上初一的时候,你为什么会借宿在舅舅家呢?

答:学校每晚下自习课后很晚,我家离学校很远,不可能天天回家。学校住宿条件比较差,十几个同学住在一个大寝室里,冬天用热水、夏天洗澡都非常不方便。学校食堂的伙食也不好,我在食堂吃过几次饭,饭菜没有油水也就罢了,味道还糟糕得让人受不了。有时候一点儿味道都没有,有时候又咸得很,乱七八糟的菜弄一盆,看着就不想吃。平时住校的同学都不能出校门,而且学校有一个特别奇葩的规定:凡是吃的东西,包括水果、牛奶,不管是寄宿生还是走读生,都不能带进学校。每天进校门,学校的保安都要检查。有一次,我们班有个寄宿生星期天返校时,在家里带了几个水果和几盒牛奶藏在书包里,没想到保安非要打开他的书包检查不可。同学不让,结果那保安直接把他的书包抢过来,没收了里面的东西。

问:你可以具体说说当时的情况吗?

答:保安拉着那位同学的书包说:“学校千叮咛、万嘱咐,不准从外面带吃的东西到学校来,你没长耳朵还是没长脑壳哟? 听不懂人话吗?”同学说:“我不是在外面商店买的,是我奶奶怕我在学校没吃的,让我从家里带来的。”保安说:“我懒得管你是买的还是家里带的,都不允许带到学校里来! 要是每个带东西的学生都说是家里带的,那我还管不管呢? 学校没有吃的吗? 你是来学习的还是来做吃货的? 看你这个样子,学习肯定也好不到哪去,也不知道你家里面的人是怎么想的。教育你还要顶嘴……”保安絮絮叨叨地教育了那位同学好一阵子。后来,值周老师在那一周升旗仪式结束后的校会上对我们班,以及这个同学提出了点名批评。这明显是杀一儆百,搞得同学们都很怕,只能在周末回家才有机会改善一下伙食。舅舅家离学校很近,几分钟就能走到,妈妈觉得我住在舅舅家至少还有亲人照顾一下,生活条件也比住在学校好很多,所以就每个月给舅舅 1000 元钱,作为我的生活费,让我在舅舅家借宿。

问:你住在舅舅家还习惯吗?

答:不习惯! 一点儿都不习惯! 刚开始到舅舅家的几天蛮好,还有一点儿家的感觉,舅舅、舅妈对我很好,小荣对我也挺好,和我一起上学、放学,一起玩。可是,差不多过了两个星期,我就感到小荣慢慢讨厌我了,还喜欢和我作对。通常,晚自习下课后,我会在教室多做一会儿作业,然后再回舅舅家。但小荣下课铃声一响,就冲出教室回家了。舅妈觉得我们俩在学校学习比较辛苦,晚上都会准备好夜宵温在锅里再去睡觉,等我们回家就可以吃得饱饱的再睡觉。小荣通常都是很早回家,她吃完饭,就把碗放在一边,吃剩的就摆在桌子上。等我回去后,饭菜早就冷了,不管吃不吃都得将桌子收拾好,把碗洗了再去睡觉。虽然心里很生气,但是毕竟不是自己的家,也不敢给舅舅、舅妈讲,只有给妈妈打电话时抱怨一下。妈妈觉得毕竟是自己有求于人,我住在别人家,吃点儿小亏也没有什么。她就说:“妹妹小,不懂事,做姐姐要学会照顾妹妹!”她叫我能忍的都要忍一下,退一步海阔天空。

我和小荣住一个房间，睡一张靠墙的床。晚上我想多看一会儿书，就和妹妹商量，能不能请她睡靠墙的那边，我睡外边，方便窝在被窝里看书。妹妹说她靠墙睡的话睡不着，我只好忍受寒冷坐在书桌边看书。以前，我觉得只要在家忍一下就没事，可谁知道，有一天我听到妹妹向舅妈抱怨，说我每天晚上都要看书，看很久才睡觉，灯光明晃晃的，害得她连觉也睡不好。她直截了当地说："能不能不让她在这里住了……"这时我才知道，原来我在这里是多么不受欢迎！我想再这样下去，舅舅、舅妈迟早会厌烦我。

问：住在舅舅家，哪些事情给你留下了比较深的印象？

答：住在舅舅家的确要比住在学校方便很多，但是又让我觉得特别不舒服。我只能看到属于他们一家三口的家的温暖，而我始终是个寄人篱下的人，始终无法融入他们的生活。并且，住在人家的家里，说话做事处处都要格外小心，生怕自己说错了话，做错了事，让舅舅、舅妈不高兴。有时候，我也幻想，能像妹妹一样对着舅舅、舅妈撒撒娇，拌拌嘴，不想做家务时任性一下。但是，我深深知道，这一切都不行！家务活即使我不想做，也要做，我要让舅舅、舅妈开心，我不能让他们觉得我住在这个家里面一点点儿贡献都没有。

还有，我最害怕舅妈、舅舅夸我，哪怕他们是真心夸我，我也感到紧张。每次他们一夸我，我就会觉得小荣更加讨厌我。不知道是我自己太过于敏感还是怎么的，反正我就是这样感觉。我也想，在舅妈、舅舅心中，肯定希望小荣比我更出色，现在我比小荣成绩好，他们会怎么想呢？有一天下午，学校组织家长会，舅妈代表家长先后参加了我和小荣班级的家长会。她回来当着我和小荣的面说："小荣呀，你看你，要多向姐姐学学嘛！姐姐成绩这么好，你看你考那点儿分，还成天就知道玩！姐姐还经常帮我做家务，你一天到晚什么事都没做，成绩还差姐姐那么远，不懂的问题，你不知道多问问姐姐吗？"

这可不得了！小荣醋意大发，冲着舅妈大吵："我问她，她也不会给我讲呀！她不怕我成绩比她好吗？你觉得她好，就让她来给你当女儿呀！反正她什么都好，我什么都不好！正好现在她住在家里，你们好好发展感情呗！要是觉得我碍眼,就把我赶到学校去住好了!”舅妈愣住了,小荣又转身对我说:“吴佳讯,你别以为你是谁,你不就是成绩好点吗?拽(得意)什么拽?天天装出一副可怜巴巴、懂事兮兮的样子,就是故意讨欢心!你没来,他们从来不这样对我,都是因为你,我讨厌你!恨死你!”

小荣吼完,蹲在地上哇哇大哭。我实在没想到自己会对她造成这样大的委屈和伤害。望着她那么痛苦和愤怒的样子,我想自己必须搬出去。我不能伤害小荣,这里不是我的家,我要去寻找一个有点儿家的感觉的地方,我希望有一个自由温暖的家。虽然我不知道何处是家,但是我深深地知道,与其长期过着这种小心翼翼的生活,还不如去住学校。虽然学校生活条件差,不可能想做什么就做什么,不可能是自由温暖的家,但不用在乎谁的心情,看谁的脸色。

问:你是什么时候离开舅舅家到学校住宿的?你离开舅舅家还有其他原因吗?

答:我是初一下学期开学,也就是在舅舅家住了一学期,第二学期开学离开的。应该是 2017 年 2 月,春节和寒假过后开学就住到学校了。我住在舅舅家,始终感觉自己是一个外人,打扰了他们一家人的生活,感觉自己是一个多余的人,那里不是我的家。大人们,爸爸妈妈、舅舅舅妈都说过,那里可以是我的家,但是那里根本不可能是我的家。妹妹不喜欢我,我也从方方面面感觉到舅妈并不想我住在他们家,只是因为舅舅的原因才勉为其难地让我住下。虽然舅妈当着我的面在嘴上不说什么,但心里巴不得我早点儿离开。

有一次,快寒假了吧,我无意中听到了舅妈和隔壁阿姨的聊天。隔壁那家也有亲戚的孩子借宿,她们俩就聊到了这件事。我听见舅妈说:“我也不想收个娃儿在家住呀,人家的孩子打不得、骂不得,而且那个女儿又小气,自尊心又强,和我们家妹儿合不来。她住在我家我也算对她可以了吧,没想到她还打电话给她妈告状。真是不识好!搞得现在我也不知道怎么办,怕是最后还是要把人得罪!早知道这样,真不该答应这个事。都怪我那个死东西老公,非要应下来!为了这事,我们两口子没少吵架。我得想个办法给她妈好好讲一讲,好说好散,让她自己住到学校去,不然我们家就没得个安宁。”我当时觉得耳朵嗡嗡作响,真没想到舅妈会这样想、这样说!原来我在这个家早就不受欢迎了,我一直都小心翼翼啊!我生怕惹舅妈不高兴,主动做家务,对小荣的多次找碴儿,也尽量忍耐,不理睬,但我终究是个外人,我必须离开。

(三)对个案儿童亲人的访谈

在访谈吴佳讯的同时,我们通过学校教师的沟通,对吴佳讯的父亲、舅舅和舅妈进行了访谈。下面,实录谈话的主要内容:

1. 个案儿童父亲访谈片段

问:孩子住在舅舅家要给一定的费用吗?

答:那肯定嘛,我们不能占人家便宜吧。虽然是自己舅舅家,但是难免会带来一些不方便嘛,也给他们增加了一份负担,肯定要拿一点儿孩子基本的生活费嘛。

问:那一学期给多少呢?

答:每个月给他舅舅1000元。

问:现在住学校,不在舅舅家,是不是要少花一些钱?

答:那是肯定的嘛。

问:那为什么不一开始就让孩子住学校呢?

答:学校住宿条件不好嘛。我们也去他们学校宿舍看过,一个大屋子里面密密匝匝地放了近十个上下铺床。那些床铺看上去都很旧,也特别窄,几根铁皮条上面放一张竹篾编的席子,再铺棉被。一层楼六七个寝室共用一个厕所、一个水槽。你想想,接近一百人上厕所、洗漱,那多挤,多不方便。寝室还没有热水,你说要是夏天吧还好,冬天的话孩子怎么受得了?虽说可以打开水,但总的来说很不方便呀。你说要是我们住这样的条件吧,也还能忍忍,将就将就也过了,但是孩子从小都没受过这种苦。本来留她一个人在家,就孤孤单单怪可怜的,哪还忍心让她再受这份罪呀?孩子吃不好、穿不好、睡不好,还能学习好吗？我们很想给孩子找一个有点儿家的感觉的地方，想着多花点钱能让孩子生活好点，我们也放心一些。开始想，住在她舅舅家，至少还有几个亲人嘛。我们不在她身边的时候，她也不至于太孤单吧，还有点家的温暖嘛，生活条件也要好很多嘛。

问：那你了解孩子住在舅舅家的情况吗？

答：还是比较了解的。孩子每个周都会给我们打两次电话，我们也会给她舅舅打电话。只是这个孩子呢，有时候太懂事了，怕我们担心，有些话、有些事，她就自己一个人憋在心里。

问：吴佳讯说不想住舅舅家的时候，您是怎么想的？

答：小孩子间吵架、闹矛盾是难免的嘛，只要她舅舅、舅妈对她还好，就让她住舅舅家。这样也有人监管嘛，毕竟孩子还小。她一提出来，就突然不住了，人家还会以为我们大人有什么想法呢。这样不是把人得罪了吗？我原本想，以后她弟弟上中学，还要指望去他们舅舅家住呢。

问：那孩子后来搬到学校住，你同意吗？

答：我也不得不同意啊！现在的孩子都好强死了，不将就也不行，只是觉得对不住亲戚。不过这样也好，都是一家人，解释解释也就想通了。好在我女儿还比较受老师喜欢，虽然在学校寄宿吃了一些苦，但是学习成绩还好，大家也还比较高兴。你们不晓得，当时她不去舅舅家了，我们找老师，租房子，想了好些办法，就想给孩子找个有点儿家的感觉的地方，结果哪里知道不是那个经文①，只好将就着住在学校。现在看来也不错，锻炼一下孩子，也减轻我们一点儿负担。最开初，以为可以给孩子一个家，我们承担一点儿经济压力，也欠一些亲戚的人情，而现在，还解脱一些了。

2. 个案儿童舅舅访谈片段

问：你家外甥女住你们家，你感觉怎么样？

---

① 不是那个经文：不是个办法。

答:她很能干的,就是我自己的娃儿,不听话,两姊妹搞不好。

问:你怎么看这个问题呢?

答:也不是什么大问题,只是当时觉得烦。我夹在她们两姊妹之间,十分为难,还是有很大压力。吴佳讯妈妈是我妹妹,作为哥哥,我帮自己妹妹照看孩子两三年,是理所应该的。但是,自己女儿不懂事,整天吵吵闹闹,觉得有个姐姐住进来,抢了爸爸妈妈对她的爱,总觉得自己的什么东西被姐姐分走了,所以打心里对姐姐有了隔阂,不希望姐姐继续住。很难做到两全其美啊!

问:难在哪些方面呢?

答:其实,说来说去我当时是块夹心饼干,两边都不好办。一边是自己的亲妹妹,他两口子常年在外工作不在家,孩子无人看管,按理说我帮忙照顾一下是应该的。我家离学校近,就更应该帮忙,何况孩子本身也很听话,又爱学习,我倒是很喜欢她的。但是,家里这个孩子怪得很,两个孩子之间难免有隔阂。开始的时候,两个孩子还挺好的。后来不知道怎么,就老是有矛盾。其实,我心里也明白,多数时候是自己孩子无事生非,不讲道理,但是我一个中间人真的不知道该如何来调节这里面的关系,特别心烦。帮着自己孩子说几句话吧,又怕吴佳讯会有什么想法,觉得我们偏心;帮着吴佳讯说话吧,自己的孩子又使性子,觉得我不喜欢她反而喜欢别人的孩子。其实,我是两个都喜欢,但是这一碗水还真不容易端得平!

3. 个案儿童舅妈访谈片段

问:你们家同意带着吴佳讯读书,是怎样考虑的呢?

答:吴佳讯是老公妹妹的孩子。我们在镇上买房子的时候,尽管他们自己的经济条件都不是很好,但也帮了不少忙,还借给我们3万块钱。平时,妹妹、妹夫也挺照顾我们,他们两口子长期在外打工,家里孩子上了初中,托付给我们照顾照顾,我们确实应该帮这个忙。再说,吴佳讯这个孩子吧,也比较听话,一般不会让人太操心。她妈妈也很客气,每个月还给1000元的生活费,也不增加我们什么负担。

问:后来情况怎么样?

答:后来才发现我把问题想得太简单了。人家的孩子毕竟是人家的孩子,哪有自己的孩子那么好带?自己的孩子不听话,吵两句,打两巴掌,都是平常事。人家的孩子不好打,也不好说。小孩子嘛,总会有做错事的时候,遇到这种情况就比较难处理了。以前吴佳讯没来家里的时候,女儿和她的感情还是很好的,经常念叨让佳讯姐姐到家里玩,但是自从吴佳讯到家里住了一段时间后,她俩就经常发生矛盾。一开始,我觉得可能就是姐妹俩闹闹小矛盾,也没往心里去,骂了自己女儿几句。哪知道这矛盾愈演愈烈,每次也都只有管教自己的孩子,别人的孩子总归不敢骂、不能打。

问:你下定决心同意孩子离开又是出于什么考虑?

答:有一次,我听到吴佳讯给她妈妈打电话,说不想住在这里了,住在这里让她很不舒服,妹妹总是欺负她,找她麻烦,舅舅、舅妈也不喜欢她,每天还要帮忙做很多家务,住着很委屈,她要搬到学校去住。我们本来也是想帮亲戚的忙,还妹妹多年来的人情,但是现在我感觉不但没有帮上忙,没有还上人情,到头来还把人给得罪了!一直觉得那孩子听话懂事,应该不会让人操心,没想到会变成这样。让她留也不是,走也不是。结果她自己再三提出来要搬出去住,我也就不挽留了。本来,我一直觉得我对她挺好的,吃的、穿的、用的都跟自己的女儿一样,没想到还让她感到这么不舒服。搞得现在外甥女和自己女儿非常不愉快!开始,我妈就劝我不要收个孩子在家里,说以后发生什么矛盾还把人给得罪了。现在,真后悔当初没听我妈的话,还是老年人见识多。

四、校外寄居的问题与对策讨论

就整体情况而言,农村留守儿童校外寄居弊大于利,问题较多。但不同个体、不同角色有不同的看法。我们访问了多位寄宿在校的学生,请他们针对同学在校外寄居的现象谈谈自己的看法。他们大多认为:学校住宿条件较差,只要镇上有亲戚的同学大多会选择寄居到亲戚家,自己家庭经济条件允许的同学则会在镇上租房子居住。有同学讲:“借宿在亲戚家当然好了,这样比在学校住方便多了。要是我家有亲戚在镇上住,也会选择到亲戚家里住,虽然有时候可能不太方便,但总比住在学校宿舍好吧。”

寄居在亲戚家的留守儿童,有一部分认为自己“是有点儿不太自在”,或者“刚开始很不习惯”,但经过一段时间就比较适应了。一位同学告诉我们:“我住在镇上表叔家。其实,我们两家以前关系算不上多亲近,我只知道有这么个亲戚住在镇上。由于学校住宿条件不好,爸妈又常年在外工作没办法照顾我,于是将我安排到这个亲戚家里借宿。虽然住在亲戚家里生活要比学校方便,但住在别人家里总觉得不太自在,说话都要特别小心,刚开始的时候很不习惯,现在慢慢和他们熟悉了,就好多了。”不过,更多寄居在亲戚家的留守儿童认为自己的烦恼很多,很想从亲戚家搬走,但碍于方方面面的关系,如果没有“闹得很僵”,一般又无法搬走,只能忍一忍,得过且过。

前文详细呈现的个案儿童吴佳讯与寄居家庭的矛盾主要集中在她与表妹小荣之间。我们调查发现,这种情况比较普遍,很容易导致寄居留守儿童学习与心理问题的产生。我们询问过多位同学同一问题:“一个亲戚家的哥哥、姐姐,或者弟弟、妹妹为了读书方便,来你家里长期借宿,你欢迎吗?”约 20%的孩子表示可以愉快地接受;约 20%的孩子表示无所谓;约 60%的孩子都有不同程度的抗拒情绪。主要是因为他们认为别人家的孩子借宿到家里,会分走父母对自己的爱,自己好吃的、好玩的都要拿出来与别人分享。特别让他们反感的是,家长还会反反复复拿自己与别人做比较。这些学生比较有代表性的回答如下:

“我坚决不同意别人来我家借宿,暂时住几天我还是比较欢迎的,一直住在我们家就不行。”

“我妈妈老是喜欢把我拿来和左邻右舍的孩子比较。以前我表姐住在我家,她比我大一岁,成绩很好,也很勤快,我妈妈就喜欢拿我和表姐做比较。我觉得特别不舒服,真不知道到底我是亲生的还是我表姐是亲生的。虽然我比较喜欢表姐，但不希望她长期借宿在我们家。"

"之前一个亲戚的孩子寄宿在我家，比我小一岁，我就特别讨厌他不经过我的允许拿我的东西。他和我住在一个房间，东西弄得乱七八糟也不收拾，我们俩经常吵架。后来他就搬出去了。"

对于有抗拒情绪的受访者，我们进一步追问："要是家里来了亲戚家的孩子寄宿，你会怎么办？"他们大多很为难，不知怎么办，部分同学不愿作答。一位比较外向活泼的受访者则直接告诉我们："看情况吧，要是不喜欢，就想办法把他赶走。"

农村留守儿童校外寄居带来的问题，旁观者或许看得更清晰。我们访问镇上居民，他们大多认为这属于"不是办法的办法"，或是一种"折腾"，"费力不讨好"。一位受访者讲："父母出去打工，孩子到镇上来上学，寄宿到亲戚家是很常见的事，我们这栋楼就有十多家是这样。其实这也是迫于无奈，读书的学生离家太远，又不愿住校，主人家迫于人情世故，没办法。要想孩子学习好，生活好，往往可能是费力不讨好。当然啦，寄宿在亲戚家的情况也有好有坏。有的家庭吧，相处比较好，但更多的就不行了，经常发生矛盾。有些来借宿的孩子与主人家的孩子发生矛盾，有些是主人家夫妻俩有一方不同意小孩来家借宿，就矛盾不断，一天到晚吵闹，不消停。我们楼上、楼下的邻居一起聊天摆龙门阵，经常听到一些婆婆妈妈的抱怨。还有的情况就是来借宿的小孩不太听话，让主人家操心，结果各方面关系都处不好，还不如直接到学校住宿。前两年，我表妹的女儿也寄宿在我家里，平时我要做生意也没什么时间照顾她，只有晚上才看得到她。虽然是个女孩子，但是胆子很大，无法无天，有时候半夜跑出去上网，和一群男生打台球、吃夜宵。有一次，甚至悄悄跑出去一晚上没回来，害得我到处找，结果发现她在网吧睡着了。别人家的孩子也不能像自己的娃那样，生气了就骂她一顿，打她一顿，只能给她讲讲道理。讲多了吧，她还嫌你烦，给她爸妈讲吧，她就说你告她的状，她爹妈说不定还说你嫌弃孩子。睁只眼闭只眼，不管吧，又害怕出什么事。人家把孩子交给你，让你帮忙照顾，出了事也交代不过去呀。后来实在没办法,管不住,只好让她妈妈回来照顾她。先是租了一间房带着,但母女之间经常扯皮。她妈只好把她送学校寄宿,又出去打工。有了这个经历,我现在是打死也不敢再接受亲戚家的孩子来借宿了。"

S校教师对留守儿童寄宿亲戚家的现象看法不一,其中一位比较理性的班主任老师肯定了这种现象,同时指出了其中的问题,还略略谈及了应对策略。她说:"对于留守儿童寄居在亲戚家我们还是比较放心的。的确,学校的住宿条件有待改善,学生住在亲戚家比住在学校条件好点,还有人管理一下孩子,不至于像孩子一个人在外面租房子住,容易学坏。只不过,家长选择亲戚家的时候,要征求孩子的意见,要处理好两家的关系,不然孩子寄人篱下,心理压力很大。我们班上就有一个孩子,住在伯伯家里面。他伯娘特别抠门,开始根本不同意孩子去借宿,只是孩子的伯伯答应了,为这事儿,他们两口子吵吵闹闹。后来,孩子的伯母拗不过伯伯,也就同意了。但是,孩子住进去后,伯母基本上没给过好脸色,孩子经常一个人悄悄地哭,很影响学习和情绪健康。"

如何应对留守儿童校外寄居带来的各类问题?我们认为,在当前情况下最为可靠的策略是把学校建设成为留守儿童及其家长认可的"有点儿家的感觉的地方"。学校不可能替代留守儿童的家,教师也不可能做留守儿童的父母,但是应该让寄宿留守儿童感受到自由温暖,享受到成长快乐。为此,建议两点:其一,农村寄宿制学校必须深入了解和引导留守儿童和家长的需要,树立全心全意为农民家长及学生服务的观念,进一步改善食宿条件和学习环境,加强寄宿教育管理,凭借足够的意愿和能力为留守儿童提供良好的成长环境,更好实现学校的人才培养与社会服务价值。其二,班主任、任课教师要通过家长会、电话、微信等加强家校沟通,引导家长更多关注孩子的行为习惯与品德心理,更多参与家校共育工作,支持激励孩子全面发展,而不能过度关注孩子的物质需求和生活享受。

第三节　感觉如何:S 校留守儿童日常生活个案研究①

一、"学校规章制度很严格"

(一)"严格管理学生出入校门"

1. 初三男生刘民意访谈片段

我们学校规章制度和其他学校没有什么区别,也严格管理学生出入校门。学校要求走读生和住读生使用不一样的牌子。走读生用吊牌,出入校门必须随身携带,否则算严重违反纪律。住读生佩戴胸牌,要求统一佩戴在左胸。学校上课期间,住读生出校门必须凭班主任签字同意的假条,里面要写好出校门的时间,以及返回时间。进出校门,如果时间相差超过 10 分钟,就会被保安扣留,通知班主任到校门领人。班主任如何处置? 当然,大家都懂的。还好,放假期间,不管是住读生还是走读生,进出校门都可以不用牌子。平时上课期间,学校负责管理安全工作和德育工作的两位主任会轮流守在校门口,观察出入校门的同学是否佩戴牌子,检查牌子上的照片,防止住校生混在走读生当中出校门去网吧打游戏,也防止校外的小青年混进校园。整体感觉,学校有点儿像管犯人。

2. 初三女生秦桂秀访谈片段

我们学校规章制度很严格,禁止学生随便出入校门。这是为了我们住读女生的安全,也为了防止那些男同学溜到校外做坏事,到网吧打游戏。前年我

① 围绕"住校学习生活感觉如何?"这个开放性问题,本书课题组先后访谈了约 20 名寄宿留守儿童。这些同学生活经历与性格各异,与我们互动的方式与状态不同,访谈深度与广度也有很大差异。本节摘要呈现他们谈话的重点片段,以便从儿童主体视角解释和探究初中农村留守儿童寄宿教育的问题困难与改进策略。

读初一,当时没有实行这种制度,结果一个陌生人闯进学校拿刀砍学生。好吓人啊!那个人最后被年级主任制服,送到了派出所,没有学生被砍。后来调查发现,那个人和我们学校一个初三的男生发生了纠纷。这个男生有天到外面上网吧,跟校外的人打架,引起了一场纠纷,那个人就拿着一把大刀冲进了校园。学校为了学生安全,不得不加强防备,对走读生和住校生都进行严格管理。上课期间,住校生一律不准出校门,除非你有十分特殊的情况,班主任准假。对走读生也是公平管理,在他们的放学时间段,管理安全工作的主任有时会带着几个身强力壮的男老师,在校外一些经常发生打架事件的地方蹲点察看,防止一些喜欢动武的男生出校门就打架。走读生放学后如果在学校长时间逗留,等到校门一关,就无法自由回家了。学校保安会联系班主任,给家长打电话通知家长来学校取人。学校出入校门的制度,对老师也是一样。住学校里面的老师,如果出校门,也要佩戴学校统一发的教师吊牌。在学校门卫那里,很多时候是只认牌子不认人。当然,我也看到个别老师很自由,不戴牌子,门卫认识,就放行了。那些校外的人,上课时间不能随意进校,如果是班主任让家长来学校解决子女的教育问题,就要给班主任打电话确认,并且仔细登记。长期这样办,大家都觉得不方便,但也没人反对,因为是为了大家安全嘛。

(二)“对学生吸烟管得特别严”

1. 初二男生王飞乾访谈片段

我们学校对学生吸烟管得特别严。早自习前后和大课间做体操前后,年级主任和德育主任经常去厕所巡视,对那些躲进厕所吸烟的男同学进行突然袭击。每周最后一天的大课间,一般都不做操,学校会让这些抽烟的学生在主席台上来一次“集体亮相”。平时哪一天如果抓到的学生特别多,也会让他们当天就在主席台上亮相。很多男同学害怕被抓到,觉得站在台上没面子,就戒烟了。我也怕站主席台,虽然我站在台上可能没有其他同学那样紧张,但全校那么多人,还是觉得没脸面。并且,下主席台后还要被班主任收拾。抽烟这么麻烦,我就干脆不抽,生物课上老师也说抽烟对身体不好,我就不想抽了。

2. 初三男生汪宇翔访谈片段

我们住宿生晚上在寝室抽烟很冒险,被老师逮着了可没好果子吃。寝室禁烟工作都由班主任亲自抓。上学期,我们寝室出现了一次险情,虽然没有出事,但想起来还是心有余悸。那天,班主任大人来检查寝室,当时有个同学刚好点燃一支烟,听到隔壁寝室通风报信,他急忙灭火。哪知心太急,火没灭彻底他就把那支烟扔到了床上的棉被下面。当时班主任站在门口,感觉有点不对劲,就盘问大家。大家不吱声,他也没发现破绽,招呼两声就走了。大家松了口气,嘻嘻哈哈说笑起来。不一会儿,有人闻到一股怪怪的味道。这时,一个同学大叫起来,铺盖冒烟了!那位抽烟的同学扭头一看,发现被子燃起来了!他赶紧拉下被子,使劲儿踩、踩、踩,冒起的火苗才被扑灭了!真是不幸中的万幸!一是没有造成火灾,我们的小命都安然无恙;二是那位同学烧的是自己的被子,不需赔钱;三是班主任和其他老师对此都一无所知,寝室同学保密工作做得很好,没有人告发他。现在,那位同学基本不抽烟了,他说他很心痛自己的棉被。这事儿想起来蛮好玩的。学校虽然管得紧,不准吸烟,但是上有政策下有对策,有的同学可以侥幸过关,有的同学可以凭着自己的胆量瞒天过海。比如,这几天我们班几个烟瘾特大的同学,就偷偷摸摸地找到了一个新的吸烟场所,就是学校食堂背后的那个黑屋子。

(三)“一切行动都有限制”

1. 初二女生李明蕙访谈片段

我们在学校表面上可以自由用手机,不像我听说的其他学校,学生一进校门就要把手机交给班主任统一管理。但是,手机充电的次数有严格限制,这自然是为了限制我们玩游戏。学校老师讲,允许我们一周打几次亲情电话,联系父母,汇报学习情况,但一定不要上网、打游戏。手机充电,不能在寝室,因为里面没有插座。学校食堂底楼有个专门充电的地方,可一个月只能充一次,并且需要登记，充一次还要交1元钱。手机要关机后再充，充好之后会有值班师傅帮你看管，下课时间去拿手机，直接报序号。有的同学为了节省钱，就周末在家充电，平时减少手机使用频率。当然也有同学让身边走读的同学回家帮忙充，这样既节约充电钱，又可无限制地玩手机。当然，不能让老师知道，否则大家都没有好果子吃。

2. 初三女生郎倩访谈片段

我们在寝室一切行动都有限制。寝室里不准放书桌，不准用手电筒，更不准用烧水壶、电热杯、台灯这些小电器。学校要求大家统一时间睡觉，谁如果10点钟熄灯以后还不睡，就是违反校规，哪怕你背书、做作业也不行。所以，书桌、台灯都用不着，寝室也没有那么大的地盘儿让你用。不准用手电筒，是怕同学偷偷摸摸在被窝里看一些不正经的东西。不准用烧水壶、电热杯，是怕引起火灾。其实，也不可能用，因为寝室根本没有插座。个别成绩很好的快班的同学，可以悄悄搬教室多余的课桌到寝室来，不过他们要提前跟宿管老师说，老师同意并登记了，才能搬。另有个别学习成绩好的同学，如果希望寝室有个东西能够用来趴着做作业，就在网上买一个可以折叠组装的玩意儿，放在自己床上。晚上，一些学习认真，还要开夜车学习的同学，就打开自己手机的手电筒，偷偷摸摸地干。这种情况，要求严格的老师会制止，一般的老师也会睁一只眼闭一只眼。慢班的同学，或者成绩差的同学，就不管寝室有没有课桌了，他们觉得回寝室反正就是休息，不准放课桌、不准做作业，正合心意。我觉得慢班的同学即使把教科书带回寝室也是做做样子，他们谁要是在寝室认真看课本、做作业，可能是“太阳打西边出来”了。

二、“慢班的特殊待遇很多”

（一）“慢班轻松自由”

1. 初二男生肖礼厚访谈片段

我们学校从初二开始就根据成绩分班，每个年级都有快班、中班、慢班。1

班、2 班是快班,3 班、4 班是中班,5—8 班是慢班。我们慢班的特殊待遇很多,比如天天都可以上“副课”。快班上课很单一,慢班的课程很丰富。快班只有“正课”,没有“副课”,像美术、音乐,课表会安排,但只是一个形式,音、体、美上课时间一般都会被老师用来上语、数、外这些正课,偶尔让同学上自习,做语、数、外作业。中班上副课的时候多一些,但有时也会让同学上自习,做语、数、外作业。只有我们慢班,基本上每天都会上我们课表上的副课,我们同学觉得蛮好玩。这些课,个别同学会认真学,但是老师并不看重。在课堂上有人问,老师就会教,不问就不教。老师会让我们自己看书,或做自己喜欢的事情,只要不大声喧哗,不打架闹事,老师都不会过问。

2. 初三女生熊媛媛访谈片段

我不喜欢快班,我们慢班没有什么不好,慢班轻松自由。快班每天学习任务多,除了学校安排的课之外,老师还另外安排,每天晚自习多上一节。从初三开始,快班每个月都要进行一次月考,数学、英语、语文等学科轮流考。快班考试一般选择在每周四晚上,这时中班和慢班继续上晚自习。有个快班的同学告诉我:“我们在考试,你们却在嗨皮。我们根本不想做卷子,在快班难过得很!大家只看到我们表面风光,却看不到我们背后吃苦。”的确,我去过她们快班几次,每次都发现快班很少有学生在外面玩耍。一次,我去快班帮我班一个同学找她姐姐拿书,我在窗子外面看到她姐一直埋头做题。我把她叫出来拿了书之后,她又回去坐着继续做题。难怪快班戴眼镜的同学比我们班多,这么学,肯定戴眼镜。

(二)“慢班的同学有自己的快乐”

1. 初二男生金涛涛访谈片段

我们慢班的同学有自己的快乐。比如,我们班负责清洁的公共区域离教室很远,我们觉得很高兴。全校每个班每天早自习之前,都有负责清洁的同学去打扫公共区域的卫生。学校分给每个班的公共区域有近有远,慢班的公共区域都不近,我们班的公共区域特别远,是校门外面那一块。我们挺高兴,原因有两个:一是我们作为住校生,想在外面吃早饭很不容易,但我们班公共区域是大门外的楼梯和两边的花坛,每次做清洁的时候,我们都能躲在花坛后面买早点、吃早点,比吃学校的馒头要香多了;二是我们走那么远去做清洁,要用很多时间,做完公共区域清洁回到教室就已经早自习下课了,几乎每次负责清洁的同学都不用上早自习,可以不背诵那些无聊的文言文和英语单词。做这么长时间的清洁,快班的同学可能觉得浪费了学习时间,但我们觉得很好玩,有些同学还反复争取去做清洁呢。

2. 初三男生齐才俊访谈片段

我们从宿舍到教室走个来回差不多要十多分钟。怎么要这么久呢?因为我们宿舍是最远的那栋,也是学校最老的宿舍,条件最差。我们学校有新修的公寓楼和老宿舍楼,每个班的学生都争着想住新修的公寓。为了解决这个问题,学校就按成绩分配宿舍。快班的成绩好,都住在公寓,离教室近,离热水锅炉房也近。快班同学学习紧张,他们住公寓,可以有更多时间做作业。我们慢班的成绩差,住宿条件最差,一直住在老宿舍,其实心里都是有意见的,觉得学校这种做法太偏心!但是,他们成绩好,学校注重升学率,我们心里不满,也只好干瞪眼。不过,我比较看得开,因为宿舍离教室远,我经常起床比较晚,很多时候都必须猛跑去教室,这样还锻炼了身体。在运动会上,像我一样经常狂跑的同学往往就是班上的短跑冠军,让老师、同学刮目相看,相当快乐。

(三)“班主任老师很好欺负”

1. 初三女生文笛访谈片段

我们班的同学,是公认的学习成绩最不好的学生,都是小升初进来时成绩比较靠后的学生。我们这个班,男生调皮捣蛋,很有水平,女生整天说说笑笑,不爱学习。学校也就不看重我们这个班,派了一个刚刚大学毕业的女老师来当班主任。学校把同学们的升学率看得很重,成绩差的学生组成的慢班肯定不受重视，所以我们班主任最没有经验。她漂亮温柔，不会打骂学生。这样，班主任老师很好欺负，一些同学就称王称霸，想做什么就做什么。我们班那些调皮捣蛋的男生，看到是娇滴滴的女老师当班主任，就喜欢故意刁难。他们今天不上早自习，明天不做公共区域清洁，后天不出早操，啥歪主意都想得出来。当然女生要好一些，不故意使坏，但是自习课说说笑笑、打打闹闹的相当多。

2. 初三男生曹晓明访谈片段

我们班的班主任看起来像个高中生，去年才到学校来教书。她当班主任那才叫好说话呢。她布置作业，我们可以不做。她安排做清洁，同学一般都要偷懒。学校不定时检查我们住校生的早操、寝室清洁情况，我们班都是倒数一、二名。我们寝室的一个同学不做早操，经常睡懒觉，被老师查到，批评他根本没效果。有一天班主任气急了，就找他谈话。他得意扬扬地说："我一天到晚睡不饱觉，老是打瞌睡，怎么去上早自习呢？一天到晚上课都打哈欠，精神不足怎么上课呢？"班主任给他讲道理，指出他哪里不对，他还是认真听，但是，叫他写检讨书，他就不写了。班主任是新手，不知道怎么管理班级，只好将就。有时在班上上课，都能被一帮男生气哭。她一哭起来，泪流满面。有时，男生们觉得这么温柔漂亮的老师都被自己气哭了，觉得很过分，后悔，就会听话几天。可是时间长了，他们对班主任的眼泪就可以免疫了，结果是，班主任哭她的，同学自己玩自己的。不过我们这个班的同学总的说来还是比较本分，每一个人的问题也不是特别严重，没有人打架闹事、翻院墙、搞校园暴力、抢劫，所以学校一直都没有给我们换强势的班主任。

三、"其实快班不是快乐园"

我现在读初三，名叫樊明伟，很愿意谈谈我在所谓快班学习的经历和感受。很多家长都希望我们同学进快班学习，进了快班，离考上重点高中就近了一步。可是，很多时候家长都只看到快班同学光鲜的成绩，不知道他们背后有多少夜以继日的付出。其实快班不是快乐园，我到了快班之后，发生了许多事情,也是你想不到的。

初二下学期开学,学校再一次调整分班,原本是慢班的我被调到二班,就是一个所谓的尖子班。到了这个班级我才发现,自己的成绩在原来班数一数二,但在这个班是倒数,特别是英语,这个班里多数同学的成绩都是 110 分以上,120 分的也有。我呢? 才 92 分,在这班里排在倒数第三! 天啦,我心虚得很! 不过,毕竟还有一些跟我一起被调过来的同学。到了新班,重新认识同学,认识老师,也不是大问题。可是,学习真费力! 原来可以听懂的课,在这个班里听不懂。老师讲课速度快,我们刚调过来的学生根本听不懂。特别是英语,老师讲课很多时候是用英语,而且速度快,像冲锋枪扫射,打在你身上,让你半天回不过神来! 上英语课对我来说就是做噩梦。学习快节奏啊,让人不可想象。每天晚自习前,要交各种作业。英语作业最多,又是练习册,又是单词抄写本,还有句型转换练习本。每天快节奏学习真使我感觉像坐牢一样,生无可恋! 每天中午很想睡会儿,眼皮都睁不开,可是看着作业堆积如山,就得继续奋战,下苦力。

在新班级待了两周,我和一起调到这个班级的一个女同学实在受不了这种待遇,就到办公室找新班主任,说想要回到原来班级。班主任语重心长地说:“你们两个娃儿,是身在福中不知福,好多学生挤破头都想进这个班级! 你们倒好,居然想回原来的班! 我们班不好吗? 进这个班就有了上重点高中的希望,你们父母都望子成龙、望女成凤,要是他们知道你们这种想法,骂死你! 你们给我回教室好好学,别在这里磨洋工。”

又过了一周,我们打听到小道消息,有两个女生原来是二班的,只因为上学期没考好,被分到慢班去了。她们在慢班度日如年,特别想回到原来的班。我们都是一样的想法,都想念原来的班啊! 于是,我们找到她俩,四个女同学一起到办公室找班主任谈判。我们想,老师让我们交换一下有什么不好呢? 但是,在办公室争论下来,依旧是以我们失败告终。两个被分到慢班的同学被先打发走后,班主任恨铁不成钢地骂我们:“把你们调到尖子班,是对你们最大的肯定,你们有更好的学习机会！懂吗？她们是不认真学才分到慢班的,这是给她们一个警告。如果没有优胜劣汰的制度,怎么选出好学生？现在你们如果一个新班级都适应不了,以后如何在社会上生存?”

我们又一次失败了,但是仍然没有真正放弃！我们天真地想:班主任是觉得我们好欺负,要是我们不听课,不交作业,看她拿我们怎么办？于是,我们连班主任的数学课也索性不听了,在下面做各种小动作。当时,我们也算挺调皮的女生,还把另一个男生拉进了我们队伍。刚好,他也是从其他班调来的,最不喜欢数学。很快,我们打得火热。班主任本来就盯上了我们,现在课堂上我们明目张胆与她作对,我们自然就成了她的“眼中钉”。

很快班主任找到了办法。那天她一上课就直接出了一道题,让我上讲台去做到黑板上。那个题是新课的内容,不过很幸运,我提前看了书,知道怎么做。我虽然讨厌老师,但是并不讨厌数学这门课。老师可能是为了让学生觉得她公平,就喊了原来这个班里的另外两个学生和我一起在众目睽睽下做。最后,我做对了,另外两个同学错了。但是,我并没有得到老师认可,她说我们都做错了。回到座位,有几位同学悄悄告诉我,说我做对了,肯定是老师报复我,想压压我的威风。确实,班主任这种做法打击了我的自信心,本来我很喜欢数学,经过老师这么一弄,想到自己做对的题却被判为错,也没心思再去学习了。

也许真的是成了“眼中钉”,无论我做任何事,班主任眼里都觉得我是错误的。我们刚调到二班的同学基本上都坐在最后一排,所以只要班主任经过后门一瞧,就知道我们的各种动作。那是一个下午的大课间时间,好多同学都在赶做作业。我呢？会做的中午已经做好了,不会做的就留着。这会儿,就跟旁边同学讨论不会做的那道数学题。同桌在原来班级数学老师那里补课,做的题比较多,思路开阔,我们很快将那道题解了出来。高兴的同时,我看到同桌课桌抽屉里有一小束用吸管折的玫瑰花,花花绿绿的,很漂亮。我征得她同意,拿出来看了看。可还没等到我还回去,班主任突然从后门闯进来,一把夺过我手中的花，然后大步流星地走上讲台。她一边走，一边举起手中的花高声说："有的同学，身在福中不知福！来到这个班不好好学！上课不听讲也就罢了，做作业也不认真！居然折什么玫瑰花！要是真不想学，就给我滚回家去，让你家长教！"说完，她又走下讲台，当众把花扔给我。我当时心碎了一地。全班同学转过头看着我，像看动物园的大猩猩一样，我的自尊心受到了严重打击。

这个班主任还有其他一些事件也特别为难我。我记得很清楚，但是我不想讲了。我命运的转机来得比较意外，这个班主任不到半学期就被换掉了。因为她结婚有了孩子，要请产假，没有太多时间和精力管理班级。换来一位男班主任，是一位很有资历和经验的老师，数学也教得很不错。和新班主任相处，我发现我很喜欢他。他虽然是位老教师，但幽默风趣，善解人意，能理解我们的心。由于我们班男生比女生多一点，班主任就比较照顾女生，让那一帮男生经常吃醋，别的班也说二班有点"重女轻男"，但是我们班主任依旧"我行我素"。还别说，班主任一换，班里纪律比之前好多了，我再也没有叛逆心跟老师斗了。既来之，则安之，在后来的学习中，我的成绩从倒数爬到了中等，整个学习生活回归了正轨。

四、"一切为了升学"

（一）初三男生胡松访谈片段

我们学校对考试抓得很严，月考、期中考、期末考，都很严格。那中考就更不用说了，即使什么模拟考试，也严得要命。但是，有一种考试好玩，那就是会考，是生物、地理的结业考试，在初二下学期进行。我们当时会考是全班一个考场，不像月考那样严格，更不像毕业班中考那样要去县城高中学校考。会考不同，虽然老师说起来很重要，关系到能不能拿到毕业证，但考试挺好玩的。当时，监考老师就是班主任，老师成了"透明人"。我们在教室只要安安静静，他就不管我们。无论是翻书还是看手机,老师都不管。这真的是最轻松的考试。监考老师更好玩,他当“透明人”挺像那么回事。他端了一个凳子,在教室前门口坐着,手里拿着一张报纸看。当时,下午的太阳照过来,照在他脸上。我和几个同学说,老师在阳光下好阳光哟,不愧是学校评选的“最美老师”。同样是考试,会考为什么会这么轻松呢? 不说你也是懂的。因为生物、地理在升学考试中不考,平时很多班级、老师根本都不上这些课,为了同学毕业可以领证,老师必须睁一只眼闭一只眼。如果严格监考,同学为了拿毕业证,必须去背,要耽误很多学习语、数、外的时间。更何况,很多人花了时间也背不到,许许多多同学考试不过关,拿不到毕业证,学校也没有脸面。我们学校一切为了升学,与升学无关,会影响升学效果的考试,老师就会支持你作弊。

(二)初三女生向小天访谈片段

我们参加体育考试,就是为了升学。我们中班,还有 1 班、2 班两个快班,都要为了体考搞突击训练。体考安排在初三第一学期,考试地点就在学校操场。我们学校是镇里的中学,比附近两个乡里的初中大一些,所以被设置成了一个大考场,其他两所学校的学生都来我们学校考。体考比较严格,因为有县教育局领导下来检查,监考老师也不是我们学校的老师,全部是附近几所小学的老师。体育考试的科目有三个,立定跳远、实心球、跳绳。我们那次体考实行改革,立定跳远、实心球是必考科目,第三门跳绳是抽签抽出来的科目。有两科拿出来抽签决定,这两科是跳绳和往返跑,往返跑就是来来回回跑,每一个单面 25 米,跑 8 个 25 米,相当于每个人要跑 200 米。考前一个月,学校到县里抽签决定科目时,在跳绳和往返跑两个考试科目中抽到了跳绳。据说,这是上级为了防止我们搞突击训练,其实没有作用,因为我们准备所有体考科目都是突击。

我们中班和他们快班的学生,从初二开始,一天到晚都是在教室里学习。学校每周安排的一节体育课,要么是让学生上自习、做习题,要么是被语、数、外科目的老师用来讲课。因此,快班和我们中班的学生很少有体育活动,就连运动会参加的人也极少。运动会得冠军的都是那些慢班的学生。现在体考,成绩要计入中考总分,学校领导一门心思希望提高升学率。这就必须给快班考重点高中的精英和我们中班考普高的同学突击加餐训练。一道命令下来,学校两名体育老师,以及快班、中班的所有班主任老师一起上阵,开始魔鬼训练。体育老师传授方法,班主任老师监督。我们被整得才叫惨哟,特别是那些快班的人,个个被搞得叫苦连天。没得办法!要将分数提高,老师又不能像会考那样让我们作弊。我们只能忍了,刻苦训练!当然,也有不能忍的,他们就找理由请病假。也有个别同学很奸猾,想把体育训练时间拿去做习题,希望文考分数更高,补上体考拉下来的分。但是,老师并不支持,因为上重点高中的人,文考都很拔尖,比拼的就是体考。

(三)初三男生雷红苏访谈片段

我们快班也要参加体考,考前特训搞得惨。训练时间是每天上午早自习之前,从体考前一个月开始,就在学校篮球场训练。我们快班的同学长时间没有参加体育锻炼,身体素质很差,一下子不能训练强度过大,于是第一周就跑操场。因为是冬季,许多人穿得多,训练十来分钟后脱掉羽绒服,就搞感冒了。许多女生因为不吃早饭,跑着跑着就晕倒了。班主任就要求我们提前吃早饭。可是,吃了早饭,一些学生因为没有及时消化又胃疼,呕吐了。班主任又要求提前十多分钟吃早饭,并且吃完后在操场走几圈再跑。那段时间,把我们快班、中班的人折腾惨了。

我们的训练安排在早自习之前,不能占用早自习时间,周一升国旗之前也要训练。那段时间,天天提前起床1个小时,真的累死人,早自习读书都要睡着。训练越到后面强度越大,我们上课有时都昏昏沉沉。但是,为了考个什么重点高中,必须拼!我们每个人的训练强度都可能超过了身体的极限,很影响学习。训练时,四个班一起训练,两个体育老师很凶,每个班主任都像个恶鸡婆。他们用尽手段，押着每一个学生刻苦训练，好凶！

（四）初三女生陈玉芳访谈片段

体育考试的三个项目，我们每天反复练。立定跳远的训练就是让每个人都做蛙跳。每天训练时，老师会数“一、二、三……”，数一声，学生跳一次。蛙跳要求双脚必须用力蹬，跳起来时，双腿尽量往胸部靠。蛙跳是开始训练时采用的方法，后来就是跳梯子，往上跳。我们女生很多时候只能跳三阶，跳四阶的很少。扔实心球女生拿高分比较难，所以就有两个训练步骤。一是一分钟计时做俯卧撑，练臂力，如果做不满一分钟，实在做不下去了，剩下的时间就支撑在那里。二是利用跳绳的绳子，让另一个伙伴把跳绳的一端当成实心球握在手中，用力拉住，扔球的同学用力往前掷，像投球一样使劲掷，训练掷的力度。跳绳没有什么技术含量，就亡命地跳，考试要求跳一分钟，训练就跳两分钟。跳的时候，老师要求前一分钟尽量快、尽量快，要保持速度，不要停，更不能断绳、死绳。那一个月的体育课，我们1—4班也都要按课表上了，规规矩矩进行体考项目的特别训练。老师指导后，同学就分组到固定地方练习。老师担心实心球砸到人，就给大家一个篮球场，让一部分人练习实心球。其余人，该跳远的就去跳梯子，女生尽量跳四阶，男生尽量跳五到六阶。该跳绳的，每人就用自备绳，能自动记个数的那种，使劲跳、跳、跳……一切为了升学啊，大家只好拼！

五、“生活还是有些趣味儿”

（一）“个别老师很有魅力”

1. 初三女生冉茂芬访谈片段

有时候，我们的生活还是有些趣味儿。虽然学校多数老师对同学很凶，但个别老师很有魅力。在初三这个关键时期，学校可能认为不能让我们班烂下滩,就派许老师来当班主任。许老师是学校的德育主任,还负责心理咨询。这个消息传到班上时,很多同学都挺兴奋,都认为班上终于来了个男老师,有魅力又霸气,能让一些公子哥儿臣服,改变班风。我们几个闺密还特别聊到许老师很帅,有风度。果然,一开学他就来了,真的是帅呆了,不愧是学校公认的“三大帅哥”老师之一。管理班级手段也不同凡响,他只花了一周时间,就以幽默风趣的语言、恩威并施的手段俘虏了班上的“大哥”“二哥”。对那些不出早操的同学,他采取“威”的方式,让他们看体操视频,写感想,600 字,亲自交到他手上。这些人最怕写作业,觉得做早操还是划算一些,就乖乖出操了。对上课捣蛋的学生,许老师采取“恩”的方式,他鼓励同学,让这些同学试着回答问题并表扬,同学自信增强了,对老师的好感也增加了。许老师还和其他任课教师联手采用类似方法改变这些人。不到 3 周,许老师就被同学们称为“许帅”,“统帅”的“帅”,“帅哥”的“帅”,都是这个字。许帅让我们班不管是学习还是纪律都发生了翻天覆地的变化,也让我们的住读生活充满了人情味儿。一学期下来,班级学习成绩居然排到了全年级第五,基本赶上了中班的水平。

2. 初二男生杨学峰访谈片段

我们班主任是个女老师,心细得很,对同学很关心,算学校少数有魅力的老师。我记得一次早自习,她非常兴奋地对全班同学宣布,她有一个伟大发现。我们非常好奇,都追着她问。她故意卖关子,半天才说:“我发现,我们班的垃圾桶承受着周期性的生理阵痛。”大家感到莫名其妙。她接着说:“我发现,每次大家周末返校后,第一天,垃圾桶都吃不消,里面的饮料瓶很多,什么百事可乐、美年达、冰红茶,都有!还有零食袋,都是好几块钱一包的那种零食袋,简直把垃圾桶的胃都撑破了。到了星期三,垃圾桶比较正常了,吃的东西不多不少,但是档次降低了,饮料瓶基本没了,一般都是娃哈哈、康师傅、农夫山泉之类的纯净水瓶子,零食袋也少了大半。周四周五,垃圾桶就可怜兮兮的啦,饿肚子啦!桶里的瓶子基本上没了,就是几张面包纸,还有同学装馒头的塑料袋。”说到这里,老师停下来,请大家举手回答:你是否发现了这种周期性的生理阵痛？对自己有何启示？大多数同学不吱声，少数几个有悟性或体会深刻的同学举起了手。老师喊了我的同桌回答。同桌说："垃圾桶周期性的生理阵痛也是我们很多同学的阵痛。我们很多住读的同学，刚到学校，生活费比较充裕，花钱大手大脚，买的吃的就好一些。周四周五，兜里的'毛爷爷'减少了，买的吃的也就少了、差了。特别是个别严重没计划同学，到周五只能吃学校的馒头充饥，或者空着肚子挨饿。"听完同桌的话，老师笑眯眯地说："这的确是一个非常有意思的发现。响鼓不用重槌敲，看来大家要主动加强生活的计划，不要做一个被动的垃圾桶。否则，饱一顿，饿一顿，身体受不了，要得胃病。有些人的思想、行为也会出毛病。比如，有的同学刚出家门还没进学校，就鬼鬼祟祟去网吧把一周的生活费花光了。这样的人，比我们刚才讲的没计划的人更危险！"老师的话不多，但是很有启发性、人情味，给我留下了非常深刻的印象。

（二）"早恋那点儿事"

1. 初三女生刘燕飞访谈片段

说起早恋那点儿事，班里还是比较常见的。我们班有个男生，属于蛮有杀伤力那种，"人见人爱"。那真是"人不风流枉少年"！他觉得初中不谈场恋爱就对不住大好时光。他长相不错，算得上大帅哥一枚，再加上有女生追，情书收到了好几封。但他认为，自己追到手的才有意思。这时候，有一个女生就被他看对眼了，他就追人家去了。这个女生有一个玩得好的闺密，是这个男生小学的同学。这个男生就跟小学同学套近乎，用吃的贿赂同学，终于赢得了那个意中人的芳心，"抱得美人归"。可惜爱情来得太快，就像龙卷风，去得也快，最终他们的恋爱只谈了两周。分手的原因很简单，就是"异地恋"不现实。那个女生是走读生，在四班上课，我们班是八班，那个男同学又是住校生。两个人教室距离远，楼层不在一楼，晚自习结束女生必须先回家，男生住读，无法自由进出校门"护送"。这段恋情就这么结束了，我们那个男同学也无所谓。他告诉我:他根本不是什么谈恋爱,就是想时尚一点儿,体验一下。他不懂爱情是个啥东西,只是觉得寄宿在学校,不能孤孤单单像个和尚,生活要有些人情味。他这样坦率,没心没肺的,想说什么就说什么,难怪会人见人爱了。

2. 初三男生熊茂男访谈片段

我们学校还是有些人情味,每年中秋节前,都会有一天的晚自习全部用来搞活动,让大家狂欢一下。这一天学校是欢乐的海洋,校外的人也可以在保安处登记后随便进教室观看节目。我们每一个班都组织节目自行表演,自由玩耍。几个班的人可以一起演节目,表演节目的人如有兴趣,也可应邀到别的班秀一秀。今年这个狂欢节,我算出尽了风头。我先在自己班表演唱歌,后来又被邀请到隔壁快班去唱。我唱完第一支歌,掌声非常热烈。他们就要求我再来一首,我也就更加投入,忘情地唱起来。结果,一支歌还没唱完,大家的掌声就响起来了,比前一次更热烈,还有不少人在欢呼、呐喊。这是因为班上一个女生跑到我身边,给我送了一枝花,是那种临时用粉色笔记本纸折起来的花。

在同学们看来,我是被快班一个女生表白了。可我觉得这是一个很平常的事情,不就是大家闹着玩吗？哪知这事转眼间就被我们班主任知道了。不过他很开明,直截了当给我说,如果我喜欢这个女生,他不会阻止,他相信我会把眼前的学习和同学的交往处理好。他说班上有几对所谓谈恋爱的同学他都知道。我不信,他就悄悄说出了那些同学的名字,把我惊呆了。后来,班主任给全班同学讲清了他的观点。他说:“不就是早恋那点儿事吗？没什么稀奇。少男少女,有那么一些些想法,有那么一些些烦恼,都属正常,不必大惊小怪!”后来,他留下自己的微信号,请班上有感情困惑的同学可以找他咨询,和他交朋友。这些举动,让我打心底里佩服老师,觉得他很讲人情,能够理解我们的心声。

过了几天,给我送花的女生居然又托一位同学给我带来了纸条,说她是我的粉丝,关注我很长时间了,希望陪伴我走遍天涯海角,到世界各地去唱歌。我很为难,但想到班主任老师的话,想到她在快班,成绩那么好,考重点高中、上重点大学都很有希望，所以果断写纸条拒绝了她。为了写清楚自己的意思，我仔细想，还打了草稿。现在草稿的照片都还存在我的手机里。我是这样写的："同学，谢谢你对我的欣赏与认同，你对我的态度我已了解。但是，很抱歉，我想我并不适合你，你和我是两个世界的人。请原谅，我并不希望对你造成伤害，但事情已经无法回避，我也没什么办法。你有你的人生，我有我的宿命。毕业以后，我很可能就不再认识你了，尽管这并不是出自我的本意。话已至此，希望你以后不要再对我抱有幻想，谢谢。"

第九章　农村留守儿童寄宿教育个案高中研究

我国15—17岁高中学龄段留守儿童教育发展问题值得高度关注。本章采用叙事研究框架，紧扣高中留守儿童寄宿教育，实录并解释、讨论西南地区一所省级重点中学T校13名学生和10位教师讲述的故事、现象和感受、思考。① 另外，采用文本细读法深入研究T校高二B班寄宿留守儿童所写的15篇检查材料。② 两方面工作紧密结合，努力"塑造"西南地区T校这一"理想类型"个案，并尽可能细致描述和解释高中农村留守儿童寄宿教育的质量现状、问题困难与优化路径。

第一节　西南地区T校研究概述

一、T校的概况

作为西南地区省级重点中学的T校也是省级文明单位、绿色学校、法制

---

① 参见任运昌：《高中留守儿童寄宿教育问题与对策——基于师生主位立场的叙事研究》，《温州大学学报（社会科学版）》2019年第5期。

② 参见任运昌：《高中留守儿童寄宿教育问题研究——基于15篇检查材料的细读分析》，《广西师范大学学报（哲学社会科学版）》2018年第6期。

建设示范校和当地的“甲等学校”、艺体教育基地，但该校无法与当地另外两所质量和口碑更好的省级重点中学相提并论，也正因为如此，大量留守儿童才得以进入T校接受寄宿教育。学校位于县城东南角，有七十余年办学历史，占地一百余亩，建筑面积约5.3万平方米，按省级重点中学标准配齐了基础设施设备。2017年初，学校在职在编教职工近300人，省级骨干教师10名，区县级骨干校长1名、教学名师2名，硕士学位教师12名。学校坚持“立己达人”的办学理念，以“刚毅、笃行”的校训精神为指引，积极建设“诲人不倦”的教风、“学而不厌”的学风和“善教乐学”的校风。应对高考是T校工作的绝对重心，学校自认为没有优质生源，但高考连创辉煌，2014年高考上线率94.2%，2015年97.4%，2016年98.3%。学校对历年重点大学上线率、普通本科上线率、艺体本科上线率、单科高考成绩领先者、高考优秀班级等，有着翔实统计并大力宣传。

近年，T校围绕提高教育教学质量这一中心，努力创建美丽激情校园，打造卓越高效课堂，推进精细服务管理，提出了学校建设发展愿景：“教学质量过硬、励志教育领先、师生幸福快乐、校园和谐稳定”。学校狠抓德育难点，严格执行“三严禁”①和“四不得”②，同时以“励志教育”为特色，举办励志歌曲班级大赛、励志格言撰写、校园励志明星评选等活动。学校以卓越课堂建设为抓手，深化教学改革，全面推广“四步教学法”③，严格落实集体备课和青年教师培养制度，通过“走出去，请进来”等方式强化教师培训。学校致力于打造艺体教育特色，特别重视篮球、舞蹈、美术和女足等运动项目。如篮球，每个年级都配有专业教师，要求根据校本教材上好篮球课，每个班都要组建一支篮球队。

T校只办普高，2017年2月，全校有74个教学班，在册学生4199名。其

① 严禁打架斗殴、严禁不假外出、严禁顶撞师长。

② 不得早恋、不得吸毒、不得酗酒、不得偷盗。

③ 四个步骤依次为：自学、分享、评议、演练。

中,高一 24 个班,1406 人;高二 24 个班,1378 人;高三 26 个班,1415 人。全校约 80%的学生长年寄宿在校。如高二年级 2017 年 2 月入学实到学生 1362 人,住校男生 536 人,住校女生 511 人,合计 1047 人,占 76. 87%。走读男生 159 人,走读女生 156 人,合计 315 人,占 23. 13%。男女生的寄宿比例基本相当。学校约 40%的学生是寄宿留守儿童。如高二年级第 1、3、4、8、9 五个班级 2017 年 6 月实有人数分别为 65、64、61、62、69,合计 321 人,寄宿留守儿童人数分别为 23(单 15;双 8)①、20(单 8;双 12)、23(单 9;双 14)、26(单 14;双 12)、33(单 17;双 16),合计 125 人,寄宿留守儿童占 38. 94%。

学校所在省份最权威的党报②曾经刊登 3000 余字长文并配发多幅彩图报道 T 校办人民满意教育、建优质特色学校的先进事迹:致力于挖掘学生潜力,优化教学模式,构建高效课堂,积极营造阳光、健康、向上的励志氛围,创新德育路径,尊重个性发展,让学生"低进高出",培养了大量素质高、前程好的优秀学子。不过,学校也面临着较大舆情风险:第一,我们实地调研发现,该校学生、家长和所在地居民多有批评之词;第二,据我们掌握的准确信息,该校在互联网上曾有性质比较严重的舆情事件。比如,百度贴吧曾经挂出该校跳楼女生晓晶写给全体教师的一封公开信,言其父母打工每月工资合计 3000 元左右,但每月必须交语文、数学、英语、物理教师补课费 1000 元。教师挣昧心钱,课堂不讲重点,专门让学生交钱补课,葬送学生童年,令学生极其愤恨!又如,学校所在地的省政府公开信箱曾经接到举报,言及 T 校高二班主任 Y 老师上班时间外出吃饭喝酒,返回后严厉殴打、辱骂学生,还搜刮学生钱财,让犯错学生请自己吃饭,把班费用于科任教师的宴请。T 校的主管部门,即当地教育局调查后回复举报信,一一否定了举报事实,但也认可了"Y 老师'训斥学生',在学生肩上'拍了几下','不过没有伤害学生身体'"的事实。回信也说明了当地教育局采取的措施:责令 T 校加强师德教育,严禁体罚和变相体罚学生,

① "单"为父母单亲外出,"双"为双亲外出,下同。

② 为了避免对 T 校声誉带来不必要的影响,笔者隐去了该校相关信息的准确来源。

同时做好家校沟通，避免误会。

二、研究过程与方法

(一)师生主位访谈的叙事研究过程与方法

2017 年 2 月至 2018 年 3 月，我们在“放弃研究的态度而与当事人建立某种亲密的存在关系”①的过程中，通过实地当面访谈、电话访谈、书面访谈等方式先后采访了 T 校 26 位住宿留守儿童和 10 位教师②，并系统收集相关材料，获得了约 10 万字的第一手资料。2017 年 8 月，笔者开始写作本章第二节“T 校师生主位立场的叙事研究结果与讨论”，持续整理并不断补充调研材料。2018 年 9 月完成初稿，而后反复修改，直至 2019 年 8 月定稿。

其间，作为课题组合作人员的 F 老师与笔者密切互动，并以 T 校高二年级数学教师和班主任的身份，长期深度融入该校大量师生教育、教学及日常生活空间获得了一批宝贵的研究素材。笔者和课题组另外两位合作人员，则进入 T 校所在地区，向知情家长、学生和普通居民了解核实相关情况，同时深度搜索 T 校官网与相关网页，获取了大量研究素材。另外，我们还寻求该校所在地区高中毕业升入重庆第二师范学院学习师范专业的大三学生给予支持，进行验证性调查和比较研究。汇集各方调研资料时，笔者根据对重要材料实施三角检核的结果，对来自 T 校的研究素材进行了适度增删调整，以尽可能提升个案的解释力度。

本书课题组充分借鉴了文化唯物论主位研究的方法③，高度理解并积极认同留守儿童寄宿教育当事教师和学生的立场，认真倾听和阅读他们讲述的相关故事、现象和感受、思考，并对访谈内容进行摘要式提炼和化约性解释，以

① 刘良华:《何谓“现象学的方法”》,《全球教育展望》2013 年第 8 期。

② 为避免研究可能带给有关各方的不利影响，笔者对受访师生进行了化名或匿名处理。

③ 参见本书“绪论”第二节“研究历程与方法”的相关内容及其脚注。

发现和建构留守儿童寄宿教育的问题与对策。不过，这种主位研究只是我们工作的重要基础，而非全部。因为在质性研究领域，研究者虽然在名义上属于与被研究者不同的文化，“文化主位”与“文化客位”之说也由此而生，但实际上研究者与被研究者并不真正处于不同的文化之中。尤其是对于如笔者一样持建构主义观点的质性研究者而言，研究不存在主客的二分和对立，研究者可能将研究对象看成一个客体，但会将其作为一个主体来体验和参与，研究者需要对研究对象进行分析，更需要将自己投入其中，研究就像是一座通向对方的桥梁，是主体与客体之视域的融合。① 事实也是如此，笔者对师生讲述话语的提炼与解释，已经渗透了自己根本无法排除的“前设”，笔者的相关讨论与建议，更是典型的客位研究，所以确切地讲，笔者很想追求主位与客位研究的统一。但是，研究过程中笔者随时都在警醒自己——对留守儿童寄宿教育的问题与对策最有发言权的是当事师生，他们掌握着“最真实的”②答案，笔者的主要任务是对他们讲述的故事现象和思想观点进行确切的记录、描述和再现。因此，笔者尽可能多地呈现原始材料“讲故事”，并保持师生讲述话语的原汁原味和自然状态，而较少去做越俎代庖的阐释与推论，以免将自己的“偏见”③强加给研究对象和读者。

以上研究过程与方法的“坦诚相告”，也表明笔者选择运用了“现象学的方法”。在海德格尔看来，“‘现象学’这个词本来意味着一个方法概念”④。有学者认为，现象学方法是对传统科学尤其是实证科学的调整和更新，主要包含先验研究、体验研究与解释学研究，主要实施策略是落实叙事研究的基本追求，即“悬隔”“返回生活世界”与“描述”。教育研究领域所采用的现象学方

① 参见陈向明：《文化主位的限度与研究结果的“真实”》，《社会学研究》2001 年第 2 期。

② 访谈过程中，部分受访者反复声称他们讲述的情况是真相，是事实，是“心里话”。

③ 受访师生，尤其是部分教师，认为很多政府官员、媒体记者和学术研究者在留守儿童教育问题判断与对策设计等方面存在较多“偏见”“误区”和“瞎指挥”。

④ ［德］海德格尔：《存在与时间》，陈嘉映等译，生活·读书·新知三联书店 1999 年版，第 91 页。

法主要是最能显示现象学独特魅力的体验研究，但现象学方法的核心精神主要体现在先验研究和解释学研究方面，所以有效的体验研究必须以先验研究和解释学研究为前提，并因此而使体验研究显示出“三个关键特征：倾听当事人的体验并尊重当事人的独特的本土语言；用艺术的语言描述当事人的体验；研究者放弃研究的态度而与当事人建立某种亲密的存在关系”①。笔者实施研究，一方面“放弃研究的态度”“悬隔”前见与预设，尽力返回访谈对象的“生活世界”，以倾听者或阅读者的身份进行体验研究，忠实记录和描述相关故事，另一方面又带着自己采用类似方法持续十余年研究留守儿童教育②所形成的“意向”与“偏见”上路，综合开展先验研究与解释学研究，为我们“沉浸”在T校的体验研究奠定必要的基础。当然，体验研究是否成功，取决于研究者是否已经通过必要的先验研究和解释学研究而建立强大的“意向性”，而意向性是一个人通过悬隔杂念，守护自己的“赤子之心”而保护下来的最宝贵元素，常常体现为笛卡儿式的纯粹的“我思”或康德式的“先验主体”③，对直觉与天赋有着特殊要求。所以，笔者断然不敢自诩拥有强大的意向性而使自己的研究成功显示了现象学体验研究的若干关键特征。笔者选择运用现象学方法的成功之处只是在于——为自己自觉践行韦伯意义的“学术禁欲主义”、自觉抵制学术精英化甚至八股化、自觉坚守研究的底层视角与行动取向提供了较大便利。

如前述，本章第二节“T校师生主位立场的叙事研究结果与讨论”分析访谈资料的主要方法是摘要式提炼与化约性解释，笔者期待读者透过这套数据，与寄宿留守儿童、教师和笔者进行深度对话，建构和评判“你、我、他”共同拥有的关于留守儿童寄宿教育问题与对策的个性化研究结论。当前大数据科学

① 刘良华：《何谓“现象学的方法”》，《全球教育展望》2013年第8期。

② 参见任运昌：《空巢乡村的守望：西部留守儿童教育问题的社会学研究》，中国社会科学出版社2009年版，第396—415页；任运昌：《农村留守儿童政策研究》，中国社会科学出版社2013年版，第2—26页。

③ 参见刘良华：《教育现象学的观念》，《教育研究》2011年第5期。

发展日新月异，一切图像、语音、文字都堪称数据。笔者遵循质性研究范式，运用叙事研究框架展开写作，虽然显著地区别于量化研究系统严谨的数据统计与分析，但也高度重视全套访谈材料收集整理的规范性。如何利用个案调查的访谈资料，面临着很大的困惑和窘境，这也是所谓质性研究的困惑和窘境。[①] 笔者采取的策略是大量保留受访者生活化语言，参考邓金（Denzin）所谓"把握、化约、建构、情境化"等程序[②]，把访谈所获的零碎芜杂的原材料转化成故事或故事片段，并摘要纳入叙事研究框架。笔者写作则采用封·马南（Van Maanen）归纳的民族志写作方式，如"现实主义的故事""忏悔的故事""批判的故事"等[③]即从当事人的视角描述研究结果，如实交代研究者使用的方法、经历的过程及相关思考，并立足社会文化大环境对研究结果进行讨论。全套访谈数据凸显现实主义风格，注意呈现留守儿童寄宿教育的原生态情境与受访师生的"本土概念"[④]，其主要用意在于"深描"T校寄宿留守儿童的日常教育生活情态与逻辑，并以较大单元容量传达某段时间流中师生人生经验蕴含的丰富本质和多样意义。笔者期待这套塑造形象和带着温度的访谈数据，能够生成较大理论对话空间，进而邀请读者暂时忘却量化研究系列数据的宏阔抽象与冰冷客观，主动探究故事性经验数据所承载的理论内涵，并合理评判其信度、效度及可能产生的共鸣性推广度。

---

① 参见李培林：《透视"城中村"——我研究"村落终结"的方法》，《思想战线》2004年第1期。

② 参见［美］邓金：《解释性交往行动主义——个人经历的叙事、倾听与理解》，周勇译，重庆大学出版社2004年版，第56、77、167页。

③ 参见陈向明：《质的研究方法与社会科学研究》，教育科学出版社2000年版，第352—368页。

④ 所谓本土概念，主要是指本地人（被研究者）所使用的某些特别有影响力的词语，既可能很强烈、很扎眼、很刺耳地呈现出来，也可能隐藏在当地人的生活方式的内部。研究者"倾听"和"侦察"本土概念可以破译当地人的"文化密码"，"牵引"出当地人的真实生活，发现其中隐含着的当地人的某种生活"冲突"以及相关的"关键事件"（参见刘良华：《教育叙事研究：是什么与怎么做》，《教育研究》2007年第7期，第84—88页）。

（二）对15篇检查材料的细读分析

笔者与合作研究者在对T校进行个案调查期间意外获得①一批被该校高二B班班主任朱淑贤当作垃圾扔掉的检查材料，其中15篇是寄宿留守儿童写的检讨书和保证书。这让笔者想到了美国社会学家托马斯（William Isaac Thomas）与人合著的长篇巨著《身处欧美的波兰农民》。该书堪称美国经验社会学的首部经典，作者利用占据全书大量篇幅的754份私人信件深入研究了波兰移民的日常生活故事、文化传统、情感态度与价值观等，而其中部分信件是研究者偶然捡到的芝加哥贫民窟一波兰移民从窗户扔出的垃圾。这一“化腐朽为神奇”的著名案例启发笔者对15篇检查材料展开了深入研究。②

《身处欧美的波兰农民》对信件之类“客观材料”的描述性解释使该书有效避免来自作者主观因素的干扰，成功奠定了芝加哥社会学派经验主义研究的方法论基础。③ 笔者借鉴这种方法，对15篇材料逐一编号并实施文本细读分析，其大体程序是：仔细考察文面，把握文本概貌；结合背景信息，透视每一个字词，把握语境语义；综合诠释全部材料，把握文本实质。这个过程也整合了质性研究资料分析的基本步骤：尽可能悬置研究者的前设及价值判断；努力

① 2017年暑假，该校高三年级依然行课，笔者请尚未休假的R老师帮助组织20名寄宿留守儿童接受书面访谈，叙写自己的教育生活故事。R老师以学生学业繁忙、高考压力大、“他们反感”为由，婉拒了笔者。后续沟通时，R老师说他在办公室捡到了与自己任教班级班主任朱老师放假清理办公桌丢弃的一沓检查材料，全为寄宿留守儿童所写。他还通过QQ传来了一名寄宿留守儿童因为“抽烟被学校领导抓”后写的检讨书（15号材料）的照片。笔者细看后询问：作者后来是否交了罚款，老师最终作何处理？R老师回复：“批评教育，（罚）抄书（上的）知识点。”接着，他隐去作者信息，又拍摄一些检查材料片段，发来了17张照片。笔者立即请求R老师把原件或复印件寄我，并承诺妥善保护有关人员隐私。R老师爽快地给笔者寄来了14篇材料（1—14号材料）的原件。根据作者署名、教师签字等信息，笔者确认全部材料都是T校高二B班班主任朱淑贤老师（化名）要求寄宿留守儿童所写。

② 参见任运昌：《高中留守儿童寄宿教育问题研究——基于15篇检查材料的细读分析》，《广西师范大学学报（哲学社会科学版）》2018年第6期。

③ 参见柯泽：《论社会学芝加哥学派的历史分期以及理论贡献》，《晋阳学刊》2013年第2期。

“寻找意义”,列表登录重要信息;捕捉师生经常使用或特别强调的“本土概念”,并编码建档①。为了“客观解释”这些材料,笔者还系统梳理在T校开展深度个案研究获得的其他材料,掌握了高二B班及班主任朱老师的基本情况。最后写作书稿,“深描”研究过程、方法与被研究对象,并在本章第三节摘要实录部分原始材料,呈现15篇检查材料的细读分析结果并展开相关讨论,以便读者深度参与多角度对话,逐步建构、合理评判笔者和读者共同拥有的研究结论。

三、研究发现与建议

(一)T校师生主位立场叙事研究的发现与建议

透过T校13名学生和10位教师讲述的故事、现象、感受与思考等全套塑造形象和带有温度的故事性经验数据发现,个案学校留守儿童寄宿教育质量令人担忧,他们所处底层文化再生产的逻辑在其高中阶段依然处于不断延续甚至强化的状态。建议有关各方不同身份的读者基于这种发现,主动探究、解释和评判师生主位立场的系列讲述,和笔者共同建构关于留守儿童寄宿教育问题与对策的个性化研究结论,努力改进和完善相关工作。

(二)T校15篇检查材料细读分析的发现与建议

采用文本细读法深入研究T校高二B班寄宿留守儿童所写的15篇检查材料发现:寄宿留守儿童受到长时间、全空间的身心规训,他们的常规教育惩戒盛行,学业质量整体低差,师生关系严重不良,主体精神亟待强化,其寄宿学习生活弥散着烦恼与苦痛。建议农村留守儿童寄宿学校领导和主管部门等有关各方高度重视师生主体精神的自我唤醒与不断强化,切实推进学校课程与

① 参见陈向明:《质的研究方法与社会科学研究》,教育科学出版社2000年版,第277—288页。

教学改革，全面提高农村留守儿童寄宿教育质量，切实保障他们能够真正享受到公平而有质量的基础教育。

第二节　T校师生主位立场的叙事研究结果与讨论

一、寄宿留守儿童访谈摘要①

个案学生1："火灾自救后又遇洪灾"②

我打游戏遇到的困难不是经济问题，是时间问题。我叔和我很哥们儿，我要钱他不会怀疑，更不会给老师打什么电话。为了上网我还是很不地道，要钱骗了他N次。最开始我每周星期六上午去要，下午回叔叔家，星期天下午去学校前再上网耍一会儿。但是我瘾子越来越大，这点儿时间满足不了。学校

① 本书课题组共访谈寄宿留守儿童26位，限于篇幅，此处只呈现13位的访谈摘要。访谈主要围绕他们寄宿教育的问题困难与诉求期盼展开，但没有刻意区分这两方面的内容，所以这里整合呈现。访谈中，一些学生未经引导而主动讲述了他们的人生追求、个性情趣等内容，笔者予以适度呈现，以便读者更好地探索建构研究结论。未呈现的13位个案学生的讲述情况与这里呈现的整体情况基本相同。

② 师生访谈摘要片段题目全部是引用的讲述者的原词原句，笔者认为这些词句表达了他们的"本土概念"。本土概念是被研究者经常使用的、用来表达他们自己看世界的方式的概念，借助这些概念可以更加真切地表达被研究者的思想情感。寻找本土概念主要依靠研究者的直觉和经验，也可遵循一定规律，如被研究者经常或反复讲述的词句、着重强调或带着强烈情绪讲述的词句、容易引发研究者特别注意的词句，都很可能表达了被研究者的本土概念（参见陈向明：《质的研究方法与社会科学研究》，教育科学出版社2000年版，第284—286页）。笔者邀请读者主动参与对话并建构研究结论，读者可以选择的一个最重要对话路向就是仔细寻找和琢磨受访师生的本土概念。笔者实录的每一个访谈片段，往往都存在由不同词句表达相同或相似内涵本土概念的情况。比如笔者以为，透过"火灾自救后又遇洪灾"，阅读者或倾听者一般都不会认为寄宿留守儿童生活在水深火热之中，但受访者这个"自然而然"的"怪诞"讲述，让客位听者、读者或多或少会产生"刺耳""扎眼""锥心"的感受。这种感受，与"霉起了冬瓜灰"引发的感受很相似。透过"霉起了冬瓜灰"，听者、读者会发现，讲述者在学校生活中非主体的、受制、受苦乃至受痛的行为状态，以及暗淡、委屈、沮丧、痛苦乃至愤懑的心理状态都自然而然地显现了。所以，"火灾自救后又遇洪灾"与"霉起了冬瓜灰"表达了内涵基本相同的本土概念。当然，不同听者、读者的直觉与体验很可能有所不同，这正如"一千个读者有一千个哈姆雷特"。这是很正常

你懂的,周一到周五严禁出校门。成天待在寝室实在无聊,有哥们儿脾气大,经常要搞出火气旺的事情,闹得寝室乌烟瘴气,就像发生了火灾一样。为了躲避这些火灾,当然更为了过瘾,我和同学采用火灾自救方法,每次都是凌晨2点左右用被单绑住了窗框从三楼爬下去,然后翻学校围墙出去上网。开始几次没有被发现,但是在一个下雨天就被发现了。这一天真的是"霉起了冬瓜灰",下了很大的雨,而且是从早上就开始下雨。河里已经涨水了,但挡不住我们的痴迷。我们还是和以前一样,用被单绑住窗框爬下三楼。学校门前有河,从学校大门出去才有一座桥。这天我们翻过学校围墙后,试着蹚水过河,水实在太大了。真的是"霉起了冬瓜灰",火灾自救后又遇洪灾!有个哥们儿硬着头皮过河被水冲走了。我们一看要出人命,不顾一切大叫救命。这时,学校保安跑过来才救起了那个哥们儿。当然,我们的下场你懂的,被罚请家长到学校,写保证,记过处分。最可惜是,我们的火灾自救方法失效了,因为学校给每个寝室都装上了防盗网。①

的情况,听者、读者与研究者只要有所体验和直觉,就能达到现象学方法的基本要求。海德格尔认为,直观地获取存在知识是现象学方法的第一要求,他主张对经验的直接把握,主张在把握存在问题的过程中必须有一种非理论的、前理论的理解性直观(参见陈治国:《海德格尔现象学方法的历史之源及其核心结构》,《哲学研究》2014年第2期)。这里所录受访师生的访谈片段,在部分读者看来,或许就是一种"非理论的、前理论的"直观呈现。笔者部分认同这种观点,也希望读者主动回到或进入这种"非理论的、前理论的"生活领域,直面事实本身,凭借直觉发现本土概念,并循着本土概念建构研究结论。这种希望,也是海德格尔的希望,他的"形式显示的现象学方法",就要求将探究的视角伸展至前理论的生活领域,并置身于可以正确理解的境地中,去经历使问题得以澄清的过程(参见朱海斌:《海德格尔形式显示的现象学方法》,《同济大学学报(社会科学版)》2013年第10期)。

① 这里所录每个访谈片段,一般都不止一个本土概念。比如,这最末一句,与"霉起了冬瓜灰"所表达的内涵就有较大不同。其中"防盗网"一词,在给直觉与心性都较为敏感的听者、读者带来明显"刺耳""扎眼""锥心"感受的同时,很可能引发一系列思考与追问:"寝室都装上了防盗网",防的是盗贼还是学生?在学校管理者眼中,寄宿留守儿童和盗贼有无相似之处?像铁笼一样的寄宿寝室和高墙中的监舍有无相似之处?在"严禁不假外出"的学校寄宿在铁笼一样的寝室,留守儿童接受着福柯意义的哪些"规训"?他们的"火灾自救"与囚犯的越狱脱监有何区别?寝室装防盗网重要还是给学生心灵装上防盗网重要?在寄宿留守儿童心灵有无必要、有无可能都装上"防盗网"?可否给他们的心灵另开一片窗?他们"火灾自救"这样的创举和"霉起了冬瓜灰"这样的修辞所表征的丰富的生命潜能,在拥有何种希望之窗的教育空间才能更好发挥发展?……循着这些问题,透视留守儿童寄宿教育的问题现象,探究问题实质与对策,就是现象学方法的具体运用。

个案学生 2:“学习生活条件太差”

我们教室,因为是底楼的原因吧,墙上会有水渗漏下来,墙灰总要掉下来,落在头上、肩上、桌子上,在你认真做题时就飘下来,打断思路,很烦。学校最闷热的地方是哪儿呢?宿舍!没有空调,很热,一间寝室住八人,太挤!卫生间也没有淋浴,太不科学了吧!除了教室,宿舍就是我们待得最多的地方。由于学校没钱,宿舍“人多地少”,在“热情”的夏季,宿舍有多热可想而知。宿舍闷热难耐,导致我们第二天上课打瞌睡,没精神,老师讲课听不懂,作业不会做。如此循环往复,我的成绩直线下降。我们学习生活条件太差了,真希望学校改善一下,谢天谢地!考虑到全部学生宿舍安装空调不现实,我只能建议学校采取一些特殊办法。没有空调就算了,希望卫生间最好安个淋浴,如果损坏,照价赔偿就是。当然,最好寝室安个空调!

个案学生 3:“逆天找死”

上午第四节下课铃一响,所有同学,尤其是男生,就像听到了 500 米起跑的口令。一路狂奔,这群拿着各式餐具当武器的散兵游勇,居然在食堂窗口前排起了长长的队伍。浩哥这天动作慢了点,来到食堂看见队伍都要排到门口了,感到饿得更慌。他左顾右盼,看见自己的两个哥们儿在很靠前的位置,顿时觉得前路一片光明,打了个招呼欢欢喜喜跑到了前面。脑海里正是满满的饭香,突然,啪!一记耳光重重地落在脸上。浩哥摸着发烫的脸,转身正想大声质问是谁,就看见值周老师一脸鄙夷的目光:“要不要脸?别人都排着队,你凭什么往前面钻?你算老几?滚到最后去!”周围满是幸灾乐祸的笑话与目光,浩哥脸更烫了,不由自主与值周老师大吵起来。越吵越凶,两人拉拉扯扯出了食堂,值周老师说要拉他去找班主任。浩哥不想吃眼前亏,撒腿便跑,值周老师在后面像抓贼一样步步紧追,边跑边喊站住。浩哥果真站住了,没想到值周老师走上来拳打脚踢又甩了一耳光。浩哥忍无可忍,歇斯底里也猛甩一耳光过去,老师一个趔趄,险些摔倒。“好!你给我等着,你敢打我,走着瞧,看看到底是你厉害,还是我厉害!你这书是休想读了。”这不是逆天找死吗？结果在情理之中，经过班主任和家长百般劝说与周旋，浩哥写了道歉信，挨了记过处分，书呢，还是勉勉强强让读了。浩哥心中那个恨啊，也只好吞进肚里慢慢消化，人在屋檐下，不得不低头，他还是懂的。

个案学生 4："自己闷着做自己的事"

我成绩很差，感觉自己在学校一无是处，非常自卑，绝大多数时间都是自己闷着做自己的事。父母只知道打工挣钱，很少关心我的内心感受。我有时犯错误只是为了引起父母和老师关注。我讨厌父母，讨厌老师，更讨厌学习。我羡慕有钱人的生活，我发誓要挣很多钱，让周围人不能小看我，所以我就干了那件不光彩的事情……我也想考个好大学，以后找个好工作。我曾经很刻苦，每天从 6:40 起床，到晚上 10:20 休息，整天不停地学，成绩还是没有什么起色，我的付出和学习成绩很不成比例。学习压力太大了，我很后悔初中太贪玩，现在太迟了，想学好不可能了，很多课根本就听不懂，每天很多作业只好乱写，班上大多数人互相抄袭，我不想抄袭，别人也不愿意给我抄。我害怕失败，我更害怕高考，高考前我可能就要去打工了。

个案学生 5："同室操戈"

我们女生寝室并不比男生寝室平静。凤姐和晴妞本是一对好姐妹，但因为一包方便面同室操戈，大打出手，搞得热闹非凡，哦，是乌烟瘴气，民不聊生。那天晚上凤姐买好一包方便面，放在寝室打算早上起来享用，自己则去隔壁寝室闺密那里温存。早上回来，发现方便面不翼而飞，只剩一个空袋子。凤姐火冒三丈："是谁偷吃了我的方便面？怎么这么缺德行！"全寝室的人无人接招，纷纷奔向食堂、教室。凤姐怒气难消，破口大骂，爹呀娘的，骂了窃贼祖宗十八代。早自习后，不知不觉传来最新八卦，凤姐说很怀疑是晴妞所为。这还了得，晴妞，晴雯是她，情种也是她，她当即发出单挑决战书。凤姐嘴硬手软心里慌，密谋集结人马。世上没有不透风的墙，消息传到晴妞耳里，她自然要先下手为强。晚自习下课，三个强悍的男生在教学楼下截住凤姐，"脚践耳光"一顿暴打,好惨!等支援凤姐的娘子军赶到,三人已不见踪影。他们讲,好男不跟女斗!娘子军架着受伤的凤姐回寝室找晴妞讨说法。哪知晴雯组织的另一支娘子军早已埋伏在蚊帐里面,几句话不对,伏军一拥而上。妈呀,天昏地暗,惨不忍睹啊,寝室里所有的东西,盆碗、牙具甚至被子,都成了武器。幸好没有刀枪!凤姐嘴角、鼻孔鲜血直流,她们一伙见势不妙,护着凤姐冲出重围,躲到了闺密的寝室。晴妞带着娘子军踢门强攻,被匆匆赶到的值班校长逮了个正着。结果可想而知,两个都被学校记大过,其他哥们儿姐们儿也没好下场。不过这样也好,凤姐名正言顺搬到旁边寝室,实现了和闺密的长相守,与昔日好姐妹晴雯则井水不犯河水,成了陌路。

个案学生6:“个别老师简直像社会的毒瘤”

生活中存在很多缘分,缘聚缘散,命中注定。有些缘分一开始就注定不会有好结果。我和同班同学周荣的分离让我很失落。他和我一样,父母都出去挣钱了,只好到学校寄宿。我和他很合得来,同学都认为我们在谈恋爱。他成绩好,排在班上前三名。可是有一天,他很气愤地跟我说:“寝管老师!昨天晚上,我刚把手机从书包里拿出来,寝管老师就把手机没收了。他还张牙舞爪地说是学校的规章制度,我就得服他!昨天寝室值日的是我,早上我最后出门,把灯关了才走的,结果寝管老师说里面灯没有关,而我偏偏要说关了,一定是我撒谎。我气得简直想从楼上跳下去,可他还不休不止地骂人。”我连忙安慰,以后也多次安慰他,但他的心情始终好不起来,几次月考下来,成绩也越来越低。高二下期,周荣就跟他父母去打工了。最后他给我发微信,结尾一句是:“我再也忍受不了了,不能在这里寄读了,再见!”天下没有不散的宴席,大概就是如此吧!我听说,那个寝管老师还偷学生的钱,真不知怎么为人师表?!除了寝管老师,还有个别任课老师,搞特殊化,班上有学生是他的亲戚,上课就只喊亲戚发言,同学请假出校门就不行,而他的亲戚就行!这样的老师败坏了教风,还合格吗?还有某些老师对待同学很不公平,成绩好的同学犯错误没有什么,成绩差的犯错,就有你好受了!天天跟这样的教师在一起,苦不堪言。

真希望学校重视教师的这些问题！个别老师简直像社会的毒瘤，一定要尽快清理！

个案学生7："看破红尘"

牟林强今年读高一，天生一副天不怕地不怕的样子。小学有爷爷奶奶管着倒也规规矩矩毕业了。从升入初中开始，就在班上称王称霸了。进了高中，更是结交了一群好兄弟，把学习也放在了一边。他宣称，大好青春，读书没意思，青春要红尘做伴。于是他定下进入高中的首要任务就是要把女朋友弄到手。开学第一周，他就锁定目标——班里一个漂亮的女生，但是很快就被拒绝了。他也洒脱，大唱着"看成败，人生豪迈，只不过是从头再来！"一鼓作气又锁定了隔壁班的一个高个子女生，身材很好，大胆追！没想到他刚放大招就被班主任发现了。遭猛批一顿，又没博得美女芳心，他郁闷了好几天。令人钦佩的是，郁闷归郁闷，他还真越挫越勇，没过几周又去追高三的一个学姐了！大家都说，学姐是学长的，高三那些帅哥当然不乐意了。于是这件事就变成了一场男人之间的较量！江湖规矩，谁输谁退！一场战争即将打响，可这事不知怎么被远在深圳打工的父母知道了，他们万分焦急，紧急报告学校。结果双方集结闹事的人一律受到通报批评，一场"红颜祸水"带来的流血冲突有幸避免。牟林强在三次追求无果，高一上期即将收尾时终于"看破红尘"，他现在经常宣讲的名言是：兄弟如手足，女人如衣服，我这一生就放荡不羁爱自由。于是，他抽烟，喝酒，打牌，上网，跟自己那群哥们儿打成了一片。

个案学生8："烦恼一大堆"

我成绩不是很好，很少得到老师表扬和关注，可能高中三年，老师记不到我的名字。我很想得到父母的陪伴，很想吃妈妈为我做的可口的饭菜，很想让爸爸陪我一起去游玩，我希望自己努力学习，去回报父母。但是高三太紧张了，每一天，休息时间非常少，反复上着六门课，都需要花大量时间去记、读，并背。紧张的生活让我们喘不过气来，压力非常大，并且学校纪律苛刻，除了下课10分钟,每天基本上无休息时间。太苦太累了,我的烦恼一大堆。每天有很多知识点要理解,要背诵,休息时间几乎为零。寝室闷热,闹喳喳臭烘烘的,基本的睡觉条件都保证不了,怎么让我们安心学习?我们向学校老师多次反映情况,他们每次都说要去适应,要去克服。希望老师多关注我一样的差学生,我们还是有想学的心。学校要改变我们的休息条件,我想这个希望不过分。

个案学生9:"心像放在油锅里煎"

老师应多关注各类学生的学习情况,知识点尽可能讲通俗,或者借用生活中的例子帮助学生理解,让学生觉得有趣,欢笑的课堂能够调动学生的学习积极性。学习是学生自己的事,老师起督促作用,老师的关心问候会在无形中成为学生的动力来源。我认为班上没有一个同学笨,都是可塑之才,也有自己的爱好,能否学好,老师的作用至关重要。现在进入高三,班上绝大多数同学都开始学习了,学习氛围有很明显的转变,以前从来不学习的大批同学开始认真上课、做笔记、讨论习题了。他们也带动了更多同学的学习热情,但问题依然严重:以前落下太多,重拾起来很困难,很多同学知识基础不牢,最简单的习题做起来也费时费力,同学苦恼万分。我算得上一个苦恼分子了,很多次做题,周边同学大都完成了,我却狗咬刺猬不能下笔,刚刚燃起的热情又熄灭了。班上同学偏科现象严重,不喜欢哪门学科,或是讨厌那个学科的老师,就直接不学。我也算其中一个,一遇到数学、英语考试,心像放在油锅里煎。最苦恼的是老师对我们不闻不问,只关心几个得意门生。希望老师对偏科学生要帮助均衡发展。

个案学生10:"丢在人堆里就消失不见的人"

我是一个丢在人堆里就消失不见的人,我学习或许不够努力,也不聪明。我经常遇见难题,比如历史,以前从来没有不及格的情况,可这学期成绩总是不理想,该怎么办呢?我的烦恼一大堆,学习上的问题并不止这一点。我也梦想着成为优生,考上理想的大学,但是女生宿舍条件太差了,特别是2号楼,一个寝室9个人，只有两个小风扇，简直就是一个摆设。晚上热得睡不着，第二天早起自然要打瞌睡，老师们却认为我们晚上在宿舍玩手机，烦死了！我必须提高数学成绩，要认真听课，把没学到的东西都补回来。虽然从初中差到现在，数学基础很差，我不知道该怎样补，但在最后一年，我要努力把数学补起来，把成绩提高。我要发愤图强，只要昂起头，就会把苦水变成美酒，弱不足羞，可羞的是弱而无志。最大的成功在于战胜自己的软弱和懒惰，相信自己会成功，别人才会相信你！

个案学生11："压力山大"

尊敬的老师，非常希望你把我们的意见反映给学校领导，让他们能够采纳，我们"压力山大"！一是寝室真的太热太闷了！本来白天学习已经很累了，晚上还弄得第二天精神一点都不好！强撑着身体学习，身体怎么受得了?！身体都弄差了，还怎么学习?！二是我们四班学风急需改变，这不是班主任的问题，班主任非常好，我不希望换掉她。坏在班上那些人犯了错，还巧舌如簧，撒起谎来，面不改色心不跳。这些男生女生没目标、没追求，真没办法，他们在这班上存在的意义就是扰乱课堂。严厉制裁他们吧！三是孔子讲过要因材施教，每学期末我都在那个教师评价表上说想换掉历史和英语老师，但都没有作用。历史老师讲课班上没几个人听懂，我的历史成绩一直都很差。英语老师也是一样。给我们安排合适的老师吧，两位老师的确很优秀，但教学方式完完全全不适合我们这样的"平行班"。还有，希望高三和高一高二一样，只跑上午的操，下午就不跑了，多留点时间复习，否则我们精神和身体都"压力山大"，疲惫不堪，试问这样整，高考还能考好吗?

个案学生12："食宿太差，课堂很吵"

寝室条件太艰苦，设施陈旧，冬冷夏热，休息不好，白天就打瞌睡。老师上课不对路，课堂调皮捣蛋的男生女生太可恶！走进寝室，就感到一股热浪涌来。不寄宿的同学回家有冰西瓜、凉空调，我们住校的就惨了。寝室也很挤，怎么形容呢？就是桶、盆占地之后，剩下的位置只够站两个人，转身退后都会撞到彼此。厕所也是，只能站一个人，多半个都没办法。女生很多寝室的厕所没有门，有的厕所正对男生寝室，很不方便。真是烦啊，寝室人多，地方又小，甚至有部分风扇也罢工，坏了，整晚热得睡不着，每天又必须早起，睡眠严重不足。白天大家忙忙碌碌，烦得很，课堂吵吵闹闹，更烦。再说饮食吧，我在这所学校读两年书了，从入校起，食堂的饭菜就没有变过，天天都是那几样，我想问，这样吃不腻吗？寝室这么又热又挤，好希望有个大的空间啊！高三生活过于紧张，每天起得太早，寝室的风扇太脏，吹了跟没吹一样，容易造成细菌进入呼吸道。食宿太差，课堂很吵，多想学校整顿整顿啊，毕竟还有同学要学啊。

个案学生 13："伟大的狗屎同桌"

我是一个普通的女孩，2015 年 8 月 25 日迈进高中校门寄宿。我初中都不受老师青睐，默默无闻，一直对数学都没有多大兴趣和热情。到高中，数学成绩一落千丈，跌入谷底，成绩让人无法接受，这成了我的心病。数学老师非常担心我的成绩，但我从不主动问他什么。高中学习我选择了文科，除了数学，地理也让我头疼，也许是没有正确的方法，我总是记不住地图上的东西，地理学习出现许多问题，成绩老是在及格线上下摇摆不定。我能够坚持学下去，还得感谢我的同桌，特别声明，不是男朋友哈！我同桌的父母也在福建打工，大家都叫他"狗屎"，真不知大家为什么把这么肮脏的词用到他身上，不过也习惯了。他活泼开朗、乐观向上，有志气。他幽默风趣，就像一个开心果，很少有烦恼。他心很细，对人很好，很多时候我生病了，他都很关心，问我喝水不，吃药了没，冷不冷，要不要再多穿件衣服。我这个狗屎同桌，还是个很爱学习的人，我要心大，但在伟大的狗屎同桌的鞭策下，最近成绩还有了提高，我非常感谢他！说到愿望，我有两句话想对他说："狗蛋，谢谢你，我的好同桌，衷心祝福你学业有成，梦想成真！"

二、知情一线教师访谈摘要[①]

（一）关于留守儿童寄宿教育问题的讲述

个案教师1:“太难管”

留守儿童寄宿在校,教育问题还真多！想通过寄宿制学校尽可能解决留守儿童问题,哪里现实哟？我看是空了吹！上边实在要逗硬,一定会把我们逼疯！我们还活不活？现在学校普遍把学生的学习成绩作为衡量教师教学水平的主要标准,上面考什么,教师就教什么,学生就学什么。留守儿童在校寄宿,除了学习,还是学习。不这样整,怎么行?！每学期开学,学校会把各个学科的平均分排名和教师本学期的目标完成情况,分发到各个教师手中。老师们就忙着分析学生的学习情况,为学生制定相应的学习目标。弄得学生压力大,我这个班主任也压力重重。那天班上的数学老师先发话:“王老师,这次你们班考试成绩很差啊。”我一副苦瓜脸,说:“没法啊,我们班留守儿童多,有几个烦得很,考试经常交白卷,考语文,作文一个字都不写,确实影响平均分。”物理老师紧接着说:“我说王老师,你赶紧把你们班的那个‘艾捣蛋’调到最后一排的角落里,每次上课,不是睡觉,就是说话,看见他就没心情上课。”化学老师也来凑热闹,他说:“王老师,还有你们班张天,赶回去算了,真不知道父母怎么教养的。上课玩手机,找他要手机,就是不给,说我没这个权利,已经顶撞我两次了,他再不走,我走！你们班的课我懒得去上了！”任课老师接二连三的

---

① 叙事研究倡导者与研究者已基本形成共识,叙事研究的基本路径是“收集资料—解释资料—形成扎根理论”,其重点是分析资料并形成扎根理论(参见刘良华:《教育叙事研究:是什么与怎么做》,《教育研究》2007年第7期)。扎根理论的形成及相应“写法”通常有三种方式:情境分析的“叙事”;聚类分析的“论理”;结合分析的“夹叙夹议”。前两种方式各有利弊,第三种方式则可扬前二者之长而避其短(参见陈向明:《质的研究方法与社会科学研究》,教育科学出版社2000年版,第289—302页)。笔者遵循这种共识,师生访谈摘要的两个部分主要采用第一种方式;“相关讨论与建议”部分主要采用第二种方式;全文几部分内容之间力求叙议结合并纳入叙事研究框架,在实现笔者对系列扎根理论建构的同时,为读者创设海德格尔意义上的能够正确理解或澄清问题的境地,并邀请读者置身其中主动建构相关理论。

抱怨,把我脑壳都整大了。这些学生,都是寄宿留守儿童,父母不在家,爷爷奶奶又管不住。我作为班主任,必须管起来啊。我找到张天,问他:“你为什么要顶撞老师?”他理直气壮地说:“他凭什么没收我手机,我上课耍一下又没影响其他同学!”我再也控制不住怒火,挥手就想甩他两耳光,但还是咬牙忍住了。张天呢?一副无所谓的样子,说:“反正我就是不给,学不学是我的自由,与你们老师无关,用不着收我手机。”我只好威胁他:“给不给,再不给我给你家长打电话!”他冷冷地说:“随便,你能把他们请回来,更好啊,给你说实话,他们回来也一样,管不着我。”遇到这样的学生,你肺都要气炸!这些寄宿的留守儿童太难管了。像张天这样的家伙,班上还有两三个。教育他们,依靠学校,在校寄宿,作用并不大。你说开除吧,没那么严重,和父母商量吧,他们更管不了,也没办法,只能把他们放到教室的最后面,把对班级的影响控制到最小。

个案教师2:“心理情绪问题的确严重”

个别寄宿留守儿童的心理情绪问题的确严重,甚至令人震惊。那天晚上,11点多,我接到宿管人员电话,说我们班一个男同学小皮在宿舍自己抓伤自己,把头往床上撞。我心里一惊,怎么是他?平时话不多,成绩一般,应该属于比较听话的那种学生啊!我迅速赶到现场,发现在宿管人员和班长的安抚下,小皮情绪稳定了很多,但脸上有斑斑点点的血迹。看到我,他有点不好意思,说:“对不起,老师,我没事。”我尽量不刺激他,叫他有什么事就给老师说,老师会帮助他的。我和班长把他送到医院,包扎后脑勺的伤口。事情基本处理完后,我拿出手机准备给他家长打电话。他紧紧盯着我,求我不要给他妈打电话,说:“我不想听到她的声音。”我说:“行,我答应你,你能告诉我原因吗?”后来他告诉我,他爸妈在外打工,自己长期和奶奶在一起,是奶奶照顾长大的,有很深的感情。今年母亲为了照顾他的学习,辞去了工作,回家陪读。但是,母亲很不懂道理,经常辱骂奶奶,嫌弃奶奶,甚至动手打奶奶。他说:“我恨母亲,不想和她说话,也不想见到她。我很痛苦,我想让母亲伤心,让她后悔,就是牺牲自己的生命,我也愿意。”第二天,和他进一步沟通思想后,他同意让母亲来学校,商量解决问题的办法。我把相关情况转告给了家长,他母亲也很自责,说没想到自己的言行对儿子影响如此之大,表示以后要做好表率。临走的时候,家长悄悄对我说,她的孩子,性格很内向,很叛逆,自己根本不敢管。周末回家,没事就在自己屋里,把门关上,可能是看不健康的东西,希望老师引导一下。对这样的学生,我教育起来的确心有余而力不足。

个案教师 3:“早恋了,很痴”

那天,数学老师走进我办公室,说:“你们班的那个姓姚的女生,最近上课总是发呆,很痴情的样子,晚自习的时候,经常照镜子、化妆,你要注意一下哟。”前几天英语老师也讲过小姚早恋了,很痴,我不得不过问了。我找到小姚,悄悄问:“你最近有什么心事? 有老师反映你学习情况不是很好。”“没什么,以后我注意就是了。”小姚爸妈在广东打工,她和弟弟在家读书,由爷爷奶奶照顾,成绩处于班级的中下等水平。我认为爱美之心,人皆有之,特别是女生,提醒一下就行了。可后来,情况严重不对劲! 我周一至周五去查晚寝的次数多些,周日去得很少。而那个周日晚自习,少上一节课,9:20 就放学了,我把作业批改完,大概 9:40 左右,就顺便去男生寝室看看。走到男生宿舍前的树林,模模糊糊看见两个人抱在一起。我用手电照了一下,向他们走过去,一个男生跑了,女生站在哪里,是小姚。我很生气:“又是你,你不是没问题吗? 他是哪个班的?”“邻班的。”“你们谈了多久了?”“我们不是谈朋友,他是我表哥,我刚刚是带个东西给他,不信你可以问我爸妈。”考虑到这个女生性格比较内向,平时话不多,我没敢刺激她的紧张情绪,就说:“好吧,我会进一步调查,你回去休息吧。”第二天,我给小姚母亲打电话,家长说,已经知道了,她相信自己女儿,那个人是她表哥。我心里很清楚,那个男同学一定不是她表哥,母亲也在为女儿打掩护,不承认女儿早恋的事实。你说气不气人?

个案教师 4:“流失了十几个学生”

寄宿留守儿童辍学问题比较严重。每个新学期开始,学校都要统计各班辍学情况,辍学生数量直接和这个班所有教师三年的工作考评挂钩。学校以高一分班时学生的成绩为基础,制定相应的重点大学、普通本科和专科的高考升学考核指标。这个指标不会因为有学生辍学流失而改变,辍学流失学生越多,达标越困难。这是学校控制学生辍学流失的重要举措,但是学生该走的还是要走,不该走的也总是在走,老师们基本上束手无策。昨天我还在办公室叹息:"我们班恼火啊,已经流失了十几个学生,都和爹妈打工去了,考核目标怎么可能完成,全班人数加在一起,也没得考核目标定的多,高考拿不到什么奖金了。"我们班英语老师接过话头说:"也好,你们班那个姓王的,早该走了,走了一个,安静一片。跟他老汉去打工,学校寝室也可能消停多了。"我没搭话,化学老师有点儿疑惑地问:"那个张中邦,成绩可以啊,怎么不读了?"我说:"他父亲不让读了,说读书没用,反正也考不上好本科,与其浪费钱,不如学个技术,就跟他老汉去昆明学做装修了。还有那个刘小鲁、那个齐瑞,很不愿意读书,成绩不好,我也劝不了。"不知我们学校辍学流失的学生为什么这么多!家长也不好好计划一下,自己打工都不容易,孩子读个书半途而废,在社会怎么混得走哟?

个案教师 5:"没有了廉耻"

寄宿留守儿童还能好到哪里去?我班有个奇葩,还是一个女生,简直不知道羞耻。在英语课堂上,她抄别人的数学作业,老师走过去提醒她说,英语课堂上就要学英语,把英语成绩提上去,再学数学嘛!这个学生抬起头,故作惊讶地说:"提高英语成绩估计不行,帮你提高裤子还差不多。"全班同学哄堂大笑,教英语的是男老师,被搞得脸都红了。这样的学生,已经没有了自尊,没有了廉耻!

个案教师 6:"好像有学生吸毒"

学校好像有学生吸毒,但老师们主要是猜测,看到学生没精打采的,瞌睡兮兮的,萎靡不振的,老师们就可能朝那个事情想。有时在厕所碰到三五成群的男生,一人一支烟,抽抽吸吸,吞云吐雾,观察他们有的面黄肌瘦、有气没力,就总觉得这样的极个别家伙是吸毒者。学校德育处有严厉要求,杜绝吸毒,想来学生一般还是不敢尝试,不过对于极个别者也难说,就像杀人放火一样,国家刑法那么严厉,也禁止不了。听说高二有个学生,父母打工挣了点钱,都被他吸毒花得要光了,家长才晓得。

个案教师7:“洗劫高三教学楼”

林子大了,什么样的鸟都有。极个别寄宿留守儿童,也干偷偷摸摸的勾当。周二早晨,我刚到校,就听见一些老师议论:“好大胆哦,高三教学楼被偷了。”由于是月假过后的第二天,一些同学带的钱和手机都放在教室,损失有点严重。校领导高度重视,要求班主任和各科教师做好学生的安抚工作,也及时向公安机关报了案。经过学校排查和派出所帮助,最后目标锁定为高二的一位住校同学。他父母长期在外打工,由于缺少父母的关爱和教育,成绩很差,还养成了不好的行为习惯。经常旷课去游戏厅打游戏,羡慕别人奢侈的生活。他小时候就有偷拿同学东西的行为,爷爷、奶奶文化水平不高,谈不上进行道德教育和行为引导,结果在他心里已经逐渐把偷盗当作一件很普通的事。最近,他结交了几个社会上的朋友,吃喝频繁,严重超支,就洗劫高三教学楼。也真是不解,俗话说兔子不吃窝边草,这个同学铤而走险,怎么一点顾忌都没有?

(二)关于留守儿童寄宿教育策略的讲述

个案教师2:“给予孩子更多阳光”

寄宿留守儿童和其他学生一样,需要阳光,给点阳光,他就灿烂。老师的信任鼓励、关爱关注,都是阳光,留守儿童特别需要。给予孩子更多阳光,其实并不需要老师有多大特别付出,关键是要有心,要做一个有心人。我们班有位寄宿留守儿童,叫谷小凤,女生。课堂上,我发现这个女孩注意力不集中,不爱交流。喊她回答问题,成天默不作声,一副很不情愿的样子。后来与她谈心,发现她家庭很特殊。初中三年级时,父亲和母亲感情不和,母亲和外地一个男人私奔了,至今杳无音信。父亲为了家庭生计,在外打工,与女儿相处的时间很少,电话联系也不多,经常是一个月左右才通一次电话,通话时间也很少,没共同语言。小凤觉得自己是这个世界的多余人,对学习不感兴趣。了解情况后,我并没有一味地同情她,而是给她压任务,邀请她当地理科代表,说相信她一定能把工作做好。她有点惊讶地望着我,高兴地答应了。在以后的课堂上,她认真听讲,积极发言,学习态度发生了很大改变,地理成绩也越来越好,现在高二,地理成绩基本保持全班第一。地理学习的成功,也带动了其他学科的进步,现在她的总成绩在班上很靠前。

个案教师3:“耐心教育”

对寄宿的留守儿童,教师应该有足够耐心和必要尊重。我们班小姚谈恋爱,自己不承认,家长包庇,我后来耐心教育,效果还是较好。我没在班里讲这件事,因为要保护学生的自尊。我把班长叫到办公室,问同学有没有耍朋友的现象。班长说:“好像有两三对了,他们经常和异性朋友在一起,其中就有小姚。”进一步调查情况后,我把小姚单独喊到教室外面,说:“我调查了,那个人根本就不是你表哥,多久了?”小姚见隐瞒不过,说了实话,已经有三个多月的交往。我给她讲了校规和早恋的危害,说现在要以学习为重,我相信她能够知错能改,这次就不把她上报到学校挨处分。小姚眼睛湿润了,说她会用实际行动证明老师对她的信任没错。后来,我再三帮助她,她也真的走出来了,学习各方面都还很不错。

个案教师6:“全体教师合作努力”

寄宿留守儿童辍学流失的确是个大问题,不过对策还是有。学校和老师的努力不能完全解决问题,但可以在很大程度上缓解问题,对于很多孩子,甚至可以完全解决问题。现在学校把班上所有教师捆绑在一起,想建构全员育人模式,落实全员育人制度。这个出发点是好的,但是太机械,太死板,太单一,粗暴地与班级高考成绩考评奖励挂钩,没有足够尊重教师。全员育人要培育很好的氛围,要激发老师们的主动性和奉献精神,绝大多数老师毕竟是很有师德的。我们班刘星雨,是单亲家庭孩子,父亲在外打工,长期和爷爷奶奶一起生活。由于父亲文化水平不高,又没有很好的技术,经济收入极其有限,一段时间,已经滑到辍学流失边沿,好几次她都不想到学校读书了。了解她的情况后,班主任及时和班上所有老师商量对策,大家都各尽所能帮助她。有的疏导她的心理,有的提高她的认识,有的鼓励她的进步,有的想方设法为她争取助学金,有的主动联系她的家长予以配合。语文老师把她的真情作文拿到全班宣读,班主任推荐她参加学校励志明星的评选,提高她的心理调节能力……星雨同学也争气,在校刻苦学习,尊敬老师,团结同学,很快成了全班同学的榜样,再也不说辍学打工的事了。所以教育和管理寄宿留守儿童,需要全体教师合作努力。全体教师要给予留守儿童真正的关心,要以高度负责的态度,率先垂范、言传身教,以良好的师德给学生以潜移默化的影响。

个案教师 7:“全心全意为学生服务”

实事求是地讲,学校寝室装空调还是有必要,也有办法,学校应该有这个认识,要满足学生合理的诉求。我们这里,冬天太冷,湿度大,夏天更是难受,大多数学生现在物质生活条件毕竟改善了,很多家里空调舒舒服服,谁愿到学校受罪?学校进一步改善硬件条件会有一些障碍,但不是不可行。障碍有两点,一是纵向相比,学校近年的条件已经发生了根本改变,前几年创省重点,政府投资很大,学校也想了很多办法,上级领导,包括学校一些领导,认为给学生寝室装空调太奢侈。二是横向相比,与一些镇里的初中,一些寄宿制小学相比,学校条件足够优越了,上级投资还是有一个公平和均衡的问题。在这种情况下,要解决学生寝室冬冷夏热的问题,学校可以想一些办法,争取上级投入支持,或者干脆招标让企业免费安装,每年收一定租金,学生家长交一部分租用费、电费,学校和教委想法补贴一点儿。我们毕竟是高中,不是义务教育,收点费,应该可行吧?个别贫困生,也可以减免。现在的问题是,学校好像不愿意找这些事情来做,嫌麻烦。食堂也是,要提高饮食质量,办法多得很,完全可行。学校全心全意为学生服务,办法总比困难多吧。

个案教师8:“抓课堂学习”

我认为寄宿留守儿童教育问题的解决要抓住最核心的问题,那就是抓课堂学习。教师要想方设法突出留守儿童的主体地位,激发他们的学习热情和兴趣,提高他们学习的实效和成绩。他们到学校来是读书的,书读好了,学习有兴趣,精力就会用到好的方面来,思想就会健康向上,书读不好,成绩提不高,他心理负担就重,想法就多,要求就多,说不定还要出大事。当然把书读好,并不是要求人人都去考211和985大学,而是要把他们的自主性、能动性和创造性充分激发出来。这样安排,能够考上好大学,是成功,不能考上,也不叫失败,起码他读书不痛苦,今后就算出去打工,也晓得发挥能动性和创造性,发展前途说不定超过考上重点大学的人。遗憾的是,我们学校老是把升学率看得比命都还重要!其实,无为而无不为,不专门去整那个东西,着眼于学生全面发展优化课堂教学,把学生搞主动了,教聪明了,应付高考也不是什么大不了的事情,或许会有意外的惊喜。

个案教师9:“结合学科教学加强教育”

解决寄宿留守儿童教育问题要和课堂教学紧密结合,光搞一些形式化的活动,什么代理家长、校地合作、城乡牵手,作用都极为有限。这些活动,把留守儿童别样对待,好像他们弱得很,差得很,甚至坏得很,我是坚决反对的。当然,退一万步说,这些活动,造点舆论,宣传鼓动大家来重视,也可以搞一点,对极个别特殊留守儿童,或许也有实际的帮助,但对大面积的留守儿童,尤其是寄宿留守儿童,还是要结合学科教学加强教育,尤其是课堂教学要优化。我带的班,高一是学校划分的差班,层次和水平最低,留守儿童比例相当大,他们学习目标不明确,积极性差。但是,我的语文课高度关注他们的生活实际,努力根据他们的心理特点和能力基础展开教学,课堂上要么书声琅琅,要么议论纷纷,效果很不错。课堂教学引导学生主动关注和思考生活问题,启发他们自觉使用书本理论去解决现实问题,他们学习的积极性和主体创造力可以得到很大提高。高质量的课堂教学,可以自然而然地改善留守儿童的学习态度、成绩,甚至心理健康水平和行为习惯。每个老师都长期坚持上好课,寄宿留守儿童很多教育问题都可迎刃而解。

个案教师 10:“苦其心志,劳其筋骨”

改善留守儿童寄宿教育,有一个很重要的方法,那就是“苦其心志,劳其筋骨”。现在有些学生身在福中不知福,学校寝室 8 人一间,还喊拥挤,也配套了床铺、卫生间、电风扇,过去哪里有这等条件? 稍不如意,就叫苦叫累不得了! 我认为,加强吃苦教育,引导学生克服享乐思想,增强生活磨炼,是为留守儿童一辈子负责。农民的孩子本来应该不怕苦,但现在不少人像清朝八旗子弟入关后一样蜕变了,他们不能理解父母生活的艰辛,寄宿在校更是无法担当一定的家务责任。说难听点儿,个别人像狗屎做的金箍棒,闻(文)不能,舞(武)不能,还牢骚满腹。所以,学校要积极争取村社合作,为寄宿学生创造一定的苦力劳动机会,开展农业、建筑业、养殖业等方面实践活动,逐渐培养留守儿童的动手能力和吃苦精神,磨炼坚强意志,让他们更有可能拥有成功人生。学校十大“励志明星”之一的齐云师同学就经历了很好的“苦其心志,劳其筋骨”过程。我老家和她家在一个村子,很了解她。一个小女生,曾经很顽皮,经常逃课。看着贪玩的她,母亲咬咬牙,开了口:“如果你不读书,就和我一起去体验劳动的滋味。”她毫不犹豫地答应了。那些天,天气炎热,工地上 40 度,除了装满水泥砖块的大货车,就只有她和母亲以及几个搬运工。起初她觉得好玩,后来发现特别累。闷热的材料库,沉重的货物,使她哭了很多次。最后她终于坚持不住病倒了。住在医院里,她打着点滴躺在床上,床边的母亲看着她,泪流满面。那是她平生第一次体验苦力劳动,虽然只是几天,但她彻底明白了生活有多艰辛,学习对她多重要。从此以后,她发愤图强,努力学习,学习成绩一路领先。她父母常年外出打工,外公在家种了很多田地,家里没有劳动力,每个周末、寒暑假,她都和弟弟妹妹帮外公干农活。暑假,大热天,可以想象,天空没有一片云,太阳像火烤,蝉在稻田边的芦苇丛中嘶叫,她仍然背朝青天,埋头苦干,在田里割谷子,脸和手臂被水稻叶子割得伤痕累累。为了凉爽些，她和外公凌晨5点就已经下田了，有时会干到中午。外公也心疼她，总是让她在一边多休息一会儿，但她看到外公那黝黑而瘦弱的身子依然埋在稻丛里时，就很不忍心，还是坚持去干。她手磨起了血泡，很痛，但她一声不吭，怕外公知道后不让她干了。回到学校，她每天早上5:40就起床背单词，听听力，上课集中精力听讲，连下课时间也不轻易放过。老师同学总是建议她不要给自己太大压力，要学会放松。但她自己觉得并不苦，反而感到很充实和幸福，性格也很阳光，充满了自信。学校把她评为"励志明星"，希望起到榜样作用，是很对的，但还要和家庭、和社区多合作，多安排吃苦锻炼活动，让更多学生都去实践，这样留守儿童寄宿教育就会真有效果。

三、问题与对策讨论

在质性研究范式之下，本研究的"问题与对策发现"不仅属于笔者，更属于主动参与研究结论建构和评判的每一位读者。前文呈现的T校师生个案访谈摘要，对于读者和笔者在对话过程中建构个性化的研究结论，较好把握中小学，尤其是高中留守儿童寄宿教育的问题与对策，具有一定参考作用。为了留下较大对话空间，尽可能方便读者基于研究对象的"主位立场"选择自己独特的角度去透视和解读T校师生讲述的种种现象和切身经验，去建构与评判系列研究结论，笔者意欲淡化自己作为客位他者的研究立场，暂时放下传统思辨研究、定量实证研究之结论评价的"系统深入""确凿精准""缜密周全"等标准，在此仅对留守儿童寄宿教育问题现象进行择要评点，对其实质与对策予以管窥略谈。

（一）留守儿童寄宿教育问题现象评点

仔细分析全套访谈数据发现，寄宿留守儿童和知情一线教师讲述的内容虽偶有矛盾或观点不尽一致，如关于食宿条件，个案教师10的看法就与众不同，但是大多内容能够互相补充、解释和印证。比如，辍学问题。个案教师4

讲寄宿留守儿童辍学问题比较严重,个案学生 6 也谈到了同班同学周荣的辍学打工。至于辍学原因,个案学生 6 讲到主要是寝管老师"张牙舞爪",委屈学生,也有个别任课教师"搞特殊化","对待同学很不公平","简直像社会的毒瘤",这些措辞比较偏激,但相关现象的确存在。从个案教师 1 的讲述可见,专业素质本应高于寝管老师的班主任、科任教师也对学生出言不逊,侮辱性绰号甚至粗话脱口而出,他们对待"太难管"寄宿留守儿童"只能把他们放到教室的最后面,把对班级的影响控制到最小"。从个案教师 4 的谈话可见,有教师对寄宿留守儿童辍学似乎抱有期盼与支持态度,如那位英语教师说:"也好……那个姓王的,早该走了,走了一个,安静一片……寝室也可能消停多了。"从上述可以相互印证解释的内容,笔者确认:T 校寄宿留守儿童辍学情况比较普遍,其中一个直接而又重要的原因是教师职业道德和专业能力较差,在高考重压下,他们对学生全面发展缺乏责任心与支持促进能力,教育方法粗暴简单,学科教学以应试为唯一目的。又如,学习压力问题、住宿条件问题,学生不同个案都有相似讲述。再如,教师个案 8 和 9 一致强调,解决寄宿留守儿童教育问题要高度重视课堂教学的优化,着眼学生全面发展,说明这是较好对策。

师生主位立场讲述的内容,除了师生之间、学生和教师不同个案之间可以形成较好解释印证关系之外,我们调研过程中掌握的一些情况,也可对师生讲述的部分内容进行印证。比如辍学问题,收集的数据显示:高二年级 2017 年 2 月入学应到 1378 人,实到 1362 人,辍学 16 人,辍学率为 1.16%,辍学者大多是寄宿留守儿童;到同年 6 月期末时辍学率则大幅增高。以高二年级第 1、3、4、8、9 五个班级为例,开学初应到人数分别为 69、70、65、70、70,合计 344 人,实到人数分别为 69、70、65、69、69,合计 342 人,辍学 2 人,辍学率为 0.58%;到 6 月期末,5 个班实有人数分别为 65、64、61、62、69,合计 321 人,辍学人数增加到 23 人,辍学率达到 6.68%,辍学者依然大多是寄宿留守儿童。又如食宿条件,个案教师 10 与个案教师 7,以及几位同学的看法有一定出入,但我们调研发现,他们所言都是事实,只是各自讲述的角度和重点有异。

综上所述,T校师生主位立场的讲述真实、可靠。下面,对该校留守儿童寄宿教育存在的问题进行简要梳理。在个案学生看来,问题主要集中在5个方面。第一,食宿方面:饮食单调乏味;住宿条件差,冬冷夏热,拥挤简陋,严重影响休息与学习。第二,学习方面:很苦很累,休息时间非常少,反复大量上课;学习基础差,学习压力很大,难以赶上进度,严重缺乏信心,很多课听不懂,抄袭或乱做作业;不少人辍学流失。第三,师生关系方面:教师对待学生不公平,对差生不闻不问,只关心“得意门生”,高中三年记不住普通学生名字;教师高考压力巨大,工作负担沉重,教育方法简单粗暴,导致师生关系紧张,甚至出现严重冲突。第四,心理方面:自卑、孤独、叛逆、内心苦闷,烦恼一大堆;感觉学习生活无聊;讨厌甚至憎恨家长、教师;个别心理情绪问题严重。第五,品行方面:课堂纪律差;早恋;群殴;痴迷于网络游戏;极个别盗窃,丧失自尊。个案教师的观点与个案学生基本一致,在他们看来,T校留守儿童寄宿教育存在的主要问题是:1. 学校高考压力巨大,不少寄宿留守儿童成绩低差,学习态度不端正,辍学流失,部分教师不堪重负,无心也无力较好顾及留守儿童寄宿教育的特殊需要。2. 个别寄宿留守儿童心理情绪问题严重,内向叛逆,调皮捣蛋,顶撞教师,言行出格,辍学早恋,甚至自我伤害,打架盗窃,丧失自尊。综合分析个案师生意见发现,T校留守儿童寄宿教育质量令人担忧。

(二)高中留守儿童寄宿教育实质管窥

T校留守儿童寄宿教育种种问题现象在个体儿童身上有着突出反映,从表面上看这些问题大多属于儿童个体的问题,但究其实质,这些问题都是群体性问题,大多属于非公平的宏观制度安排的结果。如前所述,T校在当地虽然无法与另外两所重点中学相提并论,但毕竟是省级重点中学、文明单位、绿色学校、法制建设示范校,而有机会就读T校的留守儿童也只占同龄留守儿童的20%左右。T校寄宿留守儿童要么初中阶段是同类儿童中的佼佼者,要么所处家庭比较重视和支持教育，但其寄宿教育依然存在种种问题和困难。这充分说明他们摆脱自己所在底层文化再生产力量的制约而通过学校教育实现人生的“逆袭”很艰难，可能性也很低。

众多研究发现，我国当前各级各类教育越来越成为文化再生产和社会再生产的合法性工具。比如，杨东平、李春玲、刘志民、刘精明研究高等教育发现，重点大学中农村学生比例不断下降，农家子弟难以突破家庭所在阶层束缚而实现向上的社会流动，即寒门已经难出贵子。① 又如，一些研究农民工子女基础教育的学者发现：随迁子女进城就读公办学校者，成长过程存在显著的“天花板效应”，他们一方面认同主流价值观，渴望向上流动，另一方面则制度性地自我放弃，心甘情愿地提前进入次级劳动力市场，加速了阶级再生产的进程。② 就读农民工子弟学校者，深受流行其间的“反学校文化”（或称“‘混日子’的就学文化”）裹挟，他们通过否定学校的价值系统，蔑视校方和教师的权威而获得独立与自尊，以拒绝知识的形式主动放弃学业，70%左右的初中毕业生将直接走上社会成为新生代农民工，在结构和宏观上造成了社会再生产的结果。③ 同样是农民工子女的留守儿童，在乡镇初中接受寄宿教育时就已经不同程度地受到了与农民工子弟学校具有相似性质的“反学校文化”裹挟，以至于入读普高者最多只占 20%④，而这部分留守儿童入读普高以后依然遭遇

---

① 参见杨东平：《高等教育入学机会：扩大之中的阶层差距》，《清华大学教育研究》2006 年第 1 期；李春玲：《高等教育扩张与教育机会不平等——高校扩招的平等化效应考查》，《社会学研究》2010 年第 3 期；刘志民等：《家庭资本、社会分层与高等教育获得——基于江苏省的经验研究》，《高等教育研究》2011 年第 12 期；刘精明：《能力与出身：高等教育入学机会分配的机制分析》，《中国社会科学》2014 年第 8 期。

② 参见熊易寒：《底层：学校与阶级再生产》，《开放时代》2010 年第 1 期。

③ 参见熊春文等：《“义”的双重体验——农民工子弟的群体文化及其社会意义》，《北京大学教育评论》2013 年第 1 期；熊春文等：《“混日子”：对农民工子弟就学文化的一种理解》，《南京工业大学学报（社会科学版）》2014 年第 6 期；周潇：《反学校文化与阶级再生产：“小子”与“子弟”之比较》，《社会》2011 年第 5 期；杨东平等：《北京市农民工子女初中后教育研究》，《北京社会科学》2009 年第 10 期。

④ 参见李涛：《底层社会与教育——一个中国西部农业县的底层教育真相》，博士学位论文，东北师范大学 2014 年，第 69 页。

了类似情形。比如,“火灾自救后又遇洪灾”的“哥们儿”、“逆天找死”的浩哥、“同室操戈”的凤姐和晴妞、“看破红尘”的牟林强、“太难管”的“艾捣蛋”和张天、“早恋了,很痴”的小姚、“流失”的十几个学生、“没有了廉耻”的“奇葩”女生、“面黄肌瘦”好像吸毒的“三五成群的男生”、“洗劫高三教学楼”的“家伙”,无一不受“反学校文化”的影响。

农民工子弟校的“反学校文化”有一个逐渐生成的过程,即学生从“制度性自我选择”逐渐过渡到“制度性自我放弃”,学校往往包含着制度性自我选择与自我放弃的双重奏,而不是一种单一的文化。① 在高中寄宿留守儿童群体中弥散的“反学校文化”具有相同的生发机制与存在样态,其本质也是制度性底层文化再生产的结果。T 校个案师生讲述的种种情形,如寄宿留守儿童的“学习生活条件太差”“课堂很吵”“压力山大”“烦恼一大堆”“心像放在油锅里煎”“自己闷着做自己的事”;“个别老师简直像社会的毒瘤”,把“太难管”的儿童“调到最后一排角落里”;等等,都不同程度地说明非公平的制度安排的力量在 T 校寄宿留守儿童“反学校文化”的生成过程中发挥了关键作用,留守儿童所处底层文化再生产的逻辑在其高中阶段依然处于不断延续甚至强化的状态,这直接决定他们的寄宿教育必然面临种种严重问题。

(三)高中留守儿童寄宿教育问题对策略谈

T 校寄宿留守儿童教育成长存在的各种个性问题,在更大范围关涉多大数量的儿童、教师和学校,还须细细考察与谨慎判断。尤其值得警惕的是,社会各界不能把留守儿童寄宿教育的问题与个体留守儿童的人格、道德、素质、能力等特征混为一谈,更不能以此为由助长留守儿童的污名化。

对于留守儿童的基本特征,目前国内学界已经建立了共识,即:留守儿童是“弱势群体”,但并不是“问题群体”或“问题儿童”,其社会交往、人生期望

① 参见熊春文等:《制度性自我选择与自我放弃的历程——对农民工子弟学校文化的个案研究》,《北京大学教育评论》2014 年第 4 期。

与非留守儿童没有显著差异，留守儿童的负面心理特征，如孤独、忧郁 、自卑和逆反等在非留守儿童身上同样存在。留守儿童与普通儿童一样，是一个有分化的群体，少数留守儿童在情感、心理和学习等方面的确存在一定偏差，但留守儿童个体问题不应被夸大化。① 然而令人遗憾的是，一些人为扩大个体留守儿童各种负面特征的现象，导致整个留守儿童群体都面临着污名化的危险。比如单就教育系统内部分析，留守儿童的大量出现，必然导致广大农村中小学教师工作负担显著增加，但教师的工资待遇一般不可能随之提高。在这种情况下，一些教师心态不平，成天抱怨“留守儿童问题一大堆”，就可能将留守儿童污名化。另有一些教师积极关心留守儿童，但因缺乏正确学生观而以“恨铁不成钢”的心态对待留守儿童的缺点、错误，也可能将其污名化。② 除了教育系统内部，大众传媒、志愿组织、政府部门、学术研究者等，都有可能在有意无意间助推留守儿童的污名化。当前我国 5000 多万留守儿童如果普遍被污名化，将再生出超大范围的社会不公，留守儿童教育将面临灾难性后果。

基于以上问题梳理与性质判断，笔者认为，T 校寄宿留守儿童所处底层文化再生产的逻辑在其高中阶段依然处于不断延续甚至强化的状态。“冰冻三尺非一日之寒”，要有效阻断或弱化这种再生产的链条确非一日之功，党和国家必须充分统筹政府、社会、家庭和学校的力量，对此做出系统的制度安排。而当前，直接应对留守儿童寄宿教育各种问题困难的首要策略是：积极培训、引导、激励教师树立科学的学生观，以学生为主体，高度尊崇每一个儿童丰富独特的生命潜能与人生经验③，心平气和地看待和利用其成长过程中的缺点、

① 雷万鹏等：《对留守儿童问题的基本判断与政策选择》，《教育研究与实验》2009 年第 2 期。

② 参见任运昌：《莫为留守儿童贴上“污名”标签》，《中国教育报》2008 年 3 月 27 日。

③ 有研究者以社会认知领域理论为理论支点，以非留守儿童为参照对象，采用访谈法深入研究留守儿童道德判断的领域性发现：留守儿童理解的个人领域范围更小，其行为动力更多来自外在约束，必须通过发展个人领域来提升留守儿童的主体性、道德责任感和心理安全感（参见刘建金等：《留守儿童的道德判断及其对道德教育的启示——基于社会认知领域理论的视角》，《开放时代》2017 年第 3 期）。这一结论，可与笔者的建议形成一定呼应。

错误，尽量满足他们的合理诉求，在普通、扎实而又不断优化的日常教育教学生活中全面促进留守儿童积极健康地发展。T 校教师讲述的多名寄宿留守儿童，如“默不作声”的谷小凤、“早恋撒谎”的小姚、“滑到辍学流失边沿”的刘星雨、“励志明星”齐云师，都证明留守儿童具有丰富独特的生命潜能和人生经验，他们的缺点、错误和面临的困难，都可以作为宝贵的教育资源加以充分利用。

T 校教师讲述的系列对策很好地启发和印证了笔者提出的以上建议。比如，个案教师 2 强调要“给予孩子更多阳光……做一个有心人”；个案教师 3 强调“对寄宿的留守儿童，教师应该有足够耐心和必要尊重”；个案教师 6 强调“全员育人要培育很好的氛围，要激发老师们的主动性和奉献精神”；个案教师 7 强调“要满足学生合理的诉求”；个案教师 8 和 9 一致强调，要高度重视课堂教学的优化，着眼学生全面发展；个案教师 10 强调“苦其心志，劳其筋骨”，观点虽有一定偏颇，但他提出“要和家庭、和社区多合作，多安排吃苦锻炼活动，让更多学生都去实践”，这在“学校老是把升学率看得比命都还重要”的背景下是非常可贵的，也是优化留守儿童寄宿教育的务实之举。

T 校作为省级重点中学和当地的“甲等学校”，大多教师对留守儿童寄宿教育具有较好的责任感和专业智慧，其职业道德水平与教育教学能力虽有较大提升空间，但也值得积极信赖。在这种情况下，学校和教育行政部门，若能上下联动，协力创新管理，适度淡化高考上线率等刚性考核，有效缓解师生工作和学习的非正常压力，加强学校与社区、家庭的务实合作，尊重教师专业自主性并由此提升学校教育教学过程中儿童学生主体性的显示与张扬度，T 校留守儿童寄宿教育质量，乃至全校教育水平，都会取得长足进步。至于办学条件或声誉不及 T 校的薄弱中小学，参考上述思路改革创新，也有望较大幅度提高留守儿童寄宿教育质量。

第三节　T 校 15 篇检查材料的细读分析结果与讨论

一、部分检查材料摘录[①]

（一）因反复旷课而写的检讨书（4 号材料）[②]

检　讨

尊敬的班主任[③]：

对于我旷课……[④]

如今大错既（误写为“即”）成，我深刻检讨……[⑤]

……

……[⑥]

检讨人：刘阳宇

检讨日期：2 月 15 日

班长：孙萌玮 2.15

班主任：朱淑贤 2.15

① 为了便于读者直观感悟材料的概貌，实录材料除随文夹注以说明作者部分错误的文字之外，其余皆为原文。实录基本保留了原文字、词、句、标点，以及格式等方面错误，有的地方做了必要的脚注。原文句号大部分写成了原点，实录做了必要更正。人物姓名则做了化名处理。

② 此为一名反复旷课的寄宿留守儿童写给老师和家长的 3 份检讨书之一。该同学因为旷课，2016 年 11 月 4 日向“尊敬的老师”写下了密密麻麻的两页“检讨书”，因为同一次旷课事件，2016 年 12 月 12 日，又向“亲爱的家长”写下了密密麻麻的两页“检讨书”。2017 年 2 月 15 日，新学期开学不久又一次旷课，写检讨。该检讨书末尾有班主任朱老师、班长孙萌玮的签名。

③ 原文未顶格写称呼。

④ 此处作者采用了有学生所言的“常用高招”——胡乱抄袭网文 230 多字，约占整个《检讨》的三分之一。参见佚名：《旷课检讨书，以儆效尤》，2020 年 2 月 16 日，见 https://www.duanwenxue.com/article/574823.html。相似文字在数十个网页可以查到。

⑤ 此处为胡乱抄袭的网络文字，出处同前。

⑥ 后文全部为胡乱抄袭的网络文字，约 400 字，出处同前。

（二）写作水平相对最差的保证书（10号材料）

开学到现在、①因为事件旷课一节，从上次那事，我晓得我错了，早上也经常迟到一共三次。上课也打瞌睡学习也不认真，今天午自习，也不在班上睡觉，在外面，这些违纪现象我知道不大，但抱着侥幸心理经常犯，让班主任、年级组、家长操心，还影响同学，之前对自己的错误都没有深刻的认识，这次我是真的知道错了，毕竟身上太多坏习惯，让管理老师和家长都很头痛，我自己也想好好学习，争取考（"考"字最末一笔后还加了一横）上好大学，让父母都开心，让朱老师也不要每天都来纠正我的坏习惯，让她的工作要好做一点，也感谢朱老师给了我这么多机会，而我以前还讨厌朱老师这么要求严格，现在我知道是为我好，我以后一定会学会感恩，有些事不能做，我一定克制住自己，管住自己，先思考一下严重性，我再做决定，尽全力不去违纪（误写为"经"），以后我一定按时到教室，不旷课，也不打瞌睡，认真（误写为"直"）学习，交友方面面也会谨（误写为"警"）慎，也不带坏其他同学，希望老师能原谅我。

以后迟到就打手板②旷课就抄作业5篇，上课打瞌睡就站一天。

龚高垣

2016年9月9日③

---

① 原文段首未空格。

② 原文此处无标点。

③ 原文用几笔乱线划掉了署名及日期，不过姓名前两个字尚可勉强辨认，日期则清晰可见。

（三）团支书因旷课而写的保证书（12号材料）

保证书①

尊敬的老师：②因昨天晚上第三节英语课未及时上课，因此逃课一节。

昨天晚上数学课课后觉得肚子有点痛，因为月经来了，然后就去了趟医务室，大概问了一下那（误写为"哪"）个老师，然后喝了点水，就看到几个画画的同学，他们说他们今天晚上画画，然后我就问了哈他们，因为当时肚子还是有点痛，就去高三那边上了个厕所，看到高三的上课，觉得他们好认真，看到他们上课，都是那么的专注，都没有一个讲话的，也没有开小差的，更没有玩的。马上想到自己也高三了，然后上了厕所走到医务室，他们画画的说，他们有两个画室，有天籁的和鼎成的，还有未来的，他们说天籁管理比较好，而且教得也很好，我就想去看一下，他们还说如果学画画了，当时成绩考到了三百一十几以上就可以考个二本，但是硬考的话，要五六百分。专科分数也很低，只要好好学，学好了的话，可以考个好点的大学，我当时也觉得是不是要用很多钱呢，然后他们就告诉我、不会用很多，就交哈学费就可以了，你现在用的钱，以后都能考个好点的大学出来了，多的钱都可以找回来，③

然后我就想跟他们一起去看哈，当时我应该请个假，但是当时我都没想到了，我就跟他们一起去了画室，当时画室没有那个主管天籁那个人，我读报课看到有天籁的老师来宣传，然后就看到那个画室还不错，有那么多人在认真的画画，看到他们都画得多好的了不好他们

---

① 原文标题末用了冒号。
② 原文未顶格写称呼。
③ 原文是逗号换行。

有的喜欢画画的，还可以当设计师，自己设计自己喜欢的东西，还可以当工程师，也可以赚很多钱，以后。①

后来看了一会儿我就回了教室，我已经忘了请没请假。昨天晚上我妈妈收到短信后，我认真地反思了，我妈妈也教育了我，我也深刻的意识到自己的错误，我作为一个干部，班上的团支书，不该逃课，我妈妈也骂了我了，我知道自己错了，但是已经有了备案了，也只能在这保证再也没有下次了。

不该上课时间乱跑，即使肚子痛，也应该及时回教室，不应该在外面逗留，……②我们不能因为自己的事去违反纪律。

因为正确的认识的形式总是从实践到认识，再从认识到实践。我下次再也不我行我素了，做事一定要先打报告，跟老师讲清楚了，再也不会什么事自己去做了就是了。我们要不怕犯错误，但犯错误后不能正确认识和改正都是可怕的。我现在已经知道自己的错误了，我也会好好改正，也请朱老师，监（误写为“鉴”）督。

我会改正讲话，吃东西的毛病，我现在已经没有买过东西在教室吃了，也很少讲话了，因为想到高二了，就要高三了，不久就要毕业了，我再不努力就晚了，我对不起老师，对不起学校，更对不起父母。

希望新班主任朱老师再给我一次改过自新的机会，这次两千字的检讨，我也会好好地反思，经过这件事，我可能在老师心中的影响也有所变化，希望老师原谅，

逃课是一件非常恶劣的事，因为老师们都不知道我去干了什么，我自己出了什么事也不知道，在责任问题上，这属于我的全部责任，

---

① 原文如此。

② 此处略去了作者胡乱抄写的网络文字，约 80 字。参见佚名：《真理及其特点：2017—2018 学年下学期高二政治人教版（课堂同步系列一）（必修 4）+Word 版含解析》，2020 年 2 月 16 日，见 http://www.doc88.com。其他多个网页也载有类似文字。

应该自己负责,老师清人这件事非常有必要,因为他们会担心我的安全,也不知我到底跑哪儿去了,会不会出事,我知道老师们是为了我们好,不该让他们担心,让他们操心。这个事,昨天晚上妈妈看到短信后也好好教育了我,我昨天晚上到今天也好好想了。

我不会再像原来一样不听话,惹老师生气了,我今后一定会好好学习,意识到自己的错误,再好好端正,请老师原谅!

如有下次再犯,就给家长打电话,通知家长,回家检讨。

保证人:李友燕

11月4号

(四)普通女生因作弊而写的检讨书(14号材料)

朱老师,您好。

今天写下这份检讨是我对自己深刻的反思以及认识,今天是九校联考的第一天,早自习您就再三强调了诚信考试不能作弊,但是在上午第一堂考试数学的时候我没有听话。一开始考试的时候监考老师就说把手机交上去,然后我没有上交手机,在考试大概过了20分钟的时候吧,我自己做完了选择题,思考了很久但还是不会做后面的大题,我就有点躁动了,悄悄看了一下周围同学,然后我摸了一下箱子里面的书,后来监考老师就拿金属探测仪扫我的挎包但是没扫到,又把我的包包翻了个遍才看到手机在箱子里面,于是手机就被老师逮出来了,当时我心里也是吓坏了,因为我确实想通过翻书来找大题的公式答案,看到老师向我走来的时候才急忙把书推进去,可是被收了手机,我也确实想作弊,的确我没有摸手机,我很怕被发现了所以才摸书出来,让监考老师对我产生了怀疑,我确实收了手机却无法解释,都怪自己不诚信考试,不安分守纪,我无话可说,也不求老师原谅,这次真的错得太大了,我自己也不好意思再单独面对你了,真的是种耻辱。

现在我都特别害怕听到通报批评，还有记过吧，但是逃避自己的错误也不是好的方法，我愿意接受学校和老师您的惩罚，都是我应得的，对不起，朱老师，我真的错了。

我一直对老师您的教育没有议论，我也没有在背后议论过您，我不是小肚鸡肠的人，我还在成长、愿老师多加包容我的小孩子气，我也总有一天会懂事，经过这次估计能成长很多！

之前有段时间我们寝室总是扣分，因为我们的无知和不听话，那次我真的深刻反省了自己，从那时候开始我在寝室一直尽力做好了自己，清洁也保质的按时的做好了，起床也不拖拉睡懒觉了，做好了自己该做的事，晚上也是洗了澡洗了衣服就上床睡觉了也不讲话了，从那次教训中也没有扣过分了，老师这些您都应该看到的吧，我说这些只是想告诉老师今后我绝对不会再次犯（误写为“范”）同样的错了，一定会做好的，再也不会了，如果下次再这样我自己回家反省，我表明了自己的决心了，以后诚信做人，端正态度面对每一次考试，希望通过这次的教训，自己能够成长起来，做一个人品好的学生。

我辜负了国家对我的资助，“资助”是指对品行好、成绩也好的学生进行资助，实在是感到愧疚，并且觉得自己丢人，我愿意放弃资助，这是对我的惩罚，更是辜负了爸爸妈妈，如果他们知道了一定很失望、伤心，因为自己女儿犯这样的错，我平时生活中就对爸爸妈妈很贴心，我也比较独立在他们的眼中，我实在不想让他们伤心失落，为我操不完的心，朱老师作为一个老师同时为人父母应该能明白这种心情，所以我恳请老师瞒着他们，我认识到自己的错误了，我愿意接受惩罚。

在今后的时间里我会更加努力、改掉坏习惯的！争取做一个老师和父母心里的好孩子，请相信我，老师！

学生：王莹玲

2017 年五月二十四日。①

二、15 篇检查材料相关情况分析

（一）作者情况分析

T 校高二年级共有 24 个教学班，都不分所谓重点班与差班，B 班学生数量、性别、家庭情况、学习成绩等与其他班大体相同。2017 年 6 月，B 班有 61 名学生，其中 37 名寄宿，寄宿留守儿童 23 名（单亲外出 9 名、双亲外出 14 名），占全班学生的 38%，占寄宿生的 62%。② 从表 9-1 可知，写作 15 篇检查材料的寄宿留守儿童共 12 名，占全班同类学生的 52%。作者 7 男 5 女，一个团支书，两个科代表。这些情况表明，12 名寄宿留守儿童虽然都是违纪学生，但不是典型意义的“低差生”或“问题学生”，其学业品行、身份特征、性别结构等在高二 B 班，乃至整个年级都具有一定代表性。

表 9-1　15 份检查材料的作者情况

<table>
<tr><th>编号</th><th>姓名</th><th>性别</th><th>身份</th><th>所犯错误</th><th>犯错频度</th><th>凑字嫌疑</th><th>诚恳度</th><th>写作能力</th></tr>
<tr><td>1</td><td>杨小静</td><td>女</td><td>不详</td><td>“触犯学校铁律”
“私自出校门”</td><td>不详</td><td>高</td><td>低</td><td>中</td></tr>
<tr><td>2</td><td rowspan="3">刘阳宇</td><td rowspan="3">男</td><td rowspan="3">不详</td><td rowspan="3">旷课</td><td rowspan="3">屡犯</td><td>高</td><td>低</td><td rowspan="3">低</td></tr>
<tr><td>3</td><td>低</td><td>中</td></tr>
<tr><td>4</td><td>中</td><td>低</td></tr>
<tr><td>5</td><td>宋悦悦</td><td>女</td><td>不详</td><td>不详</td><td>不详</td><td>低</td><td>高</td><td>中</td></tr>
</table>

① 原文如此。

② 笔者所述 T 校高二 B 班学生基本情况及班主任朱老师入职考试、教学竞赛与论文发表等情况，都来自笔者与合作研究者对 T 校实施个案研究而获得的原始材料。

续表

编号	姓名	性别	身份	所犯错误	犯错频度	凑字嫌疑	诚恳度	写作能力
6	阳面林	男	英语科代表	旷课	初犯	高	中	低
7	周天林	男	不详	旷课	不详	中	中	低
8	封越元	男	历史科代表	旷课	不详	高	低	低
9	龚宏	男	不详	旷课	不详	高	低	低
10	龚高垣	男	不详	旷课	屡犯	低	低	低
11						中	中	
12	李友燕	女	团支书	旷课	不详	中	中	中
13	贾小倩	女	不详	“戴假证出校门”	初犯	中	中	低
14	王莹玲	女	不详	考试作弊	初犯	低	高	中
15	杜渝山	男	不详	“抽烟被学校领导抓”	不详	低	低	中

从表 9-1 可见,12 名寄宿留守儿童所犯错误都很严重。其中,“私自出校门”2 人。这在 T 校是“触犯铁律”,学校“一开学就三令五申”禁止(1 号),13 号的作者甚至制作和佩戴走读学生的假证蒙混出校门,其错误更为严重。“考试作弊”1 人。T 校严厉打击考试作弊行为,14 号的作者在监考老师采用金属探测仪扫挎包的情况下依然作弊,性质“恶劣”。T 校学生躲在校园角落或厕所、寝室抽烟虽很常见,但 15 号的作者“抽烟被学校领导抓”,显然负面影响较大。旷课更是学校、教师和家长都不能容忍的行为,但成了他们犯得最多的错误。6、8、9 号的作者于 2016 年 11 月 3 日(星期四)和另外 2 名同学(非留守儿童)相约旷课,2、12 号的作者也在同日旷课,这说明 B 班当日旷课学生至少有 7 名。

错误严重,有的还是屡犯,但认错诚恳度高的作者只有 2 名,低的则有 6 名,占了 12 名作者的一半。认错最恳切的言辞是:“我倍感抱歉,都不知以后该如何面对您了。我对不起您为我的付出,为我的劳累,您总是像妈妈一样照顾我,保护我,教育我,而我却一次次地给您添麻烦,我真的觉得自己像个坏孩子,我对不起您。”(5 号)与此形成鲜明对比的是:“我并不觉(误写为“决”)得很内疚，甚至觉得没必要写什么虚伪的检讨书……它只不过会让我浪费一定的时间在我认为是无聊的事情上罢了……抽烟被抓，这只会提醒我以后注意一点罢了，还能干什么……这3000字，恕我写不下去了，不知道该怎么写。”（15号）其他作者基本没有明显的叛逆抗争情绪，但为了拼凑字数、应付老师而废话成堆，大话、空话、套话和违心话很多。4号材料的作者则采用有学生所言的“常用高招”，通篇胡乱抄袭网络文字。

12名作者在班主任要求或责令之下写作这批检查材料，想来大多受到了逆反情绪干扰、不得不拼凑字数、时间紧张冲突等不利因素影响，在综合考虑这些因素的基础上，参考《普通高中语文课程标准》关于写作教学的要求判断，没有发现一名作者的写作能力可以达到较高水平，比较而言，基本可以达到中等水平的有5名，其余7名作者的写作能力都较低，甚至很差。综合系列情况推断，12名寄宿留守儿童在学习生活中表现出了积极向上、自律自强、主动顺应、无奈屈从、消极放纵、叛逆抗争等兼有的复杂状态。他们的寄宿教育生活存在散漫、怠惰、无奈、枯燥、烦恼甚至痛苦的情况。

（二）文本情况分析

检讨书、保证书属于专用书信，理应深刻检讨作者的错误言行，做到格式规范、内容真实、言辞诚恳，改正措施切实可行。但15篇材料中，标题、称呼、署名、日期齐全且能正确书写的只有3、6、12号，可见大多作者对专用书信的写作知识掌握较差，或缺乏应有的诚恳态度。从表9-2可见，12篇材料有标题，分析标题可知其中8篇侧重“检讨”，4篇侧重“保证”。另3篇无标题，分析正文发现，5号侧重“保证”，认错内容较多；10号“检讨”和“保证”兼有，结尾“保证”还有发毒誓的味道；15号很另类，根本没有“检讨”和“保证”，很像一篇相关事项的申明书，甚至是抗议书。称呼方面，有5篇没写，作者可能是“心中忘人”或“目中无人”。称呼略去班主任老师姓氏的有6篇，作者可能持有“例行公事”的心态，这种可能在3号“亲爱的家长”这个值得玩味的称呼上面也有所体现。

表 9-2　15 份检查材料的概貌情况①

编号	标题	称呼	问候语	署名	日期	用纸	篇幅(页)
1	检讨	无	无	杨小静	2017. 5. 9	B5 横格作业本纸	2. 6
2	检讨书	尊敬的老师	无	学生签字:刘阳宇	日期:2016 年 11 月 4 日		2
3	检讨书	亲爱的家长	无	刘阳宇	2016. 12. 12		1. 5
4	检讨	尊敬的班主任(未顶格书写)	无	检讨人:刘阳宇	检讨日期:2 月 15 日		1. 2
5	无	尊敬的朱老师	无	爱您、敬您却又对不起您的学生:宋悦悦	无		1
6	保证书	尊敬的老师	无	保证人:阳面林	2016. 11. 5		2. 6
7	检讨	无	无	无	2016. 12. 12		2
8	保证书	尊敬的老师(未顶格书写)	无	保证人:封越元	2016 年 10 月 4 日(核对确认,实为 11 月 4 日)		2. 4
9	保证书	尊敬的老师	无	学生:龚宏(署名在日期之后)	时间:2016 年 11 月 4 日		2. 3
10	无	无	无	龚高垣	2016 年 9 月 9 日	B5 无格软白纸	0. 5
11	检讨书	尊敬的朱老师	无	龚高垣(署名在日期之后)	2016 年 12 月 12	B5 方格作文纸	4. 8

① 材料如有标题、称呼等,本表原文实录(含错误),其中,署名为化名,行款格式等不能实录的错误情况予以夹注说明。

续表

编号	标题	称呼	问候语	署名	日期	用纸	篇幅(页)
12	保证书	尊敬的老师(未顶格书写)	无	保证人:李友燕	11月4号	B5横格作业本纸	2.6
13	检讨	无	无	检讨人:贾小倩	2017.5.9		2.4
14	检讨	朱老师(未顶格书写)	您好(未提行)	学生:王莹玲	2017年五月二十四日		1.8
15	无	无	无	无	无		1.5

从表9-2可见,有问候语的材料只有一篇。作为专用书信,不一定必写问候语,但其中14篇都略去问候语的情况值得琢磨。其原因大体有四:其一,图简洁,直接省去;其二,作者没有掌握相关知识点,不知道可以写问候语;其三,他们没有问候师长的习惯和教养;其四,他们不想,甚至不屑问候。结合其他相关情况推断,后两种原因的可能性更大。署名态度最端正的是5号;2篇材料文末没有署名,但首页最上方都写有姓名,可见作者并未“忘我”,他们以惯用的交作业的方式署名,可能持有“例行公事”“完成作业”的心态。正确书写日期的材料有11份,从2016年9月至2017年5月,跨越接近一学年。材料用纸大多为B5横格作业本纸,粗糙,薄而软,篇幅长短不等,作者一般都是在作业本上写后随手撕下上交,写作耗时估计为0.5—2小时。当然,采用有学生所言“常用高招”通篇胡乱抄袭网络文字的4号材料的作者,用时估计只有15分钟。

表9-3　15份检查材料的质量情况

编号	大体字数	错别字/个	明显语病/个	涂抹/处	书写	内容
1	1600	6	7	15	凌乱	差
2	1500	6	5	23	凌乱	差

续表

编号	大体字数	错别字/个	明显语病/个	涂抹/处	书写	内容
3	850	4	2	11	潦草	差
4	720	3	5	12	潦草	差
5	570	1	0	2	比较工整	中
6	1400	3	3	23	潦草	差
7	1000	2	7	11	潦草	差
8	1300	5	3	26	凌乱	差
9	1200	10	3	35	凌乱	差
10	400	4	2	11	凌乱	差
11	1300	15	2	26	潦草	差
12	1400	3	9	12	一般	差
13	1400	2	2	17	一般	差
14	1100	1	4	7	比较工整	中
15	780	6	3	7	一般	中

从表 9-3 可见,15 篇材料的整体质量很差,把通篇抄袭网络文字的 4 号材料计算在内,平均每篇有错别字 4.7 个、明显语病 3.8 个、涂抹处 15.9 个。材料书写质量一般和比较工整的仅占三分之一,其余皆为潦草和凌乱;内容质量达到中等水平的仅占五分之一,其余皆为差。材料平均字数约 1100 个,大部分都在为达到老师规定字数而拼凑。比如 1 号通篇用很多套话、空话反复检讨自己"错了",反复"剖析"错误带来的危害,反复向老师"道歉",其主要目的就是为了达到老师规定的 2000 字。1 号首页列出了计算该页文字总数的乘法横式、竖式及结果,该页文字 23 行,每行 26 字,共 598 字,标点符号包含其中,计数很准。按照首页字数计算,这份 2.6 页的检讨书接近 1600 字,字数达标率约 80%,是写得最长的一份材料。

(三)读者情况分析

从表 9-4 可见,15 篇材料最重要的读者都是班主任朱老师,12 名作者无一不高度关注朱老师的阅读反应。3 号的称呼是"亲爱的家长",但正文第一节末尾就写成了“尊敬的○○老师①我要给你说声对不起，我错了!”最后一节则直接写成了“再一次真心向老师您说一声：我错了！请原谅！同时真心希望老师给我机会”。正文通篇也都适合教师阅读。4 号最末有班长孙萌玮见证或登记违纪事件的签名，但这并未影响作者对首要读者朱老师的高度关注。

表 9-4　15 份检查材料的读者情况

编号	读者身份	读者批注	班主任规定字数	规定字数完成率/%	班主任被尊重度
1	班主任	无	2000	80	低
2		旷(误写为“昨”)课一节		75	中
3	班主任 家长	无		42.5	中
4	班主任 班长	班主任： 朱淑贤 2.15 班长： 孙萌玮 2.15		36	中
5	班主任	无		28.4	高
6		旷课两节		70	中
7		无		50	低
8		旷课两节		65	中
9		旷课两节		60	低
10		无		20	低
11		无		65	中
12		旷课一节		70	中
13		无		70	低
14		无		55	中
15		无	3000	26	中

① 本节所引检查材料都客观呈现了原文的错漏或不规范表达。此处两个小圆圈的用意值得琢磨，笔者无法简要推断。

与学生的关注很不对称的是，朱老师只在6篇材料后面留下了签名或旷课节数的批注，在2号末她还把“旷”字误写成了“昨”。朱老师没留下任何笔迹的材料9篇，占60%。收阅材料时她也许进行了口头评价或补充教育，但多篇质量低差的材料都未发现有所修改或重写的版本。可见老师处理这些材料随意马虎，对违纪作者的教育简单粗疏。老师硬性规定每篇材料必须达到2000字，使作者必须付出足够的时间代价和脑、体劳动成本以体现检查的“深刻”。对此，12名作者没有任何一名达标，15篇材料字数的完成率在20%至80%之间，平均为54%。

从材料字里行间可见朱老师获得作者尊重的程度总体处于中偏下状况。朱老师大学毕业后于2010年8月参加全县统一考试，竞聘T校历史教学岗位，成功入职。考试成绩分为3个部分，她的公共科目成绩82分，显著低于竞争同一岗位的另两位选手的91分和87分。历史专业科目成绩72分，显著高于另两位选手的66分和59分。教学面试成绩72分，另外两位选手弃考为0分，所以朱老师成功应聘。根据考试成绩分析，朱老师职初胜任历史教学的能力具有比较优势，但担任班主任更需要、其公共科目考试成绩有所表征的综合能力相对较弱。

朱老师2013年5月参加全县高中历史教师优质课竞赛荣获一等奖，县教委网站的新闻稿称赞她和另外两名教师“运用引导激励机制，较好调动了学生学习积极性”。这次竞赛县里仅有的3所高中各有2位教师参赛，每所学校各有一名选手获一、二等奖。朱老师比本校另一选手成绩好，但在一等奖中排名第三，也未能代表本县去参加省级赛课。结合县教委网站对其他选手的评价情况，可知朱老师的专业教学能力在6名选手中处于中等水平，但在校内比较优秀。

朱老师2016年4月正式发表教学论文一篇，主要内容是分析高中历史学科课程特点，探究相关学习方法。该文已被科技期刊数据库收录，在维普网可以下载。发文期刊质量很差，当月刊文270篇，正文308页，属于很典型的收费发文期刊,朱老师的文章占了一个页面。从这个角度分析,该文并不一定能够证明朱老师有超越一般教师的学术水平,但是她愿意写作论文并付费刊发,说明她追求专业发展,或希望晋升职称的愿望比较强烈。

综上可知,朱老师绝不是所谓的“坏老师”,她在T校甚至更大范围内都具有一定代表性。朱老师有时能够给予寄宿留守儿童可贵的信任和温情的感化,5号材料的作者反复地、真诚地称呼她为“朱妈妈”就很令人感动。即使面对充满挑战与抗议的15号材料,朱老师也仅仅是“批评教育,(罚)抄书知识点”。朱老师在教育寄宿留守儿童的过程中表现出了尽职尽责、宽容智慧、严格要求、无奈放弃、消极麻木、简单粗暴等兼有的复杂状态。她的专业生活存在无奈、怠惰、应付、烦恼甚至痛苦的情况。作为年轻的班主任老师,其专业素质和能力亟待全面提高。

三、问题与对策讨论

个案研究结论,如本研究发现的T校留守儿童寄宿教育的问题与对策,不可能进行理所当然的推广,但通过读者的阅读共鸣可为相关理论研究和实践工作提供参考。为了读者较好对话与共鸣,下面集中梳理T校高二B班这一个案高中班级留守儿童寄宿教育的主要问题与对策,并予以简要讨论。

(一)常规教育惩戒盛行

各种惩戒方式在T校寄宿留守儿童常规教育中很盛行,教师经常勒令违纪者书写2000字以上检查只是其中一种。这种方式教育实效大多很差,15号的作者坦言:“老师或许觉得检讨书这种东西会让学生有些什么好的改变(缺‘,’)可是我认为即使有改变也是暂时的。我抽烟被抓,这只会提醒我以后注意一点罢了,还能干什么?为我获得了3000字的检讨和30元的罚款。”12号的作者表态“这次两千字的检讨,我也会好好地反思”,但他反思的大多内容与英语“逃课一节”的错误毫不相关,而是胡乱抄写了一段网络或教科书上的文字。

比罚写检查的惩戒力度更大的教育方式，寄宿留守儿童也很可能经常面对。比如他们写道："现在我都特别害怕听到通报批评，还有记过吧。"（14 号）"如果在这学期再出现类似逃课的行为……就上报年级组给予处分，而且请家长与老师共同教育。"（9 号）"若下次再有类似旷课这种行为记为扣了 5 分处罚跑步或者做下蹲处罚。"（2 号）"还犯了旷课这种违反学校校规校纪（误写为"级"）的事情就跑圈圈 20 圈，如果还不行的话，那就随便老师处置。"（8 号）"以后迟到就打手板旷课就抄作业 5 篇，上课打瞌睡就站一天。"（10 号）这些教育方式是学生的表态性建议，教师可能不会一一实施。但是，作为高中生的他们如此频繁表态，说明各种惩戒方式在其所受常规教育中很普及。

教育离不开惩戒，但惩戒成为习惯得以过度实施，就必然走向教育的反面。12 名留守儿童所写检查质量整体很差，已经印证了这一点。更为严重的是，频繁惩戒表征着学校文化中大量存在着对学生的非信任。14 号写道："监考老师就拿金属探测仪扫我的挎包但是没扫到，又把我的包包翻了个遍才看到手机在箱子里面，于是手机就被老师逮出来了。"教师监考居然用上了金属探测仪，可见对学生的非信任已经很严重。这种文化氛围与两名女生，即 1 号、13 号的作者铤而走险，"触犯学校铁律"，通过佩戴假证等手段私自出校门也许有很大的因果关系，因为她们感到"成天在学校像坐牢一样"（引自 T 校访谈记录）。米歇尔·福柯（Michel Foucault）系统阐明规训是教育现代性的核心特征，而现代规训技术又必然制造出种种"过失犯"，他们会因环境较差或性格缺陷而具有犯罪倾向，或者成为屡教不改的习惯性犯罪者。[①] 这警示我们，务必深刻系统地反省对寄宿留守儿童的习惯性惩戒。

---

① ［法］福柯：《规训与惩罚——监狱的诞生》，刘北成等译，生活·读书·新知三联书店 2012 年版，第 153、300—302、377 页。

（二）学业质量整体低差

12名寄宿留守儿童所受语文教学质量整体很差。普通高中学生必须能够“自主写作……以负责的态度陈述自己的看法……观点明确，内容充实，感情真实健康；思路清晰连贯，能围绕中心选取材料，合理安排结构……努力学习运用多种表达方式……表达力求准确、鲜明、生动”①。前述15篇材料的整体情况与这些要求存在巨大差距，12名作者大多不能做到观点明确、内容充实、合理安排结构，所有材料的表达方式都很单一，准确、鲜明、生动的表达效果无法奢谈。不少作者的写作技能还比不上合格小学毕业生的水平。比如，13号材料约1400字，全文只有一个自然段；7号材料通篇都是方言、口语，“打抖抖”“对答案”“守晚自习”等随处可见。写作能力是语文能力的重要组成部分，而语文能力是学习其他一切课程的基础，根据这12名寄宿留守儿童的写作能力可以推断他们所受各科教学的质量都比较低差。

检查材料中有10篇是因为作者旷课而写，可见寄宿留守儿童学习各科课程的习惯和态度，以及教师上课的水平和质量都存在一定问题。7号写道：“平时上课就是听得懂的去听，听不懂的也弄不懂，某些老师，不懂的问一句他也当你说的是屁话，直接继续讲他自己的。”这些话语也许偏激，但学校和教师必须本着有则改之无则加勉的态度，积极推动课程文化建设，及教学模式方法与管理制度改革，确保寄宿留守儿童所学各科课程的教学质量达到基本要求。

（三）师生关系严重不良

良好师生关系是教学得以有效实施的坚实基础，是教育最值得挖掘利用的宝贵资源。教育最重要的秘诀就是让所有学生始终认为教师是他的朋友，

---

① 中华人民共和国教育部：《普通高中语文课程标准》，人民教育出版社2018年版，第8页。

认为教师是道德美好、精神美好而且丰富的人。从这个意义讲,教育不是一门科学技术,而是一门经营和谐师生关系的行为艺术。令人遗憾的是,15 篇检查材料呈现的师生关系都严重不良,如学生对老师的敬重、信任,教师对学生的关怀、帮助等状况都不理想,学生对教师的诚服、应付、叛逆等不良心态尤其令人担忧。

对教师表现出诚服心态的材料有两份。14 号写道:“我一直对老师您的教育没有议论,我也没有在背后议论过您……实在是感到愧疚,并且觉得自己丢人……更是辜负了爸爸妈妈……我实在不想让他们伤心失落……我恳请老师瞒着他们,我认识到自己的错误了,我愿意接受惩罚。”5 号写道:“我这个人很蠢。记忆力也很差。总会做出许多傻事,很多时候,连我自己都很讨厌自己甚至有时自己都会嘲笑自己,为什么自己好像比别人蠢很多似的……我真的觉得自己像个坏孩子,我对不起您……我也保证朱妈妈叮嘱我的事情一定不向别人透露半个字。请朱妈妈再给我一次机会。我保证绝不会再有下次。若还有下次,请朱妈妈绝不手下留情。”违纪学生表现出诚服心态是教师的期待,但良好师生关系的重要基石是民主平等,所以两位作者的心态值得深思。通观两份材料发现,作者唯上崇上心理突出,对班主任有着明显人身依附,尤其是 5 号材料的作者,深深自责的同时显现了更多自卑,这对寄宿留守儿童的成长严重不利。

对教师表现出应付心态的材料占了大多数,其中最突出的现象是胡乱抄写网络文字。比如,2 号抄袭了《学生自我反省万能检讨书范文大全》《学生违纪旷课检讨书(四篇)》《迟到早退的检讨书(七篇)》《逃课检讨书自我反省范文》《关于挂科的检讨书》等网文。① 4 号则通篇都是胡乱抄袭的网络文字。另有一些文字,也是套话连连、夸大其词、言不由衷。如 3 号写道:“我要从这次错误中吸取教训……做一个积极上进,努力拼搏,不耻下问,勇于认错,敢于

① 参见网址:http://www.doc88.com;http://www.ruiwen.com;等等。

担当的好学生!”6号写道:“我不再让老师蒙羞……成为老师的左膀右臂……从实践到认识,再从认识到实践……一定要知错就改。”11号写道:“我怀着愧疚、愧怕和忐忑的心情给您写下这份检讨书,以向您表示我对旷课这种恶劣行为的深痛志绝及打死也不再旷课的决心,未能对老师们的辛勤劳作做出回报,我越来越清晰地感到我是一个罪人!!!”老师只需略略浏览,就会对作者的种种应付了然于心。

对教师明显表现出叛逆心态的材料只有一份,但发人深省:“这3000字的检讨和30元的罚款是真的厉害。口口声声说让学生好好学习,却让一些学生把时间浪费在写检讨上,还有这30元钱,还是我觉得抄书太多了,换的,你身为大人难道会觉得上课期间学生有大把的时间去抄历史……还有罚款这件事……对于我来说一天没那么多的时间去抄几千字的文字……那就只有交钱了,那对于学生时期的我们能有多少钱?一天饭不吃,钱都拿来交班费?……我是幸运的,再等几天我就可以去省城集训了,一天少了和老师们,同学们的明争暗斗,我很期待那样的生活。”(15号)如果说作者在这里是与老师“明争”,那么应付教师的学生,则为“暗斗”,很可能导致师生两败俱伤。

(四)主体精神亟待强化

15份检查材料反映的留守儿童寄宿教育的各种问题,大多属于学生主体精神力量遭到严重削弱这一根本性问题的具体表现。多份材料充斥着大话空话,甚至奴才话,大多作者咿咿呀呀,唯唯诺诺,只求蒙混过关。不能不说,这是寄宿留守儿童的悲哀,也是T校教育教学工作的一个严重问题。

10号写道:“开学到现在、因为事件旷课一节,从上次那事,我晓得我错了,早上也经常迟到一共三次。上课也打瞌睡学习也不认真,今天午自习,也不在班上睡觉……”7号写道:“现在我也一直放纵自己,认为今天的事可以明天做,每天这样想,于是就多了一大堆事。”11号写道:“我也想好好读书,努力考一个大学,让家长开心一点,心头好受一点,不为我操心,可我就是克制不了，我太贪玩了……可就是克制不了，总想到下次我一定乖一定认真学习，然后总是这样想，推了一次又一次……"他们为什么会出现这种状况？其中一个重要原因是缺乏毅力，主体精神力量严重不足。

主体精神支撑的自我教育是最有效的教育，可12名寄宿留守儿童基本没有意识到自我教育的存在，而是把自己当成了接受学校和教师管制的对象。他们把违反校规视为"触犯学校铁律"。面对错误，他们较少正面选择通过自我的不懈奋争而实现成长困境的顺利突围，相反较多设计了再犯错误就甘愿承担的有损人格自尊的惩罚——"跑步或者做下蹲""跑圈圈20圈……随便老师处置""打手板……抄作业5篇……站一天"。令人叹息的是，一名作者居然愿意把福柯所言的"驯顺的肉体"①做到极致："私自跑出去这不是一个合格中学生应当做的事儿，一天应当遵规守纪，一天就应该坐在座子上，即使不学也不能打瞌睡，不能在课上讲话……一天不能想精想怪，不能……"（8号）

笔者深知不能苛责这些留守儿童，他们面对年龄、学识等都处于强势的教师，大多不得不迎合。他们的某些言辞也斩钉截铁地表达了自己改正错误的决心，其生命茁壮成长的动力依然旺盛。我们也不能苛责教师，大量留守儿童全天候寄宿，已经让他们不堪重负，大班额、高考上线率等对他们更是压力重重。但是，我们不能不深刻反思留守儿童寄宿教育理念、环境及策略、方法等方面存在的严重问题。

在T校寄宿的留守儿童从早起到晚休，周而复始、按部就班执行的作息时间表，是相关社会群体通过各种社会制度建构出来的结构化的社会行动网络②，固化着寄宿留守儿童的学习生活程序，直接而又严格地规训着他们的行为。学校实行封闭式管理，寄宿留守儿童一旦私自出校门，就是"触犯学校铁

① ［法］福柯：《规训与惩罚——监狱的诞生》，刘北成等译，生活·读书·新知三联书店2012年版，第153页。

② 参见桑志坚：《超越与规训》，博士学位论文，南京师范大学2012年，第36页。

律”。这种空间安排是人们建构出来的产品,体现着建构者的思想意志,具有政治性和社会性。T校围墙与校门封闭起来的教室、操场、食堂、宿舍、门窗、走廊、楼道等空间场所24小时不间断摄像,男女学生寝室的木门一律被凿开了人脸大小的孔洞以便宿管人员随时巡视、窥探,这一切不但严格管制着寄宿儿童的行为举止,而且时刻规训着他们的思想情感。教师的批评、责骂、威吓、体罚,直接规训着寄宿儿童的身与心。写检讨书、抄课文,扣操行分、通报、记过,“处罚跑步或者做下蹲”“跑圈圈20圈”“打手板”“罚站一天”等惩戒方式盛行,完全可能强化儿童圆滑应付、卑屈顺从、得过且过、躁动暴戾的奴性人格,从而不断掏空儿童生命本真内涵中最具生长动能的主体精神。

人是悬挂在自己编织的“意义之网”的社会动物,文化意义的积淀与传承无时无刻不在儿童身上发生。寄宿留守儿童所受教育,如果充斥着否定、挫折、监控、制裁、威慑和规训,缺少情趣、爱意、鼓励、赞美和帮助,那么只能培养出缺乏主体精神和创新能力的温驯羊群。或从另一个角度审视,“如果学校不创造一种有批判性的鉴别能力的大众智慧,那么将无限制地生产偏见和燃烧的情绪”①。受到长时间、全空间身心规训的寄宿留守儿童,其不断滋生的奴性人格很可能取代有批判性与鉴别力的大众智慧,其本应和谐生长的主体精神很可能让位于偏见与愤懑情绪的恣意蔓延,最终爆发福柯意义的强力规训之下的“过失犯罪”。② 笔者跟踪研究的留守儿童系列犯罪事件大多发端于此③,近年媒体报道的杀师弑父极端个案也已敲响警钟。

教育伴随着人社会化的进程而发生,寄宿留守儿童的教育也确需约束、训

---

① [美]杜威:《教师和他的世界》,傅统先等译,载《人的问题》,上海人民出版社1986年版。

② 参见[法]福柯:《规训与惩罚——监狱的诞生》,刘北成等译,生活·读书·新知三联书店2012年版,第300—302页。

③ 参见任运昌:《空巢乡村的守望:西部留守儿童教育问题的社会学研究》,中国社会科学出版社2009年版,第227—233页;任运昌:《农村留守儿童政策研究》,中国社会科学出版社2013年版,第363页。

练、批评、惩戒，但这一切都应掌控在必要和合理限度之内，并在生动活泼的校内外学习生活和自由温馨的校园之中，由博爱无私、智慧宽容的教师审慎实施。这样的教师，不是驯兽师，更不是剪裁学生个性和剥夺学生自由的刽子手，也不会以灌输责任和施舍关爱的名义，在儿童头脑强力填充所谓道德与知识，将其机械地塑造成“模子里的人”。激励、鼓舞和真正唤醒儿童的主体精神是教育智慧和教师职责的核心内涵。学校必须创新育人文化，改革管理制度，高度认同和发挥师生主体性，全面促进教师专业发展和学生自我教育。然而目前我国中小学教育改革创新还主要依赖校长权威和行政命令，教师和学生的主体性作用都有待进一步认同和发挥。[①] 对于这种情况，留守儿童寄宿学校领导和主管部门必须清醒认识和高度重视，并采取相应举措，积极支持、引导和激励广大师生实现主体精神的自我唤醒与不断强化。

（五）课程教学务必改革

如何实现广大师生主体精神的自我唤醒与不断强化，以切实应对寄宿农村留守儿童常规教育惩戒盛行、学业质量整体低差、师生关系严重不良等问题？前文所述若干建议虽不无针对性，但相对分散或宏观，各相关主体合作行动的抓手不够明确。笔者认为，当前形势下，寄宿学校领导、主管部门和广大师生合力改进高中留守儿童寄宿教育最重要的路径是：全面、深入、系统地改革学校的课程与教学。

这是一种常识与本分的回归，很多教师对此高度认可。前文第二节个案教师 8 主张：“寄宿留守儿童教育问题的解决要抓住最核心的问题，那就是抓课堂学习。”他用朴素的话语讲述了深刻的道理：“（寄宿留守儿童）到学校来是读书的，书读好了，学习有兴趣，精力就会用到好的方面来，思想就会健康向上，书读不好，成绩提不高，他心理负担就重，想法就多，要求就多，说不定还要

① 参见王熙等：《教师视域中的“学校活力”——基于教师访谈资料的文本分析》，《教育学报》2017 年第 1 期。

出大事。”如何把书读好？这位老师认为教师要想方设法突出留守儿童的主体地位，激发他们的学习热情和兴趣。这就是高中课程与教学改革极其重要的出发点和立足点。个案教师 9 主张“结合学科教学加强教育”，他和个案教师 8 一致强调，要高度重视课堂教学的优化，着眼学生全面发展，这就是高中课程与教学改革重要内容和根本目标。当然，个案教师 10 提出农村留守儿童寄宿教育“要和家庭、和社区多合作，多安排吃苦锻炼活动，让更多学生都去实践”，是留守儿童寄宿学校课程改革的重要路径。

本书课题组研究人员运用行动研究和案例分析方法，对通过思想政治课的课程与教学改革促进寄宿留守儿童教育进行了初步探索。① 高中思想政治课以立德树人为根本任务，是帮助学生确立思想政治方向、增强社会理解和参与能力、提高法律与道德修养的公民教育课程。在应对寄宿留守儿童系列教育问题，促进留守儿童健康成长方面，思想政治课教学有何价值与效用？如何开展具有较强针对性的内容与形式创新？有哪些可行性较强的教学策略与路径？这些问题，是当前农村地区高中思想政治课教学改革必须回答的问题，也值得相关领域理论与实践工作者高度重视。

本书课题组结合自己持续多年研究留守儿童教育的系列成果，深入分析大量相关文献资料发现，寄宿留守儿童这一巨大弱势儿童群体的教育问题主要集中在思想道德品质和日常行为习惯的培养、自我教育和心理调适能力的提高、留守与寄宿学习生活困难的应对等方面。针对这些问题，本书课题组提出如下研究假设：1. 思想政治课程以立德树人为根本任务，其有效教学对于加强寄宿留守儿童教育关爱工作，全面促进他们健康成长具有不可替代的重要作用。2. 在思想政治课教学中促进寄宿留守儿童教育必须坚持推进课程与教学改革，实施策略与路径创新，即：尊重留守儿童身心发展规律，立足其真实生活，着眼其长远发展，引导他们的课堂学习与留守生活经验有机结合，促进他

① 参见田占峰等：《在思想政治课教学中促进留守儿童寄宿教育——基于教学行动研究案例述评的报告》，《重庆第二师范学院学报》2018 年第 1 期。

们基于问题情境和社会活动的观察、辨析、反思和实践，在自主、合作、探究学习过程中，培养思想道德品质和自我教育能力、积极应对留守与寄宿生活的各种困难。

为了验证以上假设，我们初步研究了思想政治课教学促进留守儿童教育的价值与意义、策略与路径、资源开发与成效评估。我们运用行动研究方法开展了一系列探索性教学实践，运用案例分析方法对课程与教学改革工作资料进行收集整理和归纳提炼。比如，针对部分寄宿留守儿童不能较好对待金钱的问题，教学“经济生活”单元“多彩的消费”时，教师向学生呈现了一个案例，请同学们讨论发言：高二学生刘舟所在班级，每逢同学过生日，大家都要互送礼物。前几年一般限于送张贺卡，而今所送礼物价格越来越高。刘舟父母在成都务工，家庭经济状况不是很好，每月给他生活费和零花钱较少。这个月有 6 个同学过生日，其中 5 个给刘舟送过生日礼物，刘舟想回送，但感觉力不从心，压力挺大。面对这种情况，刘舟应该怎么办？请你支支招。这个案例及研讨的问题源于寄宿留守儿童的日常生活。课堂上，所有学生畅所欲言，谈出了很多真实想法和类似尴尬情景，启发一些寄宿留守儿童纠正了偏颇认识，掌握了生活消费的基本原则，提高了自我教育和应对留守生活难题的能力。任课教师也主动参与讨论，对同学进行合理消费的指导和金钱观教育。结合“经济生活”单元“文化对人的影响”，教师又着重引导学生适度提高文化消费水平，积极参加健康有益的文化活动，培养文化创新的实践能力，同时主动购买奥斯特洛夫斯基《钢铁是怎样炼成的》之类经典文学作品，加强深度阅读，有效促进良好人格的塑造。

同样是针对部分寄宿留守儿童不能较好对待金钱的问题，教学“经济生活”单元“投资理财的选择”时，任课教师又创设了一个情境：高二寄宿学生王刚，国庆放假期间，在杭州务工的母亲回家给他留下了 2000 元生活费。他感觉身上带这么多钱不安全，你建议他应该怎么办？为什么？通过独立思考和发言交流，同学们明白了合理消费的重要意义和可行路径，也认识了投资理财的多种选择、收益与风险,以及最常见的理财方式银行存款的作用与方法。教学“经济生活”单元的综合探究内容“正确对待金钱”时,任课教师把学生分成7个小组,每组9人左右,把寄宿留守儿童均分在各个小组之中,并鼓励他们争当组长,负责整理本小组的学习资料,面对全班同学陈述本组成员的观点。同学们围绕“金钱是什么、金钱应该怎样获得、怎样使用”等问题展开激烈讨论和深度交流,对留守儿童理解父母挣钱的艰辛,牢固树立正确的金钱观等,起到了很好的促进作用。

又如,针对留守儿童辍学流失问题比较严重的现实,任课教师在“矛盾是事物发展的源泉和动力”单元“主次矛盾和矛盾的主次方面”的教学过程中,设置了这样的问题:柳芳是我校高二年级一名寄宿女生,她有一个弟弟在读初三,父母长期外出打工。平时,姐弟俩的生活学习基本能够相互照顾。然而,一次意外车祸造成了母亲左腿残疾,本来清贫的家庭,现在变得愈加艰难。柳芳经过几天思考后做出决定——放弃自己的学业,到父母打工的城市帮助父亲照顾母亲,同时想法挣钱补贴家用。父亲会同意女儿的决定吗?为什么?如果父亲不同意,请男同学扮演父亲,女同学扮演女儿进行交谈,看看最终谁能说服谁。经过充分准备,同学们激烈争辩,不少同学讲述了国内外名人志士的事迹言论来支撑自己的独特观点,学生切实感受到了父母离家挣钱的艰辛和最无私的爱,不知不觉中掌握了“主次矛盾和矛盾的主次方面”这个知识点。更重要的是,他们深刻认识了不能努力克服眼前困难而辍学的危害,增强了应对生活困难和成长危机的能力与勇气。这次教学活动之后,班上两名准备辍学打工的寄宿留守儿童一改初衷,下定决心继续就学。

通过系列教学行动研究及其案例分析,我们认为“在思想政治课教学中促进寄宿留守儿童教育”的研究假设完全成立,即:高中思想政治课程以立德树人为根本任务,其教学过程对于促进寄宿留守儿童教育具有极其重要的作用,教学实践要求教师充分尊重寄宿留守儿童身心发展规律,立足其真实生活,着眼其长远发展。教师要精选课程资源,优化课堂教学方法,及时提供留守儿童生活的真实案例，巧妙创设反映留守生活的典型场景，引导他们的课堂学习与留守生活经验紧密结合，促进其主动观察、辨析、反思和实践，并在合作探究学习中培养思想道德品质，提高自我教育及应对留守与寄宿生活难题的能力。简言之，在思想政治课的课程与教学改革过程中不断优化留守儿童的寄宿教育大有可为，教师必须满怀热情与关爱，强化课程资源开发与教学成效评估意识，坚持实施教学策略路径的探索与创新。基于以上思想政治课的课程与教学改革的初步探索，笔者认为立德树人是每一门课程教学的根本任务，提升农村留守儿童寄宿教育质量，务必对学校所有课程与教学活动进行深入系统的改革。

第十章　农村留守儿童寄宿教育个案乡镇研究[①]

2019 年 7 月，本书课题组在调研重庆市深度贫困乡镇黔江区金溪镇和彭水苗族土家族自治县三义乡、大垭乡基础教育发展问题的过程中，对三个乡镇的留守儿童寄宿教育进行了系统考察。其间，深入调研了彭水县三义乡中心校、万足镇中心校、大垭乡中心校、思源实验学校以及黔江区金溪镇中心校等 5 所学校。召开区县教委领导代表座谈会 2 场、乡镇政府与村委会领导代表座谈调研会 3 场、学校领导与教师代表座谈调研会 3 场、家长代表座谈调研会 3 场，11 场座谈会[②]访谈相关人员 100 余人次。

在实地调研基础上，我们又用了近半年时间，细致研究相关单位提供的大量文字、图片和视频资料。系列研究发现，在重庆市各级党委、政府和社会各

---

① 重庆第二师范学院青年教师王永玲、江楠作为调研组成员，承担了部分研究工作，包括调研准备、实地考察、资料收集、素材梳理等。重庆市彭水县教委组织人事科张丽维同志、思源实验学校蔡照攀校长、万足镇中心校秦华校长、大垭乡中心校陈春校长、三义乡中心校李航标副校长、普子镇中学德育处谢昌举副主任、黔江区金溪镇中心学校周鼎校长等为本章写作提供了直接帮助。本章写作还参考了重庆第二师范学院调研重庆市深度贫困乡镇基础教育发展问题的 6 个工作组的调研报告，引用内容已随文注明。

② 所有座谈会中，黔江区教委领导座谈会与该区金溪镇等领导座谈会合并举行。座谈会调研工具、参会人员等，请参见本书附录《重庆市深度贫困乡镇留守儿童寄宿教育调研部分工作资料》。

界全面开展深度贫困乡镇扶贫攻坚工作的过程中,三个乡镇基础教育的精准扶贫工作取得了长足进展,当地义务教育得到了较好保障,农村留守儿童寄宿教育取得了显著成效,并积累了值得推广的经验。不过,各地也还不同程度地存在较多问题和困难有待进一步研究解决。本章系统梳理课题组在个案乡镇的调研发现,分析讨论农村留守儿童寄宿教育的问题困难与对策建议。

第一节 重庆市彭水县三义乡留守儿童寄宿教育现状与成效

一、三义乡及其基础教育发展概况

(一)三义乡基本情况

彭水县三义乡是全重庆市18个深度贫困乡镇之一,位于彭水县城北部,乡政府距离县城78公里,东北面与湖北省利川市文斗乡接壤,西面与重庆市石柱县马武镇相连,南接本县连湖镇、普子镇。三义乡四面环山,最高海拔为1030米(五峰村),最低海拔540米(莲花村),面积74.76平方公里。辖小坝、龙合、五峰、龙洋、宏升、莲花6个村,共29个村民小组。2019年初,全乡总人口1917户、6977人,其中建卡贫困人口669户、2609人。乡里有耕地面积11442亩,其中土10980亩、田462亩。当地经济作物以烤烟、辣椒、中药材、魔芋等为主,畜牧以生猪、牛、鸡、豪猪养殖为主。2018年农民人均可支配收入9762元。

三义乡地理条件差,基础设施严重落后。全乡以山地为主,地形复杂,崇山峻岭连绵不断,悬岩峡谷随处可见。该乡严重缺水,耕地零星分散,地块破碎,土壤贫瘠。乡里交通主干道狭窄,路况很差,村级道路坡度大,车辆进出困难。全乡无市场交易设施,村社之间路途远,农户居住分散,至今未形成赶集交易的习惯,农产品销售困难。大多数青壮年劳动力外出务工,外出务工人口超过全乡劳动力总数的一半以上，留守老人、儿童众多。如五丰村，劳动力456人，外出人口246人，60岁以上留守老人142人，0—18岁留守儿童约100人。

（二）三义乡小学及学前教育发展概况

三义乡仅有的一所学校三义乡中心校是一所完全小学，学校设有学前班，乡里没有单设幼儿园、村校和初级中学。全乡学前教育适龄儿童96名，91名幼儿在校（园）接受教育，在校（园）率95%，其中74名入读三义乡中心校学前班，另外17名幼儿信息不详。三义乡中心校学生毕业后主要到邻近的普子镇就读普子镇中学。

三义乡小学教育适龄儿童共有392名，入学率100%，其中306名入读三义乡中心校，其余儿童在邻近乡镇或跟随家人外出就学。三义乡中心校是一所寄宿制小学，服务范围为6个行政村，举办寄宿教育已有30年历史。学校始建于1949年，于1987年搬迁到小坝村。全校380名学生中，学前小班、中班、大班儿童共计74名合为一个学前班开展保教活动，幼儿教育质量显然难以得到较好保障。小学一至六年级的306名儿童则编入每个年级的一个班里。全校有寄宿生245名，占64.4%。小学生中，双亲外出留守儿童125名，占40.9%；单亲外出留守儿童没有准确统计数据，学校校长讲，不低于40%。小学生中困境儿童（包括建卡贫困户子女、孤儿、残疾儿童和享受低保儿童）132名，占45.2%。学生上学最远距离接近20千米，单程步行需要4小时以上。

近年，创建"义务教育均衡发展合格学校"是三义乡中心校的工作重心。全校上下努力改善办学条件，优化育人环境，提高办学质量，推进素质教育，在促进义务教育均衡发展方面取得了较大进步。学校在"为学生发展奠定坚实根基"这一办学理念指引下，积极培育和发展"根韵文化"，凭借根雕和篮球等方面艺体教育的积极实践，形成了比较鲜明的办学特色，被彭水县教委认定为彭水县首批特色项目学校，还被教育部教师发展基金会评为全国特色学校。

三义乡中心校有校长 1 人，教学副校长和后勤副校长各 1 人。他们大学本科学历 1 人，专科 2 人；副高级职称 2 人、中级 1 人；平均年龄 44 岁，校长班子年富力强。学校还有中层干部 3 人，其中中级职称 2 人，初级 1 人。3 人都担任了不止一个职务，德育主任和少先队大队辅导员是一人，教导主任和办公室主任是 1 人，后勤主任和工会主席是 1 人。

学校现有教职工 22 人，其中 2 人是校工，担任门卫、生活老师和学生宿舍管理员。20 名专业教师全部具有教师资格，学历全部达标。不过，大学本科学历只有 2 名，其余全是专科学历，且大多属于成人高等教育学历。教师职称水平较高，高级教师 2 名，中级职称 9 名，中高级教师占比 55%。不计学前班师生，学校生师比约为 1∶15，达到了国家标准。不过，教师老化严重，专业结构配置不合理，没有音乐、体育和美术专职教师。全体教职工都辛勤工作在教书育人第一线，他们安于教学，甘于奉献，一直保持着良好工作作风，家长评价较好。近年，每位教师每月可比县城同级同类人员多享受 900 元补贴，其中乡村工作补贴 300 元/月，农村教师生活补贴 600 元/月。访谈得知，他们的工作满意度和适应性良好。

学校占地总面积 5998 平方米，生均 19.6 平方米（不计学前班幼儿），已达标。校舍总建筑面积 3007 平方米，生均 9.8 平方米，已达标。学校有一大一小两个篮球场和两个羽毛球场，基本能够满足师生运动需要。操场总面积 1910 平方米，生均 6.2 平方米，已达标。因为三义乡是重庆市深度贫困乡镇，得益于上级和社会各界大力资助，近年学校建设发生了翻天覆地的变化。

2015 年 9 月，新教学楼竣工，9 间教室目前已足够使用。2016 年 4 月，学校运动场铺上塑胶。2017 年秋，学校办公桌椅、沙发、电脑等全部更新。2018 年春，学校维修楼道，整改公共区域，部分路面铺上了大理石；学生寝室全部更换了铁床及寝室门。2018 年秋，教室全部更换了课桌凳，学生宿舍安装了热水系统，教室安装了纯净水饮水装置。学校配有图书室一间，现存图书 7700

册(含30%的电子图书),生均图书25册,图书数量达标。六大功能室设施设备基本齐备,科技馆由重庆市科协出资配有价值20余万元的设备,科学实验室仪器设备齐全。

在校园信息化建设方面,学校走到了同类学校前列。校园网包括广播系统、互联网、安全监控系统,完全能够满足教学及安全监控需要。多媒体先进教学设备方面基本可以和城市小学媲美。2014年,县教仪电教站为学校配置了7套多媒体设备,“班班通”工程顺利达标。2016年和2017年,县教仪电教站又为学校配置43台新电脑,建成了全新的计算机教室。2018年秋,重庆银行捐款为学校配置了一套录播教室系统,同时,重庆平安保险公司也配置一套。专任教师人人拥有一台教学办公专用的笔记本电脑。

学校按照国家课程计划开齐课程。在实施地方课程、校本课程和综合实践活动课程的过程中,积极组织学生认真开展根雕、篮球、阅读等课外兴趣活动和大课间阳光体育活动,注意减轻学生课业负担,增强全体学生体质。学校积极开展教育教学改革,改进教研活动的组织与督查形式,规定每位教师写好学情分析和教学反思,认真执教公开课,主动参加教学技能比赛,以此促进全体教师不断提升专业素质和教育教学水平。教务处严格落实“教学月检查”制度,定期召开学生座谈会,严格督查全体教师的备课、课堂教学、批改作业、个别辅导等工作。

(三)三义乡初中学生就读学校发展概况

三义乡初中教育适龄儿童中,除两名厌学儿童之外,其余儿童全部在学。其中占比80%以上的84名儿童在普子镇中学就读,另有少部分在其他乡镇、县城或随父母外出就读。

普子镇中学是一所寄宿制初中,创建于1958年3月,距彭水县城54千米,学区人口近7万。学校占地面积46335平方米,建筑面积17249平方米,有教学楼、办公楼、学生食堂、男女学生公寓楼各一幢、教工宿舍楼四幢。学校现代化教学设施齐全,有标准的物理、生物、化学实验室和较规范的六大功能室。标准的体育运动场正在施工中,面积 12780 平方米。图书室藏书 35557 册,生均 27 册。装备两个微机室并接通了互联网,2018 年 4 月实现了“班班通”。校园布局规范,周边交通畅达,环境幽雅;文化设施主题突出,育人氛围浓厚。

学校现有初中三个年级 24 个教学班,在校学生 1312 人,农村留守儿童占比接近 90%。寄宿学生 1082 人,占 82%;贫困儿童 836 人,占 63.7%。学校正式在编在岗教职工 91 人,男性 53 人,女性 37 人,专职教师 86 人,本科学历 80 人,学历达标率 100%。教师平均年龄约 37 岁,平均教龄 14 年。初级职称教职工 49 人,占 54%;中级职称 31 人,占 34%;高级职称 11 人,占 12%。学校高度重视师资队伍建设,为学校可持续发展提供了重要保证。

学校一贯坚持的办学目标是“办人民满意的教育,创乡镇一流中学”;办学理念是“让每一个平凡的人成就不平凡的人生”。校训是“自立成就未来”,校风是“知难而进,自强不息”,教风是“立德修业,立己达人”,学风是“成在自我,路在脚下”。学校多年坚持营造自主和谐、积极向上的教育教学氛围,办学成果显著,连续十多年在县教委年终考核中名列前茅。学校先后荣获“绿色校园”“平安校园”“教育系统安全稳定工作先进集体”“教育教学综合考核一等奖”“重庆市农村中小学领雁工程先进项目学校”“彭水县五四红旗团支部”“县级文明校园”“市级示范食堂”等荣誉称号或奖励。

二、三义乡小学农村留守儿童寄宿教育现状与成效

三义乡中心校小学留守儿童寄宿教育生均经费得到了较好保障。经费主要来自财政拨款,学校非寄宿生每年生均财政投入 700 元,寄宿生每年生均财政投入 900 元。学校学生总数不足 400 人,但财政投入按 400 人计算,这种投入政策的倾斜性,有利于留守儿童寄宿教育的正常运转。另外,学校因为地处深度贫困乡镇,还收到众多企业、爱心人士捐钱捐物,学校硬件环境彻底改善,

教室、操场、食堂全面美化,学生、家长和教师的满意度均大幅度提升。

在硬件建设提档升级的基础上,学校积极争取彭水县第一小学对口支持学校教师专业发展,充分利用国家级、市级、县级教师培训机会全面提升教师教学能力。同时,努力协调重庆市和县里派来的教育扶贫工作人员及相关领域专家的指导支持,整合村社与家庭等方面教育资源实施"乡村学校少年宫"建设工程。学校积极践行先进教育理念,坚持公益性、普及型与共建共享原则,投入师资、教室、操场、体育活动器材、科学实验仪器与药品等资源,确保"乡村学校少年宫"正常运行,为寄宿留守儿童周末和节假日教育提供大力帮助。

学校建立健全教育资助全覆盖体系,确保家庭经济困难寄宿留守儿童各项补助的全额及时到位。学校努力做好农村义务教育学生营养改善计划,为贫困寄宿留守儿童提供了膳食补助。学校严格落实义务教育适龄儿童全员保障"一个也不能少"的要求,切实做好控辍保学工作,确保每一个寄宿留守儿童持续就学。

在家校合作方面,学校制定了相关规章制度,要求学校教师主动与学生家庭配合,向家长宣传普及家庭教育知识,动员家长共同承担教育责任。学校建立了家长联系制度,定期召开家长会议,接待家长来访和咨询,"家长开放日"活动每学期组织1—2次。学校还设立家长委员会,成立家长学校,定期为家长提供家庭教育培训服务,广泛征集家长对学校教育与管理工作的意见和建议。同时,加强同村社的联系与合作,充分挖掘和拓展社会教育资源,争取家长志愿者参与组织教育活动,为寄宿留守儿童健全人格发展打下较好基础。

学校建有亲情聊天室,寄宿留守儿童每周都可与父母谈心交流。对心理孤独、学习困难、家庭贫困留守儿童,学校专门落实老师给予特别关爱。学校建有留守儿童档案,准确掌握了他们的基本情况及其代理监护人、父母的联系方式。班主任定期家访,深入了解每一位儿童的学习生活状况与个性化成长需求,准确反馈寄宿留守儿童在校的学习表现与生活细节。学校建立系列规章制度，强化寄宿管理，寝室建设达到了规范标准，基本实现了让留守儿童“学得好、玩得乐、吃得饱、睡得香”的目标。

学校在“根植乡土，雕琢人生”的校训精神和“有爱心、有体魄、有思维、有特长”的育人目标指引下，组织寄宿留守儿童积极开展篮球、根雕等特色课外活动，取得了显著成效。学校以寄宿留守儿童为主力队员的男女生篮球队多次夺得全县冠军，2017 年还勇夺“姚明基金会希望小学篮球比赛”赛季冠军。2018 年在全县“健康校园杯”乒乓球赛中，荣获男子团体赛亚军。2019 年在全县“健康校园杯”篮球比赛中，荣获第三名。寄宿留守儿童的根雕作品受到社会各界人士广泛好评，并获得重庆市美术馆展出机会与收藏证书。

学校在全力建设小巧精致的留守儿童寄宿制小学的过程中，一直坚持教育科研导航兴校思路。学校针对大量寄宿留守儿童的实际情况，确立了“好品格成就好人生”为育人理念，建立教育科研领导小组，明确目标与分工，逐步推进品格教育实践研究。在县教研室指导下制定了《品格教育三年研究计划》，学校全员参与“品格课堂”“品格学生”“品格教师”研究，努力探索“品格教育模式”。

学校最具特色的科研课题是早在 2009 年秋立项的“校本课外活动中美育对培养学生素质的实效性研究”。该课题是全国教育科学“十一五”教育部规划课题“贫困山区苗族、土家族与汉族混居地美育资源开发及有效美育模式研究”的子课题。通过扎实的行动研究，学校 2011 年春出版第一本师生根雕作品集，创办校刊《寻根》，并开始选用师生根雕作品美化校园。2012 年 7 月，学校被教育部中国教师发展基金会评为“全国特色学校”。目前，学校积淀了比较厚重的“根雕校园文化”，滋养着每一位寄宿留守儿童的心灵之根。

学校组织教师编写了校本教材《根雕》。该教材共有 18 课，包括根雕艺术的起源与特点、根雕艺术品的种类与制作过程、根雕制作的材料及工具、根材的种类与防裂防虫处理、根雕作品的创作、单件作品与合成作品的制作技法、根雕艺术品的修饰美化与着色上漆、根雕艺术品的保养与鉴赏、根雕作品范例《人参》《展翅》《小憩》等。学校陈列室及一些橱窗、廊道都摆放着寄宿留守儿童制作的大量根雕作品。如《藏羚羊》《枯藤老树》《龙头拐杖》《鸳鸯椅》《龙头蛇尾》《母子情深》《布袋东渡》《马到功成》《龙行天下》《茶几》《拥抱未来》《独鸳》《苏醒》《西施出阁》《天狗望月》《觅食》《中华魂》《南燕北飞》《仰望星空》《同舟共济》《藏羚羊》《大鹏展翅》《鳄鱼》《俯视》《观音赐福》《进化恐龙》《王者风范》《龙头拐杖》《孔子》《仙鹤》《父子情》《翼龙》《胖兔》《自由飞翔》《仙女下凡》《鹰》《小白灵》《喜鹊》《小狐狸》《寿星》《卡通人物》等。

为突显根雕特色,引导学生"根植乡土,雕琢人生",学校加大校园环境建设力度,全面美化校园。学校邀请校园绿化专家指导,结合学校实际,精心实施,做到突出重点,标准高,创意新。建成了幽竹丛生、山石错落、花木葱茏、花期交错的美丽校园。学校以"根韵"为文化主题,从三个方面加强学校文化建设:一是,构建办学理念文化系统,提炼"三风一训"(校风、教风、学风,校训);二是,设计校园形象文化系统,精心制作校徽、校旗,遴选校歌;三是,规范学校管理文化系统,制定《三义中心校章程》。学校大操场旁镌刻着副校长李航标执笔主创的《三义中心校赋》,彰显着这所偏远贫困山区寄宿制小学的不凡追求育人绩效。特实录于下:

三义中心校赋

三义小学,位列彭水北隅,地处渝鄂交界。吸清明山伟岸之气,汲龙桥水明澈之灵,集日月星熠熠之辉,融盐丹地文明之粹,渐成深山明珠。

四九开国,重振庠序,三义小学,应运而生。初矗坪上,八七迁建,定址小坝,奠基宏业,经旬有余。岁月尚浅,然三小师生,上下一心,自强不息,锐意进取,谱写新篇。

二〇〇九,弘扬居学,开题立项,各展身手。狮舞校园,唢呐传颂,篮球兴校,航模启智,根雕育美。一时间,百家争鸣,百花齐放,邻近学子闻风而来。尤以根雕为兴,自编教材,自主创作,八岁以上,悉数参与。纳根取材，巧借根形，化腐朽为神奇，变薪材为佳作。二〇一七，兴乡村少年宫，行将书写多彩童年。

根有千形，雕琢成品；人有万品，育教成器。好课堂铸就好品格，好品格成就好人生。“根植乡土，雕琢人生”，谆谆校训，朝朝同仰；“培根养心，务实求真”，拳拳校风，深深镌刻；“扎实根基，泽润童心”，昭昭师道，时时自勉；“寻根溯源，勤学善思”，殷殷学风，生生谨遵。

根韵文化，立德树人，品格课堂，育教新人。孔子奠基，书香墨熏，《寻根》为刊，根韵文化乃成体系。劝勉学子，像根一样做人：践行校园三字真言，以立品质；民族之根主题德育，以兴国魂。品格课堂，自学为主，引导为辅，师生双赢。传承民族优秀文化，奠基人生美好未来。爱心为本，体魄助长，思维创新，特长导引。

多少学子，负笈而来，乘风而上，四海留名。喜我学子，志存高远，学海泛舟，情系中华；爱我学子，才华横溢，英姿飒爽，摘金囊银。

深山小学，因地而制宜，因材而施教。学子受益，民众雀跃；业内震惊，争相究底；巴渝媒界，交口称赞。

嗟乎！区区三义，四百学子，兴民族文化进校园之先例，创根韵文化引业内之潮流。根植美好人生，绽放多彩个性。

三、三义乡初中农村留守儿童寄宿教育现状与成效

三义乡初中留守儿童寄宿教育主要承担学校是普子镇中学。该校生均教育经费按照彭水县统一标准能够及时拨付到位，非寄宿学生每年生均财政投入 900 元，寄宿学生投入 1100 元。2019 年财政拨款总计 120 万元，保证了农村留守儿童寄宿教育的正常运转。

学校针对留守儿童占比接近 90%、寄宿儿童占比约 80%、贫困儿童占比约 60%的现实，全力建设以“自立”为核心价值观的学校文化。学校坚持以学

生为中心,构建德育、教学、管理和后勤保障的自立文化体系。积极践行学校文化,将自立、自理、自信、自尊、自规、自主、自律、自重等“八自”教育贯穿到留守儿童寄宿教育的各个环节,让学生在“自立教育”中成长,让教师在“自立教育”中成熟,让学校在“自立教育”中成功。

针对留守儿童寄宿教育责任重大、繁难琐碎的现实,学校以教师为本,高度重视师资队伍建设。学校领导以身作则,率先垂范,积极向上,勤奋工作,主动加强和每一位教师的协调沟通,最大限度凝心聚力做好教育工作。学校积极推进教师职业道德建设,注重教师价值观引领,发挥先进教师为人师表、敬业爱生的典范作用,严格劳动纪律,重视教学研究,提升教师专业素养。同时,高度关注教师幸福感受,切实解决教师工作、生活困难,使老师们以校为家,和寄宿留守儿童共同生活,为每一位学生成长提供贴心服务。

学校坚持以立德树人为根本任务,落实德育安全常规管理,建立校团委、国旗班、纪检部、生活部等组织,让学生充分参与学校自主管理。每周围绕一个主题,开展丰富多彩的安全教育和德育实践活动。以 2018 年为例,学校春季学期组织开展学生篮球赛、音乐会、新团员宣誓活动,秋季学期开展田径运动会、科技活动、迎春书画展、元旦晚会。通过这些活动,将寄宿留守儿童的品性与行为养成教育一以贯之。

学校努力加强教学管理,全面提升教学质量。一是抓好教学常规,强化课堂规范管理,学校领导深入课堂听课,值周行政每天巡课,认真督查,及时反馈。二是每月开展一次教学业务大检查,及时通报检查结果,并纳入教师年终绩效考核。三是加强教学研究,充分发挥教研对教学的促进作用。全校教学质量出类拔萃,近年以寄宿留守儿童为主体的学生参加彭水县统考和重庆市中考的成绩在全县十多所同类学校中名列前茅。学校初一年级生源很差,但学生初二、初三进步很大。每年在全县学生学业发展增量评估排序中,学校一直名列前茅,甚至超过县城重点中学。2018 年春季学期全县统考,学校三个年级成绩都名列全县前列,综合排名在全县 15 所单设中学中排名第二,初三中考成绩上重点高中线238人,其中700分以上12人,600分以上126人,上重庆市联招线126人,创历史新高。为此,学校在全县毕业班教学工作会上受到隆重表彰并作为先进典型交流经验。学校过硬的教学质量让三义乡初中寄宿留守儿童家长交口称赞。

为了提升留守儿童在校寄宿的舒适感、自豪感和幸福感,学校大力优化学校环境,提升后勤保障水平。2018年,学校借助创建义务教育均衡发展合格学校的机会,完成校园线路整改、校门装修、文化墙美化、学生餐厅改造、教室美化、宿舍修缮、运动场修整等工程,完善六大功能室建设,优美的校园环境得到众多家长好评。学校加强后勤管理,学生食堂餐饮、寝室生活舒适而井然有序。学校重视教育扶贫工作,落实帮扶责任,实施好营养改善计划,及时全额兑现贫困寄宿留守儿童生活补助。

普子镇中学寄宿留守儿童体质健康水平良好。学校高度重视学生全面发展,努力提高学生综合素质。在加强学生品德教育和习惯培养的同时,努力提高寄宿留守儿童的文化基础素养和特长培养。学校组建20多个学生社团,每年都举办春秋两季运动会、书画展览、音乐会、文艺演出、科技竞赛、学科知识讲座和学生故事会、演讲会等。

学校高度重视寄宿留守儿童特殊需求的满足,如想方设法开源节流、筹措经费提高其食宿质量。同时,规范学生食堂的各类操作流程,确保食品卫生安全。针对寄宿留守儿童安全需要,学校经常与普子镇政府、派出所合作排查安全隐患,定期组织消防应急疏散夜间演练,开展安全意识、逃生技能、互救自救技能的教育。

普子镇中学留守儿童寄宿教育管理在三义乡家长看来,达到了非常专业的水平。调研发现,学校制定系列制度并严格执行。比如《学生宿舍夜间巡查制度》《女生宿舍管理制度》《食品卫生安全监管制度》《住校生安全管理制度》《住校生请假、销假制度》《学生公寓管理制度》《学生宿舍安全巡查制度》等。

第二节　重庆市彭水县大垭乡留守儿童寄宿教育现状与成效

一、大垭乡及其基础教育发展概况

（一）大垭乡基本情况

大垭乡位于重庆市彭水县最南端，地处贵州省务川县、道真县和重庆市彭水县、武隆区交界处，乡政府距彭水县城60公里。全乡海拔200米至1600米，幅员面积67.31平方公里。辖大垭、冬瓜、木蜡、龙龟四村，共20个村民小组，其中木蜡村和龙龟村为深度贫困村。全乡户籍总人口5802人，1339户，其中常住人口仅1572人，占27%，外出务工人员及其随迁子女占70%以上。

全乡建卡贫困户537户，贫困人口2259人，贫困发生率43.55%，致贫诸因素中，因病24.21%、因学24.21%、因缺技术22.16%、因缺资金10.06%、因缺劳力9.12%、因残5.21%、因交通落后3.91%、因自身发展动力不足1.12%。截至2018年底，未脱贫人口54户、214人。农民收入来源以外出务工为主，2017年农民人均可支配收入8961元，2018年为9880元，略低于重庆市18个深度贫困乡镇农民人均可支配收入。

（二）大垭乡小学及学前教育发展概况

大垭乡留居老家的学前及小学教育适龄儿童共计138名，全部在大垭乡中心校就读。外出务工人员及其随迁子女的人数与就学情况不详。大垭乡中心校是寄宿制小学，始建于1957年，占地面积5481.35平方米，建筑面积2209平方米。现有教学楼一栋，教师宿舍6间，学生宿舍8间，可容纳64名学生寄宿。学校有小学一至六年级6个班和一个学前班。138名在校学生中，父母双亲外出留守儿童64名，占46%，父母单亲外出留守儿童无准确统计，学校领导讲，约占40%。全校寄宿学生58名，占42%；贫困儿童69名，占50%。学生上学最远步行距离约10千米。

大垭乡中心校比较重视学校文化建设，章程规定，学校办学理念是“安所遂生，万态争荣”，办学目标是“生态教育，回归自然”，教学理念是“敬业，乐学”，校风是“生机勃勃，神态怡然”，教风是“应运而生，个态培养”，学风是“生龙活虎，学态自然”。学校以“生态文化”为核心理念构建育人体系。同时，充分挖掘乡土文化资源，组建小学中年级以上全体寄宿留守儿童参加烙画兴趣小组，打造出了烙铁画美育特色，是彭水县美术教育先进单位，在全县中小学首批特色项目学校评估中被认定为烙画特色项目学校。

学校有校长1人，男，40岁，本科学历，职称为副高级。另有中层领导干部4人，学历均为大专，其中初级职称2人，中级职称1人。学校建有完整的管理制度，设有教导处、行政办、德育办、后勤办等工作机构。其中，教导处负责全校教学工作，组织全体教师认真执行国家规定的课程计划，依据各科课程标准和教学计划，对教与学两方面进行管理，切实保证教学质量稳步提高。德育办负责学校的德育、体育、卫生等项工作。

大垭乡中心校共有教职工21名，其中在编教师17人，包含1名幼儿教师，师生比为1∶6.6。学校男教师14人，女教师3人，男女比例约5∶1。教师平均年龄43岁，平均教龄21年。教师学历：本科5人，专科9人，中师3人；教师职称：中、高级2人，初级15人。教师福利待遇方面，每位教师每月都比县城同级同类教师多享受800元补贴。专业工作方面，教师办公条件良好，可参加国家级、重庆市级、县级和校级学科教学培训。除职称评聘之外，教师的满意度高，工作适应性良好。

近年学校不断加大硬件投入力度，积极改善办学条件，配备先进教学设施和教学软件。目前学校各项基础设施基本配套齐全，为办公自动化、备课网络化、教学多媒体化打下了坚实基础。学校综合楼有音乐室、美术室、计算机室、科学实验室、科技室、劳技室、图书室、体育器材室、卫生室各一间。新建有

“亲情驿站”供留守儿童与家长交流沟通。图书 2000 余册,生均图书约 20 册。访谈得知,学生家长对学校比较满意。

(三)大垭乡初中学生就读学校发展概况

大垭乡没有初级中学,初中学生按照县里安排,一律入读彭水县思源实验学校。该校是政府斥巨资在彭水新城兴建的公办寄宿制示范初中。学校没有老县城的喧嚣,东倚摩围山、北临乌江、毗邻蚩尤九黎城,占地 168 亩,建筑面积 49016 平方米。学校设计高端、大气、新颖,环境优雅,可容纳 72 个初中教学班、3600 名学生入校就读。学校正在蓬勃发展,生源逐年增加,2019 年 6 月有 56 个教学班,学生 2840 人,其中七年级 20 个班,八年级 19 个班,九年级 17 个班。最高班额 50 人,无超班额现象。全校父母双亲外出农村留守儿童 702 人,占比 25%;父母单亲外出留守儿童没有准确统计,校长讲,约占 45%。

学校以“享美思源,感恩天下”为办学理念,以“师生幸福,生态和谐”为恒久愿景,以“尚美教育”为战略使命,坚持科学规范管理,全面推进学校建设。校训是“摒庸求卓,完美自我”;校风是“知恩守礼,和美共生”;教风是“辅仁启智,扬美传真”;学风是“崇德瀹智,尚美立新”;管理理念是“责任至上,人尽其美”;服务理念是“无微不至,美益求美”;学校精神是“锲而不舍,至善至美”;学校口号是“摒庸求卓,完美自我,享美思源,感恩天下”。

学校紧扣“诚勉达志,唯美至臻”的人才培养目标,努力打造“六美”校园,全面促进学生健康成长,为学生幸福生活奠基。“六美”校园即:生态校园、智慧校园、书香校园、健康校园、民族校园、文化乐园。整个校园布局合理,井然有序,办公区、教学区、运动区、生活区之间互不影响。学校有三园四广场,分别是崇德园、瀹智园、养心园,尚美广场、思源广场、盘龙广场、摩围广场。学校生均占地、校舍、体育场地、教学仪器设备,以及实验室、六大功能室、图书室等各项指标都达到了义务教育均衡发展合格学校标准。

思源实验学校的校级领导班子有 4 人。其中校长是中学高级教师、重庆市骨干教师；党支部书记是中学高级教师；副校长 2 人，均为中学一级教师。中层领导干部 11 人，一级教师 10 人，二级教师 1 人。学校部门设置齐全，下设有教学部、科研部、德育部、后勤部、办公室、安稳办、财务室、信息发展中心、工会、团委等部门机构。学校现有教职工 184 人，其中专任教师 182 人，本科学历 163 人，专科学历 19 人，中学高级教师 14 人，中学一级教师 69 人。教师管理坚持以制度与人文管理相结合，着重团队建设，倡导和美共生。学校根据章程，相继出台《思源劳动纪律若干规定》《年度考核制度》《评职晋级制度》《毕业班奖励制度》等，要求所有教师“通一经典立德、精一学科立功、好一运动健身、修一艺术逸心”。教师团队呈现出积极向上、敬业乐业、团结合作、勤学苦研的良好态势。

学校力主课程改革，追求国家课程有创新、校本课程有特色，倾力打造精品课程以提升学校品牌价值和美誉度。一是在国家规定课程的基础上将舞蹈、书法、诵经习礼、劳动等纳入不同年级和班级课表坚持教学。二是实施艺体走班、差异教学、翻转课堂等课程与教学改革。三是坚持在每天下午 4:30—5:20 组织开展全员校本实践课程活动，培养学生特长素质。如国学经典、礼仪、美德、生命教育、书法、藤编、手工、物体绘画、雕刻、民歌、舞蹈、足球、民族运动、蔬菜瓜果种植、树苗花卉培植、盆景制作、无土栽培等。

二、大垭乡小学农村留守儿童寄宿教育现状与成效

按照每年生均 900 元的统一标准，彭水县财政能够把大垭乡中心校寄宿留守儿童教育经费及时拨付到位，保证学校正常运转。另外，学校按照县里统一要求，对寄宿留守儿童实施教育资助。比如，2018 年春资助 69 人，共用资助金 36147 元，2018 年秋资助 95 人，共用资助金 47550 元，两学期人均资助金额都超过 500 元。

在家校合作教育方面，老师主要通过建立微信群、QQ 群的方式和寄宿留守儿童家长沟通学生的学习、生活、心理等方面情况。每学期学校召开一次家

长会,大部分寄宿留守儿童的监护人能够走进学校与教师面对面座谈交流。对一些特殊的寄宿留守儿童,教师采用家访或约请家长来校沟通等方式促进家校共育。2019 年学校建成留守儿童亲情驿站,家长和孩子可以进行视频通话。

针对寄宿留守儿童每天课余闲暇时间很长的情况,大垭乡中心校建立“一二三课堂联动机制”,全面实施特色乡土课程和兴趣特长课程,并开展文明礼仪教育、感恩教育和励志教育。学校充分利用乡土文化资源,将民族特色乐器引进校园,组建葫芦丝、唢呐、二胡等兴趣小组,长期坚持开展教学活动。将民族特色文体活动引进校园,经常组织开展踩花山、滚铁环、竹竿舞、腰鼓等表演和比赛。另外,乒乓球、足球、篮球训练和比赛也较好培养了寄宿留守儿童的体育兴趣与特长,使他们的校园生活充满活力,使师生之间、同学之间增进了情感。

大垭乡中心校的烙画是彭水县的特色教育项目。校长讲,烙画又叫“火针刺绣”“火笔画”“烫画”等,是我国极为珍贵的传统画种。学生学习制作烙画,就是把一种特制的铁笔经过火烧或通电加热后在木板、树皮、葫芦、木制家具表面烙制出工艺画。烙画色彩呈深、浅褐色乃至黑色,具有一定浮雕效果。学校编有校本教材《烙画》,介绍学校的烙画特色、烙画的起源与文化传承意义,以及烙画制作工艺与欣赏评析。近年,学校烙铁画兴趣活动有声有色,师生创作的大批优秀作品深受社会各界好评,甚至荣获重庆市美术馆的收藏证书。

很多寄宿留守儿童学习烙画技艺,提高感受美、创造美的能力,养成了细致耐心、乐于创新的习惯,树立了“我能行”的信心,全面带动了他们语文、数学、英语等学科知识与技能的学习。学校还与彭水县鞍子镇农户、企业达成协议,让学生在鞍子镇的特色农产品葫芦上烙出具有苗族、土家族风格的画,制作出工艺葫芦作为旅游纪念品进行销售。或者,用工艺葫芦装上鞍子镇酿造的土酒后作为特色旅游食品出卖。这种因地制宜、就地取材的产教融合育人活动，是一种可贵的探索，为丰富和发展寄宿留守儿童特长教育、乡土教育和职业教育开辟了新路。

大垭乡中心校很重视寄宿留守儿童宿舍管理。“高低床，铁皮柜，桌椅板凳排好队。物品摆放有座位，毛巾牙刷不滴水……”这是老师教给学生背诵的儿歌。学校领导把宿舍视为小学生的“第一社会、第二家庭、第三课堂”，认为学生宿舍是学校管理的重点和难点，而学生宿舍的文明程度反映了学校德育工作的效果和学校的管理水平。所以，学校在新宿舍未投入使用之前的2016年就把宿舍管理作为学生养成教育的关键环节加以持续重视。

学校积极探索宿舍管理新思路，牢固树立“以生为本”的思想，做“有人情味体贴人的”管理。为了充分发挥寄宿留守儿童的主动性，学校组织住校学生选举生活自理能力强、乐于奉献的寄宿留守儿童轮流担任寝室长，与生活老师共同管理宿舍事务。学校制定系列管理文件，如《大垭中心校学生宿舍管理规定》《大垭中心校学生宿舍量化评比细则》《大垭中心校生活教师职责》等。每学期初，寄宿留守儿童都要学习了解住宿生活各项要求，生活老师深入寝室手把手教学生叠被子，摆放物品，打扫卫生，培养学生自理能力。每个月，要考核评选男女生“文明宿舍”，对先进集体和个人予以表彰奖励。

学生宿舍的检查考核主要涉及卫生、安全、纪律、节约水电等方面。卫生方面主要检查被子叠放、鞋子摆放是否整齐，床面是否平整，桌面物品摆放是否有序，地面有无垃圾污物等。检查结果每天公示并接受师生监督，对不清洁寝室要勒令当天整改。安全与纪律等方面，每天都有校领导、值班老师、生活老师、学生检查员深入每间宿舍检查。发现问题，有关各方会迅速处理，确保每一位寄宿留守儿童快乐学习、健康成长。

学校还在家长会上介绍学校宿舍与住校生管理制度，取得家长的理解和支持。同时，组织寄宿留守儿童积极参与“点滴行动寓深情”活动，使他们感受到寄宿公寓温暖如家。比如，在宿舍黑板写上“欢迎大家庭新成员”“欢迎同学们回家”等标语，写上天气预报，提醒同学们注意冷暖，增减衣物。节日来临,用气球、拉花把宿舍装扮得绚丽多彩、温暖祥和。逢年过节组织寄宿留守儿童以寝室为单位举办“大家庭联欢会”,开展“我爱我家”板报比赛,使“爱我宿舍,以校为家”成为孩子们的共同心愿和自觉行动。学生公寓楼长期悬挂着这样一副对联:“老师心,同学心,心心相印同心浇灌宿舍文明花;学校情,宿舍情,情情共融真情培育国家栋梁材。”这较好反映了学校宿舍管理与相关教育的内涵特色。

学校精心建设的生态校园是寄宿留守儿童的美丽家园、成长乐园。学校遵循“凸现生态,彰显特色”的原则,以红、橙、蓝、绿四色为校园主要色调;以朴素、美丽、善良、勤劳、活泼的“卡通燕子”作为学校吉祥物。学校“生态校门”左边的立柱上是金字校名,立柱上的校徽是字母“DY”变形而成的吉祥燕在展翅飞翔,激励师生勤奋努力。学校还有“生态花台”“生态橱窗”“生态碑林”“生态画廊”等。各班级门牌也凸显生态主题,从学前班至六年级的班名分别是:生态园、生态芽、生态苗、生态叶、生态蕾、生态花、生态果。班级门牌的背景图案由摩围山、卡通吉祥燕和不同颜色的“生态叶”构成,生动有趣。学校还制定《大垭乡中心校“生态少年”评选方案》并坚持实施,较好促进了寄宿留守儿童成长。

三、大垭乡初中农村留守儿童寄宿教育现状与成效

大垭乡每年有近20名小学毕业生按照划片入学原则就读彭水县思源实验学校接受初中教育,这些学生基本上都是寄宿留守儿童。思源实验学校寄宿学生约占90%,来自大垭乡的留守儿童能够较好融入校园,与大家一道享受比较优质的寄宿教育。学校加强寄宿教育的举措与成效如下。

一是建立健全寄宿教育管理机构与制度。学校成立校长任组长,其他主管行政人员为副组长,班主任、任课教师、生活教师、学生寝室长为组员的寄宿教育管理小组。实行学校领导值班负责制和班级负责制,对学生的学习辅导、活动指导、生活指导、寝室管理等,任务定点到人,逐级负责落实。学校制定和

完善《住校生管理条例》《住校生安全管理制度》《住校生住校协议书》《住校生活管理教师职责》《文明寝室评比细则》等，让寄宿儿童常规教育有规可循，生活老师的服务指导有章可依。

二是加强寄宿留守儿童食宿条件建设与管理。学生宿舍是非公寓式宿舍，简洁大方，由班主任、学生会与宿管老师共同管理，住宿生一人一床位。宿舍管理按照准军事化标准执行，要求学生牢记“安静是德、干净是美”，长期保持寝室雅静整洁，养成良好生活习惯。学校提倡高品质宿舍文化建设，开展特色宿舍命名活动，引导学生积极营造彰显个性、温馨和谐的小家环境。为保证学生能较好使用热水，每个寝室卫生间均装有沐浴设施，热水打卡消费。学生食堂可满足3200名师生同时就餐，设施设备齐全。操作间“明厨亮灶”，餐厅和备餐间分离，严格执行食材进库、出库和食品留样、行政领导陪餐等制度，确保学生食品安全。食堂实行包餐制，坚持“零利润”，“让学生的钱被学生全部吃进肚子”，每餐食谱科学，确保学生所需营养。

三是强化全体寄宿学生安全教育与管理。学校重视对学生进行珍爱生命、保护自我、积极生存的安全教育和相关工作。(1)强化校内安全行为习惯培养，教育学生不得在宿舍内使用易燃物品，保持宿舍通风良好，离开教室或宿舍随手关好门窗、电器；组织学生按照应急预案开展消防安全疏散演练、地震逃生演练等。(2)加强校外安全教育，要求学生周末家校往返自觉遵守交通法规，文明步行、骑车，不得乘坐违规营运车辆；要求学生不得私自下河、下塘戏水洗澡；要求学生不得与陌生网友约会等。(3)加强对学校教育教学设施设备等方面定期的安全检查；做好雨季、汛期防滑坡、塌方、泥石流等安全防护工作；严格杜绝一切可能影响校园安全的人、事、物进入学校。

四是建设“学生自主管理委员会”，加强自主管理。全校成立校级、年级、班级三级自主管理委员会，积极建设学生自主管理文化，引导寄宿留守儿童加强自我管理。在校内外生活中，自主管理委员会组织每一位同学自理自护，创建、评比和谐温馨的模范寝室，提高同学周末、节假日独立生活的能力，加强与父母亲人的沟通合作。在课内外学习中,自主管理委员会引导每一位同学积极适应和推动翻转课堂教学,让自主学习从课堂延伸到课后,同学变被动学习为主动学习,并形成自觉自悟、自为自立的习惯。三级自主管理委员会定期召开工作会,定期组织开展教育活动,优化学风、班风、校风,全面提高寄宿留守儿童综合素质。

五是科学设计校本课程,充分利用住校闲暇时间。学校结合校本课程的建设与实施,对寄宿留守儿童的闲暇时间进行充分利用,育人效果较好。寄宿留守儿童起床后,6:20—7:00 开展自主阅读。上午两节课后,10:00—10:40 安排大课间活动课程,做眼保健操与体操,进行民族歌舞和传统体育项目的训练、表演,如全校共跳“踩花山”、共唱“娇阿依”。下午三节课后,4:30—5:20 安排校本实践活动课程,寄宿留守儿童在近 50 个社团中自主选择参加音、体、美、手工、棋类、科技等丰富多彩的活动,或语、数、外、史、地、生等学科兴趣活动,自主培养特长素质。晚上 8:00—9:00,安排自由学习活动课程,引导寄宿留守儿童加强自我教育,实现自主成长。

六是强化寄宿学生品性培养,提高德育实效。学校结合常规教育,充分依靠班主任、科任教师,以及学生会、团委和学生三级自主管理委员会,大力强化寄宿留守儿童品性培养,提高德育实效。学校重视启发诱导、评比表彰,又强调令行禁止、严肃惩戒。比如,仪容仪表方面,要求学生必须做到面目干净、衣着规范,勤洗澡、勤换衣。言谈举止方面,要求学生讲普通话,举止文雅、遵规守矩、敬畏法纪。清洁卫生方面,用“一屋不扫,何以扫天下”的古训教导学生维护校园、寝室的洁净规范,并以此培养和强化公德心。学习生活方面,要求在教室、食堂、寝室及会场做到平心静气、勿扰他人。学校提供各种实践演练平台让学生自我展示,培养他们团结合作的良好品性,引导他们服务他人,心存善念,力争上游。

七是积极谋求学校、社区、家庭的合作共育。学校在带头履责的同时,想方设法协调家庭、社区参与寄宿留守儿童教育。教师主动给予寄宿留守儿童特别关爱和帮助，尽可能弥补他们亲情的缺失。各班建有寄宿留守儿童档案，班主任和各科教师定期与学生家长、代理监护人沟通交流。学校长期坚持登记周末和节假日不能回家的寄宿留守儿童，为他们安排学习辅导员，并确保食宿安全。学校加强与辖区公安、工商等部门机构联系，杜绝寄宿留守儿童在课余、周末和节假日进入网吧、游戏厅，严防极少数不良青少年斗殴、抢劫、勒索等违法行为，尽可能减少寄宿留守儿童可能接受的不良影响。

第三节 重庆市黔江区金溪镇留守儿童寄宿教育现状与成效

一、金溪镇及其基础教育发展概况

（一）金溪镇基本情况

金溪镇位于重庆市黔江区西南面，由原平溪乡、金溪乡两个国家级贫困乡在 2001 年 11 月撤乡并镇而成，镇政府所在地距黔江城区约 30 公里。辖金溪、岔河、长春、望岭、清水、山坳、平溪、桃坪 8 个村，51 个村民小组。全镇总户数 5257 户，户籍总人口 14880 人，2019 年 6 月有建卡贫困户 593 户 2185 人，其中 55 户 170 人未脱贫。

金溪镇面积 84 平方公里，耕地面积 2.95 万亩，其中田 1.11 万亩，土 1.84 万亩，林地面积 9.1 万亩，森林覆盖率 59%。近年，镇里以玉米、马铃薯、红薯种植为主的传统农业稳步发展，猕猴桃、李子、羊肚菌、香猪、中蜂、蚕桑、澳洲大龙虾及泥鳅等特色种养殖业规模初显。镇内休闲旅游资源丰富，有蜿蜒曲折、峰奇石异的情人谷风景区，以及世界已知最高大的千年雌性银杏树。

（二）金溪镇基础教育发展概况

2019 年 6 月，金溪镇有 0—18 岁儿童 3294 名。幼儿园在园儿童 440 名，适龄儿童入园率87%。小学在学儿童1244名,适龄儿童入学率100%。初中在学儿童476名,适龄儿童入学率99.7%。高中在学儿童592名,适龄儿童入学率99.6%。小学生中父母单方或双方外出的留守儿童349名,占67.11%。初中生中父母单方或双方外出的留守儿童252名,占61.76%。

黔江区金溪镇中心校始建于2003年8月,是黔江区第一所正式命名的九年一贯制学校,由原金溪初级中学和1907年建校的金溪镇中心小学合并而成,校内有初中部、小学部和幼儿园。学校现辖村校两所(山坳村小学、桃坪村小学),教学班30个(含两所村校的各一个二年级教学班),在校学生1075人,其中幼儿园147人,小学部520人,初中部408人。除中心校及所辖村校外,金溪镇还有民办幼儿园一所,名为长春幼儿园,在园幼儿87人。

金溪镇学前教育发展基本情况见表10-1。结合我们一系列实地调研情况考察表内数据可知,该镇学前教育与同类乡镇相比发展情况较好,但也存在巨大努力空间。一是适龄儿童入园率仅为87%,亟待进一步提高。二是中心校幼儿园作为公办普惠性幼儿园,班额太大,151名幼儿仅分为大班和中班两个班。三是教师队伍问题严重。比如,全镇18名学前教育教职工,学历为中职的有12名,占三分之二。又如,职称方面,18名教职工中仅有一人具有初级职称。再如,有教师资格证的教师仅有9名,占50%。

表10-1　重庆市黔江区金溪镇学前教育发展基本情况表

幼儿园	名称	中心校幼儿园	长春幼儿园
	性质	公办普惠	民办
	在园幼儿/名	151	87
	班级	中、大班各一个	小、中、大班各一个

续表

教师	教职工/名	7	11
	教师/名	6	4
	保育员/名	1	3
	在编教师/名	2	0
	有资格证教师/名	5	4
	教师毕业院校及专业	重庆第二师范学院本、专科学前教育专业;重庆幼儿师范高等专科学校专科、中职学前教育专业	
	教师平均年龄/岁	30	26
	教师平均教龄/年	5	6
	教师学历	本科1人、专科1人、中职5人	专科4人、中职7人
	教师职称	初级1人,其余无	全无
	男女教职工比	0∶7	3∶8
	师生比	1∶21.57	1∶7.9
教育管理	领导班子	园长、副园长、保教主任各1名	园长1名
	管理体制	在中心校中实行相对独立的管理	独立管理
	专职管理人员/名	2	3
	管理规范情况	规范	规范
教学资源	教材	有	有
	教玩具	有	有
	多媒体教学设备	有	有
	信息化教学环境	有	有
	特色教室	有	有
	生均户外活动面积/平方米	9.08	不详
	生均建筑面积/平方米	13.78	不详
	教师办公条件	良好	一般

续表

幼儿	上学距离	5 千米以内	不详
	留守儿童/名;占比/%	42;27.82	18;20.7
	寄宿学生/名;占比/%	0;0	0;0

金溪镇义务教育发展基本情况见表 10-2。结合我们一系列实地调研情况考察表内数据可知,该镇义务教育发展情况较好。这主要得益于金溪镇是重庆市 18 个深度贫困乡镇之一,重庆市、黔江区党政部门及社会各界近年对全镇义务教育保障工作给予大力扶持和援助。

表 10-2　重庆市黔江区金溪镇中心校义务教育基本情况表

小学部基本情况	学生	520 名
	教师	54 名
	班级	16 个
	班额	每班 30—45 人
小学部教师	教职工总数	54 名
	师生比	1∶9.6
	男女教师比	2∶3
	非在编教师数	0
	艺体教师占比	9%
	英语教师占比	2%
	教师平均年龄	45 岁
	教师平均教龄	24 年
	教师学历	本科 12 人、专科 37 人、中师 5 人
	教师职称	小学高级 5 人、一级 22 人、二级 25 人
	有资格证教师	54 名
	教师福利待遇	区财政按政策落实
	教师培训情况	全员培训
	教师满意度	满意
	教师适应性	适应

续表

小学部学生	学生上学距离	10 千米以内
	留守儿童人数;占比/%	349 人;67.11
	寄宿学生人数;占比/%	41 人;7.9
	贫困儿童人数;占比/%	135 人;30
	辍学情况	无
	体质水平	良好
	综合素质	良好
	技能特长	手鼓、口琴、跆拳道、足球、篮球等
初中部基本情况	学生	408 名
	教师	43 名
	班级	9 个
	班额	每班 30—45 人
初中部教师	教职工总数	43 名
	师生比	1∶9.5
	男女教师比	3∶1
	非在编教师数	0
	艺体教师占比/%	11.63
	教师平均年龄	41 岁
	教师平均教龄	19 年
	教师学历	本科 32 人、专科 10 人、中师 1 人
	教师职称	中学高级 7 人、一级 16 人、二级 20 人
	有资格证教师	43 名
	教师福利待遇	区财政按政策落实
	教师培训情况	全员培训
	教师满意度	满意
	教师适应性	适应

续表

初中部学生	学生上学距离	20 千米以内
	留守儿童人数;占比/%	252 人;61.76
	寄宿学生人数;占比/%	332 人;77.6
	贫困儿童人数;占比/%	160 人;33
	辍学情况	无
	体质水平	良好
	综合素质	良好
	技能特长	手鼓、口琴、跆拳道、足球、篮球等
学校管理	校级领导班子人数	6 人
	领导班子构成	校长 1 人;副校长 5 人
	学历	本科 6 人
	职称分布	中学高级 2 人、一级 1 人、二级 3 人
	平均年龄	37.5 岁
	管理机构	德育处、教导处、后勤处、督导室、办公室、财会室、团委、少先队大队部
	中层干部人数	8 人
	中层干部学历	本科 7 人、专科 1 人
	中层干部职称	中学高级 1 人、一级 4 人、二级 3 人
	学校管理制度	健全
	领导班子协作情况	分工协作,一岗双责
	学校特色	学校精细管理;“礼”文化教育;市级英语创新学习基地;跆拳道、足球等校本课程
教学资源	课程教学资源建设	较好
	网络教学平台	较好
	现代化教学设备	多媒体、班班通、计算机
	信息化教学环境	较好
	特色教室建设	较好
	生均教学仪器设备值	2794 元
	学校总面积	24058.34 平方米
	生均户外活动面积	9.08 平方米
	生均建筑面积	13.78 平方米
	每间教室面积	64 平方米
	生均图书册数	25 册
	教师办公条件	良好

续表

经费投入	经费来源	财政拨款
	小学部标准	700 元/生/年（寄宿学生 900 元/生/年，残疾儿童 6000 元/生/年）
	初中部标准	900 元/生/年（寄宿学生 900 元/生/年，残疾儿童 6000 元/生/年）
	中小学教育事业经费投入占教育总经费比例	75%
家校合作	家长是否经常过问孩子在校学习生活情况？	是
	学校是否开展专题家长培训？	是
	教师通过什么方式与家长联系？	走访、电话、QQ、微信等
	家校多久联系一次？	班主任随时联系，科任教师每月一次
	教师主要与家长沟通哪些内容？	学生在校学习、生活情况
	学校多久召开一次家长会？	毕业年级每学期 2 次，其他年级 1 次
	教师与家长沟通最大的困难是什么？	家校教育方式不一致；大部分学生家庭教育严重缺失

二、金溪镇留守儿童寄宿教育师资建设现状与成效

师资建设是提高留守儿童寄宿教育质量的关键。金溪镇中心校高度重视教师专业素质和能力培养。2010 年以来，学校教学质量节节攀升，2015 年到 2018 年连续 4 年荣获黔江区教学质量优秀奖，农村留守儿童寄宿教育质量也得到了显著提高。

在师资队伍配备方面，黔江区教委予以大力支持，优化了校级领导班子，配齐了紧缺学科教师。2017 年 11 月，学校调走一名副校长，新增 3 名副校长。2018 年秋，调走教师 7 人，调入 13 人，教师全部实现专职化。学校现有体育专职教师 4 人、音乐专职教师 4 人、美术专职教师 2 人、计算机专职教师 2 人，为学校开齐、开足、开好国家规定课程，全面提高寄宿留守儿童兴趣特长社团课程的育人质量提供了师资保障。

在教师培训方面,金溪镇中心校向上级积极争取机会,大力支持教师参加国家级、市级和区级专业培训。同时,争取重庆市教科院组织专家送培到校,轮流派出全校所有教师到重庆主城轮训两周以上。争取重庆市文明办牵头组织重庆第二师范学院和重庆求精中学对口帮扶,全体教师在重庆二师培训教育理论,在求精中学学习教学技能,收获较大。争取黔江初级中学、黔江菁华小学对口帮扶,落实行政领导、专业教师校际对等交流,顶岗培训,共同进步。

金溪镇中心校还高度重视学校内部的师德教育与教师培训。学校党支部号召成立党员教改先锋队,充分发挥党员示范作用,带动全体教师专业发展。学校组织全体教职员工参加“深度扶贫我该怎么办”主题誓师大会,提高全员思想认识水平和关爱农村留守儿童的责任感。学校制定《关于进一步加强学校工作纪律,提升育人质量的意见》,并签订目标责任书。学校针对全体教师的校本培训,逐步完善制度,在各年级、各学科构建了促进教学研究和教师发展学习型组织。

教师校本培训内容主要包括教育教学基本理论、新课程改革理念与实践、现代教育技术、教育科研方法、德育工作方法、师德修养等。培训方式灵活多样,如以学代培、以课代培、以结对代培、以研代培、以会代培、以考察代培等多种方式都有应用。校本培训管理方面,学校规定每学期每位教师参培时间不得少于15学时。每次培训活动,教科室主任负责考核,促进教师之间良性互动。每学期,教师必须建立校本培训档案,搜集整理好自己的培训计划、培训教材、培训笔记、考核成绩、教学与科研成果、培训总结等材料。

金溪镇中心校师资建设取得了较好成效。学校市级、区级骨干教师增加到教师总数的20%,且学科、年龄结构合理,各学科课堂教学、科研教改都有带头人。全体教师具有现代教育理念,能够较好组织学生自主、合作、探究学习。通过深入学习校本课程开发理论知识与实践技能,老师们都真正拥有了课程开发者和实施者两个身份。大部分教师树立了终身学习观念,自主激励专业成长,主动开展学科教学、德育和管理工作的综合创新,全校寄宿留守儿童和其他同学一道，享受着比较优质的基础教育。

三、金溪镇留守儿童寄宿学校文化建设现状与成效

（一）建设主体方面：积极争取党委政府、家长学生及社会各界合作参与

金溪镇留守儿童寄宿学校文化建设主要是镇中心校的物质文化、精神文化和制度文化建设。为了促进文化建设全面协调发展，学校积极争取上级党政部门、家长学生及社会各界合作支持。2018 年 3 月，黔江区政府投资 4000 万元，对金溪镇中心校实施改扩建工程项目，新建校舍 7000 平方米，完成环境改造、绿化建设等附属工程，同时更新教学设施设备，实现校园网络全覆盖，智慧校园建设走到了黔江区农村中小学最前列。如今，学校合理的布局、完备的设施、颇具特色的建筑使人赏心悦目，寄宿留守儿童能够在求知享美的过程中陶冶情操，涵养开拓进取精神。

在争取学生家长合作支持方面，学校用足、用好政策资源，不折不扣地落实义务教育“三免一补”（免学杂费、免教科书费、免作业本费，补助生活费）。仅 2019 年春季学期，就补助生活费 227250 元。学校实施营养改善计划，确保学生吃得营养、安全。学校还以校本课程建设为突破口，组织引导全校学生成立 23 个社团，积极建设学生社团文化，直接促进寄宿留守儿童全面发展。多种举措增强了家长对学校教育教学质量的认可和对文化建设工作的支持。

在争取社会各界合作支持方面，学校牢牢抓住重庆市、黔江区实施深度贫困乡镇义务教育扶贫攻坚的机会，努力促进学校文化建设提档升级。比如，重庆市科协 2018 年资助 30 万元在学校建成金溪镇科技馆，丰富校园科技文化内涵，保证学生能够近距离享受较高品质的科普教育。黔江区民政局为学校购买心理健康教育服务项目，为寄宿留守儿童提供心理咨询。黔江区团委为

学校购买“周末课堂”“流动少年宫”服务项目，让寄宿留守儿童周末生活丰富多彩。黔江区文化旅游局购买足球、散打、跆拳道训练等服务项目，寄宿留守儿童就近得到了体育特长培训。重庆市卫健委送健康讲座到校，为寄宿留守儿童免费体检，增强了学校身心保健文化教育氛围。

（二）建设内容方面：硬件建设与软件建设并举，凸显育人特色内涵

金溪镇留守儿童寄宿学校文化建设高度关注中心校的硬件建设。学校建有设施设备一流的花园式智慧校园，以及 24 小时供应热水、卫生间单独配套的学生宿舍，大幅度改善寄宿留守儿童的学习生活条件，增强他们对学校文化建设的认同感和参与度。文化软实力建设方面，学校加强教师研修文化和学生社团文化建设都取得了较好成效，而最能凸显留守儿童寄宿教育特色内涵的是学校别具一格的理念文化体系建设。

学校在重庆市教科院等单位专家指导下，创造性地构建了以“礼”为核心的理念文化体系（见表 10-3）。其中，把“礼”作为灵魂，主要基于四个方面的考虑：第一，学校所在地理环境。金溪镇丛山环抱，树木葱郁，有名为“金溪”的水流绕山而出，环田临舍，终日淙淙，滋养两岸生民。金溪之水，气静神闲，从容不迫，波光粼粼，涵泓而美，谦逊温和，蕴藉而深。第二，学校自身文化传承。学校自建校初就得到金溪之水的滋养与濡染，也从金溪之水谦逊从容等特质中逐渐萃取“礼”的精神与气质，形成了学校教育教学文化的历史积淀。第三，学校文化传播责任。学校远离城市，多年来主动面向山村启蒙智慧，传播文化，让蒙童知礼，使乡民明道。第四，学校生源实际情况。学校农村留守儿童占比超过 60%，初中留守儿童寄宿率接近 80%，他们家庭教育严重缺失，学校教育必须及时补位，尽可能帮助留守儿童知“礼”明“礼”，内养德性，外修言行，在“尊德重礼、知行合一”中健康成长。

表 10-3　重庆市黔江区金溪镇中心校理念文化体系

办学理念	人生有礼，幸福有约
校　训	博我以文，雅我以礼
教　风	知书达礼，师表一生
学　风	崇礼尚仪，问学有恒
校　风	谦逊礼让，言行得体
办学目标	礼兴人和，宜学金溪
育人目标	彬彬有礼，金溪娇子
办学特色	礼仪教育
文化主题	礼行天下
学校精神	礼道广行，通达致远
管理理念	人事相宜，行为合礼
德育理念	尊德守礼，知行合一
教学理念	巧引善喻，融智达礼
健康理念	动静有常，礼敬生命
服务理念	真心实意，以礼待人

“人生有礼，幸福有约”这一办学理念，挖掘中国传统文化教育思想宝库中“礼”的深刻内涵，赋予师生人生状态与生存方式“礼”的属性，以“幸福”来回答学校要培养怎样的人，以“有礼”来回答如何培养幸福的人。真正的“礼”，是发乎内心的德性，符合仁爱、孝悌、谦恭与明辨是非之心的标准，往往外显为人们自律自重、友善尊敬、优雅端正的言行，成为维系人伦，以及人与人共识共处的基础与情感纽带。

“礼”是一个自然人成长为社会人必须具备的特质，是人生成功幸福的保证，由“礼”可涵养生成优良的道德品性、气质风韵与人生智慧。学校强调“人生有礼”，教师可以从“礼”中生成敬畏、同情之心，构筑师德品质的基石；每位留守儿童可以从“礼”中养出勤勉、温良之性，陶冶淳朴和雅的性格。师生教学相长，可以在“礼”中提炼平心静气、淡泊圆融的智慧，铸造当仁不让、持义勇敢的意志，书写尊重信任、修己爱人的态度，讲述世间大爱、天下大同的情怀。这样的师生，自然会获得事业成功、学习进步，与幸福相约。办学理念“人生有礼，幸福有约”，以使师生“幸福”彰显学校教育本质，以“有礼”化人来规定学校教育方式，可谓内涵深刻、寓意丰富。

顺应“人生有礼，幸福有约”这一办学理念，学校以“礼”为核心，从道德与才干两个方面入手，化用《论语》“博我以文，约我以礼”，确立了“博我以文，雅我以礼”这一校训。“博”强调丰富才学，开阔视野，提升境界，明示勤勉的必要性；“文”指经书典籍、文学艺术、文化素养，明示知识的重要性。“博我以文”，即“以文博我”，可激励全校师生敬畏知识，求索真理，从被动学习走向主动。“雅我以礼”的“雅”强调优雅端庄、美好高尚。“雅我以礼”，即“以礼雅我”，可激励全校师生以道德浸润本心，化仁爱于心，融善良于心，拥有中和之气、和雅之志，成就优雅性情、美好言行。

综上所述，金溪镇留守儿童寄宿学校在文化建设方面硬件与软件并重，党委政府、学校教师、家长学生及社会各界合作参与，积极作为，在给每一位儿童提供优质教育服务的同时，彰显留守儿童寄宿教育特色内涵，取得了显著成效。

第四节　个案乡镇留守儿童寄宿教育的问题与困难

一、留守儿童寄宿教育工作任务复杂艰巨

（一）寄宿留守儿童群体规模大，家教环境差

在重庆市16个深度贫困乡镇的调研过程中，我们发现这些乡镇初中、小学留守儿童占比都超过50%，大部分为80%左右，少部分超过90%。寄宿学生占比在小学较低，平均约30%，在初中很高，平均约80%。按照上述情况估算，16个乡镇中，小学寄宿留守儿童大约占所有小学生的24%，初中寄宿留守

儿童大约占所有初中生的64%，中小学寄宿留守儿童群体规模很大。调研还发现，这些儿童家庭教育环境很差，他们不少人处于贫困家庭、多子女家庭和离异家庭等特殊家庭中，无法正常获得教育成长所需资源。

城口县沿河乡在校儿童631名，建卡贫困户子女221名，占35.02%，父母双亲外出留守儿童占比就接近60%。城口县鸡鸣乡在校儿童664名，建卡贫困户子女201名，占30.27%，双亲外出留守儿童约占40%。以上两乡如果把单亲外出情况纳入统计，留守儿童占比都会超过80%。① 巫溪县天元乡、巫山县双龙镇等地留守儿童占比高达85%，他们大部分处于父母双方外出家庭，或者父亲外出、母亲留守的家庭。② 万州区龙驹镇、丰都县三建乡父母双亲外出留守儿童占比也达到了55%。③

秀山县、酉阳县深度贫困乡镇的每个学校都反映留守儿童占比很大。秀山县隘口镇中心校学生1203人，父母双亲外出留守儿童703人，占58.44%。酉阳县车田乡小学学生757人，父母双亲外出留守儿童330人，占43.59%；单亲家庭儿童100人，占13.21%。酉阳县浪坪乡父母双亲外出留守儿童占60%以上，其中独自在家、无人监护者78人。秀山县、酉阳县所处渝东南少数民族聚居地区，家庭子女普遍较多，2个以上子女的家庭超过95%，3个以上子女的家庭占比接近80%，子女4个以上的家庭也很多，个别家庭子女甚至多达7个。④

奉节县农村大多数中青年都外出务工，留守儿童现象特别突出。奉节县和平小学现有父母双亲外出留守儿童76人，占52%；寄宿学生36人，占

① 参见张向华等：《重庆市城口县沿河乡、鸡鸣乡基础教育发展调研报告》，未发表，2019年7月。

② 参见陈利鲜等：《重庆市深度贫困乡教育情况调研报告——以巫山县、巫溪县为例》，未发表，2019年7月。

③ 参见秦波等：《重庆市万州区龙驹镇、丰都县三建乡基础教育发展调研报告》，未发表，2019年7月。

④ 参见胡红梅等：《重庆市秀山县隘口镇、酉阳县车田乡及浪坪乡基础教育发展调研报告》，未发表，2019年7月。

24.7%；贫困儿童52人，占35.6%。奉节县平安小学父母双亲外出留守儿童238人，占56%；寄宿学生132人，占31%；贫困儿童50人，占12%。开州区大进镇初级中学在校生1754人，全校2018年下期父母双亲外出留守儿童510人，占29%，其中男生282人，女生228人。2019年上期503人，占28%，其中男生271人，女生232人。云阳县泥溪小学父母双亲外出留守儿童284人，占73%；寄宿学生111人，占29%；贫困儿童99人，占26%。云阳县桐林小学父母双亲外出留守儿童168人，占73%；寄宿学生人90人，占39%。[①] 如果把单亲外出情况纳入统计，以上学校农村留守儿童占比都高达80%。

（二）寄宿留守儿童家庭教育基本处于空白状态

农村留守儿童家庭教育严重缺失是不争的事实，寄宿留守儿童家庭教育则基本处于空白状态。有老师告诉我们："这些孩子的家长硬是难得来学校看一次学生，有的周末偶尔来接孩子回家，有的从来没有到学校看过孩子。他们都在外面打工，把娃儿交给爷爷奶奶。我教书几十年，感觉一直都是这样，家长把学生交到学校就不管了，认为就是老师的责任。我们现在这个班一共41个学生，只有5个不是留守儿童，25个是住校留守儿童，另有11个留守儿童不住校。不住校的，他们放学了爷爷奶奶、外公外婆还是来接他们一下。住校的那些呢，周末一般都是他们自己回去。"

对于一般留守儿童而言，爷爷、奶奶等祖辈亲人或留守在家的母亲是主要监护人。祖辈监护人因思想意识、文化水平等不足，对留守儿童的照顾只能限于吃饱穿暖，不能提供有效的学业辅导，对孩子的个性发展也缺乏及时关注。母亲留守在家的孩子，因为父亲角色严重缺位，也可能发展不良，如表面狂野但内心懦弱，或者缺乏规则意识，不守纪律。很多接受访谈的留守母亲都反映孩子的父亲几乎没有管过孩子的教育，自己作为母亲，一人在家管不住孩子。

---

① 参见王丽等：《重庆市奉节县平安乡、开州区大进镇、云阳县泥溪镇基础教育发展调研报告》，未发表，2019年7月。

她们比较具有代表性的说法是:“没有办法,只能任其发展,等他长大进入社会自然就好了。”不过,这些留守儿童有祖父母或者母亲长期陪伴,毕竟可以减轻孤独,亲人勤劳慈爱的品性,毕竟对他们有所濡染,长辈吃饱穿暖的照顾和相关生活教育也毕竟有利于他们成长。相比之下,寄宿留守儿童一般只能周末、节假日回家,与祖父母或母亲相处时间很短,外出务工家长基本无法联系,所以他们的家庭教育比普通留守儿童更为缺失,基本处于空白状态。

(三)寄宿留守儿童课外教育差,校外活动无人管

虽然部分农村中小学很重视寄宿留守儿童课外教育,但多数学校学生课外活动基本处于放任自流状态。由于师资力量薄弱、教学水平参差不齐等原因,教师在每天完成工作后,很难有空闲时间对农村留守儿童进行课外教育。① 在这种情况下,大量非寄宿留守儿童可以走出校门,拥抱相对自由的生活空间,而寄宿留守儿童只能待在校园白白浪费宝贵的童年时光。这些留守儿童周末、节假日及寒暑假的校外教育,更是无人过问。大量留守儿童周六、周日回到家庭和社会的生活使他们周一至周五在学校接受的教育大打折扣,甚至出现所谓“5+2=0”的严重现象。一位校长讲,很多寄宿学生“在学校是快乐的,回到家是不快乐的”。有村干部也反映,村里绝大部分留守儿童周末回家根本不可能参加什么教育活动,他们不是在家看电视、打游戏,就是到处野逛。

(四)寄宿留守儿童辍学现象难以杜绝

调研发现,彭水县三义乡两名初中适龄儿童及大垭乡一名初中适龄儿童处于辍学状况,他们上学期间都是寄宿留守儿童。据了解,这三名儿童辍学的主要原因都是自己厌学。三义乡一名辍学儿童在福建一家鞋厂打工,三义乡

---

① 参见胡春霞:《精准扶贫背景下农村留守儿童的问题与解决策略》,《教学与管理》2019年第18期。

政府、中心校相关人员反复与家长沟通，动员和该生一起到福建打工的村民也对该生进行劝返，但都无效。

大垭乡一名15岁厌学儿童，原本在彭水县城某中学就读，但由于厌学情绪严重，目前辍学宅在家中。大垭乡一位干部讲，该生自述不愿上学是因为学校食堂伙食差，该干部认为这是父母溺爱的恶果。该生户籍所在村的第一书记讲，针对该生厌学情况，他们采取了一系列措施。例如，深入了解实际情况，给家长做思想工作，并上门劝学，鼓励学生重拾勇气，但该生坚决不配合。该生对乡村干部和学校教师去他家劝学非常反感。该生扬言，如果谁一定要再去他家，他就离家出走。村干部分析该生厌学辍学的原因如下：该生父亲在外工作，常年不回家，家人联系不上，他根本没有承担家庭教育责任。该生母亲在县城打工，文化程度低，不知如何教育孩子。该生家庭负担沉重，父亲欠债多，母亲体检查出可能患有重病，这直接导致正值青春叛逆期的该生性格孤僻倔强，排斥与外界交流。

结合其他乡镇保学劝返工作落实困难的个案学生情况，我们归纳了寄宿留守儿童辍学现象难以杜绝的原因：一是家长文化水平不高，对教育不重视，目光较为短浅，认为子女不学习而去打工赚钱也是好事，可减轻家庭经济负担；二是在全国范围内有个别私营企业、小作坊招收童工，给辍学儿童提供了工作机会；三是青春期寄宿留守儿童逆反心理强，不听家长、教师劝告；四是寄宿留守儿童学习成绩低下，求学信念不强，遇到某些困难就想弃学；五是家庭存在经济严重困难，或亲人患重病、去世等特殊情况。

（五）寄宿留守儿童上学回家交通不便，存在安全隐患

大部分寄宿留守儿童上学回家路途较远。比如，城口县沿河乡、鸡鸣乡儿童上学最远距离约20千米。① 这些孩子往返家校之间的交通非常不方便，当

① 参见张向华等：《重庆市城口县沿河乡、鸡鸣乡基础教育发展调研报告》，未发表，2019年7月。

地基本没有具备营运资格的公交车可供选择,很多孩子只好乘坐无营运资格的摩托车或面包车。有的面包车原本只能搭载 7 人,但车主为了多赚钱,实际搭载 10 多人,严重超载,安全隐患大。车费也比较贵,例如,黔江区金溪镇最远的村离中心校 20 多千米,该村寄宿留守儿童周末回家,若步行,要花费 5 个多小时,若往返打摩的,需要付费 100 元,这对农村家庭来说无疑是一笔较大开支。彭水县大垭乡也存在类似情况。到校距离 3—10 千米的寄宿留守儿童有 21 人,10 千米以上的有 5 人,学生回家、到校交通极为不便,安全压力大。该乡一位干部讲,有的孩子经常在没有照明设备的公路隧道内一边步行一边打闹,非常危险。

(六)寄宿留守儿童成长状况较差

多位受访教师反映,寄宿留守儿童生活质量较差,学习、卫生习惯不良,孤独自卑、性格内向,学习成绩差。各乡镇中小学基本都设有“留守儿童心理咨询室”,但大部分仅仅是“挂挂牌子”,有的咨询室建设不规范,与其他功能室混用,不能较好发挥作用。绝大多数学校都不能深入开展寄宿留守儿童心理健康教育。很多学校教育教学质量低差,寄宿留守儿童成长状况令人担忧。有家长也反映,孩子就读学校的教学质量的确很差,与自己务工地的学校简直无法相比。秀山县隘口镇初中升学率虽有 90%以上,但多年以来每届学生考上普高的都只有 10 多名,2019 年甚至只有 8 名。酉阳县浪坪乡初中相对较好,但 2019 年 150 人毕业后只有 28 人能读普高,①其他都因成绩非常低差分流去了酉阳或黔江的职业高中,或者直接弃学走上了打工之路。

① 参见胡红梅等:《重庆市秀山县隘口镇、酉阳县车田乡及浪坪乡基础教育发展调研报告》,未发表,2019 年 7 月。

二、留守儿童寄宿教育师资问题亟待解决

(一)寄宿制学校严重缺乏合格的生活教师

调研发现,大部分乡镇寄宿制学校基本没有专门的生活教师,很多学校连学生宿舍管理员的数量也极为有限。学校宿管人员大多是临聘人员,主要负责宿舍开门关门、夜间看门和巡视等简单工作,部分还兼做保洁,教育学生的能力基本没有。有的学校甚至没有配备专门的宿管人员,寄宿留守儿童真正意义的生活教育只能由班主任教师和值周人员偶尔有所渗透,大多数时候则处于空白状态。

彭水县三义乡中心校是寄宿制学校,但该校没有专职宿管人员,更无专门生活教师。彭水县大垭乡中心校宿舍管理人员也是由本校教师兼任,他们不是专职的生活教师,也没参加过相关培训,在寝室管理过程中实施生活教育往往力不从心,一般只能按学校要求被动应付。另有一些学校多位老师讲,学生宿舍管理责任大,安全压力大,待遇很低,老师们都不愿意管。

黔江区金溪镇中心校虽然配有两名宿管人员,男、女宿舍各一名,但都是临聘人员。该校住校中、小学生合计 373 人,大部分都是留守儿童,特别需要教师进行生活方面的教育指导和心理方面的关怀照顾。显然,这要寄希望于班主任、值周教师不太现实。该校校长讲,学校每位宿管人员管理的学生都接近 200 人,很难关注每一位学生的特殊需求。班主任不仅要完成日常教学任务,还要负责班级管理,也力不从心。所以,学校很需要专业的生活教师对住校学生进行心理健康教育、行为习惯培养,以及人际交往与生理卫生等方面的指导。

寄宿制学校严重缺乏合格生活教师的主要原因有四:一是学校教职工编制总量有限,无法满足生活教师的配备要求;二是学校及教育行政部门对生活教师的岗位性质与育人内涵缺乏清晰认识和高度重视,一般都以临聘的宿管

人员替代生活教师；三是生活教师的选配来源不清晰，相关培训、培养工作严重缺乏；四是生活教师的管理缺乏相关人事制度的保障，他们工资待遇很低，大多数学校只能临时聘用不在编、文化程度低、年龄较大的人员。

（二）教师队伍依然存在结构性缺编和年龄结构不合理现象

调研发现，大多数乡镇寄宿制学校都存在教师队伍结构性缺编和年龄结构不合理等问题。例如，彭水县三义乡中心校和大垭乡中心校都不同程度地缺乏专职的音、体、美和英语教师。三义乡中心校和大垭乡中心校教师老化现象也比较突出，平均年龄分别为 44. 6 岁、43 岁。大垭乡中心校 17 名教师中有 6 名是“代转公”教师①，三义乡中心校 22 名教师中有 14 名“代转公”教师。这些老师年龄都偏大，专业能力大多不足。教师队伍结构性缺编和年龄结构不合理等问题直接导致学校无法为每个班级安排较好的师资。有家长反映自家孩子所在班级频繁更换语文、数学教师，基本上每学期换一次。云阳县泥溪镇两所寄宿制学校由于发展基础和地理位置的不同，教师队伍呈现明显不同的分化状态。泥溪小学教师老年化趋势明显，中青年教师缺乏；桐林小学年轻教师居多，平均教龄很短。不过，两所学校有共同点，都差英语专职教师。②

教师结构性缺编问题的解决难度较大，主要原因如下：一是高校培养的音、体、美等专业教师数量不足；二是高校音、体、美专业和英语专业毕业生就业面较广，他们到农村中小学校任教的可能性小；三是农村学校规模小，教职工编制少。专业的音、体、美教师会占用学校有限的编制，如果他们仅仅教自己的专业学科，课时量达不到规定要求。如果为了达到教学工作量要求，他们又必须任教语文、数学等课程，这可能影响他们任教的所有课程的教学质量。

教师年龄结构不合理也是个老大难问题。农村寄宿制学校教师年龄结构

---

① 由代课教师转正的公办教师。

② 参见王丽等：《重庆市奉节县平安乡、开州区大进镇、云阳县泥溪镇基础教育发展调研报告》，未发表，2019 年 7 月。

老化的原因是青年教师留不住,老教师不想走。青年教师向往城市丰富多彩的生活,想到城市寻求理想的专业发展平台,或要为自己的子女创造城市学校就读的机会和条件,就千方百计往城里调动。老教师自感能力不足,调城市学校难以通过考试,或认为城市学校工作压力大,自己难以立足,或子女已经成年,没有城市上学需求,再加上在农村工作有一定的生活补贴及岗位津贴,所以地理位置稍好的农村学校老教师都不再愿意调动进城。个别学校年轻教师成堆主要是因为学校地理位置太差,稍有能力和资历的教师早就调走了,只能安排刚刚参加工作的青年教师任教。

(三)教师教研能力整体低下,专业素质较低

大多数寄宿制学校教师教研能力整体低下,教研活动方式单一,教师专业素质较低。彭水县三义乡中心校校长讲,该校教研活动的主要方式有三种:一是推门听课,即分管教学的领导随时进入教师的课堂听课督导;二是校领导组织教师学习理论文章;三是组织教师听结对帮扶学校彭水一小教师的网络公开课。学校难以克服的相关困难有三:一是教师教研学术领导力很弱,没有能够较好发挥引领作用的教师;二是学科专业教研共同体难以构建,很多学校一个年级仅有一个班,每位教师各自负责自己所教学科,无其他教师任教同一年级的同一学科,无法相互借鉴学习;三是大多数教研活动的开展流于形式,对教师教研能力的提高并没发挥实质性作用。

寄宿制学校教师教研能力和专业素质整体较低的主要原因如下。一是教师没有时间和精力投入教研。寄宿制学校教师课时量虽与其他学校教师大致相当,但他们课外照顾管理学生的时间明显多于其他学校教师。同时要经常家访,参加扶贫工作,为名目繁多的各种检查准备各类表格、数据和档案资料。二是很多教师因年龄较大,或教龄太短,或属于“代转公”教师,自身能力有限,无法做教研。三是城市学校对口帮扶性质的教研活动收效甚微,很多农村学校也没有城市学校帮扶。四是教师培训力度不够,流于形式。多数学校每

年只能轮流派出少数教师参训，全员培训目标远未达成。教师能够参与的为数不多的培训往往有“形”无“实”，缺乏针对性和实效性。脱离工作实际的培训内容、被动听讲座的单一培训形式，不仅消耗了教师的时间和精力，更浪费了宝贵的培训资源。①

（四）教师职称晋升、绩效所得不够合理

有研究发现，乡村教师职称晋升普遍要经历漫长时间，“从小学三级晋升到小学高级职称平均需要 20 年，从中学三级晋升到正高级职称平均需要 33 年”②。这种情况在我们所调查的乡镇也比较突出。彭水县大垭乡中心校一位教师讲，他工作 21 年，职级仅为初级层次的 11 级，每月收入不足 4000 元，想往上评中级职称很难有机会，想评上副高级更是不可能。该校副高级职称指标只有两个，谁想评上，只能等现有两位副高级教师若干年后退休。秀山县隘口镇、酉阳县车田乡及浪坪乡等地也有多位教师提到评职晋级困难。他们讲，学校每年 20 多位教师只有一个名额可以晋级，一位工作近 20 年的教师，目前还是 11 级。③ 城口县沿河乡、鸡鸣乡两乡小学教师职称水平普遍很低，总共只有 4 名副高级教师，其余均为初级、中级。县里把职称晋升指标与学生数量进行挂钩划拨，两乡小学在校生数量较少，导致职称晋升指标非常紧张。其中一名受访教师讲，他 10 年前就是中级层次的 8 级，但现在还未晋升到副高层次的 7 级，绝大多数教师只能以中级职称退休。④

另外，区县相关部门制定教师绩效标准未考虑寄宿制学校与非寄宿制学

---

① 参见赵鑫：《民族地区乡村教师职业吸引力提升的理念与路径》，《教育研究》2019 年第 1 期。

② 刘善槐等：《乡村教师队伍稳定机制研究》，《东北师大学报（哲学社会科学版）》2019 年第 4 期。

③ 参见胡红梅等：《重庆市秀山县隘口镇、酉阳县车田乡及浪坪乡基础教育发展调研报告》，未发表，2019 年 7 月。

④ 参见张向华等：《重庆市城口县沿河乡、鸡鸣乡基础教育发展调研报告》，未发表，2019 年 7 月。

校教师工作量的区别。有校长讲,他宁愿管1000—2000人的非寄宿制学校,也不愿意管500人的寄宿制学校。寄宿制学校教育、教学工作量远远高于非寄宿制学校,但教师绩效标准与非寄宿制学校相同,造成了寄宿制学校教师心理严重不平衡。有老师讲,非寄宿制小学的教师从上午8点工作到下午4点,而寄宿制学校的教师从早上6点到校一直要到晚上9点学生入寝后才能回家。工作时间远远超过非寄宿制学校的教师,在工作中投入的精力也远远多于非寄宿制学校的教师,但寄宿制学校与非寄宿制学校教师只要职称相同,绩效收入就完全一致,这表面公平,但实质上是只看到了职称,严重不合理。

(五)教师工作负担沉重,压力大

部分寄宿制学校教师反映自己教学工作以外的事务繁杂,要参加各类扶贫送教活动,任务繁重,费时耗力,干扰了他们的正常教学。城口县沿河乡小学定期开展为病残弱智儿童送教下乡活动,教师们利用课余时间翻山越岭送教上门,还必须做好过程性记录及活动简报。他们付出大量心血但并不受这些特殊儿童家庭欢迎,其原因是教师没有经过专业的特殊教育培训,教学效果差,教师上门,在外劳作的家长还得回家陪同,难免心有怨言。城口县鸡鸣乡小学定期开展贫困户结对帮扶活动,一名教师要帮扶两个建卡贫困户,每月上门帮扶两次,2019年8月后将增加到每月四次。教师帮扶的主要任务是进行政策宣讲、教育动员,但大部分贫困户认为既然是帮扶,就得送实惠,所以教师不得不自掏腰包带慰问品上门。如果空手而去,就可能遭遇帮扶对象摆脸色,或在上级回访考评中被帮扶对象给帮扶效果打低分。另外,一名教师还要结对帮扶班上8—10名建卡贫困户学生。

城口县以上两校下午3点半以后的寄宿学生兴趣活动都由教师义务承担,学校实行教师值班制,没有工作经费,部分教师要在学校值守到晚上10点,经常无法顾及自己家庭。近期两乡的“控辍保学”工作全部由两所中心校承担,沿河乡小学副校长和鸡鸣乡小学教导主任讲,此项工作必须由多名教师耗费一学期的时间走访排查,劝返保学困难重重,严重影响其他教学工作。上述所有工作任务一律与教师绩效收入、评优评先、职称晋升挂钩,完成不好会被通报批评,甚至处分。有教师表示:“感觉自己已经是半个政府的人了。”受访谈教师一致的呼声是:“请还我宁静课堂!”“安安心心,认认真真教学是我们最大的愿望!”①奉节县平安乡寄宿制学校教师也面临类似问题,他们负担过重,社会事务繁杂,8 个老师必须负责 24 户的扶贫工作,每星期必须去帮扶一次,协调解决建卡贫困户家庭的各种问题,工作量大,心理压力大。②

有的寄宿制学校实行教师“包班制”,即一位老师承担一个班的所有教学工作,还要担任生活教师。巫溪县天元乡高楼小学共有 6 个年级,17 名教师负责 210 名学生的教学、生活、卫生及安全等事宜,教师身兼数职,不堪重负。由于教师数量有限,有的教师必须跨年级、跨班上课。下午放学后,为了保证住校学生安全,不得不对他们进行统一管理,辅导作业、组织少量活动,或守着学生上晚自习。大部分老师每天工作时间从早上 6 点 50 分持续到晚上 8 点 30 分。学生寝室熄灯后,部分老师还要批改作业、备课,往往 11 点以后才能睡觉。③

寄宿制学校教师普遍具有比较严重的疲惫感和焦虑感。他们大多是在编教师,一般都是通过参加公招考试后由组织安排到校工作。部分教师到岗之前并不知道学校的工作任务非常繁重,生活条件也很差,到岗后心理落差较大,调离愿望强烈。但是,调离学校需要任职达到一定年限,并且教学成绩良好,所以他们深感压力巨大。每学期末,学校对他们的绩效考核都非常强调任教班级学生成绩的及格率、平均分和优生率。因为压力巨大,他们缺乏职业认

---

① 参见张向华等:《重庆市城口县沿河乡、鸡鸣乡基础教育发展调研报告》,未发表,2019 年 7 月。

② 参见王丽等:《重庆市奉节县平安乡、开州区大进镇、云阳县泥溪镇基础教育发展调研报告》,未发表,2019 年 7 月。

③ 参见陈利鲜等:《重庆市深度贫困乡教育情况调研报告——以巫山县、巫溪县为例》,未发表,2019 年 7 月。

同感，在工作中遇到困难后往往会被负面情绪所左右，容易产生倦怠感，甚至离职。

（六）教师生活环境艰苦，待遇较差

很多寄宿制学校老师反映生活与工作条件艰苦，福利待遇较差。秀山县隘口镇初中一位女教师讲，她的部分学生是寄宿留守儿童，所以自己要住校。每天早上6点要带学生跑操场，晚上10点查寝后才能休息，对自己的女儿却无法陪伴。学校生活条件简陋，教师宿舍没有卫生间配套，让部分教师难以下定足够的决心长期坚守。其他学校的教师也反映在校住宿生活的条件艰苦，希望每个宿舍能够有独立的卫生间。① 还有很大部分寄宿制学校没有教师周转房，大多数教师不得不“走读”上班。特别是没有处于乡镇政府所在地的学校，如万州区龙驹镇赶场初中、赶场中心小学，当地场镇因乡镇合并成了非政府驻地，发展停滞，规模小，人口少，房屋租赁等基本生活条件不具备，承担晚自习等晚间教育任务的教师生活困难。这成了学校留不住好老师，教育质量难以保障并形成恶性循环的重要原因。②

随着国家政策的落实，寄宿制学校教师基本工资逐步提高，并能够按月足额发放，多数教师满意度较高。不过，也有个别区县教师的绩效工资标准较低，且发放不及时。通过城口县沿河、鸡鸣两乡中心小学领导及教师访谈得知，城口作为重庆市自然环境和工作条件最差的县，全体教师绩效工资按照重庆市指导意见的最低标准执行，低于其他邻近区县。县里每年将教师总收入的30%用于绩效考核，但2018年度的绩效工资至2019年7月初仍未发放。③

---

① 参见胡红梅等：《重庆市秀山县隘口镇、酉阳县车田乡及浪坪乡基础教育发展调研报告》，未发表，2019年7月。

② 参见秦波等：《重庆市万州区龙驹镇、丰都县三建乡基础教育发展调研报告》，未发表，2019年7月。

③ 参见张向华等：《重庆市城口县沿河乡、鸡鸣乡基础教育发展调研报告》，未发表，2019年7月。

这让教师们颇有微词,特别是家庭负担较重的教师,每月及时到卡的工资很少,让他们的生活举步维艰。

教师工作与生活环境艰苦,导致部分年轻教师个人婚姻问题难以较好解决。加之工作负担沉重,物质待遇较差,农村寄宿制学校优秀年轻教师流失比较严重。不少学校“年年都在进老师,年年也都缺老师”。一些学校近年招聘的特岗教师多为外地人,且任教专业大多不对口,所以他们服务期满后立马就跳槽到了城镇学校或者脱离了教师岗位。

三、留守儿童寄宿教育文化生态比较差

(一)生源严重萎缩,学校发展动力不足

十多年来,中西部农村地区义务教育学校生源逐年萎缩,导致众多学校发展动力不足,存在价值不大,不得不拆并。目前,留守儿童寄宿的大量学校更是面临着生源严重萎缩的突出问题,导致学校教育缺乏基本的活力与发展动力。留守儿童寄宿初中的生源学校越来越少,这些学校的学生也越来越少。留守儿童寄宿的乡镇中心小学,以往一般要管辖 5 所左右村校,部分村校的学生可达 300 人以上。而如今,有的乡镇中心小学还管着一两所村校,有的已经没有村校管辖,有的自身也面临着被拆并的命运。那些“若有若无”“风雨飘摇”的村校或教学点的学生都很少。如巫山县双龙镇花竹村校现有 6 个教学班,在校学生 45 人,教职工 11 人,师生比为 1 : 4. 09,有个年级 3 个学生也不得不开一个班。① 彭水、巫溪、巫山、城口、酉阳等县甚至出现了“一师一校”“一师几生”或“几师几生”的尴尬状况。

留守儿童寄宿学校在读学生频繁转学外出,这在乡镇中心校和单设初级中学都表现得非常突出。例如,彭水县大垭乡中心校在校生人数逐年递减,

---

① 参见陈利鲜等:《重庆市深度贫困乡教育情况调研报告——以巫山县、巫溪县为例》,未发表,2019 年 7 月。

2019 年 6 月仅剩学生 138 人。很多家长为了孩子能够享受优质教育资源,选择送孩子到县城或带孩子到务工地就读。大垭乡中心校一位校领导讲,该校学生若是班上前几名,基本上都会被家长千方百计找各种关系送到城里读书,因为家长认为自己孩子成绩较好,到城市学校就读不会存在困难。

农村学校生源严重萎缩是留守儿童寄宿教育生态环境较差的一个表征,也在很多方面促使教育生态环境越来越变坏。比如,使家长、教师的教育信心和儿童的成长信念受到严重打击,使寄宿留守儿童学习伙伴的整体素质持续下降。而当前形势下,农村学校生源严重萎缩已经呈现出不可逆转的趋势。一方面,城乡教育资源配置失衡,寄宿制学校的教育资源,尤其是师资队伍素质不能满足家长望子成龙的期待,很多家长务工挣钱后在县城购房、租房,不惜一切代价把孩子转到县镇就读。再者,我国实行计划生育政策已有 30 多年,长期、广泛的宣传教育使农村育龄夫妇的生育观有了根本转变,人口出生率明显下降,生源必然逐年减少。① 另一方面,大量学龄儿童跟随外出父母进城到务工地读书,这直接得益于我国城镇化进程加快、国家户籍制度松绑、城镇入学门槛降低,农民工既能让孩子享受城镇优质教育资源,又能关照孩子的日常生活。这是解决广大农村留守儿童诸多生存发展问题的治本之策,国家还会大力推进。对于农村学校生源萎缩不可逆转的态势,地方政府、教育部门、学校教师、家长学生都必须正确认识积极适应。

(二)家长推卸、逃避自己应该承担的责任

大量留守儿童的家长都存在推卸自己教育责任的问题。有老师讲:“我们这里离城头远,偏远山区,家长文化水平又低,哪个不想赚钱呢?他们认为把娃儿放在学校嘛,有人给他看,自己就出去赚钱了。我们学校住校生多,90%以上的是留守儿童,妈、老汉(父亲)没在家,都是些老巭巭(老爷爷)老婆

① 参见黄达昌等:《农村学校萎缩的成因、影响及对策》,《基础教育研究》2016 年第 9 期。

婆在家。要是学生娃儿在学校出什么事，他们又把责任推给班主任，推给学校。实在是没得办法，只能把他们像关羊儿一样关在教室。星期五放学了，有些妈、老汉在屋头的就来接回去，有些老犟犟、老婆婆还动得的嘛，也来接一下。很多学生没家长来接，要么拿钱坐别人的车回去，要么就是自己走路回去，哈哈哈……莫得法！"

还有老师讲："我们这地方，实话实说，很多留守儿童回家后，都是没人管的。什么家庭教育，基本上都是个刷刷（都没用）……家长不重视孩子行为习惯和道德品质的培养，只晓得问个考试分数。每次打电话问我们都是说，某某某在学校考试考得怎么样啊？得了好多分？希望老师你好好教他咯，那就麻烦老师你了咯。这些话听着就烦！很多家长常年打工，把孩子丢在学校，将责任全推给了老师。留守儿童大多数由爷爷奶奶或外公外婆带，有的老人过度宠爱，有的粗暴打骂，导致学生养成许多坏习惯。我们班就有个学生，爸爸妈妈全部出去打工。一年级跟着自己的外婆在学校外面租间房子，二年级开始住校。刚开始这学生还很活泼开朗，结果，三年级的时候就不爱和别人一起耍了。下课后他一直在教室坐着，别人问他什么也不理睬，就喜欢一个人在地上耍。我和他家长联系，问他在屋头的情况。家长说他也不晓得哟，他好久没在屋了，不晓得娃儿在屋里是哪样情况。农村很多老人本来自己都有病，还要照顾小孩，哪管得过来嘛！"

部分寄宿留守儿童的家长甚至故意逃避自己应该承担的教育监护子女的责任，很让学校教师沮丧、尴尬和无奈。这一问题，我们在10多年前的调研中已经发现，①而目前并没较大好转。有的家长认为孩子到学校寄宿上学，自己就可以什么都不用管。孩子在学校生病、受伤后到医院治疗，都应该由学校承担责任，所有费用也应由学校支付。孩子出现小伤小病，有的家长也会到学校吵闹一番。个别家长如有什么费用补助等愿望满足不了，对教师的态度就非

① 参见任运昌：《寄宿制学校建设给家长带来了什么》，《中小学管理》2006年第11期。

常不好,甚至在班级 QQ 群中辱骂教师。

有的家长对自身的责任认识不到位,对学校和政府过度度依赖。个别家长在孩子享受了政策规定的费用减免和餐食补助之后,还希望不交任何生活费,甚至扭着学校和教师闹,采取"能拖则拖、能欠则欠"的做法,让学校无可奈何。另有部分家长长期外出打工,与学校基本没有联系,连加入班级微信群进行远程联系也不愿意。大量寄宿留守儿童与学校联系的家长是监管儿童的祖辈亲人,他们因为年龄、文化程度、身体健康等方面原因,大多无法与学校顺畅沟通。有受访教师讲:"这些老年人搞得不好就要横,甚至倚老卖老,把学校上下搞得鸡飞狗跳。"

在社会各界实施的教育扶贫过程中,一些家长表现出了过度依赖和想占便宜的心态。比如,学生资助方面,学校必须按照国家相关政策和捐助人意愿,重点资助建卡贫困户子女。这令部分非建卡贫困户的家长心理不平衡,对学校和教师极为不满。有老师讲,他们见到老师阴阳怪气,牢骚满腹,"把怨气都给了学校……个别家长直接在电话里骂老师,老师感觉很受伤"①。有家长到学校找老师纠缠,或者鼓动孩子去找老师索要资助。更多家长则在有意无意之间对孩子进行错误引导,以至于不少学生都希望自己家庭成为建卡贫困户。巫山县双龙镇乌龙小学刘校长讲,有学生在作文中写:"我的梦想就是赶快当上建卡贫困户!"②部分家长因为文化程度低、思想认识不到位、见识过于短浅而表现出来的种种不当言行,直接污染了留守儿童教育的文化生态环境。

(三)部分学校办学环境较差,不受主管部门重视

调研发现,几乎所有个案乡镇的学校近年都已焕然一新,部分校园甚至发

① 参见胡红梅等:《重庆市秀山县隘口镇、酉阳县车田乡及浪坪乡基础教育发展调研报告》,未发表,2019 年 7 月。

② 参见陈利鲜等:《重庆市深度贫困乡教育情况调研报告——以巫山县、巫溪县为例》,未发表,2019 年 7 月。

生了翻天覆地的变化。不过，也有少数学校办学环境较差。比如，万州区龙驹镇赶场中心小学，由于历史原因，校园成了几户居民进出家门的必经之路，始终无法封闭管理。另外，学校紧邻国道318线，校园位置整体低于公路1.5米左右。经过学校大门前和操场边的318国道是连续弯道，每天有大量超载货车快速行驶，对学生构成了较大安全隐患。[①] 调研还发现，城口县沿河乡中心小学是全乡基础设施最好的学校，但仍存在操场老旧、教室多媒体设备老化、班班通几乎不能使用、教师办公用房及电脑配备不足、学生宿舍床位紧缺（学生宿舍下铺两人一床）等亟待解决的问题。该中心小学所辖的一所完小、三所村校的基础设施更为堪忧。[②]

国家要求"切实落实对乡村小规模学校按100人拨付公用经费和对乡镇寄宿制学校按寄宿生年生均200元标准增加公用经费补助政策……结合实际进一步提高两类学校生均公用经费水平，确保两类学校正常运转"[③]。我们调研的多数寄宿制学校受惠于这项政策，办学经费得到了较好保障，但个别学校情况不容乐观。比如，城口县财政投入农村学校的公用经费是年生均700元。城口县沿河乡中心校由于在校学生较少，每年县教委按照农村学校公用经费年生均70%的标准（即年生均490元），划拨到该校近24万元。主管部门的不重视导致学校正常运行所需经费缺口很大。因为同样的原因，按照同样的标准，城口县教委每年划拨到鸡鸣乡中心小学的经费近20万元，这也令学校捉襟见肘。[④] 运行经费的不足给留守儿童寄宿教育带来了一系列问题，比如：没有资金聘请教辅后勤人员，只能由教师兼任宿管员、炊事员、会计等；无法为

① 参见秦波等：《重庆市万州区龙驹镇、丰都县三建乡基础教育发展调研报告》，未发表，2019年7月。

② 参见张向华等：《重庆市城口县沿河乡、鸡鸣乡基础教育发展调研报告》，未发表，2019年7月。

③ 国务院办公厅：《关于全面加强乡村小规模学校和乡镇寄宿制学校建设的指导意见》（国办发〔2018〕27号）。

④ 参见张向华等：《重庆市城口县沿河乡、鸡鸣乡基础教育发展调研报告》，未发表，2019年7月。

教师正常教学以外的工作量提供津贴补助;教师外出培训报账困难等。这些情况也加剧了优质师资的流失,使留在学校的教师只能更多依靠教育情怀和奉献精神支撑。

第五节 个案乡镇留守儿童寄宿教育的对策与建议

一、大力加强留守儿童寄宿教育的师资建设

(一)加强留守儿童寄宿教育教师的职前培养

首先要拓宽教师补充渠道,在省级政府有关部门统筹之下,区县政府应根据自身需求,前瞻性地预估农村中小学,尤其是寄宿制学校教师的需求量并适度放大,主动寻求师范院校合作支持,委托高校“定向—订单”培养,确保留守儿童寄宿教育充足的师资来源。为此,应积极完善和充分利用国家公费师范生政策,加强培养主要面向农村寄宿制初中的普通公费师范生和主要面向农村寄宿制小学的全科师范生。

在保证培养数量的同时,各地应与师范院校通力合作,提高公费师范生培养质量。在学科专业方面,面向农村寄宿制初中的普通公费师范生培养要侧重于音乐、美术、体育、心理健康等专业。面向农村寄宿制小学的全科师范生培养应结合师范生自身的特长兴趣,引导每一名师范生都能在音乐、美术、体育、英语、心理健康等专业中选择学习一至二个作为特长专业方向。当然,也可专门培养以某一专业为主要方向的小学艺体类全科教师。在新中国师范教育中发挥过重要作用的中等师范学校曾经培养过较多以美术、音乐、体育为专业方向的中师生,相当长时间内为我国中小学艺体教育的较好实施发挥了关键作用。这种宝贵的历史经验值得继承和弘扬。

在保证培养质量方面,还应加强公费师范生农村教育情怀、教学技能和师

德的培养，确保他们能够"下得去、教得好、留得住"，成为留守儿童寄宿学校的骨干师资。要特别注意引导师范生掌握农村留守儿童的基本特征与教育策略，并提高实施农村寄宿教育的技能，如寄宿学生生活指导技能、寄宿教育闲暇课程的开发实施技能、寄宿学生心理调适指导技能等。有条件的地区，可以针对留守儿童寄宿生活教师的岗位能力需要，开设系列专门课程，探索培养高素质的留守儿童寄宿生活教师。

（二）提高留守儿童寄宿教育教师的配置水平

首先要提高留守儿童寄宿学校教职工编制数量，确保学校在岗师资充足够用。中央明确要求"将县镇、农村中小学教职工编制标准统一到城市标准，即高中教职工与学生比为1∶12.5、初中为1∶13.5、小学为1∶19……县级教育部门在核定的编制总额内，按照班额、生源等情况统筹分配各校教职工编制……确保基本开齐开足国家规定课程，特别是体育、音乐、美术、科学技术等课程"①。在不折不扣执行这一规定的同时，对农村留守儿童寄宿学校"应根据教学、管理实际需要，通过统筹现有编制资源、加大调剂力度等方式适当增加编制……要统筹制定寄宿制学校宿管、食堂、安保等工勤服务人员及卫生人员配备标准，满足学校生活服务基本需要"②。

为了保证农村寄宿制学校教职工编制充足合理，各地必须进一步创新思路，按照班额、生源、工作量等实际情况统筹配置各校教职工编制。建立和完善教职工编制动态管理机制，根据学校布局结构调整、不同学段学生规模变化等，对各级各类学校间教职工编制进行动态调控，提高编制使用效益。编制管理与人事管理必须结合创新，实行人员编制的"县管校聘"，促

① 中央编办等：《关于统一城乡中小学教职工编制标准的通知》（中央编办发〔2014〕72号）。

② 国务院办公厅：《关于全面加强乡村小规模学校和乡镇寄宿制学校建设的指导意见》（国办发〔2018〕27号）。

进区域内教师交流轮岗和均衡优化配置。各地可以根据需要,明确农村中小学教师在农村的最短服务年限,延长城镇学校教师赴乡村学校轮岗任教的时间。或者配置“临时编制”,实施“银龄计划”吸引退休的优秀教师到农村寄宿制中小学再做贡献,实施“青苗计划”吸引高校优秀师范生到寄宿制学校顶岗任教。

在确保编制数量的同时,各地要加强编制的质量调控,“使乡村学校中高级教师岗位比例不低于城镇同学段学校”①。“逐步为农村中小学配齐音乐、体育、美术、信息技术、心理健康等紧缺学科教师。”②在有条件的地区,还要探索完善寄宿制学校优质生活教师的编制配置。生活教师在承担现有宿管职责的同时,要能担负学生心理疏导、安全教育、闲暇生活指导、课外文体活动策划与指导、寝室文化建设指导等教育重任。这类教师可以专门培养培训、专岗安排使用,也可以与中小学班主任教师合岗培养与使用。这需要明确生活教师岗位的育人价值、工作职责、配备标准、绩效待遇等。建议各地创造条件,把生活教师纳入专技岗进行管理,让他们享受与学科教师、班主任教师同等待遇,发挥同等重要的育人功能。建议按照初中和小学高段学生与教师比为 200∶1、小学低中段学生与教师比为 120∶1 的标准配备专职生活教师。如果与班主任合岗配置生活教师,原则上应做到一班一师,且较大幅度减轻该岗位教师的教育教学工作量,确保在岗教师有充足的时间和精力同时做好班主任和生活老师的各项工作。

(三)改善留守儿童寄宿教育教师的工作处境

首先要切实解决承担留守儿童寄宿教育工作的教师的住宿问题。各地要

① 国务院办公厅:《关于全面加强乡村小规模学校和乡镇寄宿制学校建设的指导意见》(国办发〔2018〕27 号)。

② 重庆市人民政府:《关于深入推进义务教育均衡发展促进教育公平的意见》(渝府发〔2012〕42 号)。

“坚持从实际出发合理布局，加大艰苦边远地区乡村教师周转宿舍建设力度……可在乡镇寄宿制学校内或周边集中建设教师周转宿舍”①。政府可独立出资，也可联合社会力量出资，尽可能谋求即使学校停办，国有资产也不会流失和闲置。还要为偏远农村地区寄宿制学校老师进一步提高福利待遇和岗位补贴，在寄宿制学校建设师生共用的文体活动场所，配备文化娱乐设施，丰富师生课余文化生活，提高生活质量。

针对从事寄宿教育和非寄宿教育的教师工作量差距巨大，绩效标准却基本没有区别的问题，各地要切实提高寄宿教育相关教师的绩效水平。有关部门要制定分类、分层的绩效考核标准，区别对待农村小学和中学、寄宿和非寄宿学校教师工作量的评定和绩效考核内容，确保公平公正。寄宿制学校内部要建立比较完备的绩效考核可量化体系，确保精准考核，按劳分配，多劳多得；确保班主任、生活教师、学科教师、管理人员的绩效公平合理。

针对从事农村寄宿教育教师“付出—回报失衡感”强烈的问题，各地必须坚持“公平优先”“有效激励”“以人为本”理念，在较大幅度提升老师们物质与精神获得感的同时，采取有效举措合理控制老师们的工作时间与压力，确保老师们既能做好日常教育教学工作，又能得到适度的身心调节。比如，寄宿制学校班主任和管理人员长期早出晚归，持续在岗或在校时间超过正常标准的现象必须尽可能避免，老师们承担的正常教育教学之外的社会性事务必须最大限度减少。

建议各地组织专门力量完成特殊儿童的控辍保学、病残儿童的送教上门、建卡贫困户的对口帮扶等工作；杜绝让老师们提供教育教学以外社会性事务的过程性工作资料及总结材料，如扶贫宣传与帮扶活动的计划、总结、简报等。建议政府相关部门弱化教师教育教学以外工作与职称评审、绩效考核、评优评

① 国务院办公厅：《关于全面加强乡村小规模学校和乡镇寄宿制学校建设的指导意见》（国办发〔2018〕27号）。

先进行挂钩考核的政策。① 如不得不安排老师们承担耗时较多或强度较大的本职工作之外的社会性事务，必须给他们足额发放加班津贴。

（四）强化留守儿童寄宿教育教师的继续教育

加大留守儿童寄宿教育教师培训力度，提高他们继续教育实效，必须进行顶层设计，优化继续教育的目标内容、时间安排、方式选择等。继续教育目标内容要在各类人员需求调研的基础上，针对校长、生活教师、班主任、学科教师等进行分类设计。学科教师是寄宿制学校教师的主体，对不同学科、不同教龄的教师要分类设计具有恰切的继续教育目标内容。比如，就一般情况而言，新教师继续教育要重点关注任教学科教材的深度研读和教学方法的灵活运用；教龄5—10年教师的继续教育要促进教育观念更新、教学技能提升及职业倦怠的缓解；教龄10年以上教师的继续教育要激励他们自主搭建成长平台、聚合发展资源，提升专业工作的创新意识和职业生命的成就感。针对农村寄宿制学校教师专业结构不合理，艺体与英语等学科教师紧缺的情况，可以根据艺体与英语等学科教学的基本需要设计系列继续教育目标内容，选派部分教师参加转岗培训学习。

继续教育时间安排与方式选择的优化可以结合考虑。如果是到高校集中听讲座为主的继续教育，可以安排老师们在寒暑假外出参加，这样回避工学矛盾，便于老师们在较长时间中丰富学习体验。如果是跟岗访学式的继续教育，则必须安排在行课期间，让部分教师到优质学校跟随优秀教师进入班级和课

---

① 本书基本定稿时，中央已出台相关文件，在全国范围内引起了较大反响。文件指出中小学教师负担较重的主要表现是：各种督查检查评比考核等事项名目多、频率高；各类调研、统计、信息采集等活动交叉重复，有的布置随意；一些地方和部门在落实安全稳定、扫黑除恶、创优评先等工作时，经常向学校和教师摊派任务。针对这些问题，文件要求统筹规范督查检查评比考核事项，统筹规范社会事务进校园，规范部署扶贫等任务，切实减轻中小学教师负担，进一步营造宽松、宁静的教育教学环境和校园氛围，确保中小学教师潜心教书、静心育人。参见中共中央办公厅等：《关于减轻中小学教师负担进一步营造教育教学良好环境的若干意见》（中办发〔2019〕56号）。

堂，研习教学技艺，提升学科教学、班级管理、课程开发等方面的能力和水平。这种继续教育，必须以学校具有充足的教师编制、正常运行的教师短期轮流代岗和轮流访学的机制为保证。

寄宿制学校教师继续教育应更多立足于学校实际，引导教师在校本教研活动中研修学习。有关培训机构和专家可以采取送教到校的方式，把高质量的培训讲座送到学校，将手把手的指导送到课堂。培训讲座要少而精，课堂指导要多而实。送教专家要先看课、听课，找到问题，针对问题的解决亲自上课示范，指导农村老师把先进的教育教学方法学到手。这种"名师蹲点指导"的继续教育方式特别适合农村寄宿制学校。"名师蹲点"的"点"最好是一个班级、一个年级或者一所学校，如果可调遣"名师"有限，他们在一个乡镇或一个区县的多所学校轮流蹲点也可，但蹲的时间要尽可能长，功夫要尽可能深。

二、全面改善留守儿童寄宿教育的文化生态

（一）寄宿制学校主动参与农村社区文化生态建设

针对乡村文化贫困凋敝和农村学校成为"文化孤岛"等现实问题，每一所寄宿制学校都必须主动参与农村社区文化生态建设，把学校发展的价值选择作为难点进行突破，放弃急功近利而选择以人为本、"以文化人"的内涵发展道路。学校应立足于现有物质文化、精神文化、制度文化条件，准确把握学校文化建设的优势与劣势，进而谋求扬长避短；应立足于转型期农村社会现代与传统交织的现状，思考如何奠定新文化的根基，革新一代学生及其家长的精神风貌。同时，要积极启迪和引领校长和广大教师的文化自觉，提高他们对农村儿童，尤其是寄宿留守儿童进行"文化培根"的认识水平与操作技能。根据自身办学历史、师资条件，以及所在地区文化教育生态环境与乡土特色教育资源情况，学校要主动提炼科学前瞻的办学理念，打造具有新时代鲜明特色的学校文化，建设具有本校风格的文化教育品牌，促进学校育人品质与农村社区文化

建设内涵的同步提升。

各地农村有着丰富的传统文化与乡土文化资源，寄宿留守儿童受外来文化影响相对较弱，学校教师充分利用传统乡土文化精华对他们进行人生观与价值观引领，定能收到显著育人成效。要做好这项工作，农村寄宿制学校急需培育高品质的教师文化，使每一位教师都真正懂得“文化成人”的意义，掌握“以文化人”的方法。为此，各地教育行政部门和社会各界应着力引导农村寄宿制学校师生在热爱乡土生活、拥抱乡土文化的过程中获得深刻的生命体验，丰富和发展师生生命内涵。学校教育实践与文化创新的根本价值在于“唤醒生命”而不在于“传递知识”，农村教师在创造和彰显职业生命价值的过程中，必须追求自我与留守儿童生命高品质的同生共长，并促进乡村教育文化生态环境的净化与美化。

（二）积极引导社会各界杜绝对留守儿童的“妖魔化”

田野调查发现，很长一段时间以来，人们往往基于极端个案，扩大留守儿童成长问题，对这个群体形成刻板印象，进而“妖魔化”，给他们贴上问题儿童的标签。这直接导致农村教师、留守儿童家长、代理监护人等丧失教育信心，甚至给广大留守儿童的自尊、自信带来毁灭性打击，使他们成为内卷封闭的弱势群体，遭遇孤岛效应一样的发展困境。

对农村留守儿童这个群体规模极其巨大的弱势儿童群体，应该有客观公允的评价。2009—2013 年期间，中国和美国多个研究机构和著名大学的 11 名学者，采取随机抽样方式，对我国 10 省份农村 14.1 万儿童样本展开比较研究，以此判断我国农村留守儿童群体和非留守儿童群体的学业、健康、营养状况，巨大样本量使该研究具有较高学术价值与公共政策价值。① 该研究设置 9 个指标，部分结果如下：

① 参见郅玉玲等：《乡村留守儿童发展基本权益保护——基于浙江省的实证研究》，《中共浙江省委党校学报》2017 年第 5 期。

贫血率,农村留守儿童和非留守儿童两个群体均为27%。身高与体重,非留守儿童得分均略低于留守儿童。土源性蠕虫感染率,非留守儿童(39%)高于留守儿童(25%)。屈光不正率,非留守儿童(17%)高于留守儿童(13%)。在3—5岁阶段,农村非留守儿童体质指数(BMI)显著低于留守儿童,到8—10岁阶段,两个群体的差异不再显著。初中辍学率,两个群体均为19%,数学、语文与英语三门功课的成绩,两个群体没有差距。

研究还发现,农村留守儿童父母比非留守儿童的父母更年轻,受教育程度也更高;留守儿童所在家庭规模更大。前者意味着这些家长外出打工能取得更高收入,后者意味着留守儿童能得到大家庭其他成员的一定照看。[①] 农村留守儿童虽然是弱势儿童,但也拥有自己的长处与优势,这个群体并非问题儿童群体。相对于农村非留守儿童,留守儿童以较少享受父母关爱照料为代价,获得了较多其他生存发展资源。家长外出打工导致家庭子女抚育功能严重缺损的同时,也为留守儿童提供了比较丰富的其他教育成长资源。

本书课题组持续15年跟踪研究留守儿童教育问题也有类似结论。比如,本书上编(第一至五章)深入分析西部M省基础教育质量监测大数据发现,农村中学非寄宿留守儿童的学业和身心发展的多项指标均优于寄宿留守儿童和农村其他儿童群体,也有指标优于M省平均水平。[②] 这些与人们惯常印象或者直觉相反的研究结论不能说明农村留守儿童的身心与学业发展状况没有问题,更不能说明他们的生存发展状态已经比较理想。但是,应该促进社会各界,特别是农村中小学教师和农民家长认可留守儿童的长处与优势,增强教育好留守儿童的信心和动力,使这个规模巨大的弱势儿童群体能够在党和国家教育公平政策关怀下真正享受有质量的基础教育,全面提高他们童年健康成长与终身持续发展水平。

---

① 参见陈斌:《农村留守儿童,不算最惨,还能更好》,载南方周末编著:《在一起——中国留守儿童报告》,中信出版社2016年版。

② 参见本书第一章第一、二节和第二章第一、二节。

基于以上讨论，我们认为社会各界理应也必须高度警惕并杜绝留守儿童的妖魔化。各种媒体对留守儿童现象要加强正面宣传和引导。农村寄宿制学校，要努力营造赏识激励每一位学生的文化氛围，引导全体家长积极关爱留守儿童而不抱怨牢骚，引导每一位教师增强责任感和奉献精神，确立科学学生观，正确对待留守儿童的缺点错误，切忌以偏概全，消极悲观，戴着“有色眼镜”看待留守儿童。广大留守儿童在学校教师的支持与鼓舞下，要加强自我教育，提高自信力和意志水平，努力杜绝自我贬损和自我污名的情况发生。

（三）多方合作建好农村儿童社区文化活动中心

“文化是开发学生生命潜能并具有生命意义的一种力量”①，政府、学校、社区等多方合作建好农村儿童社区文化活动中心，是解决寄宿留守儿童周末、节假日家庭教育与社区教育严重匮乏问题的重要途径，也有利于农村教育文化生态环境的大幅度改善。

农村学校系统（乡镇初中、乡镇中心小学、幼儿园、村校、教学点），可以为农村儿童社区文化活动中心提供活动场地、设施设备以及辅导教师等。农村乡镇政府、村社组织，应该为儿童社区文化活动中心提供人财物资源。农村儿童社区文化活动中心可与“乡村少年宫”融为一体，也可与各村“农家书屋”或“乡村图书馆”联动整合。各村“留守儿童托管中心”或“妇女儿童之家”可以与农村儿童社区文化活动中心共用场地，共享人财物资源。

参与建设农村儿童社区文化活动中心的主体包括但不限于乡镇政府、农村学校及乡镇文化站、妇联、共青团组织、村委会、村民小组和农民家庭。其中，村委会应该是整合利用各方资源的建设主体。各地可以为村委会增设一个工作人员编制，如扶贫攻坚配备第一书记一样配备儿童社区文化活动中心专职辅导员，专门负责中心的建设工作与儿童文化活动的组织工作。

---

① 叶澜：《新基础教育论——关于当代中国学校变革的探究与认识》，教育科学出版社2006年版，第374页。

农村儿童社区文化活动中心的活动应安排在周一至周五下午4点以后和周末、节假日，主要包括儿童课外文体活动、教育培训活动等。可以通过乡土故事的分享、乡土技艺的传承、现代科技和基本农事的学习，培养儿童对乡土文化、农业生产和科学技术的热爱之情。农村儿童社区文化活动中心要积极整合村委、学校、社区、家庭的力量，谋求有关各方密切配合，协同服务乡村儿童的全面发展。可以本着平等尊重、互利合作的原则，有计划地邀请具有爱好特长或专业技能的农民家长直接参与教学活动。

在有关各方合作建设农村儿童社区文化活动中心的过程中，学校要积极发挥专业优势，开发实施有效的乡土文化活动课程，强化农村贫弱儿童励志教育、理想教育、爱农务农教育。教育精准扶贫聚焦于“扶人之贫”，不仅是解决物质贫困，更主要的是通过“扶智”“扶志”“扶学”来根除精神贫困。① 所以，农村儿童社区文化活动中心的相关活动，要结合学校教育教学内容，帮助乡村儿童形成正确的脱贫认识，树立积极向上的理想信念，养成阳光、勤奋的良好品质。

农村儿童社区文化活动还要加强乡土教育，培植农村儿童热爱家乡农村的情感。乡村的土地哺育万物生命，家乡和土地承载着农村儿童的人生梦想。乡土之上有山有水有五谷，乡土之中有亲有情有文化。农村儿童社区文化活动必须亲近山水，体验亲情，让心向未来的农村儿童有根基有底蕴，懂生活爱生活，从而自信自立能创造。当然，社区文化活动还要尽可能与留守儿童寄宿学校特色课程文化建设结合起来，充分利用山川河流、五谷蔬菜、节日节气、民俗风情、家族祠堂等乡村本土资源，引导农村儿童能够从天地万物中汲取成长养料，能够在日常生活中尊重生命及自然，传承乡土优秀文化。②

---

① 参见左明章等：《扶志、扶智、扶学：信息化促进教育精准扶贫“三位一体”模式建构》，《电化教育研究》2019年第3期。

② 参见肖诗坚：《校长札记：我的乡土人本教育观》，2019年7月6日，见 http://www.360doc.com。

三、努力创新留守儿童寄宿学校的办学机制

当前,我国义务教育已经全面普及,新时代基础教育发展必须高度重视优质与均衡、效益与公平。在这种背景下,农村留守儿童寄宿学校的办学机制必须进行系统创新。首先,针对偏远农村地区寄宿制学校资源短缺的困境,各地要创新和落实“办学资源与政策的倾斜支持机制”,具体表现为:创新人、财、物等资源配置与使用政策,为寄宿制学校的正常运行和持续发展提供大力保障。其次,要秉持和强化“城乡教育共同体”理念,创新构建“城区品牌学校+乡镇寄宿学校”的“大学区协同建设机制”,发挥城区优质学校的帮扶作用,整体提升农村薄弱学校办学水平。具体表现为:城乡学校互派管理干部,组织“教师合作教研、互助教学、共建课程、定期交流,构建城乡教师发展共同体,建立统一的教学质量监测体系”①,促进“大学区”教育质量整体提升。最后,邻近乡镇的所有学校(教学点)可以建立以寄宿制学校为中心的片区教育发展共同体,创新实施“学校联盟集群建设机制”,具体表现为:寄宿制学校主导各校实现艺体与英语师资、校本乡土课程、实践活动基地等教育教学资源的共建共享,携手解决同质性困境,促进彼此共同发展,最大限度节约教育成本,提升育人质量。②

在上述建设发展机制有效运行的过程中,各地还要进一步探索实施留守儿童寄宿学校“后勤社会化服务机制”。这主要是因为大量农村寄宿制学校的后勤保障工作面临以下问题:生活设施投入不足;后勤工作激励机制不够,员工服务意识较差,效率较低;宿管、保洁、绿化等工作严重滞后;食品安全工作压力巨大;学校教辅职工编制紧张。为了较好解决这些问题,使学校能够聚

---

① 赵丹等:《乡村小规模学校教育质量提升——基于集群发展视角》,《教育研究》2019 年第 3 期。

② 参见杜越等:《教育展望:国际比较教育·教育和教育质量的关键问题:来自发展中国家的经验》,华东师范大学出版社 2013 年版,第 82 页。

焦教育教学中心工作，全面提高留守儿童寄宿教育质量，各地可以按照教育行政部门的“招投标”准入程序，直接选用社会上有资质、信誉好的专业物管、餐饮等企业，以承包经营或托管学校物业和食堂等方式，为留守儿童寄宿学校提供后勤服务保障。具体操作层面有两种方式可以选择，一是部分社会化，把学校食堂、超市（小卖部、服务部）、校园保洁、绿化、宿舍管理等方面的部分业务项目委托或承包给企业；二是完全社会化，即让学校各方面的后勤保障项目完全面向社会、面向市场，通过竞争择优的方式招揽后勤服务企业，并根据服务质量由当地财政部门拨款付费。

有条件的地方，农村留守儿童寄宿学校可以通过协商谈判建立家长适度投入机制。2017 年 3 月 7 日，在十二届全国政协五次会议教育界别联组会议上，教育部部长陈宝生回应了小学放学早让家长挠头焦心的现象。他要求有条件的地方开展试点，鼓励各地摸索经验，解决问题。他讲：“教育部将制定政策性指导意见，实行弹性放学时间。明确放学之后，不属于义务教育范畴，政府可以给补贴；学校也可以与家长谈判，适当收取费用。”①农村留守儿童寄宿教育的诸多问题与陈宝生回应的这个问题具有类似的成因与性质，有条件的地方完全可以参照陈宝生讲话精神，探索通过协商谈判建立家长适度投入的机制。

不过，义务教育阶段学校，尤其是农村中小学向学生家长收费极为敏感。陈宝生部长讲话之前的 2017 年 2 月 24 日，教育部相关文件的要求是：“要积极向本地区党委、政府汇报，加强与相关部门沟通协调，争取资金支持，不断完善经费保障机制，通过‘政府购买服务’‘财政补贴’等方式对参与课后服务的学校、单位和教师给予适当补助，严禁以课后服务名义乱收费。”②结合陈宝生

---

① 罗望舒：《教育部长陈宝生：中小学有望实行弹性放学时间，解放家长》，2019 年 1 月 16 日，见 www.chinadaily.com.cn/interface/toutiaonew/53002523/2017-03-07/cd_28467579.html。

② 教育部办公厅：《关于做好中小学生课后服务工作的指导意见》（教基一厅〔2017〕2 号）。

讲话精神，我们认为农村留守儿童寄宿学校通过协商谈判，建立家长充分自愿且能参与监督审计的适度投入机制，应该属于上述文件规定的可以创新探索的“等方式”之一，而不属于“以课后服务名义乱收费”。

我们在西南地区大范围实地调研过程中，发现有公办寄宿制学校勇敢地迈出了探索步伐。其中，比较典型的个案学校是处于少数民族聚居地的千手乡中心校。① 这所农村留守儿童寄宿学校为了认真贯彻落实县委、县府系列文件精神，切实加强留守儿童教育关爱与保护工作，较好解决留守儿童在学习、生活、生理、心理等方面存在的成长困难与问题，在经县教委和县妇联研究同意的基础上，面向全县各乡镇（街道）招收留守儿童到校接受寄宿教育。因为学校要为寄宿学生提供大量属于非义务教育保障内容的课后教育与日常生活服务，所以在协商谈判、自愿适度的前提下，家长要为子女的寄宿教育适度缴费。

千手乡中心校是一所独具特色的农村留守儿童寄宿制小学，距县城 13 千米，占地面积 16500 平方米，校舍总建筑面积 5156 平方米。2019 年 6 月有 11 个教学班、39 名教师、471 名学生，其中父母双亲外出寄宿留守儿童 358 人，占 76%。学校于 2012 年启动“寄宿留守儿童关爱之家”创建工作，通过不断创新学校办学机制，持续整合各方资源，学校规模和影响力不断扩大，生源覆盖了全县 20 多个乡镇并辐射到周边区县及省外地区。2019 年 6 月在该校就读的县外学生有 70 多人，约占 20%。在学校没有实施家长适度自愿投入机制之前，学校学生总数少一半以上，父母双亲外出寄宿留守儿童只有 20 多人。

学校把基于家长适度自愿投入原则创建留守儿童爱心家园这项工作当作一项民心工程来抓。学校成立了留守儿童爱心家园工作领导小组，由校长任组长，分管领导任副组长，凡涉及留守儿童寄宿教育的事，件件有人抓。学校建立健全制度，制定托管班主任管理制度、周末留守儿童管理制度、周末值班

---

① 为了避免给当地教育行政部门和个案学校带来不必要的干扰和压力，我们把学校化名为“千手乡中心校”。

制度、学生公寓管理制度等，并严格落实。学校狠抓学生行为习惯教育、日常礼仪教育和安全教育等，《乖孩子每天7件事》《乖孩子每天10不准》《每周五件事》是该校学生的必读教材。

在家长适度自愿投入基础上，学校设立亲情聊天室，把孩子分成小组，定期或不定期通过视频、电话与父母谈心。生活老师负责为孩子们缝补衣服，搽药或喂药，照料低幼孩子入睡，使他们感受亲情的温暖。学校聘请5位保育员定期指导学生洗澡洗头、更换衣服、整理床铺、打扫寝室清洁卫生，对学生日常生活用品以及校园环境定期或不定期消毒，为学生打造温馨健康的成长家园。学校严格管理学生的膳食，保证营养搭配合理，严防过期、变质、腐烂食品进入学生餐盘。学生一般小病，如感冒等，由门卫室保安人员或生活老师及时送到乡医院就医；比较严重的，由生活老师送往县医院就医，并照料生活起居；特别严重的，学校及时通知学生监护人。学校将寄宿留守儿童分成30个小组，一个老师负责一个小组，定期或不定期和学生交流，了解他们的心理动向，进行心理疏导和生理健康教育。老师根据每位学生学习情况，量身定制课外辅导计划，在早晚自习和课余时间，让学生“少吃多餐”，循序渐进提高学习成绩。周末，学校安排老师轮流值班，辅导学生作业。

为了丰富寄宿留守儿童的课余、周末、节假日生活，学校组织开展丰富多彩的社团活动。学校开发14个校本课程，聘请有专业特长的校内外老师执教，学生根据自己的兴趣爱好选择学习，如竹刻、刺绣、足球、篮球、书法、美术等。学校从各个渠道争取资金和设备，努力改善办学条件。自2013年以来，学校投入400多万元，建好六大功能教室，对文化广场、教室、寝室和餐厅等进行维修和美化。针对贫困家庭留守儿童上学难的问题，学校积极争取社会各界爱心人士累计资助70多万元，帮助每一个孩子快乐学习，健康成长。

近年，学校留守儿童教育关爱工作深受各级领导、家长和社会好评。中组部、省委、省监委、省教育厅、县委、县政府和县教委等各级领导多次到校调研指导，并充分肯定学校留守儿童教育关爱工作。2013 年，学校荣获省级“优秀留守儿童之家”称号；2014 年，被县委、县政府评为“教育教学工作先进单位”；2016—2018 年，学校教育教学质量考核成绩连续 3 年在全县排名第四；2018 年，学校荣获全县小学生篮球赛第一名、年终考核一等奖，再次被县委、县政府评为“教育教学工作先进集体”；2019 年，学校党支部被县委教育工委评为“先进基层党组织”。

千手乡中心校通过与家长协商谈判，形成契约，引导家长进行适度投入，很好地解决了留守儿童寄宿教育的大量难题，在较短时间内大幅度提高了留守儿童寄宿教育的质量，而家长的投入远远低于当地教学质量低差但生源爆满的民办留守儿童寄宿学校。该校家长自愿适度投入机制也支撑了学校“后勤社会化服务机制”的较好实施，还在一定程度为留守儿童寄宿教育争取到了“办学资源与政策的倾斜支持”，具有比较重要的政策创新意义。

不过，千手乡中心校校长讲：“学校不敢大张旗鼓地搞，也不愿意别人大范围宣传。”目前，该校面临着比较严峻的政策困境：教职工完成属于非义务教育工作内容的寄宿留守儿童课余、周末、节假日教育服务工作，无法获得编制内人员政策允许的绩效工资，把家长自愿投入的经费用于支付教职工额外工作报酬也缺乏政策依据。县教委领导讲：“只要校长你不把家长交的钱往自己包包里揣，只要校长你得的津贴不是最多，只要校长你让家长心甘情愿，我们都睁一眼闭一只眼。”但是，校长在探索前行中一直提心吊胆。他讲：“我们最烦恼的是收费没有政府明确的政策支撑。为了全校留守儿童享受更好的寄宿教育，我替辛劳奉献的老师们争取一点儿报酬，随时都要做好‘摘帽子’、受处分的准备。”我们认为，在当前政策形势下，“睁一眼闭一只眼”的县教委领导和提心吊胆却又敢于创新的校长值得点赞。教育部等中央部委和省级政府相关部门，应基于个案学校的探索，结合各地区实际情况，把陈宝生部长的讲话精神明确细化为政策文件，使农村寄宿制学校的创新探索名正言顺，使各地教育行政部门的鼓励支持与指导监管有章可循。在这方面,《国务院办公厅关于全面加强乡村小规模学校和乡镇寄宿制学校建设的指导意见》(国办发〔2018〕27 号),以及《教育部办公厅关于做好中小学生课后服务工作的指导意见》(教基一厅〔2017〕2 号)等文件已经指示了比较明确的方向,我们相信有关问题一定能够得到尽快解决。

附　　录

一、农村留守儿童寄宿制学校建设与管理创新决策咨询建议[①]

立足于教育问题审视，所谓留守儿童，是指父母双方或一方外出务工就业，不能同父母双方在家乡共同生活，且不满18周岁的未成年人。农村寄宿制中小学可以成为留守儿童学习生活的乐园，把寄宿制学校建设成为农村留守儿童一站式教育关爱服务中心，可以较好实现义务教育阶段留守儿童教育问题的整体性治理。农村留守儿童寄宿制学校建设与管理创新的价值追求在于坚持儿童利益最大化原则，大力服务人的发展，促进农村儿童，尤其是留守儿童的城镇化与现代化。作为整体性治理义务教育阶段留守儿童教育问题的中心，农村寄宿制学校的主要功能应该包括确保留守儿童公平享受优质的基础教育、推动农村教育发展、促进农村文化建设、辅助农村社区治理等。

中、西部六省（自治区、直辖市）深度调查发现，当前农村留守儿童寄宿制学校建设与管理的主要问题如下：区县教育行政部门和学校内部管理制度不健全；部分学校缺少学生宿舍、床位和食堂等；教学设施设备配置较差，利用欠

---

① 本文系作者主持完成的重庆市决策咨询与管理创新计划项目“重庆市农村留守儿童寄宿制学校建设与管理创新研究”（项目编号：cstc2016jccxAX0043）的结题成果之一，收入本书时略有修改。

充分;师资队伍数量、结构及整体水平较差;国家课程教学质量较差,学校特色课程建设尚待较好起步;校园文化建设与管理表皮化、形式化倾向严重;大多数学校没有校外实践活动基地,学生课余、节假日活动的开展情况很差;寄宿制学校对广大农村留守儿童和家长缺乏应有的吸引力。其中,课程与教学问题是重点问题,师资建设与管理问题是难点问题,二者紧密关联,直接影响和制约着农村留守儿童教育问题的整体性治理。

在治理农村留守儿童教育问题方面,广大中小学,尤其是农村寄宿制学校,历经多年坚持后,目前已处于相对疲软的状态。2016 年 2 月,国务院出台《关于加强农村留守儿童关爱保护工作的意见》,稍后民政部牵头颁发配套文件,系列政策导向都主要聚焦在优先、精准解决留守儿童监护问题,且明确规定相关工作由民政部门牵头负责。在这种背景下,部分区县教育行政部门,尤其是寄宿制学校校长,认为文件规定了留守儿童关爱保护工作的基本原则——坚持家庭尽责、政府主导、全民关爱、标本兼治,这从总体上减轻了教育部门及学校的责任,所以相关工作出现了松懈退步的状况。

有寄宿制学校抱着“能做多少就是多少,想做多少就是多少,确保不死人就行”的态度开展工作,致使学校大量留守儿童的青春年华处于无奈的“寄宿”状态。有学校学生宿舍闲置,床位空缺,明里暗里动员留守儿童不到学校寄宿。不少寄宿制学校对学生的课外活动、早晚自习等时间段放任自流,学生日常学习生活就是“上课,做作业,吃饭,睡觉”,留守儿童思想教育、学习指导、体育锻炼、食宿管理等方面,都存在巨大提升空间。我们建议,各级教育行政部门,在国务院文件要求民政部牵头主管留守儿童关爱保护工作的背景下,依然要严格考评督导寄宿制学校,进一步增强学校牵头治理留守儿童教育问题的责任担当。

为了优先、精准解决留守儿童监护问题,国务院文件排除了基本不存在监护问题的父母一方外出及 16 岁以上留守儿童。但从教育角度审视,16—18 岁留守儿童及父母一方外出留守儿童的教育问题,依然广泛存在,纷繁复杂。

在教育领域，我们反对机械套用国务院文件规定的留守儿童概念，为无视更大群体留守儿童的教育问题寻找托词。我们强烈建议，必须同等重视父母一方外出的留守儿童。父母双系抚育是人类历史上形成的最基本、最重要的制度。父母任一方长期外出都会导致家庭子女抚育功能严重缺损。近4000名留守儿童教育问卷调查结果表明，父母一方外出留守儿童与父母双方外出留守儿童的成长状况同样令人担忧，父母一方外出留守儿童的部分指标还略逊一筹。这一调查结果非常反直觉，但符合社会学与教育学的逻辑，应该得到高度重视。

基于农村寄宿制学校建设一站式教育关爱服务中心，整体性治理义务教育阶段留守儿童教育问题，要求各级政府及其教育行政部门、民政部门、妇女儿童工作部门，以及留守儿童家庭、社会各界把教育资源汇集到寄宿制学校，学校通过自身力量予以整合后实施留守儿童教育关爱工作，并承担直接责任。针对农村留守儿童寄宿制学校建设与管理的系列问题，学校内部及外部建设与管理主体务必通力合作，系统创新建设路径与管理机制。要进一步加强留守儿童寄宿制学校行课期间的运行管理，探索创新寄宿制学校在周末、寒暑假、节日作为“留守儿童假日生活乐园”的运行机制。寄宿制学校要加强留守儿童食宿设施设备建设和管理，积极参与农村社区文化生态环境建设，努力杜绝农村留守儿童的“污名化”，全面加强留守儿童的心理健康教育、生活指导和爱农务农教育。要加强师资队伍的建设和管理，提高学校实施国家课程、开发学校特色课程的质量和效益，全面促进农村留守儿童享受更加优质的基础教育。

二、中、西部六省（自治区、直辖市）书面访谈主要问卷

（一）关于农村留守儿童寄宿教育的实话实说

姓名：______性别：____年龄：____工作单位：____________________

尊敬的老师：

您好！

中央和各地系列文件都要求农村中小学因地制宜，较好满足农村留守儿童寄宿教育需求，最大限度提高留守儿童住校学习生活质量，积极促进义务教育阶段留守儿童问题的解决。对此，你有何想法？请站在一线教师的角度，结合日常工作经历和对相关现象的观察实话实说。

（二）关于农村留守儿童寄宿教育的建议

姓名：______性别：____年龄：____工作单位：____________________

尊敬的老师：

您好！

中央和各地系列文件都要求农村中小学因地制宜，较好满足农村留守儿童寄宿教育需求，最大限度提高留守儿童住校学习生活质量，积极促进义务教育阶段留守儿童问题的解决。对此，您有何建议？请结合您或同事的日常工作与生活状况，或者住校留守儿童学习、饮食、住宿等方面的事实与现象，谈谈自己的见解。您可自主选择、任意面向学生、家长、班主任、任课教师、宿管人员、校长、社会各界人士、区县或省级教育行政部门、教育部等提出建议。

（三）农村留守儿童寄宿制学校建设与管理访谈问卷

姓名：______性别：____年龄：____工作单位：____________________

尊敬的校长朋友：

您好！

针对农村留守儿童问题，《国家中长期教育改革和发展规划纲要（2010—2020年）》《中国儿童发展纲要（2011—2020年）》和2016年中央一号文件都要求：加快农村寄宿制学校建设，改善寄宿制学校条件。《国务院关于加强农村留守儿童关爱保护工作的意见》（国发〔2016〕13号）则细化要求："寄宿制学校要完善教职工值班制度，落实学生宿舍安全管理责任，丰富校园文化生活，引导寄宿学生积极参与体育、艺术、社会实践等活动，增强学校教育吸引力。”

当前，在较好满足农村留守儿童寄宿教育需求，最大限度提高留守儿童住校学习生活质量，尽可能解决义务教育阶段留守儿童问题等方面，广大农村中小学校具有哪些优势或资源？存在哪些问题或困难？相关经验或教训有哪些？您对加强农村留守儿童寄宿制学校建设与管理有何意见和建议？请选择围绕自己有话可说的问题，结合您所在区县和学校的具体情况，以及您或同事经历的相关故事，谈谈自己的真实想法。

三、中、西部六省（自治区、直辖市）部分书面访谈时间与对象

访谈时间	访谈对象
2016年7月8日	重庆市各区县50名中学教师
2016年10月20日	重庆市5区县94名中小学校长
2016年11月21日	贵州省六盘水市各区县59名乡村中小学名师
2016年11月29日	重庆市21个区县50名小学教师
2016年12月12日	贵州省贵安新区马场镇各中小学61名中小学教师与管理干部
2017年6月4日	四川省6市36区县100名乡村小学教师
2017年7月6日	陕西省安康市9区县乡村小学100名班主任及管理干部
2017年10月21日	广西贵港市桂平市各中小学40名教师
2018年7月29日	贵州省凯里经济开发区各中小学65名中、小、幼教师与管理干部
2019年11月12日	河南省16市63区县99名中小学班主任教师
2019年11月26日	陕西省8市21区县49名小学教师
2020年11月17日	山西省翼城县66名乡镇学校骨干班主任

四、重庆市长寿区农村留守儿童寄宿教育调研部分工作资料

（一）长寿区教委领导与相关科室负责人访谈提纲

1. 本课题组研究全国农村留守儿童教育工作的情况简介

2. 本课题组对长寿区农村留守儿童教育工作的前期研究情况简介

3. 准备对长寿区农村留守儿童寄宿教育工作开展深度调研的内容：

（1）农村留守儿童寄宿制学校建设与管理创新的典型经验研究。包括：相关政策制度、学校校舍、教学设施、师资队伍、学校课程、校园文化、校外实践活动基地等方面问题的典型经验。

（2）农村留守儿童寄宿教育现存困难与问题及其原因。

（3）关于农村留守儿童寄宿制学校建设与管理创新策略路径于政策机制等方面的意见和建议。学校外部建设与管理主体方面，可能涉及各级政府及其教育、民政部门、妇联、共青团、学生家庭、村（居）委会、非政府组织等；学校内部，可能涉及校领导、学校教师、后勤服务教导人员、学生自我等。

（二）商请长寿区教委提供相关材料的部分清单

1. 2010 年以来各年度基本数据

（1）各年度全区中小学留守儿童（含“单亲外出”与“双亲外出”两类，下同）数量与比例等数据，含全区总数据与分校数据

（2）各年度全区住校学习留守儿童数量及其所占比例等数据，含全区总数据与分校数据

（3）农村寄宿制学校相关的师资投入数据，含全区总数据与分校数据

（4）各年度全区中小学教育年度统计数据

（5）其他部门、机构、社会组织等参与留守儿童教育的相关数据

（6）其他与留守儿童教育相关的系列数据，数据越丰富越好

2. 工作资料

(1)工作计划总结:近年长寿区政府、各部门、各街镇、各学校留守儿童教育和关爱保护工作相关计划、总结

(2)工作过程性材料:如活动方案、学生事迹材料、教师心得与论文、活动照片、领导讲话稿、师生发言稿、新闻报道等

3. 规范文件

(1)近年重庆市下发的留守儿童教育和关爱保护工作文件

(2)长寿区政府下发相关文件

(3)长寿区教委制定相关文件

(4)长寿区民政部门、妇联、共青团等制定相关文件

(5)各街镇制定的相关文件

(6)各学校和其他方面的文件资料

4. 各相关科室领导认为有必要提供的其他资料

五、小学全科教育专业高师生留守儿童寄宿教育调研方案①

(一)调研目的

深入了解农村中小学教育教学实践工作,准确把握留守儿童住校学习生活状况。

(二)调研对象

在中小学住读的农村留守儿童(18 岁以下,父母至少有一方外出务工 6 个月以上)。

① 纳入本书时略有改动。

（三）调研内容

主要了解住校留守儿童的作息状况、一日三餐、寝室生活、课内外学习、校内外活动，以及相关的故事、场景、现象、言论等。

（四）调研方法

1. 与一两名（最多不超过 3 名）小学高年级或初中、高中住读留守儿童结成好朋友，与他们合作互动，谈心聊天，倾听他们讲述住校学习生活故事，一定要多倾听，少插话，多共鸣，少指点，多心记，少笔记（最好不当面笔记）。可以尝试的方法是：征得同意，取得信任，在自自然然的状态下录音。

2. 注意收集整理留守儿童提供的纪实文字、真心作文、日记、书信、写给家长和老师的检查，以及其他文字材料和照片等等，甚至约请他们专门写自传故事。

3. 根据需要，适度访谈调研其他相关人员，从多方面了解自己所调查留守儿童的情况。

4. 整理系列访谈调研工作所获资料。有价值的故事可以如实记录，有价值的录音片段可以直接转为文字，有价值的文字材料和照片可以选择使用。

5. 合并串联自己整理的调研资料，完成《农村留守儿童住校学习生活个案调查报告》。文稿不必追求内容的系统完整和言辞的精彩动人。可以讲述印象深刻的事件、人物，也可描写留守儿童住校教育常见的场景、活动；可以反映学校、教师的常规工作、惯有行动、探索创新，也可汇集学生、家长的真实心声，以及其相关问题困难等。

六、重庆市深度贫困乡镇留守儿童寄宿教育调研部分工作资料①

（一）访谈调研提纲

1. 主要针对家长的访谈题目

家长是否经常过问孩子在学校（幼儿园）的情况？学校是否开展专题家长培训？学校（教师）通过什么形式与家长联系？多久联系一次？教师主要向家长反映什么内容？多久召开一次家长会？家长与教师沟通过程中最大的困难是什么？

2. 主要针对校长的访谈题目

您在管理过程中遇到最困难的问题是什么？您理想的学校是什么样子的？要把学校办成您心目中理想的学校，您觉得您自己该做些什么？需要外部给您什么支持？如果将贵校作为市属高等师范院校的附属学校，您希望得到他们哪些方面的帮扶和支持？

3. 主要针对教师的访谈题目

您对您目前的工作状况是否满意？您对您目前的专业成长、待遇收入是否满意？如果学校愿意帮助您，您最想学校在哪些方面帮助您？

4. 针对各类访谈对象的题目

（1）农村中小学校、幼儿园在最大限度提高留守儿童寄宿教育质量方面，具有哪些优势或资源？存在哪些问题或困难？相关经验或教训有哪些？您对加强农村留守儿童寄宿制学校建设与管理，有何意见和建议？

（2）区县及乡镇政府、村居委会在最大限度提高留守儿童寄宿教育质量方面，具有哪些优势或资源？存在哪些问题或困难？相关经验或教训有哪些？

---

① 由重庆第二师范学院调研工作组陈永跃、陈利鲜、王丽、王永玲、江楠、任运昌等策划与编写，纳入本书时有微调。

您对加强区县及乡镇政府、村居委会的相关工作,有何意见和建议?

(3)农民家庭及亲人、邻居在最大限度提高留守儿童寄宿教育质量方面,具有哪些优势或资源?存在哪些问题或困难?相关经验或教训有哪些?在这方面,您对农民家庭及亲人、邻居有何意见和建议?

(二)调研会议安排

会议场次	会议类别	座谈调研人员	会议时长
1	区县教委领导代表座谈会	区县教委分管基础教育和教育扶贫工作的主要领导、基教科(教育科)科长、计财科科长、人事科科长、学生资助中心主任等	2小时
2	乡镇政府、村委会领导代表座谈调研会	乡镇政府:分管教育的主要领导、妇联主席、团委书记等 村委会:村长、书记等,2—3个村委会,每村至少2人	1.5小时
3	学校领导、教师代表座谈调研会	初中(5人/校):校长、德育处主任、团委书记、班主任与普通教师代表 完全小学(5人/校):校长、大队辅导员、班主任与普通教师代表 村小或教学点(2人/校):负责人、教师代表 幼儿园(3人/校):园长、骨干教师、保育员代表	3小时
4	家长代表座谈调研会	初中家长代表(5人);完全小学家长代表(5人);幼儿园家长代表(3人);村小或教学点家长代表(2人)	2小时

参 考 文 献

1. 曹锦清:《黄河边的中国——一个学者对乡村社会的观察与思考》,上海文艺出版社2000年版。

2. 陈向明:《质的研究方法与社会科学研究》,教育科学出版社2000年版。

3. 杜越等:《教育展望:国际比较教育·教育和教育质量的关键问题:来自发展中国家的经验》,华东师范大学出版社2013年版。

4. 方明编:《陶行知教育名篇》,教育科学出版社2006年版。

5. 费孝通:《乡土中国 生育制度》,北京大学出版社1998年版。

6. 费孝通:《江村经济——中国农民的生活》,商务印书馆2001年版。

7. 黄淑娉等:《文化人类学理论方法研究》,广东高等教育出版社1996年版。

8. 李培林:《村落的终结——羊城村的故事》,商务印书馆2004年版。

9. 任运昌:《空巢乡村的守望:西部留守儿童教育问题的社会学研究》,中国社会科学出版社2009年版。

10. 任运昌:《农村留守儿童政策研究》,中国社会科学出版社2013年版。

11. 任运昌等:《他们输在起跑线上:西部农村基础教育问题与对策研究》,重庆出版社2005年版。

12. 叶澜:《新基础教育论——关于当代中国学校变革的探究与认识》,教育科学出版社2006年版。

13. 中华人民共和国教育部:《普通高中语文课程标准》,人民教育出版社2018年版。

14. [美]邓金:《解释性交往行动主义——个人经历的叙事、倾听与理解》,周勇译,重庆大学出版社2004年版。

15. [美]邓津等主编:《定性研究:方法论基础》,风笑天等译,重庆大学出版社

2007 年版。

16. [法]福柯:《疯癫与文明》,刘北成等译,生活·读书·新知三联书店 1999 年版。

17. [法]福柯:《规训与惩罚——监狱的诞生》,刘北成等译,生活·读书·新知三联书店 2012 年版。

18. [德]海德格尔:《存在与时间》,陈嘉映等译,生活·读书·新知三联书店 1999 年版。

19. [美]库恩:《科学革命的结构》,金吾伦等译,北京大学出版社 2003 年版。

20. 重庆市农村留守儿童关爱保护和困境儿童保障工作联席会议办公室:《关于 2020 年第一季度全市农村留守儿童基础数据有关情况的通报》(渝留守困境儿童办发〔2020〕1 号)。

21. 重庆市人民政府:《关于深入推进义务教育均衡发展促进教育公平的意见》(渝府发〔2012〕42 号)。

22. 国务院:《关于印发〈中国妇女发展纲要和中国儿童发展纲要〉的通知》(国发〔2011〕24 号)。

23. 国务院:《关于加强农村留守儿童关爱保护工作的意见》(国发〔2016〕13 号)。

24. 国务院:《关于印发〈国家教育事业发展“十三五”规划〉的通知》(国发〔2017〕4 号)。

25. 国务院办公厅:《关于全面加强乡村小规模学校和乡镇寄宿制学校建设的指导意见》(国办发〔2018〕27 号)。

26.《国家中长期教育改革和发展规划纲要(2010—2020 年)》。

27. 教育部办公厅:《关于做好中小学生课后服务工作的指导意见》(教基一厅〔2017〕2 号)。

28. 教育部等:《关于加强义务教育阶段农村留守儿童关爱和教育工作的意见》(教基一〔2013〕1 号)。

29. 民政部等:《关于在全国开展农村留守儿童“合力监护、相伴成长”关爱保护专项行动的通知》(民发〔2016〕198 号)。

30. 南方周末编著:《在一起——中国留守儿童报告》,中信出版社 2016 年版。

31. 彭水县教委:《关于印发〈彭水县义务教育学校教学质量底线管理考核办法(试行)〉的通知》(彭水教委发〔2017〕141 号)。

32. 中共中央、国务院:《关于落实发展新理念加快农业现代化实现全面小康目标的若干意见》(中发〔2016〕1 号)。

33. 中共中央、国务院:《关于深入推进农业供给侧结构性改革,加快培育农业农村发展新动能的若干意见》(中发〔2017〕1号)。

34. 中共中央、国务院:《关于实施乡村振兴战略的意见》(中发〔2018〕1号)。

35. 中共中央、国务院:《关于坚持农业农村优先发展做好“三农”工作的若干意见》(中发〔2019〕1号)。

36. 中共中央、国务院:《关于抓好“三农”领域重点工作确保如期实现全面小康的意见》(中发〔2020〕1号)。

37. 中共中央办公厅等:《关于减轻中小学教师负担进一步营造教育教学良好环境的若干意见》(中办发〔2019〕56号)。

38. 中央编办等:《关于统一城乡中小学教职工编制标准的通知》(中央编办发〔2014〕72号)。

39. 陈向明:《王小刚为什么不上学了——一位辍学生的个案调查》,《教育研究与实验》1996年第1期。

40. 陈向明:《文化主位的限度与研究结果的“真实”》,《社会学研究》2001年第2期。

41. 陈治国:《海德格尔现象学方法的历史之源及其核心结构》,《哲学研究》2014年第2期。

42. 丁钢:《教育叙述何以可能?》,《教育情报参考》2002年第11期。

43. [美]杜威:《教师和他的世界》,傅统先等译,载《人的问题》,上海人民出版社1986年版。

44. 段成荣等:《21世纪以来我国农村留守儿童变动趋势研究》,《中国青年研究》2017年第6期。

45. 郝振等:《留守儿童界定标准探讨》,《中国青年研究》2007年第10期。

46. 胡春霞:《精准扶贫背景下农村留守儿童的问题与解决策略》,《教学与管理》2019年第18期。

47. 黄达昌等:《农村学校萎缩的成因、影响及对策》,《基础教育研究》2016年第9期。

48. 江立华:《乡村文化的衰落与留守儿童的困境》,《江海学刊》2011年第4期。

49. 柯泽:《论社会学芝加哥学派的历史分期以及理论贡献》,《晋阳学刊》2013年第2期。

50. 雷万鹏等:《对留守儿童问题的基本判断与政策选择》,《教育研究与实验》2009年第2期。

51. 李培林:《巨变:村落的终结——都市里的村庄研究》,《中国社会科学》2002年第 1 期。

52. 李培林:《透视“城中村”——我研究“村落终结”的方法》,《思想战线》2004 年第 1 期。

53. 李春玲:《高等教育扩张与教育机会不平等——高校扩招的平等化效应考查》,《社会学研究》2010 年第 3 期。

54. 李雅娟:《减轻中小学教师负担,保障主责主业》,《中国青年报》2019 年 12 月 16 日。

55. 刘建金等:《留守儿童的道德判断及其对道德教育的启示——基于社会认知领域理论的视角》,《开放时代》2017 年第 3 期。

56. 刘精明:《能力与出身:高等教育入学机会分配的机制分析》,《中国社会科学》2014 年第 8 期。

57. 刘良华:《从“现象学”到“叙事研究”》,《全球教育展望》2006 年第 7 期。

58. 刘良华:《教育叙事研究:是什么与怎么做》,《教育研究》2007 年第 7 期。

59. 刘良华:《教育现象学的观念》,《教育研究》2011 年第 5 期。

60. 刘良华:《何谓“现象学的方法”》,《全球教育展望》2013 年第 8 期。

61. 刘善槐等:《乡村教师队伍稳定机制研究》,《东北师大学报(哲学社会科学版)》2019 年第 4 期。

62. 刘志民等:《家庭资本、社会分层与高等教育获得——基于江苏省的经验研究》,《高等教育研究》2011 年第 12 期。

63. 卢卫红:《人类学“主位—客位”方法在科学史研究中的应用》,《自然辩证法研究》2013 年第 3 期。

64. 潘跃:《全国范围内摸底排查　农村留守儿童 902 万》,《人民日报》2016 年 11 月 10 日。

65. 任运昌:《寄宿制学校建设给家长带来了什么》,《中小学管理》2006 年第 11 期。

66. 任运昌:《空巢乡村的守望:重庆市南川区农村留守儿童教育个案研究》,载丁钢主编:《中国教育:研究与评论》(第 11 辑),教育科学出版社 2007 年版。

67. 任运昌:《莫为留守儿童贴上“污名”标签》,《中国教育报》2008 年 3 月 27 日。

68. 任运昌:《农村留守儿童教育问题的当前态势、应对模式与缓解策略——基于 13 年跟踪研究的判断与建议》,《广西师范大学学报(哲学社会科学版)》2017 年第 6 期。

69. 任运昌:《高中留守儿童寄宿教育问题研究——基于 15 篇检查材料的细读分

析》,《广西师范大学学报(哲学社会科学版)》2018年第6期。

70. 任运昌:《高中留守儿童寄宿教育问题与对策——基于师生主位立场的叙事研究》,《温州大学学报(社会科学版)》2019年第5期。

71. 田占峰等:《在思想政治课教学中促进留守儿童寄宿教育——基于教学行动研究案例述评的报告》,《重庆第二师范学院学报》2018年第1期。

72. 王熙等:《教师视域中的"学校活力"——基于教师访谈资料的文本分析》,《教育学报》2017年第1期。

73. 王彦:《"教育之形"与"教育之意"——教师专业发展过程中的"形""意"之变》,《广西师范大学学报(哲学社会科学版)》2017年第3期。

74. 熊春文等:《"义"的双重体验——农民工子弟的群体文化及其社会意义》,《北京大学教育评论》2013年第1期。

75. 熊春文等:《制度性自我选择与自我放弃的历程——对农民工子弟学校文化的个案研究》,《北京大学教育评论》2014年第4期。

76. 熊春文等:《"混日子":对农民工子弟就学文化的一种理解》,《南京工业大学学报(社会科学版)》2014年第6期。

77. 徐莉等:《"因性施教"辨析》,《广西师范大学学报(哲学社会科学版)》2017年第5期。

78. 杨东平:《高等教育入学机会:扩大之中的阶层差距》,《清华大学教育研究》2006年第1期。

79. 杨东平等:《北京市农民工子女初中后教育研究》,《北京社会科学》2009年第10期。

80. 叶忠等:《解决农村留守儿童教育问题的现状》,载杨东平主编:《2008年中国教育蓝皮书·深入推进教育公平》,社会科学文献出版社2008年版。

81. 熊易寒:《底层:学校与阶级再生产》,《开放时代》2010年第1期。

82. 张烁:《教育部解读两个〈意见〉——切实减轻中小学教师负担》,《人民日报》2019年12月17日。

83. 赵丹等:《乡村小规模学校教育质量提升——基于集群发展视角》,《教育研究》2019年第3期。

84. 赵鑫:《民族地区乡村教师职业吸引力提升的理念与路径》,《教育研究》2019年第1期。

85. 郅玉玲等:《乡村留守儿童发展基本权益保护——基于浙江省的实证研究》,《中共浙江省委党校学报》2017年第5期。

86. 周潇:《反学校文化与阶级再生产:“小子”与“子弟”之比较》,《社会》2011年第5期。

87. 周勇:《教育叙事研究的理论追求——华东师范大学丁钢教授访谈》,《教育发展研究》2004年第9期。

88. 朱海斌:《海德格尔形式显示的现象学方法》,《同济大学学报(社会科学版)》2013年第10期。

89. 庄孔韶:《“蝗虫”法与“鼹鼠”法——人类学及其相关学科的研究取向评论》,《开放时代》2007年第3期。

90. 左明章等:《扶志、扶智、扶学:信息化促进教育精准扶贫“三位一体”模式建构》,《电化教育研究》2019年第3期。

91. 李涛:《底层社会与教育——一个中国西部农业县的底层教育真相》,博士学位论文,东北师范大学2014年。

92. 桑志坚:《超越与规训》,博士学位论文,南京师范大学2012年。

93. 陈宝生:《在十三届全国人大一次会议记者会上的发言》,2019年1月16日,见http://www.moe.gov.cn/jyb_xwfb/xw_zt/moe_357/jyzt_2018n/2018_zt07/zt1807_bzzs/201803/t20180320_330644.html。

94. 鲁名峰:《两会现场:教育部长来“赶考”》,2019年1月16日,见http://blog.sina.com。

95. 罗望舒:《教育部长陈宝生:中小学有望实行弹性放学时间,解放家长》,2019年1月16日,见www.chinadaily.com.cn/interface/toutiaonew/53002523/2017-03-07/cd_28467579.html。

96. 肖诗坚:《校长札记:我的乡土人本教育观》,2019年7月6日,见http://www.360doc.com。

97. 张琴等:《“杀子之殇”频发凸显农村“留守母亲”心理危机——重庆梁平县留守妇女砍杀双子调查》,2020年5月3日,见http://www.sina.com.cn。

后　　记

本书是国家社科基金项目“农村留守儿童寄宿教育研究”(项目编号:16BGL189)的最终成果。① 2015 年 10 月,本书课题组在相关领域 10 余年持续跟踪研究基础上,启动了该项目的申报与研究工作。此后,连续六年的中央一号文件都高度关注农村留守儿童的关爱服务及其寄宿教育。

2016 年中央一号文件明确要求:“改善农村学校寄宿条件……推进学校标准化建设”,“建立健全农村留守儿童和妇女、老人关爱服务体系”。

2017 年中央一号文件明确要求:“提升农村基本公共服务水平”,“加强乡村教师队伍建设”,“健全农村留守儿童和妇女、老人、残疾人关爱服务体系”。

2018 年中央一号文件明确要求:“优先发展农村教育事业……加强寄宿制学校建设”,“健全农村留守儿童和妇女、老年人以及困境儿童关爱服务体系”。

---

① 国家社科基金同行评议专家在双向匿名鉴定意见中对本书给予了较大鼓励。鉴定专家之一认为,“本书选题具有前沿性和创新性……是一项研究对象较为独特且具有较大理论价值和重要现实意义的研究……有助于进一步深化和拓展对于农村留守儿童及其教育问题的认识。”鉴定专家之二认为,本书是“一项长期扎根基层的教育托底研究成果”,“综合运用教育学、社会学、人类学、文化学等多学科方法开展案例研究,加强了研究问题的全面性和深刻性,科学处理了研究主题的面与点关系,彰显了研究过程的扎实性,增强了研究结论的可靠性。”鉴定专家之三认为本书显著特点是“长时间跟踪监测”“大面积深入调研”“多方法综合运用”。

2019年中央一号文件明确要求："推动城乡义务教育一体化发展……完善农村留守儿童和妇女、老年人关爱服务体系"。

2020年中央一号文件明确要求："加强乡镇寄宿制学校建设"，"完善农村留守儿童和妇女、老年人关爱服务体系"。

2021年中央一号文件明确要求："提高农村教育质量……继续改善乡镇寄宿制学校办学条件"，"加强对农村留守儿童和妇女、老年人以及困境儿童的关爱服务"。

国家"十四五"规划和2035年远景目标纲要对农村留守儿童的关爱服务及其寄宿教育也予以高度重视。其中，第四十三章明确要求："改善乡村小规模学校和乡镇寄宿制学校条件，加强乡村教师队伍建设，提高乡村教师素质能力，完善留守儿童关爱体系。"在第五十章再次强调："加强困境儿童分类保障，完善农村留守儿童关爱服务体系。"

综上可见——

完善农村留守儿童关爱服务体系，意义重大！

加强农村留守儿童寄宿教育工作，时不我待！

本书也是作者农村留守儿童教育研究"三部曲"的第三部。此前第一部《空巢乡村的守望：西部留守儿童教育问题的社会学研究》①通过深度描述西部留守儿童教育生活，解释并探索了留守儿童的教育问题及其社会成因、应对策略。第二部《农村留守儿童政策研究》②系统研究了中西部地区留守儿童教

① 该书是作者主持的国家社会科学基金项目"西部农村留守儿童教育问题的社会学研究"（项目编号：06XSH001）的结题成果，2009年6月由中国社会科学出版社出版。有国家社科基金同行评议专家匿名通讯评审认为：该书"由小到大的'套娃式'逻辑分析框架为社会研究提供了多层次或水平的分析方法，为同类研究树立了模式"。

② 该书是作者主持的国家社会科学基金项目"农村留守儿童政策研究"（项目编号：11XGL021）的结题成果，2013年9月由中国社会科学出版社出版。有国家社科基金同行评议专家匿名通讯评审认为：该书"采用研究者主位研究与客位研究融为一体的学术基座，紧扣农村留守儿童政策的效用研究，包容性地吸纳和分析不同调研对象的不同解释，从而成功地避免了从宏大的抽象主体出发来展开演绎的主观性，开拓了一个新的学术视野"。

育政策的实施效应、问题困难及发展创新。本书则致力于系统评估农村留守儿童寄宿教育质量,深度描述其问题与困难并解释原因,全面探索寄宿教育的改进策略与路径。三部书的共同追求在于,为促进我国农村留守儿童在党和国家教育公平政策关怀下真正享受有质量的基础教育提供理论与实践参考,为加快补齐农村公共服务短板,建立、健全和完善关爱服务体系,全面提高留守儿童健康成长水平贡献绵薄之力。

本书绪论旨在系统构建全书的学术基座,包括课题组 2004 年以来持续研究留守儿童教育问题的基本情况、本书研究主题的确立、研究背景、研究方法与过程、研究结论与建议等内容。基于绪论,本书分上、下两编呈现全书主体内容。上编(第一至五章)对西部 M 省基础教育质量监测大数据进行系统分析;下编(第六至十章)对中西部农村地区系列乡镇个案、小学与初中、高中留守儿童个案及学校个案进行深入研究。我们认为,绪论、上编、下编三部分之间可以形成相互解释支撑、检核印证的关系,下编内部系列个案研究之间也是如此。这能较好提升本研究的信度与效度,为读者建构、评判、推广属于作者和读者共有的“研究结论”提供具体参考。

库恩指出,科学的发展并非线性知识积累的过程,而是一种范式的转移,其间必然存在研究本性的突变。① 社会科学研究在范式转移过程中,必须葆有人文艺术学科的温度与灵性。本书基于管理学定量与质性研究相结合的范式,在应用多种数据分析与挖掘技术实施定量分析的同时,综合运用教育学、社会人类学、口述史、叙事学等学科理论与方法实施系列个案研究。上编的定量研究为系统评估农村留守儿童寄宿教育质量提供比较明晰的参考尺度与基本结论,显得相对客观冷静;下编质性研究呈现的一个个小微草根叙事,则蕴含百感交集的意味。

这些小微草根叙事,是我们秉承国际学术界广泛认可的“扎根理论”所倡

① [美]库恩:《科学革命的结构》,金吾伦等译,北京大学出版社 2003 年版,第 6 页。

导的“扎根精神”，探索尝试多学科理论与方法的交融，利用100万字以上的第一手资料“压缩”和“编辑”而成的。我们不敢自诩如现代艺术守护神马塞尔·杜尚“小便池革命”打通艺术与非艺术界限那样，是在致力于社会科学研究范式的转移，以及丰富与发展，更不敢奢望这些小微叙事能够汇集建构一部深刻宏阔的时代大叙事。不过，“一沙一世界，一花一天堂，无限掌中置，刹那成永恒”①。人类日常经验，甚至其最小细节，都与“宇宙的大尺度性质”②密切联系，且永远不可分离。人们只有抛弃宏大与细渺并立、过去与未来相对的二元论，将无穷大与无穷小、无穷远与无穷近融合审视，才可能真正懂得社会在如何运行，自己如何与社会相适应，并准确理解社会发展进程中具有“无限”和“永恒”价值的东西。所以，我们坚信，本书那一个个沉默的“小人物”作为小微草根叙事的主人翁，其个体生命的存在状态能够不断回应整个时代的严肃询唤，而对于这种回应的采录与解释，有可能连通全社会强有力的心声与脉搏，并为我国当前教育尺度和广大民众生命尺度的建构提供些许参考。

作为最大民生，以及党之大计、国之根本的教育，是不断成就和持续创新人民群众高质量生命样态的伟业。一个社会的教育尺度理应成为时代和国家的尺度，并被内化为人们灵魂与信仰的尺度，成为民众生命价值提升的应然诉求。但愿本书上、下两编的烦琐数据和冗语赘言，能够帮助读者较好把握公平、公正的教育尺度，较深理解广大农村留守儿童那一个个鲜活生命所经历的伤痛、迷茫和应该享有的成长与幸福，不断思考头顶上那片写满信仰的星空，并参照社会底层草根大众的诉求校准灵魂尺度，永远坚守初心，为每一个弱势困境儿童茁壮幸福地成长做出应有努力。

长路漫漫，求索不止。本书凝聚了作者2004年开始持续深入研究农村留守儿童寄宿教育的全部成果。近20年以来，作者守望空巢乡村，系统研究留

---

① 此为英国著名诗人威廉·布莱克长诗《天真预言》的开头四行（见梅雪芹：《“一沙一世界”——环境史与生态世界观刍议》，《光明日报》2017年1月9日）。

② 参见李启斌：《新世纪初天文学展望》，《中国科学院院刊》2002年第1期。

守儿童教育问题困难、教育发展政策与寄宿教育，得到了重庆第二师范学院各位校领导，以及学校科研处、儿童研究院、教师教育学院、文学与传媒学院、学前教育学院、继续教育学院等部门单位的领导、同事悉心指导和热忱帮助。本书第十章参考了重庆第二师范学院“重庆市深度贫困乡镇基础教育发展问题专项调研”工作组报告。重庆市人文社科重点研究基地“重庆市统筹城乡教师教育研究中心”为本书出版提供了资助。学校“市级重点学科教育学”建设团队、校级科技创新平台“6—12 岁儿童发展协同创新中心”为本书课题组提供了大力支持。另外，人民出版社翟金明先生为本书修改提出了宝贵建议，为本书出版提供了热忱帮助。在此表示衷心感谢！

我们的研究工作还得到了重庆市教育委员会、重庆市教育评估院和重庆市内外多所高校的专家学者和相关领导大力支持。在此表示衷心感谢！

最后，深深感谢我们在中西部农村地区访谈调研的每一位老师、每一位家长、每一位留守儿童！

作　者

2022 年 5 月 26 日